内蒙古自治区社会经济发展蓝皮书·第三辑

总主编／杜金柱　侯淑霞

内蒙古自治区
文化产业发展报告
（2018）
——回顾"十二五"，展望"十三五"

主　编＼张智荣　柴国君

THE CULTURAL INDUSTRY REPORT
ON INNER MONGOLIA（2018）
——Looking Back to 12th Five-year, Looking
Forward to 13th Five-year

经济管理出版社
ECONOMY & MANAGEMENT PUBLISHING HOUSE

图书在版编目（CIP）数据

内蒙古自治区文化产业发展报告.2018/张智荣，柴国君主编.—北京：经济管理出版社，2018.12

ISBN 978 - 7 - 5096 - 5682 - 2

Ⅰ.①内⋯　Ⅱ.①张⋯　②柴⋯　Ⅲ.①文化产业—产业发展—研究报告—内蒙古—2018
Ⅳ.①G127.26

中国版本图书馆 CIP 数据核字（2018）第 043050 号

组稿编辑：王光艳
责任编辑：许　兵　李红贤
责任印制：司东翔
责任校对：王淑卿

出版发行：经济管理出版社
　　　　　（北京市海淀区北蜂窝 8 号中雅大厦 A 座 11 层　　100038）
网　　　址：www. E - mp. com. cn
电　　　话：（010）51915602
印　　　刷：北京虎彩文化传播有限公司
经　　　销：新华书店
开　　　本：720mm × 1000mm/16
印　　　张：22.25
字　　　数：384 千字
版　　　次：2019 年 8 月第 1 版　　2019 年 8 月第 1 次印刷
书　　　号：ISBN 978 - 7 - 5096 - 5682 - 2
定　　　价：98.00 元

内蒙古自治区社会经济发展蓝皮书·第三辑

丛书编委会

总主编：杜金柱　　侯淑霞

编　委：金　桩　　柴国君　　王世文　　王香茜　　冯利伟　　冯利英

　　　　吕　君　　许海清　　吕喜明　　张术麟　　张启智　　张建斌

　　　　金　良　　娜仁图雅(1)　　娜仁图雅(2)　　　　赵秀丽

　　　　徐全忠　　陶克涛　　曹　荣　　贾智莲　　张智荣　　曹　刚

本书编写组成员

主　编　张智荣　柴国君

副主编　张　薇　曹　荣　王葱葱　于亚娟

成　员　冯守宇　李　彪　屈燕妮　励雪辉

　　　　陈永庆　高红梅

本书得到内蒙古文化产业（经济与金融）研究中心资助；内蒙古"草原英才"创新人才团队：内蒙古文化产业创新创业研究团队资助。

总　序

2018 年是党的十九大的开局之年和改革开放 40 周年，在以习近平同志为核心的党中央坚强领导下，内蒙古自治区各族人民深入学习贯彻党的十九大和十九届二中、三中全会精神，全面落实党中央、国务院的决策部署，积极应对各种困难和挑战，锐意进取，扎实工作，全区经济社会持续健康发展，地区生产总值增长 5.3%，一般公共预算收入增长 9.1%，城乡常住居民人均可支配收入分别增长 7.4% 和 9.7%，取得了令人瞩目的成绩，唤起了社会各界深度了解内蒙古自治区社会经济发展情况的迫切愿望。

为系统描绘内蒙古自治区社会经济发展的全景图谱，为内蒙古自治区社会经济发展提供更多的智力支持和决策信息服务，2013 年、2016 年，内蒙古财经大学分别组织校内学者编写了《内蒙古自治区社会经济发展研究报告丛书》，两套丛书出版以来，受到社会各界的广泛关注，也成为社会各界深入了解内蒙古自治区的一个重要窗口。2019 年，面对过去一年社会经济发展形势的风云激荡，内蒙古财经大学的专家学者们再接再厉，推出全新的《内蒙古自治区社会经济发展蓝皮书》，丛书的质量和数量均有较大提升，力图准确诠释 2018 年内蒙古自治区社会经济发展的诸多细节，以文思哲理为中华人民共和国成立 70 周年献礼。书目包括《内蒙古自治区体育产业发展报告（2018）》《内蒙古自治区服务贸易发展报告（2018）》《内蒙古自治区劳动力市场发展研究报告（2018）》《内蒙古自治区财政发展报告（2018）》《内蒙古自治区区域经济综合竞争力发展报告（2018）》《内蒙古自治区文化产业发展研究报告（2018）》《内蒙古自治区社会保障发展报告（2018）》《内蒙古自治区工业发展研究报告（2018）》《内蒙古自治区投资发展报告（2018）》《内蒙古自治区资源环境发展研究报告（2018）》《内蒙古自治区"双创"指数研究报告（2018）》《内蒙古自治区云计算产业发展报告（2018）》《内蒙古自治区农业发展报告（2018）》《内蒙古自治区战略性新兴产业发展报告（2018）》《蒙古国经济发展现状与展望（2018）》《内蒙古自治区金融发展报告（2018）》《内蒙古自治区旅游业发展报告（2018）》《内蒙古自治区物流业发展报告（2018）》《内蒙古自治区能源发展报告（2018）》《内蒙古自治区对外经济贸易发展研究报告（2018）》《内蒙古自治区中小企业研究报告（2018）》《内蒙古自治区区域经济发展报告（2018）》《内蒙古自治区商标品牌发展报告（2018）》《内蒙古自治区知识产权发展报告（2018）》。

中国特色社会主义进入新时代的伟大实践，需要独有的思想意识、价值意念和技术手段的支持，从而形塑更高层次的经济和社会发展格局。以习近平中国特色社会主义思想为指引，践行社会主义核心价值观，筑牢使命意识，恪守学术操守，应是当代中国学者的既有担当。正是基于这样的基本态度，我们编撰了本套丛书，丛书崇尚学术精神，坚持专业视角，客观务实，兼容并蓄，兼具科学研究性、实际应用性、参考指导性，希望能给读者以启发和帮助。

丛书的研究成果或结论属个人或研究团队的观点，不代表单位或官方结论。受客观环境及研究者水平所限，特别是信息、技术、价值观等迭代加速以及杂多变国内外形势复杂多见，社会科学研究精准描述的难度和发展走向的预测难度增大，如若书中结论存在不足之处，恳请读者指正。

编委会

2019 年 7 月

文化自信与责任担当

（代序）

　　文化自信是一个国家、一个民族在发展中最基本、最深沉、最持久的力量。习近平总书记在党的十九大报告中对中国特色社会主义文化的阐释，特别是对建设社会主义文化强国的构想，彰显了一个伟大民族的文化自觉与文化自信。报告总结了过去5年工作取得的成绩："公共文化服务水平不断提高，文艺创作持续繁荣，文化事业和文化产业蓬勃发展，互联网建设、管理、运用不断完善，全民健身和竞技体育全面发展。"这简明扼要地对文化产业的蓬勃发展给予了充分肯定和褒奖。未来5年，文化产业将发生更加深刻的变化，习近平总书记已经在党的十九大报告中给出了明确的答案。

　　一是中国特色社会主义进入新时代。"我国社会主要矛盾已经转化为人民日益增长的对美好生活需要和不平衡、不充分的发展之间的矛盾。"而解决这些矛盾就必须加快推动文化事业与文化产业的快速发展，用多元化的文化产品满足人民的文化需求。

　　二是繁荣和发展中国特色社会主义文化是一项伟大的事业。中国特色社会主义文化是激励全党全国各族人民奋勇前进的强大精神力量。

　　三是文化自信是一个国家、一个民族在发展中更基本、更深沉、更持久的力量。推动中华优秀传统文化创造性地转化、创新性地发展，继承革命文化，发展社会主义先进文化，不忘本来、吸收外来、面向未来，更好地构筑中国精神、中国价值、中国力量，为人民提供精神指引。

　　未来五年，文化事业和文化产业的发展将迎来千载难逢的历史机遇。习近平总书记在报告中指出：文化企业家和工匠精神将获得政府高度重视；建设创新型国家将推动中小型文化产业快速发展，倡导创新文化，强化知识产权创造、保护、运用；实施乡村振兴战略将为文化产业提供广阔空间；实施区域协调发展战略将催生新的文化产业群，建立更加有效的区域协调发展新机制；完善社会主市场经济体制将促进文化产业进一步发展；推动形成全面开放新格局将引领文化产业迈上新台阶。

习近平总书记在党的十九大报告中指出，文化是民族的血脉，是族群的灵魂。文化兴则国运兴，文化强则民族强。没有高度的文化自信，没有文化的繁荣兴盛，就没有中华民族的伟大复兴。要坚持中国特色社会主义文化发展道路，激发全民族文化创新创造活力，建设社会主义文化强国。

中华传统文化的内涵广博而深刻，其中凝聚各民族文化的瑰宝，兼容并蓄，源远流长。

民族文化是中华文化的重要组成部分。少数民族的文化自信，对于民族文化传承、促进民族地区经济社会与人的协调发展以及维护民族团结具有重要意义，其创新能力和创造活力在很大程度上影响中华文化自信。蒙古族的民族文化就是其中之一。

内蒙古自治区的民族文化有着极其深厚的底蕴，在过去的十几年，特别是"十二五"期间，乘着"一带一路"倡议的东风，沐浴着我国繁荣民族文化的阳光雨露，汲取着美丽草原的丰富养分，借助"互联网＋"的技术手段，文化产业呈现出飞速发展的态势，形成以呼和浩特市、包头市、鄂尔多斯市为代表的文化产业区域，以呼伦贝尔、赤峰、巴彦淖尔等盟市为区块的特色文化产业带，建成了6个国家级文化产业示范基地和34个自治区级文化产业示范基地，并培育了一批龙头企业，建设了以文化产业园区、文化会展中心等为代表的一系列文化产业重大项目，形成了以文化产品生产销售业、新闻出版业、影视制作放映业、文艺演出业、网络文化业、文化旅游业、娱乐业、广告业、文化会展业、工艺美术业等为主体的文化产业体系。这些成就对于丰富中华文化内涵，传承和发扬几千年中华优秀文化，满足人民对美好生活的需求有着极其重大的现实意义。丰富的文化资源、悠久的文化发展历史以及具有当代意义的文化价值蕴含构成了内蒙古自治区践行文化自信的基础。要有效推进内蒙古自治区少数民族文化自信建设，必须通过充分挖掘民族文化遗产的价值内涵，立足于文化传承，以新时代中国特色社会主义文化价值观为引领，不断进行文化创新的途径来实现。

讲文化自信不仅需要满腔热情，更要有文化自觉、理性认识。"十三五"时期是内蒙古自治区全面建成小康社会的决胜阶段，也是建设文化强区的重要时期。从国家看，经济发展进入新常态，供给侧结构性改革的实施必将使文化在稳增长、促改革、调结构、惠民生方面发挥更加重要的作用；新型城镇化、"一带一路"建设、差别化经济政策、对边疆民族地区文化发展扶持等重大战略的实施，为自治区文化建设提供新的契机。从自治区看，综合经济实力迈上新台阶，草原文化影响日益扩大，民族特色更加凸显，各族人民群众日益增长的精神文化需求为文化发展创造了更加广阔的空间；全社会对文化建设的重视程度和参与热情不断提升，为文化发展营造了良好的社会氛围。与此同时，我们也应清醒地认识到，面对新形势，内蒙古自治区文化发展仍面临着诸多困难和挑战：艺术创作生产精品缺少，民族文化遗产保护和传承难度增大，文化基础设施和基本公共文化服务相对滞后，城乡、区域文化发展不够协调，文化产业基础薄弱、总量偏低，文化对外开放水平不高，文化人才结构不够合理，制约文化发展的体制机制障碍尚未完全破除。

所以，"十三五"时期，内蒙古自治区文化发展仍处于可以大有作为的重要战略机遇期。在新的历史起点上，必须以新的理念引领文化发展，进一步坚定文化自信，增强文化自觉，不断开创文化发展新局面。

张智荣
2019 年 1 月于呼和浩特

目　录

第三篇 专题研究

第一篇　总报告

第一章

内蒙古自治区文化产业发展报告

在国家及自治区大力扶持下，"十二五"期间内蒙古自治区文化产业发展迅速，初步形成以呼和浩特市、包头市、鄂尔多斯市为代表的文化产业区域和以呼伦贝尔、赤峰、巴彦淖尔等盟市为区块的特色文化产业带，建成了6个国家级文化产业示范基地和34个自治区级文化产业示范基地，并培育了内蒙古新华发行集团股份有限公司、内蒙古出版集团、内蒙古电影集团、内蒙古报业集团、内蒙古传媒集团、内蒙古演艺集团（筹建）等为代表的龙头企业，建设了以文化产业园区、文化会展中心等为代表的一系列文化产业重大项目，形成了以文化产品生产销售业、新闻出版业、影视制作放映业、文艺演出业、网络文化业、文化旅游业、娱乐业、广告业、文化会展业、工艺美术业等为主体的文化产业体系。

一、"十二五"期间内蒙古自治区文化产业发展背景

（一）良好的政策环境

党的十七届六中全会提出"推动文化产业成为国民经济支柱性产业"的目标任务，党的十八大把"扎实推进社会主义文化强国建设"作为建设中国特色社会主义"五位一体"总布局的重要组成部分，提出了要"增强文化的整体实力和竞争力"与"推动文化事业全面繁荣、文化产业快速发展"的新的目标任务和发展方向，文化产业正式成为国家发展战略。2011 年，内蒙古自治区提出推进民族文化大区向民族文化强区跨越的战略目标。2013 年，内蒙古自治区党委、政府提出"8337"发展思路，明确了文化产业的战略定位和发展方向，对文化产业的跨越发展提出了新的要求，这标志着自治区文化产业迎来了快速发展的机遇。文化产业发展在全局工作中的地位不断提升，为文化产业发展创造了良好的环境。内蒙古自治区先后出台《关于贯彻落实〈中共中央　国务院关于深化文化体制改革的若干意见〉的实施意见》和《关于加快文化产业发展的若干政策意见》等一系列政策和措施，从市场准入、税收减免、投资融资、土地使用、建设重点以及人才引进与培养等方面为加快文化产业发展提供了良好的发展环境。在开展文化体制改革工作中，通过实行企业转制和事业单位改制，培育壮大了一批实现自主经营、自我发展的国有和国家控股的文化产业企业，产生了很好的带动作用。盟市旗县各级政府也制定了本地区发展文化产业的具体规划和实施措施，形成了良好的文化产业创新发展的社会氛围和政策环境。

（二）独特的文化资源

丰富的文化资源是发展文化产业的基本要素，也是构建文化产业发展的基础，内蒙古自治区在文化资源开发方面具备了一定优势。内蒙古大草原自古以来就是我国北方游牧民族活动的空间，其积淀了丰富多彩的历史文化遗产资源，形成了与黄河文化、长江文化交相辉映的草原文化，是中华民族文化中个性独特的辉煌篇章。草原文化的部分遗产堪称全国或亚洲之最，如"中华第一龙""草原第一都"等；草原上以匈奴、鲜卑、突厥、契丹、女真、蒙古族为代表的游牧民族的历史人文资源等都独具传奇色彩。以蒙古族为主的草原民族丰富的民间音乐、舞蹈、曲艺、绘画、雕刻、民间工艺、体育、饮食、服饰和极具民族特色的习俗使内蒙古自治区成为一座博大的、形象生动的民俗文化承载地，也使内蒙古的草原文化在全国乃至世界都占有特殊的地位。广袤的草原与富集的森林、湖

泊、山川、戈壁、沙漠等多样的地形地貌和自然物产具备了与文化资源进行产业化交融发展的良好条件，也逐步实现了奇石文化、骆驼文化的产业化发展。

内蒙古自治区现已查明的不可移动的文物古迹总数达 21000 余处，全区有世界文化遗产 1 处，全国历史文化名城 1 座，全国历史文化名镇和全国历史文化名村各 2 个。有全国重点文物保护单位 141 处，自治区重点文物保护单位 319 处，旗县级重点文保单位 700 余处，全区拥有 30000 余幅古代岩画，有总长度位居全国第一的 7500 公里的历代长城。自治区文化底蕴深厚，还拥有多样而独特的民族文化、丰厚悠久的历史文化、低碳绿色的生态文化。这些特色文化资源无可比拟、知名度高、可开发性好，具有鲜明的地域特色和独具一格的民族特色，且不同资源间相辅相成，蕴藏着巨大的开发潜力，对促进产业转型、增强地区综合实力具有重要的意义。

（三）优越的地理区位优势

内蒙古自治区作为我国北疆和向北开放的桥头堡，区位优势极为明显。内蒙古自治区与七省一区两市相邻，地处环渤海经济圈，北靠东北老工业基地，东接以京津冀为核心的环渤海经济区，西有呼包银榆经济区，拥有 19 个对外开放口岸，两个对北开放的重要国门，与蒙古、俄罗斯、东欧等国家文化联系渊源深厚，对韩国、日本等东亚国家具有较高的文化吸引力。内蒙古自治区发挥着承东启西的作用，既与东中部地区形成比较紧密的经济技术合作关系，又与西部地区构成密不可分的经济发展整体。内蒙古自治区实施全力打造沿黄河、沿交通干线经济带发展战略，逐步培育成为国家新的经济增长极。这些战略举措发挥了集聚文化产业要素的效应。按照习近平总书记"努力把祖国北部边疆这道风景线打造得更加亮丽"的要求，内蒙古自治区将在我国向北开放中发挥更加积极的作用，发展文化产业的独特优势，为文化产业内引外联和转移承接夯实基础，为文化产业提供广阔的国内外市场空间。

（四）巨大的市场消费潜力

市场引导与消费需求是文化产业发展的内在动为。国际经验表明，一个地区的人均国内生产总值达到 1000 美元时，人们对于文化的消费需求会迅速增加；当达到 3000 美元时，人们对于文化的消费需求会持续增加；而达到 5000 美元时，人们对于文化的消费需求呈现出倍增态势。据统计，内蒙古自治区 GDP 由 2010 年的 1.17 万亿元增至 2015 年的 1.8 万亿元，年均增长 10%；人均 GDP 由

7070 美元增加到 1.5 万美元①，达到了与发达国家相近的文化消费井喷临界点，具有较强的文化消费潜力，这为自治区文化产业发展提供了坚实的经济基础。

内蒙古自治区在经济高速发展的同时，也极为注重生态环境的保护，草原生态环境不断好转。和谐发展的社会氛围、繁荣强盛的经济实力、优美多彩的生态环境为内蒙古自治区文化产业的蓬勃发展奠定了良好的基础。近年来，各盟市开展了一系列具有浓郁地区特色的文化节庆活动，如呼和浩特昭君文化节、包头鹿城文化节、鄂尔多斯国际那达慕文化节、赤峰红山文化节、巴彦淖尔河套文化节、阿拉善胡杨生态旅游节、乌兰察布察哈尔文化节、锡林郭勒元上都文化节、通辽科尔沁艺术节、呼伦贝尔冰雪那达慕、满洲里的中俄蒙三国旅游节等，成为各盟市文化产业发展的重要平台和抓手，在有力带动本地区文化产业发展的同时，也促进了内蒙古自治区文化产业的整体快速发展和提升。

（五）国际间人文交流合作密切

2013 年，随着国家"一带一路"倡议的有效推进，中俄、中蒙的双边贸易额分别达到 892 亿美元和 60 亿美元。2014 年全区口岸进出境货运量为 7085.7 万吨，同比增长 4.2%，进出境客运量为 467.6 万人次，同比增长 2.9%②。人文交流不断深化，初步形成了"文化周""文化月""旅游年"及中俄蒙三国满洲里"国际服装艺术节""乌兰巴托中国文化中心"等为依托的文化、人文交流大平台。据统计，蒙古国现有 60 多所大、中、小学校开设汉语课程，在蒙古执教的汉语文志愿者有 180 余人，接受汉语教育的学生达万人，在华留学生为 8000 多人。随着两国间战略伙伴关系的升温和交通运输体系的完善，国际旅游合作得到进一步加强，出入境游客人数有了明显上升趋势。日益繁荣的国际合作与交流为内蒙古自治区文化产业提供了国际范围的要素流动与市场拓展。

二、"十二五"期间内蒙古自治区文化产业发展成就

2015 年，全区文化产业从业人员达 23.19 万人，进入"文化圈"的从业人员高于金融业、房地产、交通运输以及仓储邮政等行业的就业人数，文化领域正在成为"双创"最为活跃的领域之一③。

---

① 内蒙古人均 GDP 破万美元居中国前列［EB/OL］. 中国新闻网，http：//www.chinanews.com/df/2016/01-28，2016-01-28.
② 梅园. 内蒙古文化产业发展战略研究［D］. 内蒙古师范大学硕士学位论文，2015.
③ 跨越式发展迎来文化产业的春天［N］. 内蒙古日报，2016-07-04（5）.

（一）文化产业发展保持快速增长势头

文化产业占消费比重和对经济增长的贡献率的不断提升，尤其是作为第三产业支柱的旅游文化产业在产业结构中的不断增强，使内蒙古自治区文化产业的发展成为全区经济影响力和消费增长力水平提升的新极点。2015年，首届中蒙博览会的成功举办，为内蒙古自治区文化"走出去"开创了更大的市场空间。此外，元上都民族文化产业园升级为2015年度"丝绸之路"文化产业重点项目，大召成为国家文化产业示范基地，也为内蒙古自治区文化产业发展提供了优良的契机，为文化创造了更好的投资机遇。

2015年全区文化产业实现增加值431亿元，比2010年的143.6亿元增加了287.4亿元，增长200.14%；占全区GDP比重为2.4%，比2010年的1.43%提高了0.97%；占全区第三产业增加值的6%，文化产业对国民经济的贡献率比重逐年增加。从产业增加值占GDP比重来看，"十二五"以来内蒙古自治区文化产业增加值在地区生产总值中的比重稳步提高（如图1-1所示），对国民经济的贡献率持续攀升，文化产业已成为全区经济转型升级，实现跨越式发展的重要引擎。

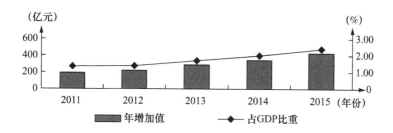

图1-1　"十二五"时期内蒙古自治区文化产业增加值趋势

（二）民族艺术创作成绩斐然

内蒙古自治区相继推出了50多部彰显社会主义核心价值和草原文化核心理念的优秀剧目，话剧《国家的孩子》《小村总理》，二人台剧《花落花开》《北梁》，舞剧《草原记忆》等成为常演不衰的保留剧目。整合资源，集中打造了《情动满洲里——梦幻之旅》杂技音舞秀、大型马文化全景式综艺剧目《千古马颂》等优秀驻场剧目，推动文艺演出与旅游市场的对接融合。同时还创作了《草原情·中国梦》等30多部主题晚会以及深受群众喜爱的小戏小品曲艺。

一批优秀剧（节）目在国家各类演出比赛中频频获奖，如《草原记忆》等3

部剧获得国家舞台艺术精品工程提名剧目奖；《呼伦贝尔大雪原》《草原记忆》参加第四届全国少数民族文艺会演分获创作、演出金奖；《国家的孩子》《拓跋鲜卑》荣获中宣部"五个一工程"奖；《呼伦贝尔大雪原》《花落花开》参加第十届中国艺术节分别荣获第十四届文华奖优秀剧目奖和剧目奖等。内蒙古民族艺术剧院的《我的贝勒格人生》等24个项目获得2014年度、2015年度国家艺术基金资助。

2012年以来，内蒙古民族歌舞剧院的无伴奏合唱团、《呼伦贝尔大雪原》《鄂尔多斯婚礼》等一批剧（节）目在保利院线进行全国巡演，探索了内蒙古自治区艺术院团与国内有影响的演出院线联合市场化运作共赢的新模式。同时，积极探索驻场演出新模式，《千古马颂》开创了内蒙古自治区首例舞台艺术与马文化相结合的演出形式，舞剧《马可·波罗传奇》在美国布兰森市白宫剧院驻场演出330多场。

2015年，全区艺术表演团体从业人员为7578人，比2010年的5939人增加了1639人，增长27.55%；全年演出收入为7234万元，比2010年的3434万元增加了3800万元，增长110.66%；演出场次为3.91万场，比2010年的1.98万场增加了1.93万场，增长97.5%；服务群众为1123万人，比2010年的1623.2万人少了500.2万人，下降30.82%（如图1-2所示）。

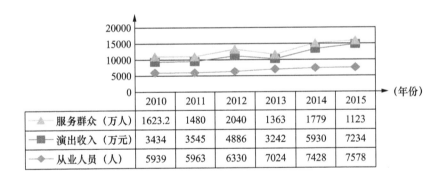

（年份）	2010	2011	2012	2013	2014	2015
服务群众（万人）	1623.2	1480	2040	1363	1779	1123
演出收入（万元）	3434	3545	4886	3242	5930	7234
从业人员（人）	5939	5963	6330	7024	7428	7578

图1-2　"十二五"期间全区文化惠民演出基本情况

（三）对外文化交流加强

内蒙古自治区地处祖国边疆，在"一带一路"倡议背景下，具有开拓国际市场的地缘优势。"一带一路"贯穿亚非欧大陆，根据规划，陆地上依托国际大通道，以沿线中心城市为支撑，以重点经贸产业园区为合作平台，共同打造中蒙俄、新亚欧大陆桥、中国—中亚—西亚、中国—中南半岛、中巴、孟中印缅等国际经济合作走廊。可以说，这六大经济走廊建设是丝绸之路经济带的物质载体。内蒙古自治区是构成六大经济走廊的重要节点，在中蒙俄经济走廊建设中起非常关键的作用。内蒙古自治区充分把握这一利好，努力开拓文化产品和服务的国际市场，推动内蒙古自治区文化产业发展与供给侧结构性改革，推动文化交流传播与沿线国家全方位合作。近年来与马耳他、毛里求斯、悉尼等海外文化中心进行的年度大规模合作、国家"欢乐春节""俄罗斯中国文化年"以及在马耳他、俄罗斯、毛里求斯、澳大利亚悉尼、丹麦哥本哈根等地举办了"内蒙古文化周"，与毗邻国家俄罗斯、蒙古等开展了演出、培训、展览等各项丰富多彩的活动。在中国香港、中国澳门、中国台湾等地举办了"香港·内蒙古经贸文化周""根与魂——非物质文化遗产展演""台湾经贸旅游文化周"等各种大规模文化交流等。

按照"向北开发"的发展战略，推进与俄蒙文化交流工作。内蒙古自治区政府制定了《进一步加强与俄罗斯和蒙古国进行文化交流的意见》，旨在建立内蒙古自治区与俄蒙文化交流长效机制、打造中俄蒙文化交流品牌、深入开展各领域合作，推进中蒙俄文化交流与合作。

演艺、动漫、民族工艺品等各门类文化产品逐步健全，规模不断扩大，交流贸易日益频繁。紧紧抓住民族和地域特色来安排和谋划各项活动，精心选择了具有浓郁特色的节目如民族歌舞、杂技、非物质文化遗产展示、讲座、培训等赴外交流，派出了内蒙古自治区优秀的民族艺术家、文化界知名人士，展示了内蒙古自治区独特的民俗风情及独特的草原文化，引起了强烈反响，受到广泛好评。

与蒙古国建立了非物质文化遗产保护协作机制。签署了《中华人民共和国和蒙古国教育文化科学部关于保护非物质文化遗产合作谅解备忘录》和《中华人民共和国和蒙古国教育文化科学部关于联合保护非物质文化遗产合作协议》等重要文件，为中蒙联合申报、联合保护打下了坚实的基础。

（四）博物馆事业取得蓬勃发展

"十二五"期间我区博物馆馆藏藏品、每万人拥有博物馆面积等指标相对于"十一五"有了长足的进步。2015 年全区文物藏品为 57.2 万件，比 2010 年的 46 万件增加了 11.2 万件；2015 年全区每万人拥有博物馆面积为 230.9 平方米，比 2010 年的 130.66 平方米增加了 100.24 平方米（如图 1-3 所示）。

2015 年，全区有各类文物机构为 183 个，从业人员为 2252 人，分别比 2010 年增加了 40 个和 306 人；2015 年接待观众为 1231.86 万人，接待未成年人为 315.76 万人，分别比 2010 年增加了 582.36 万人和 132.46 万人（如图 1-4 所示）。

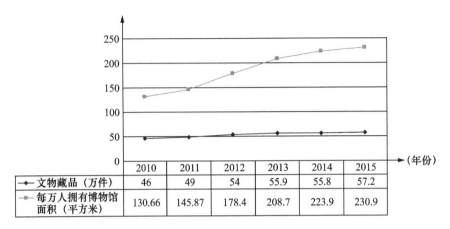

	2010	2011	2012	2013	2014	2015
文物藏品（万件）	46	49	54	55.9	55.8	57.2
每万人拥有博物馆面积（平方米）	130.66	145.87	178.4	208.7	223.9	230.9

图1-3 "十二五"期间全区博物馆发展基本指标情况

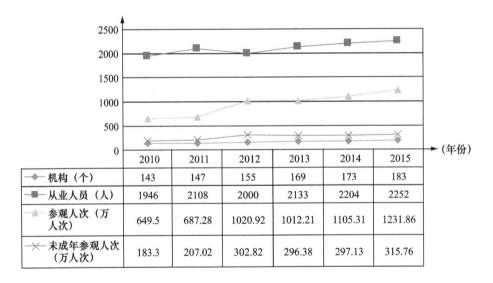

	2010	2011	2012	2013	2014	2015
机构（个）	143	147	155	169	173	183
从业人员（人）	1946	2108	2000	2133	2204	2252
参观人次（万人次）	649.5	687.28	1020.92	1012.21	1105.31	1231.86
未成年参观人次（万人次）	183.3	207.02	302.82	296.38	297.13	315.76

图1-4 "十二五"期间全区文物机构基本情况

（五）文化遗产保护性开发成绩显著

元上都遗址成功申报为世界文化遗产，实现了我区世界遗产零的突破，内蒙古红山文化遗址群、辽代上京城与祖陵遗址群、阴山岩刻遗址群列入"中国世界文化遗产预备名单"，内蒙古自治区重点与辽宁省开展了红山文化申遗对接，赤峰市与朝阳市签署了联合申遗协议，成吉思汗陵、元上都遗址、呼和浩特市将军衙署、乌兰夫故居、内蒙古抗日战争建筑遗址等得到了重点保护维修，内蒙古明清古建筑群、中东铁路等 20 世纪工业遗产被列入国家重点文物保护工程，辽上京遗址、萨拉乌苏遗址进入"国家第二批考古遗址公园立项名单"。

2015 年全区有不可移动文物 21673 处，比 2010 的 21000 处增加了 673 处；2015 年有国家重点文物保护单位 141 处，比 2010 年的 79 处增加了 62 处；自治区级重点文物保护单位由 319 处增加到 511 处（如表 1-1 所示）。成立了"马背文物保护队，边境地区草原神鹰文物保护"组织，民族文化遗产保护工作取得长足进步。开展并圆满完成了全区长城资源调查工作（确定全区长城总长度为 7570 公里，居全国第一位）。

表 1-1　2010~2015 年全区民族文化遗产保护工作情况　　单位：处

项目 \ 年份	2010	2011	2012	2013	2014	2015
不可移动文物	21000	21099	21099	21099	21099	21673
国家重点保护单位	79	79	79	79	141	141

启动"双百工程"，对濒危状态的 100 个项目和 100 个传承人进行抢救性保护，超额完成了"力争完成抢救保护濒危项目 25~35 项"的"十二五"规划目标。2015 年全区有国家级非物质文化遗产 78 项，比 2010 年的 63 项增加了 15 项；2015 年全区有国家级非物质文化遗产传承人 37 人，比 2010 年的 25 人多了 12 人（如表 1-2 所示）。

表 1-2　2010~2015 年全区非物质文化遗产保护工作情况

项目 \ 年份	2010	2011	2012	2013	2014	2015
世界级非物质文化遗产（项）	2	2	2	2	2	2
国家级非物质文化遗产（项）	63	63	63	63	78	78
国家级非物质文化遗产传承人（人）	25	25	42	42	42	37

坚持"保护为主、抢救第一、合理利用、传承发展"的方针，全面推进非物质文化遗产保护。扩大非遗普查成果。编撰出版了《非物质文化遗产普查手册》《非物质文化遗产试点普查集》，按照以点带面、全面推进、有序进行的思路，在全区开展了更为深入的调查，在鄂托克旗完成普查试点的基础上，又选取阿巴嘎旗、科右中旗、鄂伦春旗等非遗资源丰富地区开展普查，目前已进入普查成果汇总阶段。非遗名录体系和保护机制日趋完善。深入开展普查、整理、研究

工作，逐步建立了各级非遗数据库，从世界级到苏木乡镇6级名录体系基本形成。目前，内蒙古自治区已有联合国教科文组织非物质文化遗产代表作2项，国家级78项，自治区级342项，盟市级1124项，旗县级2095项，乡镇苏木级59项。内蒙古自治区第一个非物质文化遗产展示馆——呼和浩特市非物质文化遗产展示馆已对公众开放。推动各级非遗名录项目代表性传承人认定、命名和保护工作，内蒙古自治区共有国家级传承人42人，自治区级传承人564人，盟市级传承人2202人，旗县级传承人3154人，其中非物质文化遗产代表性传承人乌兰、刘静兰等6人先后荣获"中华非物质文化遗产传承人薪传奖"。

推动抢救性保护工作。启动"双百工程"，对濒危状态的100个项目和100个传承人进行抢救性保护，以文字、录音、录像、照相、多媒体呈现等手段，全面真实地记录、记载，建立档案和数据库。目前已经采访国家级、自治区级、盟市级传承人和民间艺人49位。开展了"内蒙古文化艺术长廊建设计划"非遗代表性传承人技艺技能抢救项目制作，目前完成了"包山羊制作技艺""马鞍制作技艺""查干伊德制作技艺"等十多个项目的文字与声像资料的编辑整理工作。推出了《内蒙古蒙古族传统服饰典型样式》等一批非遗研究成果。

（六）公共文化设施建设稳步推进

2015年全区每万人拥有公共文化设施面积为744.7平方米，比2010年增加302.3平方米，增长了68.33%；每万人拥有公共图书馆面积为138.52平方米，比2010年增加48.16平方米，增长了53.3%；每万人拥有群众文化设施面积为301平方米，比2010年增加了118.44平方米，增长了64.88%（如图1-5所示）。

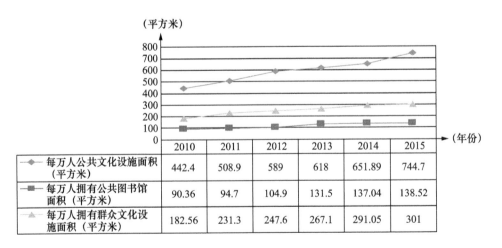

（平方米）	2010	2011	2012	2013	2014	2015
每万人公共文化设施面积（平方米）	442.4	508.9	589	618	651.89	744.7
每万人拥有公共图书馆面积（平方米）	90.36	94.7	104.9	131.5	137.04	138.52
每万人拥有群众文化设施面积（平方米）	182.56	231.3	247.6	267.1	291.05	301

图1-5 "十二五"期间全区人均公共文化设施建设情况

三、"十二五"期间内蒙古自治区文化产业发展存在的主要问题

（一）文化产业增加值占 GDP 比重偏低

同国内文化及相关产业发展大省相比，内蒙古自治区文化产业基础还很薄弱，差距较为明显。2015 年内蒙古自治区文化产业增加值占全区 GDP 的比重为2.42%，比全国平均比重低近 1.55 个百分点，远远低于发达地区，如北京、上海、广东等，也低于中部地区，如湖南、安徽等。《内蒙古自治区国民经济和社会发展第十三个五年规划纲要》明确要求，到 2020 年文化产业增加值占 GDP 的比重达到 4%，这与支柱产业的要求存在较大的差距。

（二）文化产业结构尚需优化

通过对内蒙古自治区文化产业发展特征的分析，其结构仍不合理。从类型分布看，文化产品制造业占比偏低。2015 年内蒙古自治区文化制造业单位数为 592个，营业收入为 117.6 亿元，占文化产业法人单位的比重分别为 5.0% 和18.9%；从单位规模看，规模以上单位占比偏低。2015 年，内蒙古自治区共有规模以上文化产业企业法人单位 229 个，营业收入为 179.5 亿元，分别占全区经营性文化产业企业的 2.7% 和 28.8%，而全国 2015 年规模以上单位数占比已达5.1%；从区域看，地区发展不均衡。主要集中在呼和浩特市和包头市，这表明在文化底蕴丰富的地区聚集程度较高，欠发达地区文化产业发展仍然落后。

（三）文化科技融合度弱

2015 年全区规模以下文化企业为 8138 个，资产为 1050.37 亿元，分别占全区文化经营性法人企业 97.3% 和 76%，可见小企业多，而且每个文化企业的平均从业人员为 18 人，规模较小，企业实力不强，企业研发不活跃，文化与科技交融存在广泛的空白空间。

（四）文化消费意识有待加强

2015 年，全区城镇常住居民平均每人用于文化娱乐用品及服务的消费支出为 1241 元，占城镇常住居民人均生活消费支出 5.7%；农村常住居民人均文化娱乐用品及服务支出为 245 元，占农村常住居民人均生活消费支出 2.4%，均低于同期全国大部分省市。城乡居民文化娱乐消费支出之比为 5.07∶1，文化娱乐用品和文化娱乐服务消费的不足，特别是农村居民人均文化娱乐消费支出的不足，

直接导致内蒙古自治区文化休闲娱乐服务行业发展速度较慢的局面。

四、"十三五"期间内蒙古自治区文化产业发展面临的机遇与挑战

（一）"十三五"时期内蒙古自治区文化产业面临的机遇

1. 强化文化产业发展的扶持力度

为适应文化产业快速发展的态势，内蒙古自治区相继出台了《关于进一步促进文化产业发展的若干政策意见》《内蒙古自治区级文化产业园区评选命名管理办法》《自治区文化产业中长期发展规划》等政策。为了进一步推进文化与旅游融合发展，自治区文化厅制定了《进一步促进文化与旅游融合发展的指导意见》。融合发展将成为推动文化产业转型升级、提质增效的主要方向，文化领域改革发展将进一步强化融合、跨界、转型、包容的发展理念。重点抓好政策完善工作，制定《建立健全区文化产业金融扶持体系的指导意见》和《推进文化与金融合作的实施意见》。

针对文化企业融资困难以及文化产业的社会效益问题，内蒙古自治区设立了文化产业发展专项资金，从 2013 年起，内蒙古自治区财政每年拨付 3 个亿，到 2015 年达到 5 亿元，重点扶持文艺演出、文化创意、文化旅游、文化会展、动漫等有发展前景的优势产业和特色项目，引导产业结构调整和优化。内蒙古自治区分别于 2014 年、2015 年举办了两届文化与旅游融合发展系列主题活动，成功签约累计 49 个项目，项目总投资约 798.67 亿元。这些项目涉及驻场演出、工艺品创意制作生产、旅游项目开发、文化产业园区建设等领域。这些签约项目的转化落地，对提升内蒙古自治区文化旅游整体水平、延伸产业链、促进文化与旅游融合发展具有十分重要的意义。按照大众创业、万众创新要求，2015 年内蒙古自治区举办了"第二届内蒙古自治区工艺美术创新作品大赛"，共有 209 家企业的 209 件精美文化创新产品参加了评奖活动。同时，发挥政银合作平台作用，有 25 家文化企业获得银行贷款 26.7 亿元。

2. 规范文化市场体系

在 2009 年统一规范文化市场行政审批文书的基础上，从 2011 年开始对网吧、电子游戏经营场所的审批实行总量规划和审批备案制度，对全区网吧和电子游戏经营场所进行了重新审核登记和统一编号。2015 年，全区文化、新闻出版、广电系统共有 6419 家文化市场经营单位，文化部门监管的占 75%，其中网吧 3508 家，网络文化经营单位 2 家，演出经纪机构和民营演出团体（不包含国办）78 家，歌舞娱乐场所 2677 家。"十二五"期间文化市场经营场所数量基本没有

变化，但经营规模、档次、规范化程度等较"十一五"有了根本性改观。

3. 公共文化事业发展为文化产业夯实了基础

文化产业的发展依赖于文化消费市场的扩大。文化消费市场的扩大取决于两个因素：有效文化供给与人民群众审美能力提升。后者以公共文化基础设施建设与完善为基础，换言之，文化事业发展为文化产业发展奠定基础。近些年，内蒙古自治区公共文化事业建设取得长足进步，这为"十三五"期间内蒙古自治区文化产业快速发展夯实了基础。

借助国家推出的免费开放政策，内蒙古自治区各类文化场馆实现无障碍、零门槛进入，并增加服务项目，创新服务形式，提升服务水平，各地推出了一批免费开放服务品牌。2015 年，全区文化部门管理的 84 家博物馆全年举办陈列展览 455 个，年接待观众 1150 万人次，观众量比免费开放前增长一倍以上，特别是未成年人、低收入人群、农民工、老年人群体大幅提高。1179 个"三馆一站"（图书馆、文化馆、美术馆和文化站）全部免费开放，有的延长开馆时间，有的错时开放。

针对内蒙古自治区边牧地区群众居住分散，远离城镇，几乎无法获取网络信息的状况，2012 年实施了"数字文化走进蒙古包"工程，利用 Wi-Fi、数字加油等科技手段，为农牧民提供全天候的公共数字文化服务，现已建成一、二级数字加油站 17 个、移动数字加油站 70 个，覆盖 14 个旗县的 10 万多农牧民，打通服务群众的"最后一公里"，文化部在包头市召开了现场会，并向全国作了推广。

鄂尔多斯市、包头市先后列入国家首批和第二批公共文化服务示范区，乌海市的"书法五进"以及兴安盟乌兰浩特市"少数民族地区公共文化供给机制"成为国家第二批公共文化示范项目，推动了公共文化服务体系建设的全面提档升级。开展社会文化"评先创优"活动，推出一批实绩突出的图书馆、文化馆、文化站、民间剧团、文化户（大院）、文化广场、文化先进社区，开展首次文化站评估定级，达到三级以上标准的为 413 个，占总数的近一半。

自治区采取发放公益演出场次补贴、配备下乡演出流动舞台车、解决下乡交通工具等措施，鼓励更多的优秀作品走向基层、走向市场，与观众见面。先后组织开展了"百团千场"下基层慰问演出、高雅艺术进校园、优秀剧（节）目全区巡演等活动。全区文艺院团平均每年下基层演出都在 7900 场以上，其中乌兰牧骑演出 6252 场。将民间文化团体纳入公共文化服务体系，在资金、政策、设备等方面给予支持，大力扶持文化大院、文化户、传习所、民办博物馆、民办剧团、锣鼓队、秧歌队、老年合唱团的蓬勃发展，如鄂尔多斯市的家庭文化户有 11000 多家，遍布全市农牧区。乌审旗有 1000 多支"文化独贵龙"、农牧民艺术团等民间文化组织。包头市土右旗、九原区农民自办的文化大院成为当地基层文化活动的主要形式。各地结合当地文化特色，每年举办具有导向性、示范性的群众性文化活动，全区从东到西，文化活动长年不断，形成特色化、品牌化、规模化的节庆文化活动，其数量已达 187 个，参与群众近 3000 万人次。开展民间艺术之乡评审推荐工作，呼伦贝尔市鄂伦春自治旗等 9 个地区被文化部命名为 2014～2016 年度中国民间艺术之乡。

4. 大数据成为驱动文化产业的核心动力之一

文化产业具有高附加值和高科技含量的新经济特征，其所依托的技术始终是产业发展的深层次驱动因素。从某种意义上来说，文化产业的形态是由科学技术的样式形塑的。当然，技术对文化产业的介入与推动并不取代文化创意本身，技术变现为文化科技。"文化科技"的政策术语和业界概念并不是一次崭新的历史性出场，而是具有历史的必然脉络和发展轨迹①。当下，文化产业快速发展的科技因素主要是依托互联网技术和数字技术。内蒙古自治区互联网与文化产业融合涌现出不少敢于尝试的中小文化企业，同时大型文化企业内部也在对自身运营模式和创新水平不断升级。这主要源于两个方面的因素：一是取决于政治制度的保障。2015 年《内蒙古自治区人民政府关于加快推进"互联网＋"工作的指导意见》中，首次确立了"互联网＋文化产业"的新型文化产业发展模式。主要从传统媒体和新媒体的融合发展、旅游在线服务模式创新、文化产品服务数字化以及全面推进三网融合四个方面对内蒙古自治区互联网文化产业做出了整体的规划，并提出了"到 2020 年，新型业态占文化产业增加值比重进一步提高"的整体改革目标。二是业界对融合和转型的渴望。随着第二届内蒙古自治区互联网产业大会和内蒙古自治区首届移动互联网峰会的召开，内蒙古自治区互联网与传统产业融合发展成为了业界讨论的焦点，文化企业与文化园区渴望建立一套依托互联网扩大文化创意产品的宣传效果和市场影响力的长效发展机制。第十二届中国·内蒙古草原文化节活动项目之一的"草原文化与创意产业展"特别设立"互联网＋文化创意"展区，为寻求文化金融合作、文化产品投资、新媒体融合等方面的文化企业提供交流合作机会。参展的企业和业内人士都表示，希望把优秀的草原文化与互联网结合，创造更深层次的产业经济模式，让文化产业成为内蒙古自治区经济新的腾飞点。

两种因素相互激荡，使产业结构发生着悄然的改变。虽然从产业结构上看，内蒙古自治区互联网与文化产业的相互融合还处于起步阶段，大部分文化企业处于试水阶段，产业融合和创新还只是个别企业的尝试，加之发展速度慢于全国平均水平等多方面因素，最终实现产业的经济生态价值还需要很长的时间，但内蒙

---

① 向勇. 文化产业导论［M］. 北京：北京大学出版社，2015.

古自治区文化产业的转型升级的确迈出了重要的一步。

5. "中蒙俄经济走廊"建设推动文化产业国际化

中蒙俄经济走廊实质上是以区域全面合作为基础，以贸易、投资、产业合作为主导，建立辐射交通沿线带的优势产业群、城镇体系、边境经济，最终实现生产要素在区域内有序流动的一种区域经济合作架构。这一国家层面战略的制定与实施为内蒙古自治区文化产业发展迎来历史机遇。

一是有助于提升文化产业价值链。美国战略学家波特指出，企业产品和服务由设计、生产、销售、售后等活动集合而成，这些互不相同但又相互关联的生产经营活动构成了一个创造价值的动态过程，即价值链[1]。之后，人们逐步将价值链视角延伸至产业层面，形成产业价值链理念。文化产业价值链实际上就是将相关文化产业作为微观基础，文化创意贯穿其中，并进行一定的加工与增值活动，最终将文化产品让渡给消费者[2]。这个过程与人才、技术、资本等核心生产要素密不可分。中蒙俄经济走廊是区域合作与交流的平台，有助于实现生产要素的有序流动，为内蒙古自治区文化产业发展急需的人才输送、资金筹措提供渠道。从这个意义上讲，中蒙俄经济走廊建设为内蒙古自治区文化产业发展提供了生产要素保障。

二是有利于扩大文化消费市场。从文化消费视角看，建设中蒙俄经济走廊极大地拓展了内蒙古自治区文化产品和服务的消费市场。文化消费是文化产业可持续发展的基础，没有体量庞大的文化消费市场，文化产业也不能称为真正意义上的产业，充其量仅是文化事业。文化产业发展高度依赖文化消费，不仅可以从"投资、消费和出口被视为拉动经济增长的'三驾马车'，对于文化产业亦是如此"[3] 的论断中得以佐证，而且从"供给侧结构性改革"视角来看亦大致如此。当前我国文化产业在产品结构、产业结构与技术结构等方面的问题十分突出，改革的目的在于通过技术创新、培育骨干企业、激活要素市场等途径优化产品结构、产业结构与技术结构，为群众提供多样化、个性化的文化产品与服务，扩大文化消费市场，促进文化产业可持续发展。内蒙古自治区城乡居民用于文化娱乐的人均消费支出低于全国平均水平。如何扩大文化消费市场以支撑文化产业可持续发展是当前内蒙古自治区文化产业发展亟待解决的问题。中蒙俄经济走廊的建设为内蒙古自治区文化产品和服务走出国门，走向蒙古国和俄罗斯奠定了基础。换言之，借助于中蒙俄经济走廊使内蒙古自治区文化产品和服务扩大出口增量，

---

① Kenneth S. Corts. The Strategic Effects of Vertical Market Structure：Common Agency and Divisionalization in the U. S. Motion Picture Industry ［J］. Journal of Economics & Management Strategy, 2001, 10（4）.

② 郭新茹，顾江. 基于价值链视角的文化产业赢利模式探析［J］. 现代经济探讨, 2009（10）.

③ 高书生. 冲刺支柱性产业，文化产业短板在哪儿［N］. 光明日报, 2015 - 12 - 17.

实现区域文化消费市场带动文化产业发展的目的。

（二）"十三五"时期内蒙古自治区文化产业面临的挑战

1. 经费投入不足

党的十七届六中全会提出"保证公共财政对文化建设投入的增长幅度高于财政经常性收入增长幅度，提高文化支出占财政支出比例"。根据文化部统计口径，2011～2015 年，文化投入占财政支出的比重平均为 0.72%，比 2001～2009 年每年文化投入占财政支出的平均比重的 0.86% 还下降了 16.3%。

文化文物事业费投入占财政支出比例较低，近年来全区文化文物事业费占全区公共财政预算支出比重始终徘徊在 0.6% 左右，大部分盟市文化部门年初预算尚没有列入专项或项目不多，且资金太少，旗、县、乡、镇类似问题更为突出。

各地文化部门年初预算经费基本都是人头经费，业务专项经费匮乏，开展业务工作需要另外申请专项经费。文化馆（站）正常运转经费、设备更新经费、活动经费、图书购置经费、乌兰牧骑的排练演出经费等日常专项性公用经费没有列入预算。全区 8 个盟市群艺馆、93 个旗县文化馆设备购置费为零。公共图书馆购书费短缺，全年图书购置费为 2640 万元。其中，自治区级馆购置费为 800 万元；盟市级馆平均购置费为 144 万元，旗县级馆平均购置费为 6.4 万元，31 个图书馆无购书专项经费，全年没有购置新书。2015 年全区人均藏书量为 0.60 册，仅比上年增加 0.05 册，人均藏书量居全国 12 位。文物保护、非遗保护、博物馆的文物征集、"扫黄打非"、可移动文物普查经费等要求地方开展的专项工作经费没有纳入地方部门预算，特别是地方负担的文物保护与非遗保护工作，存在保护经费与业务工作"倒三角"关系，国家和自治区仅对已列入国家或自治区级的项目予以补助，大部分项目由于地方财力不足，难以有效开展工作。

2. 标准化建设滞后

标准化建设滞后一方面表现在设施建设不达标。自治区、盟市两级公共文化单位普遍面积偏小、年久失修。自治区本级群艺馆建筑面积为 3570 平方米，低于省级群艺馆 6000 平方米的国家最低标准。没有省级非遗展示馆。国家已启动中国非遗展示馆建设，并支持建设非遗保护设施，全国近 10 个省市区已建有非遗馆。2015 年底，在盟市，3 个图书馆低于 4500 平方米的国家最低面积标准，10 个群艺馆低于 4000 平方米的国家最低面积标准。旗县区有 56 个图书馆不足 1500 平方米，文化馆有 50 个不足 1500 平方米，不符合国家二级图书馆、三级文化馆的最低面积要求。乌兰牧骑排练厅面积达不到 300 平方米。还有的文化馆借用其他场所或与其他单位合用，无法真正发挥其作用。在苏木乡镇，由于乡镇恢复，增加的 63 个乡镇没有文化站。全区 11224 个嘎查村建有文化室 9405 个，大部分文化室面积狭小，达不到规范要求。《中共中央办公厅　国务院办公厅关于加强公共文化服务体系建设的若干意见》（中办发〔2007〕21号）提出的"从城市住房开发投资中提取1%用于社区公共文化设施建设"政策落实情况较差，大部分没有开展相关工作，随着城镇化建设的加快，大量农牧民人口转移，旗县区缺乏社区文化活动场所，进城务工农牧民在文化权益保障上存在盲区、死角。

另一方面表现在设施利用率偏低，作用发挥不够明显。由于设施狭小、设备简陋、服务条件和服务手段落后，不少盟市和旗县图书馆、文化馆不适应形势发展的需要，难以发挥应有的服务职能。究其原因：其一，当地人口少，或者位置较偏，不方便群众参与文化活动，设施经常被闲置；其二，被挤占、挪用或出租现象时有发生；其三，一些设施独立的文化站冬季取暖费用无法解决，造成整个冬季站舍闲置；其四，活动形式和内容单一，服务水平不高；其五，目前文化站管理体制滞后，缺乏活力，已不适应当前形势需要。

3. 文化遗产保护任务艰巨

内蒙古自治区文物保护经费大部分来自国家投入，自治区投入偏少，特别是对红色文化遗产、长城遗址和全区少数民族文物保护经费地区投入不足。由于内蒙古自治区文物古迹多分散在草原、沙漠、戈壁、森林、农区和城市郊区等地，其地域大、地质条件复杂、交通通信条件较差，给文物保护、执法、督查、管理带来了诸多困难，而且文物保护维修、博物馆建设、文物展览的成本较高，且费用比内地高出25%～35%，一些珍贵的各级各类文物急需保护、征集，文物信息资源库建设不够，少数民族文物建筑亟待加强保护。随着经济快速发展和各种新型文艺形式的广泛传播，致使大量民族优秀传统文化受到严重冲击，其呈现出加快消亡趋势，加之一些地区对非遗保护认识不足，缺乏长远规划和统筹安排，"重申报、轻保护；重开发、轻管理"的现象普遍存在，很多具有传统生命力的重要项目得不到有效保护，传承发展的任务日益紧迫、艰巨、复杂。保护机构十分薄弱。自治区非物质文化遗产处仍与社文处"一套人马两块牌子"，各盟市仍没有设立非遗保护机构，大部分保护工作还依赖各级文化馆（群艺馆、文化站）或艺研所承担完成。整体性保护、生产性保护、抢救性保护等缺乏顶层设计和有效办法，政策、制度有待健全。非遗基础设施建设严重不足。自治区综合性非物质文化遗产展示馆尚未获立项，在盟市、旗县尚未有成规模的非遗馆，缺乏大型的、成规模的非物质文化遗产展示场所，无法为各级代表性传承人提供长期、固定的展示平台。保护投入不足。国家从2009年开始，对国家级非遗项目和传承人拨付了保护经费和补助资金，并对国家级文化生态保护区拨了保护建设费用。2015年非遗补助经费为2228万元，其中中央下拨1327万元，自治区非遗补助经费为901万元，这与内蒙古自治区非遗资源富集区的地位严重不符。

4. 内容原创仍是瓶颈

受外部环境影响，内蒙古自治区艺术创作存在上不"望星空"、下不"接地气"的现象。突出表现是"三重三轻"：重急功近利、轻精益求精；重因循模仿，轻标新原创；重外在形式，轻本体内涵。短视的艺术创作直接导致了许多"应景"之作、"短命"之作，造成了有限的艺术资源浪费，也给艺术的可持续发展和再生产带来不利后果。近几年，内蒙古自治区创作生产的作品数量虽然较多，但能够代表自治区文化艺术形象、久演不衰的却很少，受业界、专家普遍认可、观众欢迎、市场盈利的作品相对更少。到目前为止，内蒙古自治区还没有国家舞台艺术精品工程和国家优秀保留剧目的作品，这也是自治区文化建设的"瓶颈"和"短板"。同时政策举措和工作抓手也不够丰富有力。目前，自治区还没有设立专门针对舞台艺术创作方面的奖项和专项资金；文艺院团改革管理相对滞后；各级院团创作演出管理体制和运行机制与现代艺术创作生产的要求不相适应；演职人员的创造性和积极性激发不够；对院团的人事、分配、社保等改革的配套政策也没有跟进；院团发展的外部环境亟待优化改善。如何进一步改进和转变管理方式，丰富工作抓手，加强政策、投入、奖励、评估、考核等方面的工作，实现有效管理和引导，是"十三五"加强舞台艺术工作的重要着力点。

5. 文化市场执法任务艰巨

文化市场技术监管手段相对落后，农村牧区及经济开发区、口岸等文化市场监管工作缺位。随着新农村、新牧区建设和撤乡并镇等行政区划的调整、合并，一些在城市发展受限制的文化市场经营项目有向农村牧区转移的趋势，以网吧、电子游戏厅和季节性的大棚演出为主，由于基层执法力量薄弱，很难有效监管到位，一些地方的开发区和口岸，也成为文化市场管理的空白点。执法设施设备严重短缺，全区51%的执法机构没有执法车辆，39%和96%的达不到文化部规定的执法车辆、执法专用设备配备基本标准。执法队伍素质偏低，特别是执法一线队伍，年龄结构、知识结构、综合素质与文化市场管理工作的需要都存在很大差距，对执法队伍的培训、教育跟不上，很难做到全员全面培训。

6. 文化人才队伍建设滞后

内蒙古自治区文化系统人才队伍年龄普遍偏大、学历层次不高，全区文化系统40岁以上的占51%，本科以上学历仅占18.68%。相关专业人才缺乏，高层次人才数量少，且多集中于自治区层面，缺乏文化名人、艺术大家和学界名家，年轻后备人才不足，民族的、本土的舞美、编剧、导演、指挥、作曲和复合型院团管理人才尤其短缺。近几年，自治区创作的一些较好剧目，主创人员大部分外请。有的盟市文艺院团连一名专业编剧都没有，而且全区大部分创作人员在50岁以上，年轻骨干很少，没有形成能够驾驭精品创作的团队。产生这种状况的原因：一是引进机制不畅。受编制、进人计划、身份、户籍等各种因素的制约，不少单位人员的配置结构还停留在成立之初的状态。二是艺术人才流失严重。工资、住房、保险福利、发展前景等无法与发达地区相比，致使一些优秀艺术人才离岗离职。由于受待遇偏低、发展受限等因素影响，人才流失问题较为严重。三是基层文化队伍没有形成体系。有的没有专职人员，有专职人员的"专职不专干"的问题普遍存在，嘎查村文化室也没有专门管理人员。四是文化志愿者队伍没有培养起来。人员配备没有考核和准入制度，且缺乏有效的培训机制，管理人员业务素质有待提高。

7. 数字文化产业发展滞后

内蒙古自治区文化产业增加值远低于全国水平，在全国排第 20 位[①]。作为新兴形态的互联网文化产业的发展更是举步维艰。以大召—大盛魁文化旅游区为例。作为呼和浩特市核心文化产业园区的大召和大盛魁，几乎见不到互联网文化产业的影子，从事互联网文化产业的企业少之又少。园区内 90% 以上的企业是中小企业，其竞争力小，互联网文化产业占比仅为 3%，且对互联网与文化产业的结合持观望态度，只有不到 10% 的企业表示对互联网思维了解并愿意尝试，更有 20% 的企业表示对互联网文化产业存在质疑。可见，内蒙古自治区文化产业在结构上存在很大的问题，而产业结构转型则直接关系文化产业的长期发展。

内蒙古自治区文化产业总体上依赖传统文化产业，很难形成规模化的产业链，文化创造力的落后加之对本地文化市场评估的不足，导致优质草原文化资源得不到有效利用，产业协调能力低效。同时，受区域协调性的影响，文化产业结构过于单一，文化产品的附加价值难以体现，品牌质量和内容创新没有适应新常态的趋势，在面对互联网的竞争压力时显得力不从心。

内蒙古自治区文化产业现行的商业模式仍然停留在对文化资源的浅层加工方面，对其缺乏解读和开发，对文化资源的误读现象却十分普遍。相关部门和企业的文化观念滞后，商业意识欠缺，对依照市场经济运行规律开拓文化市场缺乏系统化的研究和投入，而文化产业经营者自身的市场意识也很薄弱。无论是在文化产业发展规划还是在执行方案中，都缺乏对文化产业自身经济价值的转化能力，没有产生应有的具有内蒙古特色的文化产业商业模式。

互联网文化产业的发展与园区内互联网文化产业基础配套设施的建设密不可分。内蒙古自治区文化产业基础配套设施较为落后，各类文化产业园区因为发展程度的不同和受区位因素的影响，全区各地呈现巨大的区域差别。此外，内蒙古自治区超过 50% 的文化产业园区和文化产业基地得不到有效的利用，文化企业

---

① 斯琴．关于内蒙古文化产业发展的思考［J］．中国统计，2014（11）：55.

的入驻率低和配套设施不完善，尤其是数据收集处理的设施严重缺乏，这对文化资源的整合和市场预测能力存在很大的瓶颈，制约了园区产业链的形成。互联网文化产业是知识密集、信息密集、技术密集的领域，以大盛魁文化产业园区为例，园区内缺乏专业的文化数据收集和整合机构、文化金融投融资的机构、平台运营机构和创客交流平台，很难将有限的文化产业人才与文化创新相结合，使文化产业园区的价值得不到最大化发挥。

内蒙古自治区互联网文化产业投融资体系在很大程度上过度依赖政策环境的支持，一旦出现资金断流的情况，大部分文化产业项目将面临巨大的威胁，甚至直接导致文化产业项目的破产。虽然内蒙古自治区从 2004 年就特别设立了文化产业发展专项资金，但是数量和运用到位程度却严重受到制约。在重点发展项目上投入的经费不足，政府与企业以及金融机构之间没有形成有效而可靠的合作关系，导致新兴产业发展较为迟缓，造成中小企业融资能力差。在引进和利用外资企业、民营企业、中央企业、地方国企等各类文化产业市场主体时，对其缺乏判断，对投资者的吸引力不足，难以将引导资金流入文化产业领域。此外，文化产业投融资具有相对的长期性和高风险性，缺乏文化产业政策的正确引导，民间资本难以有持久的投融资目标和方向，造成投融资的突然中断。

五、"十三五"期间内蒙古自治区文化产业发展对策

（一）进一步完善公共文化服务体系

深入贯彻落实中共中央国务院《关于加快构建现代公共文化服务体系的意见》和国务院《关于推进基层综合性文化服务中心建设的指导意见》，逐步实现公共文化服务体系标准化建设和均等化发展目标，加快推进公共文化服务体系建设步伐。

继续加快地市级图书馆、文化馆、博物馆、剧场、美术馆建设。按照国家相关公共文化设施建设标准，通过新建或改扩建等方式，争取国家对县级公共文化设施进行支持，从根本上解决县级图书馆、文化馆、博物馆、剧场、非遗传习所、乌兰牧骑排练厅等公共文化设施、馆舍、场地、设备滞后等问题，实现城乡基本公共文化服务均等化。继续加大文物保护投入力度，特别是对红色文化遗产、民族文化、长城遗址的保护投入。

推动公共文化服务数字化平台建设，推进文化共享工程和数字图书馆建设，加大数字资源建设力度。推广使用公共文化数字化管理服务平台。实施"数字文化"工程，继续推进"数字文化走进蒙古包"工程，大力开展"互联网 + 公共

文化服务"工作，增加受益人群数量。

坚持重心下沉、资源下移，着力加强基层综合性文化服务中心建设，促进文化惠民项目与群众需求有效衔接。增加服务总量、提高服务质量，开展文化帮扶活动，缩小城乡发展差距，打通文化服务的"最后一公里"。贯彻落实贫困地区公共文化建设规划，加大政策、项目的倾斜力度，引导文化资源向城乡基层倾斜。

（二）健全文化市场体系

各地各部门要加强组织协调，完善工作机制，形成齐抓共管、整体推进的工作格局。要提高科学谋划、战略布局能力，适时推出在全社会有广泛影响的文化活动；提高调查研究、制定政策的能力，加强文化立法，推出更多含金量高的文化政策；提高组织、协调、执行能力，动员更多力量支持和参与文化建设，形成文化工作的良好环境。实现从"办"文化向"管"文化转变，从微观管理向宏观管理转变，从部门视野向社会视野转变，激发全社会文化创造活力，构建推进文化建设的大格局。

以培育市场主体、激发市场活力、加强市场监管为重点，建立健全现代文化市场体系。力争到"十三五"末，基本建成统一开放、竞争有序、诚信守法、监管有力的现代文化市场体系，初步确立权责明确、公平公正、透明高效、法治保障的文化市场监管格局。①要建章立制，激活文管办运行机制。各级文管办都要建章立制，参照自治区文管办的工作形式，对本辖区文化市场工作实行统一指导监督、统一协调调度，有效解决文化市场管理执法工作中存在的全局性问题。②要统一协调，发挥文管办平台作用。③要指导监督，形成文管办工作抓手。④要扎实推进"文化市场北疆稳定工程"。把自治区发展思路中"要把内蒙古自治区建成祖国北疆安全稳定屏障"的要求，在文化市场工作中细化为"文化市场北疆稳定工程"。推动深化文化市场综合执法改革工作。根据中共中央国务院《关于进一步深化文化市场综合执法改革的意见》精神和自治区文改办要求，起草内蒙古自治区贯彻实施意见。建立改革台账，对盟市落实情况进行专项调研督查。

（三）完善文化传承体系

以社会主义核心价值观为引领，创作和生产更好、更多的优秀文艺作品。力争在"十三五"时期，创作和生产更多传播当代中国价值观念、体现中华文化精神、反映中国人审美追求，思想性、艺术性、观赏性相统一的优秀作品。着力推进艺术创作机制建设，加大投入力度，积极引导和扶持各级院团开展深入基层、扎根人民、出精品、创品牌活动，做好迎接中华人民共和国成立 70 周年、自治区成立 70 周年、"中国艺术节"和全国少数民族文艺会演等筹备工作。参照国家艺术基金模式，拟组建内蒙古自治区艺术基金管理办公室，争取设立内蒙古自治区民族艺术发展专项资金和出台相应的管理办法。继续完善《千古马颂》等新创剧节目，逐步形成具有民族特色的演艺品牌。开展好"草原文艺天天演"文化惠民演出，确实发挥好各级院团的文化惠民演出、服务作用。

以有效保护为前提，全面加强文化遗产工作，着力推动中华优秀传统文化创造性转化和创新性发展，力争到"十三五"末，形成中华优秀传统文化传承体系，让中华优秀传统文化拥有更多的传承载体、传播渠道和传习人群。要重点推进红山文化、辽上京城与祖陵、阴山岩刻三大遗址群的申遗工作项目。继续做好大遗址公园、"万里茶道"和中蒙联合考古工作。进一步完善非物质文化遗产名录体系，组织申报国家级非物质文化遗产名录代表性传承人，组织评审第五批自治区级非物质文化遗产名录。加快实施"千校万户"计划，积极开展"草原文化遗产日"宣传活动。

（四）加快文化供给侧改革

要以文化产品供给侧结构性改革为主线，引领文化产业创新发展，培育文化创意产业和新型文化业态，不断完善现代文化产业体系，努力形成新的文化增长点。

文化规划的有效供给，可以更好地引领文化发展要素流动起来，让文化资源从低效率领域转移到高效领域，从已经过剩领域转移到更有需求的领域，这是文化领域可持续发展的指挥棒，必须加强其长期规划供给。

创新是供给侧动力结构改革的关键。人才作为第一资源，是重要的创新供给要素，要将文化认同作为创新人才培养的基础，用创新人才培养来统筹教育改革，打破限制，下放权力，激发活力，构建适应未来社会发展需要的、科学合理的文化教育体系。

各级政府要把文化发展纳入国民经济和社会发展规划，加大财政资金投入力度。要鼓励金融机构按照风险可控、商业可持续的原则加大对文化企业的信贷支持。推进文化基础设施和公共服务的 PPP 等投融资模式改革创新，促进投资主体的多元化。产业政策要以文化产业基本规律为出发点，着力优化文化市场结构，提高文化企业发展效率，鼓励和引导社会资本进入文化产业。

围绕"互联网＋"大力发展新型文化业态，加快发展动漫、游戏、网络视听、创意设计等新型产业，继续引导上网营业场所、游戏游艺场所、歌舞娱乐等行业转型升级，推动"互联网＋"对传统文化产业领域的整合。

引导各地根据资源禀赋，走特色化、差异化的文化产业发展道路，使文化产业发展与创新协调发展、新型城镇化建设相结合，优化区域文化产业布局，推动形成文化产业优势互补、联动发展的新格局。

（五）加强人才队伍建设

人才已经成为制约我国文化产业发展的一大瓶颈，内蒙古自治区地处边疆，自然条件相对恶劣、社会经济发展水平较沿海甚至内陆腹地都有差距，人才短板现象更为明显，特别是高端创意人才匮乏。为此，可尝试人才引进与自我培养、外部咨询与定期交流、产学研用相结合等途径来解决人才问题。

大力推动理论创新，突出应用对策研究，充分发挥思想库作用，尊重规律、科学管理，同时以文化发展需求和人才双创需求为导向，促进各类创新要素流动与优化配置，满足"双创"人才的创新创业需求，形成"市场牵引、需求导向、资源整合、要素协同、产业辐射"的全链条、全要素的运行模式。

（六）加快大数据与文化产业对接

在"互联网＋"的时代背景下，内蒙古自治区应调整文化产业的整体布局，加大对互联网等新兴文化产业的关注，推动从以传统文化产业为主导的产业模式向以内容创新为主的集聚模式转变。应注重产业结构中对中小企业的扶持力度，对其加大投入；鼓励和发展高端行业，如新媒体行业、网络文学行业等新兴文化企业，重视文化创新与互联网传播的作用。在产业内部结构方面，要以文化产业需要、以互联网平台为基础，在文化资源的创意开发和产品研究设计方面将内蒙古自治区优势文化资源与互联网相结合，利用互联网开放、创新、高效的平台效应和互动效应实现文化资源的众创开发。互联网文化产业要借助大数据的收集和应用功能，了解各类消费人群的文化需求，推动文化产业向个性化、专业化的方向发展；同时还需要通过新媒体高效、直接的传播方式，使其与传统文化产业相结合，打造优质文化产业品牌。

互联网为传统文化产业的转型升级提供了机遇，互联网文化产业商业模式的变革将会是一次传统文化向新兴文化商业模式的巨大转变。现阶段中国互联网文化产业商业模式有未来模式、平台模式、广告营销模式、技术服务模式、IP改编模式、小企业联合平台模式[①]。这六种不同的商业模式使互联网文化产业在各个领域体现出了很大的优势，也为内蒙古自治区互联网文化产业带来了更多的启发。内蒙古自治区互联网文化产业应加强对新媒体的灵活运用，鼓励内容创新和

---

① 黄锦宗，陈少峰．互联网文化产业商业模式创新［J］．福建论坛（人文社会科学版），2016（2）：67－68．

平台运营，强调文化与互联网结合，运用互联网思维构建区域互联网文化产业商业模式，从文化产业与互联网的融合角度推动原创内容的生产，结合互联网平台的传播优势和规律赋予文化产品更多的附加价值。

文化产业园区的协调作用与功能布局的完善密不可分，缺乏技术和人才的支持，文化产业园区很难形成自己独特的园区优势。在应对互联网带来的机遇与挑战时，内蒙古自治区各文化产业园区应积极引进以互联网为核心的新兴文化企业，增强园区的竞争力。其一，引进文化数据收集和整合机构。大数据影响着文化创意产品的大众导向，数据的收集和整合决定了企业对未来市场的预测和分析，可见大数据对互联网文化产业的至关重要的地位。其二，引进文化金融投融资机构。改善园区内部的投融资环境，加强资金的流动性和模式的持续性，使中小企业在满足发展需求的同时，能有更多的创新资金，这有利于内容创新和市场繁荣。其三，加强培育平台运营机构。加强产业园区内传统文化产业与新兴文化产业的相互融合、相互借鉴，结合平台的推广和营销功能，提升传统文化产业的运作能力，促进互联网文化产业的发展。其四，开创文化创客的交流平台。文化产业园区开创集文化产业交易、开发、投资为一体的创筹平台。通过创客和众筹结合的机制为各类文化创意投资项目提供文化创客之间合作交流的平台，激活行业创客的创作和创新激情，为正处于起步阶段文化产业项目的创作投资提供更多的交易机会。

（七）优化文化产业投融资环境

投融资环境会影响产业发展的潜力，而在投融资方式多元化的今天，内蒙古自治区互联网文化产业更应加强内部对投融资的吸引力。自治区政府应该加强文化产业 PPP 融资方式的推广，积极引入有一定实力的外资企业、民营企业、中央企业、地方国企等各类文化产业市场主体，为内蒙古自治区文化产业经济注入新的动力。灵活运用文化基金投资和众筹股份等各类金融工具，建立多元可持续化的互联网文化产业 PPP 项目投融资体系，并加强互联网文化产业与金融机构的沟通合作，及时共享 PPP 项目信息，协调解决文化产业项目融资、建设中存在的问题，为互联网文化产业融资工作顺利推进创造条件，最终形成高效快速的资金流和新的市场环境。

加大对中小企业及文化创客的引导和培养也必不可少。在互联网文化产业中，文化创客指在文化创意产业生态圈层中从业，且思维方式灵活、善于利用技术手段和专业技能把自己的创意设想变现为文创成果的个人或团队。文化创客主要分为内容生产者、创意实现者、产品营销者和跨界融合者。这四类人群的构成是互联网文化产业创新必不可少的。内蒙古自治区互联网文化产业应抓住众创时代的精髓，加强文化创意与经济之间的联系，加大对文化创客的扶持力度，对投融资进行一定方式的鼓励，为众多文化创客和中小企业创造一个多元化的文化产业创客空间。

（八）利用"中蒙俄经济走廊"拓展文化产业发展空间

1. 确立"文化＋"与"互联网＋"双翼驱动机制

融合与转型是当前我国文化产业发展的主要趋势。融合指文化产业与相关产业相互渗透，如文化与旅游、体育、资源、创意、地产、科技等产业的融合，可以概括为"文化＋"；转型指使用科技手段改造传统文化产业，可以概括为"互联网＋"。内蒙古自治区文化产业以传统文化产业（即文化资源产业化）为主要形式，衍生出文化旅游、演艺、图书出版、音像制品、工艺品制作等细分行业。毋庸讳言，内蒙古自治区文化产业科技附加值与产业关联度低下。因此，应该顺应文化产业发展的趋势，确立"文化＋"与"互联网＋"为内蒙古自治区文化产业的转型双翼。"文化＋"是促进文化产业结构调整和发展方式转变、文化产品和服务创新的重要途径；"互联网＋"则是文化产业结构转型的支撑条件。

目前，北京市、广东省、湖北省、陕西省、宁夏回族自治区等省市区相继出台省级推进文化产业与相关产业融合的行动计划。内蒙古自治区应尽快出台类似指导意见，实施"文化＋"战略，加快文化产业与工业制造、工业遗址、农业、牧业、旅游等产业的融合。

"互联网＋文化产业"可以理解为数字文化产业。文化部出台的《关于推动数字文化产业创新发展的指导意见》指明了"互联网＋文化产业"的新业态、新模式、新趋势。据有关专家估计，数字文化产业来势迅猛，对文化产业经济的贡献率已达到70%。呼和浩特市云计算基地是内蒙古自治区加速文化产业数字化改造的重要平台，需要有关部门尽快将内蒙古自治区民族文化资源数据库投入使用，通过大数据的分析手段，加快对文化资源的精细开发，实现文化创意的多次开发和充实完善。

2. 加强中蒙俄文化交流与民间文化往来

民心相通是中蒙俄经济走廊背景下沟通机制建立的重要基础。内蒙古自治区文化产业发展首先需要民心相通的保障。为实现这一目标，需要在加强政府间协调机制建设的同时拓宽民间交流的渠道。近年来，内蒙古自治区通过开展多种渠道、多个层次的对外文化交流活动，使与俄蒙的文化交流日益扩大，也使民间文化交流不断加强①。但是，对外文化交流和文化"走出去"依然存在不足。因

---

① 乌兰. 拓展草原文化研究　助推内蒙古更好地参与"一带一路"建设［J］. 实践，2015（8）.

此，除加强国际传播力的建设，讲好内蒙古的故事，扩大草原文化的影响力外，还需要创新文化交流形式，如推动建立中蒙俄友好城市，并推动内蒙古自治区市与友好城市的文化互动，实现更深领域的文化往来。

3. 设立中蒙俄文化发展专项基金，助推内蒙古自治区文化产业"走出去"

中蒙俄经济走廊是"一带一路"倡议的重要组成部分，其建设与发展虽然可以从丝路基金、亚投行等金融体系获得资金帮助，但是这些金融体系重点关注沿线国家的基础设施项目，针对文化产业国际化的专项资金相对缺乏。中蒙俄经济走廊建设对内蒙古自治区文化产业而言，实际上是拓展了其国际文化消费市场，为内蒙古自治区文化产业的国际化提供了平台和基础。但是，文化产业本身具有高收益、高风险的特点。对于文化企业其不论是境外投资还是文化产品出口都会面对两个难题：生产资金投入与投资风险。就内蒙古自治区文化产业现状而言，将文化产品走出去作为发展战略的企业应该为数不多。2016 年，内蒙古自治区设立文化产业专项资金，对重点文化产业聚集区和示范基地、国家级文化与科技融合示范基地、骨干文化企业、重点文化产业项目和小微文化企业以及成长性好的新兴文化产业项目和具有发展优势的地方民族特色文化产业项目，通过贷款贴息、融资担保、项目补助等方式予以支持。可以考虑在专项资金下设立"中蒙俄文化产业基金"，或者另行构建国家或地方政府或民间层面的"中蒙俄文化产业基金"，为内蒙古自治区文化产业国际化提供资金支持与风险保障。

中国银行驻蒙古国代表处联合在蒙古发展的中资企业设立了"中蒙文化教育基金"和"中蒙社会发展基金"。前者旨在为家境贫寒、品学兼优的学生提供资助，后者为落后地区提供公共设施建设基金。这两个基金为中国文化走出去，树立中国形象做出了贡献。倘若借鉴这种思路，不仅鼓励内蒙古自治区文化企业走出去，推动内蒙古自治区文化产业转型升级，而且也势必对消弭中蒙俄意识形态差别，巩固双边、多边国际关系做出贡献。

第二篇　行业报告

第二章

内蒙古自治区文化旅游产业发展报告

"十二五"期间，在经济新常态背景下，内蒙古自治区积极响应国家倡导，大力发展旅游产业，各级政府纷纷将其作为重点产业加以引导和扶持，成绩斐然，效果显著。现如今，内蒙古自治区旅游设施日趋完善，旅游知名度和影响力日渐增强，旅游服务能力和接待能力大幅提升，旅游业发展呈现出一片欣欣向荣的景象。然而，繁荣的背后依旧隐藏着许多亟待解决的问题。当下，如何应对新时期的各种挑战，如何充分把握现有的发展机遇，继而推动内蒙古自治区旅游业健康、快速发展是学界和业界需要共同面对的重要课题。

一、"十二五"期间内蒙古自治区文化旅游产业发展的背景

随着《国民旅游休闲纲要》《中华人民共和国旅游法》《国务院关于促进旅游业改革发展的若干意见》和《关于进一步促进旅游投资与消费的若干意见》等一系列旅游政策法规的相继出台，使旅游产业已逐步融入我国经济发展战略体系之中，成为推动现代服务业发展、推进城市进步、调整优化经济结构、拉动地区 GDP 增长、改善人民生活的重要产业。

（一）国家及各省市区高度重视旅游业发展

"十二五"时期，虽然世界经济仍处于整体低迷、复苏乏力状态，但全球旅游总人次和旅游总收入依旧保持着较高增速，世界已然进入了"旅游时代"，旅游业成为了全球经济复苏的重要动力。在这样的大背景下，我国旅游业实现了从短缺型旅游发展中国家向初步小康型旅游大国的历史跨越。为了促进旅游业的发展，国家出台了一系列政策法规，如《国民旅游休闲纲要》《中华人民共和国旅游法》《国务院关于促进旅游业改革发展的若干意见》和《关于进一步促进旅游投资与消费的若干意见》等，这些政策法规极大地推动了我国旅游业的发展，为经济新常态下旅游业改革创新和可持续发展注入了新动力。党的十八大以来，党和国家领导人高度重视旅游业发展，习近平总书记 4 次对旅游工作做出批示和指示，提出与 7 个国家和地区互办旅游年，并宣布举办世界旅游产业大会；李克强总理 5 次对旅游工作做出批示和指示，2 次主持召开国务院常务会，研究促进旅游业改革发展和投资消费意见，出席中韩旅游年闭幕式并发表重要讲话；汪洋副总理多次就旅游工作做出批示，并在全国旅游改革发展研讨班和旅游部际联席会议上发表重要讲话；等等。这些批示和讲话把旅游业发展提高到了一个新高度。在中央政府的指示和引导下，地方各省市区认清形势、抢抓机遇，高度重视旅游业发展。截至"十二五"结束，我国全部省区市都将旅游业定位为战略性支柱产业，成立旅游产业发展领导小组，出台推动旅游业加快发展的相关政策，安排 2 亿~10 亿元不等的专项资金；有 12 个省区市党委、政府的主要领导通过会议、批示、推介等方式引领、推动旅游业发展；有 25 个省区市每年召开地方党政主要领导参加的旅游产业发展大会；有 16 个省区市成立或已报中编办待批成立旅游产业发展委员会；有 3 个省区或地区建立了旅游警察；有 22 个省区市成立了旅游产业发展集团公司；有 4 个省市实行了周末 2.5 天弹性休息和职工带薪错峰休假制度。

在全国上下高度重视旅游业、大力发展旅游业的大背景下，"十二五"期间

内蒙古自治区旅游业取得了快速发展：全区累计接待游客 3.42 亿人次，比"十一五"期间增长了 194%，年均增速为 12%；完成旅游业总收入 7482 亿元，比"十一五"期间增长了 300%，年均增速 26%。

（二）"一带一路"倡议和"中蒙俄经济走廊"建设的提出

2013 年 9 月 7 日，国家主席习近平在哈萨克斯坦纳扎尔巴耶夫大学首次提出建设"丝绸之路经济带"的宏伟设想。同年 10 月 3 日，习近平主席在印度尼西亚国会演讲中提出了共建"21 世纪海上丝绸之路"的重大倡议。自此，中国"一带一路"的伟大战略构想横空出世，引起国内国际社会的广泛关注。"一带一路"倡议能否实现，能否揭开中国对外开放的新篇章，能否开启国际区域经济合作的新模式，能否通过国际区域经济合作激活持续低迷的世界经济，关键在于中国能否与周边国家构建稳定的战略合作关系。在此背景下，我国确定了与周边国家共同建设"经济走廊"的战略。2014 年 9 月，习近平主席参加在塔吉克斯坦首都杜尚别举行的第一次中蒙俄元首会晤时指出，中蒙俄三国发展战略高度契合，可以把"丝绸之路"经济带同俄罗斯"跨欧亚大铁路"、蒙古国"草原之路"倡议进行对接，打造中蒙俄经济走廊，促进互利共赢合作，实现优势互补，共同发展，推动东北亚区域合作进程[①]。共同建设中蒙俄经济走廊这一伟大倡议，得到了蒙古国和俄罗斯的积极响应，形成了三个国家共同致力于搭建对外开放、交流合作新平台的大好局面，继而成为推动我国"一带一路"倡议的重要抓手和落实"一带一路"倡议不可或缺的重要组成部分。

"一带一路"倡议"是中国为推动经济全球化深入发展而提出的国际区域经济合作新模式，不仅将对中国社会经济发展与全面对外开放产生深远的历史影响，而且也会对沿线国家的经济发展产生积极的带动作用，并对国际经济格局变化产生推动作用"[②]。而中蒙俄经济走廊是在"一带一路"倡议的整体框架下，针对中国与蒙古国、俄罗斯现实关系而提出的一项新型区域合作模式，是"一带一路"倡议在东北亚区域合作的具体实施[③]。作为"一带一路"倡议的重要组成部分，其在维护国家战略安全、扩大国际影响、发展周边外交、促进区域经济合作、缓和我国经济下行带来的压力等方面具有重大意义。

在国家这些发展战略背景下，内蒙古自治区在经济社会发展方面受益良多，特别是旅游产业的发展，获得了前所未有的发展机遇，对于"十二五"期间内

---

① 李新. 中蒙俄经济走廊是"一带一路"战略构想的重要组成部分 [J]. 西伯利亚研究，2015 (3)：5 - 10.
② 刘卫东."一带一路"战略的科学内涵与科学问题 [J]. 地理科学进展，2015 (5)：538 - 544.
③ 王启颖. 内蒙古参与"中蒙俄经济走廊"建设的 SWOT 分析 [J]. 财经理论研究，2016 (2)：18 - 23.

蒙古自治区旅游业的发展产生了至关重要的影响。

（三）复兴"万里茶道"进入实施阶段

公元前 2 世纪，西汉张骞两次出使西域，开辟了一条横贯东西，对沿线各国具有重大历史影响的"丝绸之路"，开启了与相关各国政治、经济、文化交流的友好往来之门。"丝绸之路"在西汉之后的历朝历代中，时盛时衰，发展起伏很大，15 世纪后，"丝绸之路"彻底中断。"丝绸之路"的中断并没有切断欧洲国家对中国产品的需求，东西交流、合作的空间依旧很大。正是在这样的背景下，"万里茶道"应运而生。17 世纪后半叶，精明果敢、富于冒险的晋商开辟了贯通中国南北、连接欧亚大陆，繁荣了两个多世纪，可以与举世闻名的"丝绸之路"相媲美的国际古商道——万里茶道。"万里茶道"起点为福建武夷山，途经江西省、湖南省、湖北省、河南省、山西省、河北省、内蒙古自治区 7 省区向北延伸，穿越蒙古戈壁草原至乌兰巴托，然后抵达中俄边境口岸恰克图，并继续向西延伸，横跨西伯利亚，通往莫斯科和圣彼得堡以及欧洲各国，全程为 1.3 万公里[①]。这条茶道与"丝绸之路"一样，促进了当时国际间的经济、文化交流，增进了欧亚多国之间的了解和友谊，推动了沿线城市带的兴起与繁荣。如我国境内的汉口市、大同市、晋中市、张家口市、归化（今呼和浩特）市以及蒙古的赛音山达、库伦（今蒙古国首都乌兰巴托）等，都成了当时名噪一时的商业重镇。与此同时，俄罗斯的恰克图、伊尔库次克、乌兰乌德、莫斯科、圣彼得堡等，也都受到了积极影响。

2013 年 3 月 23 日，习近平主席在莫斯科国际关系学院发表题为《顺应时代前进潮流，促进世界和平发展》的重要演讲。演讲中提到中俄两国能源合作时，习近平主席说，"继 17 世纪的'万里茶道'之后，中俄油气管道成为联通两国新的'世纪动脉'"。国家领导人将"万里茶道"誉为"世纪动脉"，足见"万里茶道"的历史影响与价值。

"万里茶道"不仅是一条国际商路，它还是一条承载着 200 多年历史的历史之路，一条蕴含着丰富的欧亚文化的文化之路。在文化旅游日益兴盛的今天，这条满载历史和文化的欧亚之路充满魅力。差异较大的自然环境、丰富优美的各类景观、随处可见的历史遗迹、多姿多彩的民族风情使这条古老的"万里茶路"不仅是一条能与汉朝时期"丝绸之路"相媲美的国际商路，更是一条跨越中国、蒙古、俄罗斯三个国家，连接欧亚大陆的黄金旅游线路[②]。据统计，"万里茶道"

---

① 杨永生，李永宠，刘伟．中蒙俄文化廊道——"丝绸之路经济带"视域下的"万里茶道"［J］．经济问题，2015（4）：15－18．

② 杨晓军．谈万里茶道与文化旅游［J］．福建茶叶，2016（4）：140－141．

沿线主要景区景点多达 167 个，其中世界自然文化遗产、文化景观遗产达 17 处，三清山、武夷山、庐山、长城、蒙古国阿尔泰山、俄罗斯贝加尔湖都是世界著名景点①。随着经济的发展和教育程度的提高，人们已经不再满足于走马观花式的"观景"旅游，深度体验的文化旅游越来越受各国旅游者的青睐。"万里茶道"由南至北纵穿整个中国，横贯欧亚大陆，蕴含着丰富的历史与文化，不可胜数的文化资源深深地吸引着中蒙俄三国的专家、学者，也吸引着来自三个国家的众多文化旅游爱好者。"十二五"期间，复兴"万里茶道"已经进入实施阶段，"万里茶道"与城市发展中蒙俄市长峰会的连续举办、中蒙俄三国旅游部长会议机制的建立、中蒙俄"万里茶道"国际旅游联盟的成立等都极大地推进了内蒙古自治区跨国旅游的发展，"万里茶道"在不久的将来会成为一条吸引力和影响力较强的精品国际旅游线路。

（四）《国务院关于进一步促进内蒙古经济社会又好又快发展的若干意见》的出台

2011 年 6 月 26 日，《国务院关于进一步促进内蒙古经济社会又好又快发展的若干意见》（国发〔21〕号）出台，这一重要文件旨在大力发展内蒙古自治区经济，摆脱因基础设施建设滞后、生态环境脆弱、产业结构单一、区域发展不平衡、公共服务能力不强带来的困难和矛盾。其对于改善内蒙古自治区经济生态环境，推进内蒙古自治区产业政策体系，巩固边疆区域民族团结起到重要的作用，并在进一步深化改革、保障生态安全、形成对外开放新局面、发展边疆经济、促进区域协调发展及民族团结稳定等方面起到了至关重要的作用。

《国务院关于进一步促进内蒙古经济社会又好又快发展的若干意见》对于内蒙古自治区的旅游业发展做了重要指示，提出"建设草原文化旅游大区，提升草原、森林、沙漠、地质奇观等重点旅游景区水平，扶持发展休闲农业和乡村旅游，大力发展红色旅游和边境旅游，推动开展特色景观旅游名镇（村）示范建设；发展特色专项旅游、沙漠探险旅游和生态休闲旅游，打造精品旅游线路；加强旅游公路、景区公共服务等基础设施建设，提升城市旅游集散中心功能"。正是在这一重要政策指导和引领下，内蒙古自治区旅游业看准了方向，找好了着力点，在如火如荼的发展中焕发出勃勃生机。

（五）内蒙古各级政府对旅游业高度重视

"十二五"时期，在中央政府的重视和政策引导下，内蒙古自治区各级党委、政府对旅游业发展的重视和支持日益加强。2009 年自治区政府出台《关于

---

① 唤醒沉寂百年的"万里茶道"从那开始，在这重生［EB/OL］．中国网，http://www.china.com.cn/travel/txt/2016 –07/27/content_ 38965027. htm，2016 –07 –27.

进一步加快旅游业发展的意见》将旅游业定位为战略性支柱产业；2013 年将旅游业发展专项资金提高到 3 亿元，成立以政府分管领导为组长的旅游产业发展领导小组。特别是 2013 年自治区政府提出了"8337"发展思路，其是要把自治区建设成为体现草原文化、独具北疆特色的旅游观光、休闲度假基地，从而使内蒙古自治区旅游业在发展定位跃上了一个新台阶。随后，旅游基地作为全区经济社会发展的"五大基地"之一被明确提出，并被强力推进，这极大地调动了各级地方党委、政府和全区旅游系统的积极性。在自治区各级政府的高度重视下，全区旅游业的发展思路、格局和态势正在发生重大变化：内蒙古自治区旅游在国家的地位迅速提升，各盟市、旗县党委及政府对旅游业的认识和支持日益加强，旅游系统的自信心、凝聚力和干劲空前提高，旅游业发展的思路和举措不断创新，旅游业发展指标和对经济社会的贡献率高速增长。自治区旅游业发展形势一片大好，前景一片光明①。

（六）内蒙古自治区经济的快速增长及居民消费水平的提高

众所周知，发展旅游业需要具备足够的经济实力。"十二五"期间内蒙古自治区紧紧围绕着"全面建成小康社会、全面深化改革、全面推进依法治国、全面推进从严治党"的战略布局，科学统筹，稳步推进，在自治区党委的坚强领导下，深入贯彻落实中央各项决策部署，全面落实"8337"发展思路，在世界经济复苏乏力、我国经济新常态背景下，解放思想、真抓实干，创新调控手段，积极主动作为，使自治区经济发展再上新台阶，综合实力得到明显提升。

首先，"十二五"期间内蒙古自治区经济总量持续增加。全区生产总值由 2010 年的 11672 亿元，增加到 2015 年的 18033 亿元，年均增长 10.0%，快于全国同期年均增速 2.2 个百分点②。

其次，"三产"增速较快，结构日趋合理。内蒙古自治区第一产业、第二产业、第三产业结构由 2010 年的 9.4∶54.5∶36.1 演进为 9∶51∶40，第二产业"一产独大"的局面有所改变，第三产业的贡献率得以提升。此外，第一产业、第二产业、第三产业的年均增速分别为 4.5%、11.6% 和 8.9%，均有较快提升。

再次，人均生产总值实现新突破，居民消费水平不断提高。自治区人均生产总值由 2010 年的 47347 元，增加到 2015 年的 71903 元（折合 11547 美元），年均增长 9.7%，快于全国同期年均增速 2.4 个百分点。伴随着人均国民生产总值

---

① 内蒙古：从草原文化旅游大区迈向旅游经济强区［EB/OL］.内蒙古新闻网，http：//economy.nmgnews.com.cn/system/2016/07/01/012049649.shtml#，2016－07－01.

② 杨力英.数说"十二五"辉煌成就 展望"十三五"华彩新篇——"十二五"时期内蒙古经济社会发展综合分析报告［J］.内蒙古统计，2016（3）：3－6.

的提升，自治区居民消费也发生了较大变化，消费结构明显升级。城镇和农村牧区居民人均消费支出中，教育文化娱乐支出占比分别为11.4%和13.7%；医疗保健支出占比分别为7.2%和10.5%。

最后，自治区各盟市、旗县区公共财政预算收入明显提高。"十二五"时期，自治区一般公共预算收入由2010年的1070亿元增加到2015年的1964亿元，年均增长12.9%。全区6个盟市一般公共财政预算收入超百亿元，公共财政预算收入超亿元旗县区实现了全覆盖①。

在内蒙古自治区经济实力不断增强的背景下，旅游业的发展获得了强有力的资金保障；居民收入水平的提高以及消费结构的改善使自治区旅游业不断焕发出勃勃生机。

二、"十二五"期间内蒙古自治区文化旅游产业发展的成就

"十二五"期间，在中央政府的大力支持和指导下，在自治区党委、政府的坚强领导下，在旅游各界的共同努力下，全区旅游业快速发展，取得了显著成就。

（一）旅游收入及接待人数大幅提升

"十二五"期间，全区累计接待游客为3.42亿人次，比"十一五"增长194%，年均增速12%；完成旅游业总收入7482亿元，比"十一五"增长300%，年均增速26%（如表2-1所示）。

表2-1　"十二五"期间内蒙古自治区旅游接待量及旅游收入统计

年份及增长情况	接待游客（万人次）	比上一年增长（%）	旅游业总收入（亿元）	比上一年增长（%）
2011	5329.47	15.35	889.55	21.4
2012	6046.48	13.45	1128.51	26.9
2013	6774.37	12.04	1403.46	24.4
2014	7580.00	11.92	1805.30	28.6
2015	8512.60	12.29	2257.10	25.0
年均增速（%）	—	12.00	—	26.0
"十二五"累计	34242.92	—	7482.00	—
比"十一五"增长（%）	194.00	—	300.00	—

---

①　杨力英．数说"十二五"辉煌成就　展望"十三五"华彩新篇——"十二五"时期内蒙古经济社会发展综合分析报告［J］．内蒙古统计，2016（3）：3-6.

（二）旅游业对自治区经济社会的贡献日益增加

随着旅游业的快速发展，其对自治区经济的贡献日益增加，特别是在解决社会就业、提高人民收入、脱贫致富方面起到了重要作用。"十二五"末，全区旅游业对GDP的综合贡献率为11.8%，对第三产业的综合贡献率为31%，对社会消费品零售总额的综合贡献率为37%；旅游行业直接、间接就业人数为165万人，分别占全社会和第三产业就业人数的10.52%和26.54%。

（三）旅游业规模扩大，产业内部结构日趋合理

伴随着旅游业的快速发展，产业规模日益发展壮大，其内部结构也随着市场化的调节而日趋合理。"十二五"末，全区A级景区318家（5A级2家，4A级81家），同比增加113家；旅行社936家（组团社68家、边境社34家、赴台社7家），同比增加235家；星级饭店335家（5星级10家，4星级39家），同比增加73家；休闲农业与乡村旅游示范县20个，其中国家级6个，自治区级14个；休闲农业与乡村示范点83个，其中国家级17个，自治区级66个；国家级生态旅游示范区3家；星级家庭旅游接待户462家；旅游企业集团公司20家；旅游商品企业402家；旅游运输企业35家。

（四）旅游行政管理体制改革和创新初见成效

为加快旅游业发展，进一步强化旅游主管部门综合协调职能，内蒙古自治区多个盟市、旗县区为适应经济新常态，积极推动经济转型升级，进一步深化旅游行政管理体制改革，将地方旅游局更名为旅游发展委员会，由政府直属机构调整为政府组成部门。这一举措是顺应旅游产业蓬勃发展的必然需求，标志着旅游管理体制改革迈出实质性步伐。鄂尔多斯市成立了文化旅游产业发展委员会，包头市成立了旅游交通委员会，根河等8个旗县区成立旅游发展委员会，自治区、呼伦贝尔市、乌兰察布市、满洲里市正在进行旅游委成立工作；自治区旅游局新成立旅游合作处，专门推进区域合作和中蒙俄文化旅游交流工作，同时筹备成立政策法规处，旨在调整直属事业单位职能；筹备成立宣传促进中心和产业研究中心，配合机关开展智慧旅游和项目研究工作；将达茂旗等5个旗县市区纳入国家第一批全域旅游示范区创建名单；察右中旗成立旅游综合执法局，合并工商、食药等7个部门的旅游相关执法权，开展旅游综合执法工作试点；呼伦贝尔市和鄂尔多斯市成为国家首批旅游改革创新先行区，乌兰察布市和通辽市成为全国自驾游示范城市，乌兰察布市还被中国气象协会评为"中国草原避暑之都"；各盟市陆续成立20家旅游投融资公司，企业平台打造初显成效，乌兰察布市、阿拉善

盟在国有旅游投融资公司组建运行方面走在了全区前列。

（五）品牌旅游景区创建工作效果显著

品牌旅游景区创建工作是当前旅游业发展的关键，是旅游业提高竞争力的重要手段，是落实自治区"8337"发展思路，建设体现草原文化、独具北疆特色的旅游观光、休闲度假基地的重大举措，是旅游业转型升级、加快发展的有力抓手。品牌景区建设有助于树立良好的市场形象，有利于扩大市场份额，有利于建立强大的市场竞争优势。随着国内旅游业的快速发展，内蒙古自治区旅游景区面临的竞争压力越来越大，品牌旅游景区建设工作迫在眉睫。因此，自治区积极推进品牌旅游景区创建工作，大力开展全区品牌旅游景区创建活动，印发了《内蒙古自治区品牌旅游景区创建三年行动计划》，并与各盟市签订了《品牌旅游景区创建责任书》，多次组织召开品牌旅游景区创建方案研讨会，同时成立了专门工作组指导各景区工作。截至2015年，已有25家景区上报国家旅游局争取评定为5A级景区或国家旅游度假区，其中满洲里中俄边境旅游区、阿尔山—柴河旅游区已通过了国家旅游局5A级景区也资源评价，康巴什旅游景区也进入了第一批国家旅游度假区候选名单，下一步将进入创建阶段；指导额尔古纳、阿尔山等9个城市、景区申报创建国际特色旅游目的地，阿尔山已成为"中国国际养生度假旅游目的地"创建地；此外，全年创建4A级景区12家，全区4A级以上旅游景区达到87家。

（六）旅游扶贫初见成效，受益群众日渐增多

旅游扶贫是指旅游资源比较丰富的贫困地区或欠发达地区，通过对旅游资源保护性的开发利用，发展旅游产业，并以旅游产业带动和促进相关产业，从而增强自我发展的能力，走出一条脱贫致富的路子。旅游扶贫的核心是以旅游资源为基础，以脱贫致富为目标，以贫困农民参与为手段，促进地区的全面发展及贫困人口的脱贫和发展[①]。"十二五"期间，内蒙古自治区积极推进旅游扶贫工作，依据旅游开发规律及开发条件，积极开发旅游资源较好的贫困地区，启动旅游规划扶贫公益行动，为5个盟市13个贫困村（嘎查）免费提供旅游规划设计、旅游项目建设、旅游商品研发、旅游经营管理等方面的专业指导和跟踪服务。截至2015年底，全区乡村旅游接待户超过4200家（其中星级接待户381家，4星级以上127家），全年接待游客达2860万人次，营业收入为18亿元。全区有576个村（嘎查）开展农村牧区旅游，其中有57个国家级贫困村、294个区旗级贫困村（嘎查），占旅游村的51%；全区乡村牧区旅游直接从业人员超过15万人，

---

① 邓小海，曾亮，罗明义. 精准扶贫背景下旅游扶贫精准识别研究［J］. 生态经济，2015（4）：94-98.

带动农牧民就业13万人，其中，涉及贫困地区人口超过10万人。

（七）文明旅游氛围已经形成

文明旅游对于创建文明和谐的旅游环境，展示美丽内蒙古自治区的良好形象具有至关重要的作用。"十二五"期间，内蒙古自治区一直致力于"增强文明出游意识，提升文明旅游素质"的工作，与文明办联合下发《关于加强文明旅游工作的实施意见》，明确全区文明旅游工作的具体思路和措施，研究启动了"文明旅游示范区"的创建工作。制定实施了《自治区文明旅游三年行动计划》，开展不文明旅游专项治理行动，加强对不文明旅游现象的检查，建立与城管、公安、街道等部门共同参与的文明旅游工作联席会议制度，定期召开会议、调度工作、分析解决问题，形成了统一指挥、上下贯通、多方协调的决策机制。认真执行《游客不文明行为记录管理暂行办法》，加强导游员和出境领队培训，加强旅行团行前文明旅游教育，借助"3·15"消费者权益保护日、"5·19"中国旅游日等活动，强化文明旅游宣传引导。经过长期的不懈努力，自治区文明旅游工作取得了良好效果，文明旅游的大环境已经初步形成。

（八）旅游合作掀开新篇章，互利共赢成为主旋律

近些年来，地区间旅游业竞争日渐激烈，竞争方式和竞争范围都发生了深刻变化，现已从最初单个景点、景区的竞争，发展到旅游线路竞争，再到旅游目的地城市竞争，直至旅游目的地区域竞争。在此背景下，"区域旅游一体化"成为了新时期旅游业发展的重要导向，并成为提升地区旅游竞争力的重要途径。事实证明，通过一体化合作机制可以实现资源共享、优势互补、市场互动，打破地域、空间、体制的藩篱，打造无障碍、合作共赢的旅游区，从而实现旅游经济的全面发展。

"十二五"期间，自治区在国内依托现有的各类推广联盟，打破地区藩篱，推进区域旅游一体化进程。重点加强与京津、毗邻8省区的区域合作，开通无障碍绿色旅游通道，创新区域联动模式，联合推广区域特色产品；深入拓展与港澳台、长三角、珠三角、蒙沪皖远程客源地合作，开展"互换冬天"产品，互相延展旅游线路，共拓旅游市场；积极推动与国内"万里茶道"（茶叶之路）沿线7省国际化品牌旅游线路开发，共同打造国际旅游形象品牌，构建特色鲜明、优势互补、充满活力的区域旅游合作大格局。盟市层面推动的兴安旅游联盟、乌大张（乌兰察布市、大同市、张家口市）以及赤峰市与辽宁省、阿拉善盟与宁夏回族自治区和甘肃省、鄂尔多斯市与陕西省相邻地区合作也取得了积极成效。国外方面，重点推进中蒙俄合作。在完善中蒙俄三国五地旅游联席会议制度基础

上，借助中蒙博览会平台，推进国家旅游局与俄蒙两国旅游部门召开司局级会议，将中蒙俄旅游合作上升到国家层面；开展中蒙俄旅游合作洽谈会，签署中蒙俄旅游企业旅游合作项目；启动中蒙俄"万里茶道"（茶叶之路）旅游联盟成立工作，联合国内8个省区与俄蒙两国共同签署了《中蒙俄"万里茶道"（茶叶之路）国际旅游协调会议纪要》，开展了"茶叶之路—和平之旅"中蒙俄自驾环线踏查等一系列跨境旅游活动；指导阿尔山—松贝尔跨境旅游区建设，支持额尔古纳、珠恩嘎达布其、阿日哈沙特、额布都格、满都拉、甘其毛都等口岸开展边境旅游业务。满洲里市和二连浩特市在中蒙俄旅游合作中发挥了重要作用。

（九）旅游基地建设成绩初显

"十二五"期间，自治区累计争取国家旅游发展基金1.2亿元，中央预算内旅游基本建设资金2亿元；累计安排自治区旅游发展资金4.91亿元，争取自治区预算内旅游基本建设资金7800万元，累计完成投资1200亿元，初步形成精品景区与全域旅游示范区、生态旅游示范区、研学旅游示范基地的综合创建体系，旅游基地建设成绩初显。

三、"十三五"期间内蒙古自治区文化旅游产业发展面临的机遇与挑战

"十三五"时期是我国全面建成小康社会的决胜阶段，也是实现中国梦的关键时期。内蒙古自治区要在"十三五"时期大力发展旅游业，结合自身的特点和实力打一场攻坚战，超额完成预期的目标。然而，前行的道路并非一帆风顺，有机遇也有挑战。

（一）机遇

1. 国际方面

首先，国际经济调整加速，整体复苏值得期待。通过世界各国的不懈努力，"十三五"时期世界经济将从低速调整进入温和增长期，特别是正处于经济低谷的西方发达国家有望实现缓慢复苏，并在"十三五"时期进入温和上升期，对外部需求将会逐渐增加。预计2015～2020年美国经济将继续温和复苏，GDP实际年均增长有望维持在2.5%左右，高于欧元区和日本[①]。其次，世界各国都致力于发展旅游业，很多国家将我国作为重要的旅游客源地和旅游目的地，从而势

---

① 张亚雄，张晓兰. 从"十三五"时期国际经济环境看我国经济发展面临的机遇与挑战 [J]. 经济纵横，2015（11）：11－17.

必推动我国旅游业的快速发展。

2. 国内方面

首先，虽然我国经济受世界经济危机影响持续下行，但其增长速度仍遥遥领先于世界平均水平，"十三五"时期我国经济实力依旧雄厚，支撑旅游发展的能力较强。其次，党的十八大和十八届五中全会确立了我国新时期改革的方向，《国务院关于进一步促进内蒙古经济社会又好又快发展的若干意见》为内蒙古自治区经济发展提供了政策依据，京津冀经济圈加快发展、东北老工业基地振兴和中部地区崛起、国家沿边开发开放的战略等都为内蒙古自治区带来了新的机遇，新一轮深化改革将为发展注入新的更强更多的活力和动力①。再次，"一带一路"倡议将在"十三五"时期开始全面实施，其所带来的经济增长将是巨大的，这将给"十三五"时期的旅游业带来巨大的发展机遇。复次，"十三五"时期国家着力推动供给与需求共同发力，并将特别注重供给侧结构性改革。这势必会促进旅游业产业结构的调整和升级改造，从而提高服务和影响力，增加旅游目的地的知名度和美誉度，推动旅游业快速发展。最后，近年来，我国大力发展基础设施建设并取得令世界瞩目的成绩，目前我国的大中城市基础设施环境比一些发达国家还要好，拥有现代化飞机场、高铁、高速公路、通信、互联网等。在此基础上，国家继续大力推进西部地区棚户区改造和铁路、城市基础设施建设等重要投资方向，自治区也进一步释放非公有制经济活力和潜能，这些都将为自治区旅游业的发展带来积极的影响。

（二）挑战

1. 国际方面

当前国际形势瞬息万变，大国之间的政治博弈愈演愈烈，世界政治格局正在发生着悄然而深刻的变化。在此背景下，"十三五"期间，来自国际方面的挑战存在诸多不确定因素。首先，西方发达国家的巨大压力将使人民币汇率继续升值，升值以后会对入境旅游造成一定程度上的不利影响。其次，大国之间的政治博弈愈演愈烈，势必会导致国际形势发展的不确定性，不排除地区矛盾冲突爆发的可能。最后，世界经济虽然处于缓慢复苏状态，但受发达国家货币与财政等宏观政策的"再调整"、新兴经济体的集体困境、全球金融市场的持续波动、各国创新与增长动力长期不足等因素影响，全球经济面临较多不确定性，经济增长缺乏新动力、全球治理失当、地缘政治冲突不断等问题尚未得到有效解决，各种风险仍在积累并不断显现。因此，"十三五"时期全球经济格局仍将处于危机后的

---

① 杨力英. 数说"十二五"辉煌成就　展望"十三五"华彩新篇——"十二五"时期内蒙古经济社会发展综合分析报告［J］. 内蒙古统计，2016（3）：3-6.

深度调整中，世界经济在较长一段时间内仅能维系在低速运行状态①，普通民众消费能力短时间不会有太明显的提高，从而影响旅游特别是跨境旅游的积极性。

2. 国内方面

首先，我国经济结构的特点是投资比重偏高、消费比重偏低，在国际经济复苏乏力、回升缓慢的影响下，出口贸易相对困难，从而导致我国经济持续下行，居民休闲娱乐消费必将受到一定程度的影响。其次，来自于周边省市的旅游竞争压力加剧，自治区旅游业发展尚有较长的路要走。

四、云南省文化旅游产业发展的经验与启示

作为旅游大省，云南省旅游发展速度一直较快，特别是"十二五"时期，其速度是惊人的，现已建成连接东南亚、南亚国际旅游市场以及中国西部和内陆地区国际旅游市场的客流集散地，使云南成为中国、亚洲乃至世界独具特色、最适宜全天候观光、休闲、度假、科考探险及商务会展的游览胜地和旅游目的地，实现从旅游资源大省向旅游经济大省的跨越。内蒙古自治区与云南省具有诸多相似之处：经济发达程度相当，均为边疆省份，少数民族人口比较多，旅游资源同样丰富且自然景观和民族风情都是"拳头"旅游产品。因此，两地区在旅游发展上具备一定的可比性，在旅游发展经验上具有一定的启发借鉴意义。

云南省旅游业自 1978 年起步，经过了 32 年的时间，于 2010 年旅游业总收入达到 1006.8 亿元，首次突破千亿元大关，成为国内旅游界"千亿元俱乐部"中为数不多的成员之一。2011～2013 年，历时 3 年，全省实现旅游业总收入 2111.24 亿元，突破 2000 亿元大关。2014～2015 年，仅仅经过两年的时间，旅游总收入达 3281.79 亿元，突破 3000 亿元大关。内蒙古自治区与云南省经济发展程度相近，旅游资源性质类同，但旅游发展差距较大，以"十二五"收官之年的数据比较为例，可以看到差距情况（如表 2－2 所示）。

表 2－2　2015 年云南省与内蒙古自治区旅游数据比较

省区 ＼ 2015 年数据	全年 GDP（亿元）	接待游客（万人次）	比上一年增长（％）	旅游业总收入（亿元）	比上一年增长（％）
云南	13717.88	32914.03	18.3	3281.79	26.7
内蒙古	18032.8	8512.6	12.29	2257	25.03

① 张亚雄，张晓兰. 从"十三五"时期国际经济环境看我国经济发展面临的机遇与挑战 [J]. 经济纵横，2015（11）：11－17.

（一）云南省旅游业发展的成功经验

如表 2 - 2 的数据比较可见，内蒙古自治区旅游业发展与云南省有着不小的差距。经过 30 多年的培育发展，云南省旅游业已成为该省的支柱产业，发展水平居全国前列，并成功开创了中国旅游业发展的"云南模式"。

1. 党委高度重视，政府积极主导

为了加快发展旅游业，云南省先后出台了《中共云南省委　云南省人民政府关于进一步加快旅游产业发展的若干意见》《云南旅游发展倍增计划》《云南省"十一五"旅游发展规划》等一系列鼓励旅游业发展的政策措施，极大地推动了云南旅游业的发展。此后又出台了《中共云南省委、云南省人民政府关于建设旅游强省的意见》等一系列文件，有力地推动了云南省旅游业的进一步发展。在我国改革开放的新形势和经济新常态的背景下，云南省并未坐拥骄人成就裹足不前，而是树立了建设国内外知名的"旅游强省"的宏伟目标，与时俱进，开拓进取。2014 年 8 月，中共云南省委九届八次全体会议又提出了要加快培育发展"大生物、大旅游、大能源、大制造、大服务"5 个万亿元大产业的目标，加快发展以旅游业、民族文化产业、旅游商品加工制造业、康体休闲与健康服务业等为重点的大旅游产业。

2. 措施得力，造就典范

云南省在发展旅游的过程中积极探索，勇于创新，其采取的"五个率先"的举措堪称全国旅游业发展的典范。

一是率先确立支柱产业地位。云南省政府较早地洞察到旅游业发展的巨大潜力，在全国率先确立了旅游业的支柱产业地位。1995 年，云南省第六次党代会决议将旅游业列为全省四大支柱产业之一，把旅游业纳入经济社会发展的总体战略进行部署和实施，自此旅游业在政府高度重视下走上了发展的"快车道"。

二是率先推行政府主导型发展模式。任何产业在发展初期，都无法全面进行市场化的运作模式，需要政府的主导和干预。云南省清醒地认识到这一点，早早地成立省级层面的旅游产业领导小组，强化统筹协调，设立旅游发展专项基金，推动旅游生产力的发展。

三是率先积极探索产业转型升级。旅游产业的发展要与时俱进，要积极适应经济社会发展的新情况和新要求。随着我国经济的发展以及游客旅游需求的改变，原有的产业发展模式已不再符合时代的要求。因此云南省立足原有的基础，集中精力打造了一批观光和度假相结合的旅游精品，加大了文化和旅游的融合力度，在国家公园、高尔夫旅游等新产品、新业态方面进行了积极探索。经过努力，云南省建成国家旅游度假区 3 个、国家生态旅游示范区 3 个、国家级旅游景

区 232 个，国家级、省级旅游城镇 38 个，省级旅游特色村 350 个，新建了昆明国际会展中心和一批高端接待服务设施，形成了石林风景区、大理白族自治州、丽江市、西双版纳傣族自治州、腾冲市、香格里拉市等一批国内外知名的旅游目的地。

四是率先开创旅游目的地整体营销先河。旅游业要发展，旅游营销需要不断强化。20 世纪 80 年代，云南省率先取得了西双版纳旅游的成功营销模式，"美丽的西双版纳"作为旅游目的地的标杆为更多人所知晓。此后，香格里拉品牌塑造得以成功，从而带动了同一旅游线路上的大理白族自治州、丽江市、迪庆藏族自治州等旅游目的地的成功发展。最为成功的是"七彩云南、旅游天堂"整体形象的宣传营销使整个云南省旅游家喻户晓，尽人皆知。

五是率先拉开省级旅游综合改革序幕。旅游要发展，改革是关键，一成不变的产业发展终将无路可走。云南省深刻地意识到了这一点，及时进行旅游改革创新。2009 年，云南省成为全国首家以产业为主线的旅游综合改革建设试点省份，开展了一系列试点工作，建立了部级联动协调制度，在恢复边境旅游异地办证、跨境旅游线路审批等方面取得重要突破。此外，积极推进旅游管理体制改革，在全国（继北京市、海南省之后）第三个成立了省旅游发展委，大部分州市组建了具有综合协调职能的旅游行政管理机构①。

3. 重视品牌建设和服务创新

云南省在发展旅游业的过程中，高度重视品牌建设问题，通过品牌建设提高吸引力和竞争力以及知名度。在多年的努力下，云南省创立的国际知名旅游品牌类别不仅涵盖旅游目的地、纪念品、土特产，还推出了包括"云南印象""阿诗玛""五朵金花"在内的一系列展现云南民族特色的品牌项目。创新是产业长远发展的生命线，也是挖掘潜能、提升竞争力的有效手段。云南省利用沿边、高原等特色，在 GMS 区域旅游线路开拓、国际中转游客 72 小时免签等领域进行了积极的探索，形成了集传统旅游服务、休闲度假旅游服务、新兴特种旅游服务等为一体的全方位旅游支撑体系。此外，旅游网络管理平台、分时旅游度假模式创新、"航空 + 旅游"模式创新在实践中成效显著。

4. 培育大型龙头企业，引领产业快速发展

旅游产业要增强实力和影响力，必须培育一批在整个产业内影响力大、经济和技术实力强、市场化和专业性高的龙头企业。伴随着旅游业的快速发展，经过政府的精心培育，云南省涌现出一批致力于旅游开发和旅游服务的实力较强的本土龙头企业，其中具有代表性的有云南世博旅游控股集团有限公司（以下简称世

---

① 李富强，胥建华. 中国旅游产业发展的"云南模式"［EB/OL］. 人民论坛网，http：//politics. rmlt. com. cn/2015/0205/371600. shtml，2015－02－05.

博集团）、云南城投集团、云南省旅游投资有限公司（以下简称云旅投资公司）、诺仕达集团。其中世博集团、城投集团、云旅投资公司属国有控股企业，而诺仕达为民营企业。这四家企业拥有雄厚的资本实力，旗下公司掌控云南众多知名景区、旅行社、酒店、客运服务、餐饮、购物店等旅游业核心要素。如世博集团主要从事旅游景区、旅游地产、会展等产业，拥有上市公司云南旅游，管理着"昆明世博园"等五大优质旅游资源；云南城投集团在连锁分时度假资源共享平台搭建、文化旅游项目设计建设、旅游休闲综合体规划等方面拥有丰富的经验，旗下控股云南城投、云南水务、莱蒙国际三家上市公司，与洲际酒店集团、新加坡悦榕集团、希尔顿集团公司、华侨城集团等国内外知名旅游管理运营商建立了稳定合作关系；云旅投资公司作为云南省投资控股集团的子公司主要代表政府对省内的核心旅游资源进行掌控和开发，肩负旅游投融资的使命，先后在曲靖麒麟生态温泉旅游小镇、西双版纳勐仑旅游小镇等项目的运作中发挥了巨大作用。诺仕达集团涉足餐饮、旅游综合体、豪华酒店等领域，在旅游纪念品的生产与销售独树一帜，拥有"七彩云南""庆沣祥""南亚风情园"等知名品牌，还是"麦当劳"的特许发展商及"豪生酒店"品牌的云南区合作伙伴①。这些本土龙头企业的形成，无疑增强了云南省旅游业的产业竞争力，并很好地主导了旅游业的运营，从而使政府的主导功能逐渐弱化，市场化程度提高，市场自主调节和资源配置功能显现。

5. 注重专业人力资源的培养与培训

云南省旅游业之所以能够快速发展，除了政府重视、政策和举措得力等因素外，健全的专业人力资源培养培训机制也起到了良好的智力支持作用。当前云南省已经建立起从中等、高等职业教育到本科、硕士、博士学位专业教育的全方位旅游人才教育体系，涉及旅行社、酒店和景区管理、项目管理、规划设计等旅游服务的各个层面，有力地为各个领域、各个层面的旅游业发展输入了大量的专业人才。在旅游人才培养上，云南省积极与周边国家进行旅游人才的交换培养已经成为教育中的常见模式，并通过这种文化教育的交流和沟通与周边国家建立了较为紧密的合作关系。在人才培训方面，除了各高等院校外，灵活、机动，以实践为主的培训机构更为丰富，其与高校培训机构相互合作、相互补充，构建出一个科学合理的培训体系。在培训过程中，不限于国内相关人员的培训工作，相关院校和科研机构多次承担周边国家的旅游管理人员的培训，从而为周边国家和地区的旅游业发展做出了贡献。

---

① 中投顾问. 云南旅游业发展特征分析［EB/OL］. 搜狐官网，http：//www.sohu.com/a/138392428_255580，2017－05－05.

（二）云南省旅游业发展成功经验的启示

自 1978 年开始，云南省经过 30 多年的努力，走出了一条"政府主导、产业转型、整体营销、综合改革、高位推进、融合发展"的新路径，开创了符合云南实际的"民族特色旅游发展"的新型模式，并取得了良好的政治、经济、文化、社会与生态效益，开创了中国旅游产业发展的"云南模式"①。内蒙古自治区要深入学习云南省的成功经验，少走弯路，多进行探索和实践，大力推动旅游业发展。

1. 加大创新探索，改变传统旅游项目一家独大的局面

内蒙古自治区旅游在产品研发方面创意不多，多年来一直停留在草原和民族风情上，在民族风情以外的领域发展不足，旅游项目过于单一，没有给游客带来"意外惊喜"。因此，内蒙古自治区急需突破传统形象和开发模式，要大胆创新，开发新领域，研发新产品。众所周知，内蒙古自治区旅游资源丰富多彩，别具特色，旅游开发价值突出。因此，可以从草原风光、民族风情以外的其他角度丰富内蒙古自治区的旅游项目。例如，内蒙古自治区的大森林、大沙漠都有做强、做大的基础，可以大做文章。此外，内蒙古自治区的农业旅游、冰雪旅游也都有很好的发展空间，同样可以做成内蒙古自治区"旅游代表作"。总之，我们要充分挖掘内蒙古自治区的各类旅游资源，要锐意进取，大胆创新，丰富内蒙古自治区旅游项目，树立内蒙古自治区旅游形象，以更好地满足当代游客"求奇、求异、求新"的多元化的旅游需求。

2. 积极推动旅游服务设施与旅游基础设施的升级改造

目前，内蒙古自治区已经形成了景区、线路和区域相互连接的公路交通网络体系，构建了以高速公路、一级公路为主，二、三级公路为辅的旅游干线通道。四条精品旅游线路，18 条支线，若干条旅游环线通畅、便捷。公路沿线建设了若干服务区、加油站、厕所，基本形成了公共服务体系的构架。虽然如此，目前内蒙古自治区的公路交通基础设施和公共服务设施与广大游客的出行需求还有很大的差距，需要积极推动旅游服务设施与旅游基础设施的升级改造。

首先，做好规划、科学布局、合理建设。完善旅游公路的基础设施建设和服务建设，打造系统性的旅游风景区，提升综合影响力和旅游品质，给予游客以便利的旅游环境和条件。其次，规划完善游客服务中心、储备游客中转服务休息站和旅游景区的安全救护系统，建设游客的聚集营地。旅游服务与政府息息相关，争取得到交通厅的支持与协助，帮助游客简化旅游途中遇到的问题。在基础设施

① 李富强，胥建华. 中国旅游产业发展的"云南模式"[EB/OL]. 人民论坛网，http://politics. rmlt. com. cn/2015/0205/371600. shtml，2015 – 02 – 05.

建设方面确定以国省干线为主，向二级公路辐射，覆盖旅游交通的便利条件。二级以上的公路要达到整体公路的七成到八成以上，以实现重点旅游景区的附近都有快速路的便利条件，给游客带来便利条件。在公共服务设施建设方面旅游线路中可供游客使用的厕所平均距离不超过50公里，最长间距不超过100公里。贾亚迈勒女士——世界厕所组织的总经理曾经说过，厕所不仅是游客旅游过程中的必需品，更是游客体验的重要组成部分，也反映了旅游地区的环境形象，所以旅游区的厕所干净整洁，距离缩短是赢得旅游者不可忽视的一部分。把旅游厕所与车辆加油站和休息区结合起来，打造简易而完备的"旅游驿站"，与政府协调，增加游客的社区服务功能，使旅游品质上升一个新层次。再次，根据自驾车旅游的需要，建设功能完善的沿线公路的自驾车旅游服务体系，包括游客中转服务站、救护系统，在已经建设的十几个自驾车营地的基础上，再支持旅游企业建设一批自驾车营地。最后，支持盟市、旗县旅游部门在主要旅游通道上建立游客服务中心，与商务厅、国土厅、交通厅以及各盟市、旗县地方政府协调配合，共同治理旅游公路加油站附属服务设施差，管理水平低的问题，增设为游客服务的功能，使国道、省道沿线的旅游服务得到大幅提高。

3. 转变营销观念，加大营销力度

内蒙古自治区旅游业发展面临着巨大的竞争压力，当务之急需要转变营销观念，加大宣传和营销力度。第一，针对内蒙古自治区的主要客源地，实施精准营销。据统计，2015年内蒙古自治区以外国内过夜游客情况如下：华北地区是自治区最重要的客源市场，占比高达38.39%，华北市场中北京占比最高为9.74%，其次是河北5.80%、天津5.26%。另外，华东市场占16.63%、东北市场占16.63%、中南市场占11.27%、西北市场占8.99%、西南市场占5.88%。由数据可知，京津冀、长三角、东北市场是内蒙古自治区的主要客源地。因此要有针对性地对这些地区进行精准营销，对其实施线上线下营销，形成了立体式、广覆盖、高强度的旅游宣传营销态势。第二，继续强化央视形象广告营销，在央视各个主要频道的黄金时段，如在中央1套和中央13套"朝闻天下"时段播出"祖国正北方，亮丽内蒙古"旅游形象广告。第三，创新营销合作模式，与各大旅行社及各大旅游在线服务公司合作，依托这些企业遍及全国的营销网络和专业化营销平台，开创内蒙古自治区旅游营销新模式。第四，进一步加大网络营销力度，改版上线内蒙古自治区旅游资讯网，开通内蒙古自治区旅游微博、微信公众平台，与携程网等新媒体进行合作开展内蒙古自治区旅游营销专项活动；内蒙古自治区旅游局积极主动地与国内大型门户网站以及搜索引擎开展深度合作，如旅游网、百度、搜狐、人民网、新华网、正北方网等，借力网络平台扩大影响，增加营销力度。第五，积极寻求自媒体营销，特别是加强利用微信、QQ、微博等

线上营销渠道,加大宣传营销覆盖面。第六,坚持节庆营销,借助于每年成功举办的"5·19"中国旅游日、中国蒙古族服装服饰艺术节、内蒙古草原旅游那达慕、内蒙古冰雪旅游那达慕、中蒙俄(满洲里)冰雪旅游节等20多个旅游节庆活动,来达到宣传营销目的。第七,强化针对主要客源国的宣传营销工作。内蒙古自治区的主要客源国是蒙古国、俄罗斯、日本、韩国、美国、加拿大、英国、德国、法国、新加坡、马来西亚、泰国、菲律宾以及我国的港澳台地区。内蒙古自治区要针对这些国家和地区进行针对性的宣传营销,扩大内蒙古自治区旅游在海外的影响力。

4. 侧重政策扶持,着力打造龙头企业

在今后相当一段时间内,内蒙古自治区要不断加大旅游企业的培育力度,推进企业集团化发展,打造有能力、有影响力、有号召力,规模完善,具有绝对竞争力的大型龙头旅游企业。首先,为了尽快解决旅游企业资金积累较慢、利润微薄、发展不可持续等问题,要不断加大旅游企业的培育力度,推进企业集团化发展,目前已经成立旅游集团公司20家,其中,满洲里口岸集团已经挂牌新三板上市,鄂尔多斯东联集团正在筹备上市。其次,在条件许可的前提下,筹备成立内蒙古自治区旅游产业集团公司,使之成为内蒙古自治区旅游企业中的绝对龙头和领军企业,以此引领其他各旅游企业的快速发展。再次,基于旅游业的资源国有化和准公益性,鼓励各级政府成立国有旅游投融资公司,搭建整合旅游资源、开发旅游项目、运作旅游基金和推进旅游 PPP 模式合作的平台,培育具有较强支撑力的地方旅游企业体系。最后,鼓励政府关注对旅游业的投资,成立专门的旅游投资公司,与媒体影视合作发展,全方位地打造内蒙古自治区旅游业。

5. 建立完善的专业人力资源培养与引进机制

人才发展战略是旅游业得以快速和持续发展的重要保障。内蒙古自治区要积极出台人才队伍建设政策,通过人才的引进与培养破解当前面临的人才问题。一是积极引进高素质的专业人才。解决旅游发展的人才问题最快速有效的办法就是放眼国内外,引进高素质专业人才。众所周知,对现有从业人员进行培养,提高其专业素养和能力,从而缓解旅游人才匮乏问题是解决内蒙古自治区人才问题的重要途径。然而,内部的培养在速度和效率上是有劣势的,无法在现有条件下快速解决人才问题。鉴于此,内蒙古自治区要出台一系列的人才引进政策,提高人才的待遇,扩大其上升空间,引进国内外有志于从事旅游事业的专业人才到内蒙古自治区实现梦想,继而解决内蒙古自治区人才紧缺的"燃眉之急"。二是搭建区内外热爱内蒙古旅游的专家咨询服务平台,为全区旅游产业发展战略出谋划策,对内蒙古自治区对外开放所涵盖的所有旅游产业项目的发展,以"一带一路"倡议的重要思想为导向,进行深入的咨询考察和科学的论证工作。三是积极贯彻国家旅游局"万名旅游英才计划"，推荐选拔内蒙古自治区创新创业型英才、实践服务型英才、"双师型"教师英才、研究型英才、旅游企业拔尖骨干管理英才、技术技能大师等人才。四是强化旅游人才合作，与区内重点旅游景点、艺术院系和研究机构达成合作关系，建立内蒙古自治区旅游研究基地。五是强化业务培训，划拨培训专项资金，通过参加国家旅游局的云课堂培训、"内蒙古旅游大讲堂"活动，举办旅游行政管理业务培训班等大力培养本土人才。

五、"十三五"期间内蒙古自治区文化旅游产业发展对策

经过努力，自治区"十二五"时期旅游业发展取得了显著成绩，但仍然存在着很多问题，具有很大的提升和发展空间。"十三五"期间，内蒙古自治区旅游业将树立"创新、协调、绿色、开放、共享"的发展理念，坚持全域化、生态化、人本化和国际化的发展原则，以转型升级、提质增效为主线，推动旅游业由观光为主向以观光、休闲、度假并重转变；推动全域旅游发展，促进区域资源有机整合、产业深度融合和全社会共同参与；争取到 2017 年基本建成草原文化旅游大区并向旅游经济强区坚实迈进；到 2020 年，基本建成旅游观光、休闲度假基地，为打造祖国北疆亮丽风景线做出重要贡献，全区旅游业总收入争取达到5000 亿元以上①。

（一）大力推动"文化"与"旅游"融合，将"旅游+文化"发挥至极致

众所周知，文化与旅游的关系极为密切，二者相辅相成、相互促进。内蒙古自治区旅游业的发展依托自身丰富的自然资源和人文资源以及历史文化，在深入探究旅游景区内化的深刻内涵，树立特色旅游文化景区的基础上，将内蒙古自治区旅游文化层次提升，打造内蒙古自治区特色文化旅游产品。由此，各地区政府要引领带头作用，大力支持与推进旅游和文化、科技发展相融合，打造有深度、有内涵、有知识、有特色的旅游文化产品，不断提升内蒙古自治区旅游业的产业竞争力。

1. 打造旅游特色文化

加强特有的个性文化的宣传，根据不同的旅游产品的历史文化背景，深入探究旅游景区内化的深刻内涵，努力打造特色旅游文化景区，以此解决内蒙古自治区旅游景区彼此雷同、缺乏特色、辨识度低的问题。

---

① 内蒙古举行全区旅游业"十二五"发展情况发布会［EB/OL］. 国务院新闻办公室网，www. scio. gov. cn，2016 – 06 – 30.

2. 打造旅游精品文化

做大、做强旅游文化产品的开发与建设工作，将旅游产品做精、做细、做成"高端文化"的旅游。深入挖掘内蒙古自治区丰富的民族文化内涵，将具有地方特色的旅游文化充分地融入旅游产品中，借鉴国内外知名的文化主题精品旅游线路，努力打造内蒙古自治区旅游文化的精品，实现"旅游＋文化"实力的最大化。

3. 开发建设旅游文化项目库

以内蒙古自治区的热门景点、景区为文化重点扩散中心，大力宣传旅游，并与当地旅游攻略出版社合作，在旅游局认可的基础上，选取具有代表性的最吸引游客的旅游项目和旅游产品编入旅游文化项目库，区政府要给予大力支持。

4. 旅游与文化遗产保护相结合

出台政策鼓励各地方将源远流长的文化艺术、民族工艺的制作技巧、民间民族风俗习惯等非物质文化遗产资源与旅游项目和产品相融合，推动非物质文化遗产保护工作。开创具有内蒙古自治区特色的"文化旅游一条街"的观光街道和景色，建设特色旅游文化展览馆区，大力展示内蒙古自治区的旅游文化。

5. 打造高品质旅游演艺项目

打造旅游文化项目的"上山下乡"品牌，文艺演出要走出景区向城市进军。突破地域性的演绎方式做文化娱乐题材的演出，运用新的演绎形式，将内容创新，演员演出与观众配合，带动观众的积极性，运用高科技的表演技术，打造高品质的表演环境和内容，围绕内蒙古自治区民俗文化特色和历史背景，创作高质量和高影响力的旅游演艺产品。

（二）多措并举推动中蒙俄跨境旅游发展

内蒙古自治区要牢牢抓住我国"一带一路"倡议以及"中蒙俄经济走廊建设"的发展契机，积极发挥内蒙古自治区毗邻俄罗斯、蒙古国的优势，充分将其融入自治区加快向北开放的战略，创新合作机制，推动与俄罗斯、蒙古国跨境旅游业的发展。第一，做好中蒙俄三国旅游部长会议及成立"万里茶道"国际旅游联盟大会的承办工作。第二，深化开展中蒙俄地区间合作。牵头做好国家旅游局关于中国十大国际旅游品牌线路的"茶叶之路"的基础线路编制与开发工作。组织参加莫斯科国际旅游展、蒙古国国际旅游展、伊尔库茨克旅游展等，参加第三次中蒙俄三国五地旅游联席会议，组织中蒙俄"万里茶道"相识之旅前期考察，并适时组织其相识之旅、探访之旅的活动。第三，扎实开展和推进自治区对俄罗斯、蒙古国的旅游合作。组织中蒙俄青少年夏令营互访交流活动。开通"茶叶之路满洲里—西伯利亚号"赴俄罗斯旅游专列、"茶叶之路—二连浩特号"赴蒙古国旅游专列，支持旅行社开发呼和浩特—乌兰巴托—乌兰乌德—伊尔库茨克的跨中蒙俄三国的旅游线路，支持满洲里、二连浩特、阿尔山、额布都格、甘其毛都、满都拉等口岸开展跨境旅游区建设，并进行实地指导，对项目投入资金，争取列入自治区、国家项目等；创建分别从策克—二连浩特—满洲里出入境的两条中蒙俄自驾游大环线，创建室韦—黑山头、满洲里—阿日哈沙特、额布都格—阿尔山、满都拉—甘其毛都等区域自驾游小环线。第四，帮助俄蒙边境旅游区的基础设施景区公路交通、旅游接待设施等的建设。第五，做好与俄蒙旅游企业人才交流培训工作。第六，做好对俄蒙旅游的基础性工作。积极与相关部门协调，落实国家政策，推动解决制约内蒙古自治区边境旅游发展长期存在的问题，把国家优惠政策用好，支持中方企业开展呼和浩特—伊尔库茨克旅游包机工作，打通内蒙古自治区中西部赴俄罗斯旅游通道。

（三）多管齐下打造生态保护与旅游发展的双赢局面

实现生态保护和旅游发展双赢，基本原则就是坚持可持续发展的理念，在保护的前提下科学适度地发展旅游，而开发建设则是为了更好地保护生态。既让公众共享美好的自然生态环境，又广泛传播生态环保、文明旅游理念，将旅游收益再用于自然资源保护，形成生态效益、经济效益和社会效益互利共赢的可持续发展局面。要实现生态保护与旅游发展的互利双赢并非易事，需要多措并举，多方合作。第一，思路决定出路，而出路决定结果，要实现生态保护与旅游发展的互利双赢，首先要建立双赢发展的观念，统一发展思路，并将这一思路贯穿至整个产业的发展过程中。第二，实现生态保护与旅游发展的互利双赢需要相关部门联动协作，形成资源主管部门和旅游部门的协作机制。第三，加强法律法规建设，完善生态保护和旅游开发协同发展的政策法规，在《内蒙古自治区旅游条例》和有关森林、草原、湿地等自然资源保护利用的政策法规中，要强调保护自然生态环境优先，并科学利用自然资源发展旅游。第四，坚持规划先行，先规划，后发展，科学确定保护范围、保护措施，合理划分旅游功能区，限制开发建设的强度等，严格执行环境影响评价标准体系，实现在保护的前提下开发建设。第五，加强标准化引导，与林业、水利、农业等有关部门密切合作，严格执行国家各类生态保护和发展旅游的国家标准体系，在旅游开发、经营、管理过程中改变粗放型发展模式，以生态保护、资源再利用为切入点，发展低碳、环保、绿色、文明的生态旅游。第六，强化执法，做到有法必依，执法必严，严格生态保护执法，强化景区环境保护综合治理，共同督查各类自然景观型旅游景区的环境保护，对存在破坏自然资源环境、环卫设施建设不达标和经营管理不规范的景区，采取整改警告、撤销资质等级等管理措施。第七，注意景区的旅游承载力，加强游客流量控制，定期发布景区最大承载量，监测景区旺季游客接待量，确保景区接待游客数量不超过生态环境承载上限，保护景区生态环境。第八，倡导文明旅游，加强生态环境保护的宣传教育工作，提高游客、导游员、景区管理者的环保意识。

（四）提高认识，大力创建全域旅游示范区

2015 年 8 月，国家旅游局局长李金早在全国旅游工作研讨会上首次明确提出全面推动全域旅游发展的战略部署，由此我国各省市纷纷立足本地区的实际，开始大力推进全域旅游工作。全域旅游是一种发展新模式、新战略，是我国新阶段旅游发展方式和发展战略的一场变革。全域旅游的落实和推进对 GDP 的提升、居民生活水平的提高、地方政府财政收入的增加具有重要意义。因此各级党委、政府要提高认识，给予高度的重视和支持，具备全域旅游发展条件的地区要把推进全域旅游作为新常态下促进经济社会发展的重要突破口，统筹资源、统筹力量，全力以赴、大力推进。因此，内蒙古自治区要在"十三五"时期制定"自治区全域旅游发展总体规划和行动方案"，明确总体要求、基本原则、重点任务、工作步骤和政策措施等。要加强学习，组织盟市、旗县进行业务培训，学习和解读《全域旅游示范区创建工作指南》等文件和标准，提高对推进全域旅游发展的认识。在深入学习和大力推广全域旅游的前提下，加快推进全域旅游示范区创建工作，在二连浩特市、达茂旗、阿尔山市、宁城县、康巴什新区 5 个地区进行全域旅游示范区创建工作的基础上，再接再厉，再创建一批全域旅游示范区。

（五）大力推进旅游业供给侧改革工作

2015 年 11 月，习近平总书记在中央财经领导小组第十一次会议上强调："在适度扩大总需求的同时，着力加强供给侧结构性改革，着力提高供给体系质量和效率，增强经济持续增长动力，推动我国社会生产力水平实现整体跃升。"推进供给侧结构性改革，是以习近平总书记为核心的党中央深刻把握我国经济发展大势作出的战略部署，是"十三五"时期的发展主线，是适应和引领经济发展新常态的重大创新，深化对供给侧结构性改革的认识和理解，对于推进"十三五"时期经济社会发展具有重大意义。在此背景下，自治区旅游业要大力推进供给侧结构性改革，积极实施旅游品牌推广战略。"十三五"时期，内蒙古自治区在供给侧结构性改革方面着重推出"643X"品牌体系。

六大品牌口号："祖国正北方，亮丽内蒙古"形象口号，"内蒙古旅游，马到成功"旅游口号，"草原＋风景道"线路口号，"好客、自然、温馨"旅游服务口号，"内蒙古博乐歌"旅游商品口号，"自由自在内蒙古"自驾游口号。四大区域品牌：敕勒川现代草原文明核心区（呼包鄂巴），环京津冀草原风情旅游

区（乌锡赤），大兴安岭全生态旅游区（呼伦贝尔、兴安盟、通辽），阿拉善秘境探险旅游区（乌海、阿拉善）。三级品牌线路：一级品牌线路是国家统筹推介的"丝绸之路"、"万里茶道"、黄河、长城等旅游线路；二级品牌线路是基本贯穿自治区全境或大部分盟市的旅游线路，如万里北疆风景线（东西大通道）、草原马道、黄河"几"字湾大漠风情线、蒙古源流黄金线；三级品牌线路是从万里草原天路各节点引出、可以对接周边客源地、有文化或景观支撑、有望推广成为品牌的旅游线路，如阿海满"金三角"四季游、红山文化游、科尔沁文化游、"两个文明"（农耕文明与游牧文明）体验游、"三都"草原图腾狼道、蒙医康体游、藏传佛教研学游、鲜卑溯源、匈奴探秘等。若干景区品牌（X）。在自治区政府已经设定的20个左右品牌旅游景区基础上，推出40个左右建设品质较高、推进力度较大的国家4A级精品旅游景区，支持与品牌景区一道创建国家5A级景区或国家旅游度假区；协调推进蒙晋黄河大峡谷、敕勒川、乌兰布和沙漠等跨省区、跨盟市旅游集聚区建设；推进敕勒川国际休闲旅游度假区、呼伦贝尔国际旅游度假区、阿拉善秘境国际探险旅游区以及满洲里、二连浩特等国际特色旅游目的地建设①。

此外，要进一步抓好旅游产品的建设工作，提高产品品质，丰富游客的旅游经历，为其留下美好记忆。针对当今游客需求多样化、个性化的特点，努力开发定制旅游、专项旅游、主题旅游等创新产品，不断丰富自治区的旅游产品体系。

（六）完善旅游发展制度，创造良好发展环境

要发展旅游业，政府就应该给予相应的制度和政策支持。首先，自治区要推动出台《关于促进旅游投资和消费加快旅游业改革发展的实施意见》，研究出台《关于大力发展休闲农牧业和乡村旅游的实施意见》《关于倡导"旅游＋"和"＋旅游"推进旅游业融合发展的指导意见》等一系列的政策，为旅游业发展铺路。其次，抓紧完成《自治区旅游条例》修订工作，并研究制定骑马乘驼、沙漠越野、滑雪滑冰等安全管理制度，完善依法治旅的法规体系。在保障旅游产品合规合法的同时，给予游客更多的安全保障。再次，为了提高地区、主管单位、企业以及从业者工作的积极性，自治区要研究制定一系列的奖励政策和实施细则，对于工作业绩突出，获得国家级荣誉的旅游企业、个人给予表彰奖励。最后，定制标准，规范旅游产品和服务。推进旅游标准化示范区创建，成立自治区旅游标准化技术委员会，制定文明旅游、旅行社等级、乡村旅游等相关的地方性旅游服务标准，引领地方和旅游企业实现服务升级、规范发展。

---

① "643X"品牌体系［EB/OL］．内蒙古新闻网，http：//inews．nmgnews．com．cn/system/2016/04/06/011940719．shtml，2016－04－06．

（七）加强旅游数据统计工作，建立旅游数据中心

旅游数据统计工作是促进旅游业发展的重要基础性工作，其在旅游发展过程中发挥着重要的作用。真实、全面、精确的旅游数据统计是各级领导制定决策和进行宏观经济管理的重要依据，是企业发展、改革、决策的重要参考，是学界进行理论研究的重要信息。自治区要高度重视旅游数据统计工作，要与自治区统计局等机构实现专业对接，力争实现旅游数据统计的精确化、常态化、专业化，从而为行业的建设和发展贡献更多的力量。此外，按照国家旅游局的要求，成立自治区旅游数据中心，挂靠自治区旅游产业研究中心，承担年度和季度旅游经济运行分析任务，向行业发出权威信息，初步实现"旅游统计工作平台""旅游数据分析平台"和"涉旅决策支持平台"三个建设目标。各盟市和旗县区也要尽快成立相应机构，配备专业人员和设备，按照自治区有关要求开展数据采集、统计、分析和上报工作。

（八）结合地区特点，大力发展冬季旅游

内蒙古自治区地处我国北部边疆，地域广袤，所处纬度较高，冬季漫长严寒，多寒潮天气。自治区很多自然景观具有极强的季节性，漫长的冬季严重制约了旅游业的发展。要想破解自治区旅游季节性的难题，最好的方法就是结合地区特点大力发展冬季旅游业。在内蒙古自治区长达 7 个月的漫长冬季里，孕育着千姿百态的冰雪美景，辽阔的大草原、连绵起伏的大兴安岭群山、纵横交错的河流湖泊以及浩瀚无边的原始森林都被白雪所覆盖，美不胜收，这些恰为发展冬季旅游提供了良好的基础。近几年，内蒙古自治区冬季旅游发展较快，打造了多条冬季旅游精品线路：涵盖阿尔山地区的"阿尔山冰雪世界温泉游"、乌兰浩特＋呼伦贝尔＋根河＋满洲里的"中外民俗风情游"、元大都＋元上都＋马都＋西乌珠穆沁旗＋东乌珠穆沁旗的"'三都'蒙古族风情深度游"、乌兰察布＋呼和浩特＋包头＋鄂尔多斯的"敕勒川现代草原文明冰雪游""克什克腾地质奇观冰雪游""阿拉善大漠冰雪风情游"、阿尔山＋海拉尔＋满洲里的"中蒙俄三国风情游"等。这些线路都创建了基本贯穿自治区全境或大部分盟市的适合自驾的线路。典型的如"'三都'蒙古族风情深度游"，自驾爱好者可以从元大都（北京）出发，到达可与意大利庞贝古城相媲美的都城遗址——元上都，还可在马都锡林郭勒参加赛马大会，自驾穿行在三都之间，体验在历史间穿越的感觉①。在此基础上，全新开创了核心自驾线路品牌——"冰雪天路"以及另外七条精品线路。

---

① 2015 年内蒙古旅游工作亮点回顾及 2016 重点工作［EB/OL］. 国家旅游局官网，http：//www. cnta. gov. cn/xxfb/xxfb_ dfxw. /nmg/201602/t20160201_ 759564. shtml，2016－02－02.

"冰雪天路"途经乌兰浩特市、阿尔山市、牙克石市、根河市、额尔古纳市、海拉尔市、满洲里市七个地区和城市，全程上千公里，看尽内蒙古自治区最具特色的冰雪草原和冰雪森林。这些冬季旅游精品线路的推出，极大地改变了广大旅游者对内蒙古自治区的印象，吸引了众多游客前来享受自然冰雪，感受多彩的民族文化风情，把内蒙古自治区单一"草原游"，丰富成为四季皆宜的生态民俗旅游目的地。冬季旅游开辟了内蒙古自治区旅游的新篇章，政府要给予大力扶持和引导。要加大冬季旅游的宣传营销力度，改变传统游客认为内蒙古自治区只有夏季的草原风光的印象；加大资金支持，以差异化发展为出发点，以自然冰雪和民俗风情为核心，进一步完善冬季旅游产品，推出冰雪天路、古都后院冰雪世界、冬奥会延长线、大漠胡杨冰雪游四条覆盖全区的冬季冰雪旅游精品线路。

（九）大力发展乡村旅游

农村地区是旅游资源富集区，发展乡村旅游对于丰富旅游产业的供给体系、提高地区旅游竞争力、加快发展旅游产业具有重要意义，其必将成为中国旅游产业的主要支撑。因此，从产业发展角度来讲，乡村旅游大有可为。另外，发展乡村旅游是农村扶贫的重要举措和有效途径，乡村旅游扶贫现已上升为国家战略。鉴于此，自治区要高度重视乡村旅游的开发工作。首先，政府要不余遗力地提供政策保障和资金支持，努力创造良好的乡村旅游发展环境。自治区已经制定下发《内蒙古自治区关于加快休闲农业与乡村旅游发展指导意见》，组织开展乡村旅游调查工作，对全区473个乡村旅游进行资源普查，为下一步实施个性化、特色化发展奠定基础；修订完善家庭游和乡村旅游示范村等级标准，促进乡村旅游规范发展、提档升级；推动乡村旅游特色化与现代化融合发展，达到外"土"内"洋"的效果，让游客既感受原汁原味的乡土气息，又体验便捷舒适的现代生活服务，使乡村旅游地发展成为休闲度假地。其次，推进乡村旅游品牌建设，全力引导和扶持争创"中国精品民宿""中国度假乡村""全国乡村旅游创客示范基地"等特色乡村。最后，制定实施《内蒙古乡村旅游扶贫工程工作实施方案》，加大资金扶持力度；建立"内蒙古自治区旅游扶贫数据库"，完成贫困村调查摸底以及182个重点帮扶村的确认工作；完成20个重点贫困村旅游规划的编制；完善奖补机制，引导农户参与乡村旅游开发；建立完善旅游扶贫观测点制度，对全区10个观测点进行全方位监测；帮助条件成熟的乡村旅游点建立地方特色旅游商品销售点，引导乡村牧区土特产品、农副产品实现就地销售、增收转化；组织旅游企业、旅游规划单位、首批"中国乡村旅游模范村"、高等院校等与扶贫村"结对子"，开展对口帮扶。

（十）拓展旅游发展空间，催生旅游新业态

众所周知，旅游业是综合性强、关联度高、拉动作用突出的产业，它不仅直接拉动民航、铁路、公路、商业、食宿、景区等行业，还对国际金融、仓储物流、信息咨询、文化创意、影视娱乐、会展博览等新型和现代服务业发挥着重要的促进作用。据统计，与旅游相关的行业、部门已超过110个，旅游的外延在不断扩展，旅游消费对住宿业的贡献率超过90%，对民航和铁路客运业贡献率超过80%，对文化娱乐业的贡献率超过50%，对餐饮业和商品零售业的贡献率超过40%[①]。

"十三五"时期，自治区要积极发挥和利用旅游业综合拉动作用，主动出击，积极作为，大力推进"旅游+"和"+旅游"的发展，从而拓展旅游发展空间，催生旅游新业态。"旅游+"方面，可以大力发展一切与旅游相关联的行业与旅游业结合，如"旅游+投资、消费、养老、健康、研学、生态"等；"+旅游"方面，主动衔接，发挥旅游融合能力和催化、集成作用，推进"文化、交通、城镇、农牧业、商务、工业、体育等传统产业+旅游"。总之，要积极拓展旅游产业外延，使旅游对经济社会发展的积极作用发挥到极致，推进拓展旅游产业运行空间和发展领域，增加旅游内容和配套设施，创造新价值，打造新增长点，发展更多的旅游新业态。

（十一）利用地区优势，大力推进"自驾游"的发展

内蒙古自治区地处祖国正北方，横跨三北（西北、华北和东北），北邻蒙俄，周边与黑龙江省、吉林省、辽宁省、山西省、陕西省、宁夏回族自治区、甘肃省相邻，靠近京津冀，地域广袤，地质地貌多样，拥有壮观美丽的大草原、大沙漠、大湖泊、大森林、大戈壁等自然景观，自驾旅游条件得天独厚。"十三五"时期，内蒙古自治区要大力推进"自驾游"发展。首先要完善自驾游各种配套设施。一是建立自驾旅游信息服务体系，为游客提供便捷、准确的旅游信息，在加油站、停车场、酒店、饭店、驿站、民宿、租车店、自驾车营地等区域设立信息咨询站点，提供游览指南服务。二是研发推出"内蒙古自驾游"手机APP，实现即时信息推送、移动导游、线路导航、安全救援等服务。三是完善以露营地为重点的自驾游服务设施，鼓励和支持交通沿线、旅游景区周边的农村牧区居民利用自有住房、庭院开发旅游驿站、特色民宿、汽车旅店等，扶持发展汽车租赁，建立覆盖特定自驾车线路的租车体系。四是编制覆盖全区的自驾游导游

---

① 旅游带动第三产业发展. 中国政协新闻网［EB/OL］. http：//cache. baiducontent. com/，2012－11－15.

册、旅游地图，分区域、分线路的自驾攻略、服务指南等，为区内外游客畅游内蒙古自治区提供便利。

总之，为了促进"十三五"时期内蒙古自治区旅游的快速发展，为了实现"把我区建成国内知名旅游目的地，实现旅游方式由观光向观光、休闲、度假并重转变，将旅游业培育成重要的战略性支柱产业和人民群众更加满意的现代服务业"和"到2020年，力争全区接待国内外旅游者总量突破1.3亿人次（不含一日游），年均增长12%以上；旅游业总收入突破5300亿元，年均增长20%以上，跻身全国中游"的发展目标，全区上下应该齐心协力，大力发展旅游业。内蒙古自治区未来五年的旅游发展还有很多的问题需要解决，还有很长的路要走，除上述发展对策外，还要在发展智慧旅游、提升文明旅游水平、释放旅游消费潜力、建设旅游特色商品品牌、整治旅游市场秩序、加强管理和服务能力等方面下足功夫。

第 三 章

内蒙古自治区新闻出版产业发展报告

"十二五"期间的五年，是内蒙古自治区经济社会快速发展、各项工作取得突出成就的五年。全区新闻出版业以科学发展观为统领，解放思想，深化改革，加快发展，整体实力进一步增强，各项工作取得了新进展、新突破、新成效。在取得成绩的同时，问题也同样突出。与全国新闻出版业相比，内蒙古自治区无论从发展的数量还是从发展的质量上都存在较大差距，即使在西部十二省区发展也相对落后，这主要是由于发展基础薄弱、投入不足、人才数量少等因素制约。"十三五"期间，应该坚持问题导向，抓住中央将文化建设置于中国特色社会主义事业"四位一体"总体布局中的机遇，要进一步转变发展方式，调整产业结构，重构产业格局，推动全区新闻出版社健康、可持续发展。

一、"十二五"期间内蒙古自治区新闻出版产业发展的背景

"十一五"时期，全区新闻出版业整体实力进一步增强，具体工作有了长足的进步。"十二五"时期，是内蒙古自治区实现全面建设小康社会奋斗目标承上启下的关键时期，是深入贯彻落实科学发展观、构建社会主义和谐社会的重要时期，内蒙古自治区新闻出版业发展恰逢其时。

（一）"十一五"期间内蒙古自治区新闻出版业发展取得突出成绩

1. 新闻出版公共服务能力显著增强

坚持围绕中心、服务大局，牢牢把握社会主义先进文化的前进方向，把建设社会主义核心价值体系贯穿到新闻出版工作各个方面，加强主流媒体和舆论引导能力建设，做到了重大问题不缺位，关键时刻不失语，为推进自治区经济社会发展提供了思想保证、精神动力和舆论支持。坚持以人为本、服务群众、改善民生，新闻出版公共文化服务体系建设取得了新进展。强化公益性出版，不断满足人民群众对新闻出版产品的基本需求，其中蒙古文出版物不但满足了自治区主体民族的多层次、多方面的需求，还辐射到蒙古国，成为服务北京市、黑龙江省、吉林省、辽宁省、青海省、甘肃省、新疆维吾尔自治区等省市区蒙古文图书出版的重要基地；强化新闻出版公共服务建设，自2008年以来，加强草原书屋建设，已建成5000多家，有效地解决了农村牧区群众看书难问题；开展了丰富多彩的全民阅读活动，建立了推进全民阅读的长效机制，形成了以党员干部学习带动、社会参与、促进图书出版的"三位一体"体系，形成覆盖面广、氛围浓厚的全民阅读新格局。

2. 新闻出版产业规模快速提升

通过深化对发行的股份制改革，组建了内蒙古新华发行集团，完善了发行集团的股本结构和法人治理结构。内蒙古日报传媒集团实现编辑业务与经营业务分开，竞争实力得到增强。按照"一个集团、两种体制"的原则，组建了内蒙古出版集团。新闻出版产业的整体实力进一步增强，2010年图书出版达到4580种（其中蒙古文2545种）、音像制品100种、报纸79种、期刊148种、内部资料性出版物280种；各类印刷企业1383家；民营发行单位1900余家，国有和民营发行网点2000多个，基本形成了图书、报纸、期刊、音像、网络出版等门类齐全，编辑、印刷、发行和物资供应等各环节相互配套，蒙汉文兼顾、优势互补的新闻出版体系。

3. 新闻出版管理水平有效提升

新闻出版行政管理部门进一步理顺关系、优化结构，形成责权一致、决策科学、执行顺畅、监督有力的行政管理体制，实现了由重审批向重服务、抓选题向

抓规划、管单位向管社会、管经营向管市场、办出版向管出版的五个转变，真正将工作重心转移到行业管理、产业规划、质量监督、市场培育和公共服务上来。强化版权保护意识，制定实施了《内蒙古自治区著作权管理办法》，使版权保护能力和水平有效提升。管理关口前移，大力实施文化环保工程，继续完善"一纵两横"的市场监管体系，深入开展"扫黄打非"斗争，有力地净化了社会文化环境。深入开展了行业"素质提升年"、队伍"道德建设年"活动，提升了从业人员的整体素质和发展能力。

（二）"十二五"期间内蒙古自治区新闻出版产业具有多重利好

1. 内蒙古自治区新闻出版业发展进入历史最好时期

近年来，内蒙古自治区新闻出版工作始终坚持"二为"方针，牢牢把握正确出版导向，坚持围绕中心、服务大局，求真务实、开拓创新，抓导向、抓管理、抓繁荣、抓改革、抓市场、抓队伍使出版事业和产业快速发展，为广大人民群众提供了丰富多彩的精神食粮，为促进自治区改革发展的稳定、推进社会主义和谐社会建设营造了良好的舆论氛围，新闻出版业保持了健康快速发展的良好态势。可以说，良好的发展大环境、丰富的民族历史文化资源、独特的地区优势和体制创新的后发优势，使内蒙古自治区新闻出版业步入了历史发展最好时期。

2. 内蒙古自治区新闻出版产业发展具备了一定的经济基础

加快经济发展方式转变是今后贯彻落实科学发展观的重要目标和战略举措。新闻出版产业是文化创意产业的重要组成部分，有利于优化经济结构和产业结构，有利于拉动居民消费结构升级，有利于扩大就业和创业。当前，扩大内需、加快文化民生工程建设的背景更有利于新闻出版业乘势而上。因此，在世界经济结构转型、我国转变经济发展方式、内蒙古自治区实施"富民强区并重"发展战略的今天，新闻出版业作为一个典型的知识资本集中的创造性行业，正遇到一个实现跨越式发展的全新机遇。

3. 内蒙古自治区新闻出版业发展具备了深厚的民族文化底蕴

内蒙古自治区出版业的优势在于其有着厚重的历史文化和独特、丰富、多彩的民族和地域文化。以草原文化为代表，古老、不可复制、不可再生、弥足珍贵的优秀民族文化赋予了内蒙古自治区出版业取之不尽的丰富内涵，提供了得天独厚、民族特色浓郁、地区特点鲜明的人文资源。人民群众精神文化需求日益多样化和个性化，蒙古文出版物拥有国内外近千万人口的潜在需求，其也是产业发展繁荣的巨大市场。

二、"十二五"期间内蒙古自治区新闻出版产业发展的成就

"十二五"时期，内蒙古自治区紧紧抓住机遇，扎实推进了一批重大工程项目，新闻出版业规模和质量都有长足的进步，尤其是一批优秀的成果走出国门，展示和传播了内蒙古自治区新闻出版业的丰硕成果和深厚的民族文化。

（一）扎实推进了新闻出版业发展重点工程

1. 建成一批新闻出版基本公共服务重大工程项目

新闻出版公共服务体系是公共文化服务体系的重要组成部分。加快建设和完善覆盖城乡、惠及全民的新闻出版公共服务体系是发展新闻出版事业的根本任务，是维护好、实现好、发展好人民群众基本文化权益的重要途径。"十二五"期间，基本建成了与自治区经济社会发展水平相适应、保障有力的新闻出版公共服务体系，不断提高新闻出版公共服务水平。

（1）推进新闻出版广播影视固边工程。新闻出版广播影视固边工程是对自治区 20 个边境旗（市、区）尚未实现新闻出版广播影视覆盖的 19 万农牧民和全体边防、哨卡官兵进行新闻出版广播影视全覆盖建设。

（2）国家蒙古文出版基地建设工程。主要是建设国家蒙古文出版基地、"蒙古文出版资源数据库和跨介质出版系统"工程和少数民族文字数字化新媒体。

（3）少数民族新闻出版东风工程。少数民族新闻出版东风工程主要是实施基层出版物免费赠送、蒙古文字出版翻译和出版资助、蒙古文数字出版建设、在旗县乡镇建立免费阅报栏、党报党刊和蒙古文报刊建设、蒙古文出版印刷复制设备配备、蒙古文出版物发行补贴、为旗县新华书店配备流动送书车、旗县农牧区新华书店发行网点建设和改造等建设项目。

（4）少数民族历史文化经典出版工程少数民族历史文化经典出版工程主要是完成少数民族历史文化经典文库的出版，蒙古语言文字出版物整理保护、翻译的出版，达斡尔族、鄂温克族、鄂伦春族典籍整理出版，《蒙古学文献大系》数字出版工程等项目。内蒙古自治区文化出版基地项目已于 2011 年获国家和内蒙古自治区发改委批准立项，并拨付相应建设资金 2000 万元，2015 年底挂牌建成。通过国家和自治区两级财政投入，依托内蒙古自治区独特深厚的历史、民族文化资源优势，把内蒙古自治区建设成为集传统出版与数字出版于一体，出版与广播影视深度融合，立足内蒙古自治区、面向八省区，服务全国、服务世界的国家级蒙古文编辑、出版、印刷、发行、交流中心。

（5）农家（草原）书屋工程。"十二五"时期，完成全区剩余 5871 个嘎查、

行政村草原书屋工程建设任务，坚持属地管理的原则，建立完善草原书屋长效投入和管理机制。积极推进农牧场、林场、边防、口岸、社区和寺庙特色书屋建设工作。

2. 新闻出版产业发展推进工程

新闻出版产业是实现科学发展、跨越发展的有力支撑。"十二五"期间，自治区新闻出版产业的发展突出其主导产业从传统新闻出版业向现代的延伸和拓展。要大力推动以数字化内容、数字化生产和数字化传输为主要特征的，以网络出版、手机出版、动漫游戏出版、信息服务为主要代表的数字出版新兴业态的迅速发展，实现出版与科技相结合，推进互联网阅读、手机阅读、数字阅读等新兴出版业的发展，为社会提供更多的数字出版产品。

（1）建设中国少数民族文化产业园区。由内蒙古出版集团牵头，采取自筹资金，争取项目补贴、无息贷款、企业募集、上市融资等方式，建设中国少数民族文化产业园区（包括中国少数民族数字出版基地、中国少数民族文化创意基地、中国少数民族音乐基地等核心基地以及六大延伸基地和30个子项目），着力打造以中国少数民族文化的抢救、传承、开发、营销为核心的高新技术产业基地，同时为内蒙古自治区的新闻出版事业和产业发展提供办公场所和设施，提供全面咨询管理、技术开发、产品研发及生产运营平台，为入园的新闻出版文化企业提供文化产品的设计、生产、批发经营、终端零售等全范围立体化服务。文化园区以少数民族文化，尤其以蒙古族文化为主线，以数字化、信息化、网络化为平台，以知识产权的积累与内容创意产业的市场化推广为宗旨，为内蒙古自治区新闻出版产业的发展壮大寻找新的路径。

（2）建设现代印刷包装基地。"十二五"期间，以加快转变发展方式为主线，优化呼和浩特市、包头市、鄂尔多斯市、赤峰市等地区印刷企业的布局，调整产业结构，推广数字化、低碳环保技术，培育和提升优势企业。在内蒙古出版集团爱信达印刷公司现有基础上构建集书刊印刷、包装印刷、保密印刷为一体的综合性产业基地，形成以印刷义务教育教材和包装生产制造为基础，以物流和配送为支撑，原材料供应、产品设计、排版制版等整个供应链紧密结合的综合产业集群。

（3）建设新闻出版物流园区。以中国少数民族文化产业园区、新华物流园区为龙头，加强以跨地区连锁配送经营、信息化管理和现代化物流为特征的大型现代新闻出版物流企业和网络建设，发展电子商务，形成辐射西北、华北地区，通达自治区农村牧区的出版物流体系。

3. 新闻出版事业发展重大保障工程

"十二五"期间，要加快新闻出版市场体系建设，创造良好的市场环境，充分发挥政府管理、行业自律和人才资源在推动新闻出版产业发展的保障作用。

（1）"扫黄打非"及"护城河"工程。"扫黄打非"及"护城河"工程的主要内容是对新闻报刊舆情监管系统、互联网违禁内容监管平台、非法出版物鉴定中心、出版物市场实时监控平台、全区"扫黄打非"保密信息专网和内部管理工作平台的建设以及对全区"扫黄打非"队伍的培训和技术装备建设。

（2）建成内蒙古自治区版权保护和交易中心。内蒙古版权保护和交易中心的主要内容为完善版权公共服务体系，加大版权保护力度，保护原创作品，保护文化创新精神，建立版权保护、交易服务平台，为发展版权产业和版权保护执法提供服务。为创意文化产业发展，保护知识产权和打击侵权盗版行为提供技术支持。

（3）新闻出版人才工程。新闻出版人才工程主要内容为建立内蒙古自治区新闻出版高层次人才引进工程，重点培养和从国内外引进创意策划编辑、网络出版、版权贸易、经营管理、翻译（蒙汉兼通及英文翻译）人才，打造内蒙古自治区优秀记者、编辑、出版家、出版商经营队伍，提高从业人员的整体素质。

（二）内蒙古自治区新闻出版产业发展取得长足进步

1. 各类新闻出版广播影视精品不断涌现

新闻出版广播影视精品主要有《诺日吉玛》《乌珠穆沁的孩子》《遥远的锡林郭勒》《恩和森的电影人生》等电影，《安居》等电视剧，《蒙古族历史文化精品文库》《内蒙古历史文化丛书》及"百部实用蒙古文精品图书进牧户工程""纳荷芽中蒙文化交流出版工程"等出版物以及320部"中国梦·我的梦·活力内蒙古——听着歌声看草原"网络微电影等。另外《花蕾》入选全国优秀少儿报刊名单，《星光草原》入选"向全国青少年推荐百种优秀音像出版物"名单；远方出版社出版的《中国蒙古族服饰》、内蒙古教育出版社出版的《清朝蒙古实录（1—6辑）》（蒙古文）获中华优秀出版物（图书）奖，内蒙古文化音像出版社出版的《中国蒙古族民歌大全》获中华优秀出版物（音像电子游戏出版物）奖，《听草原》获音像电子游戏出版物提名奖，这也是内蒙古自治区获"中华优秀出版物奖"最多的一次。《内蒙古植物志（1—6卷）》获得2015年度国家出版资金资助179万元，《学习蒙古语点读读物》等9种出版项目获得2015年民族文字出版专项资金555万元。内蒙古自治区组织评选的36件优秀广播电视公益广告作品，有5件作品获新闻出版总局公益项目扶持资金32.5万元；积极申报"经典中国国际出版工程""丝路书香工程""中国文艺原创精品出版工程"国家古籍整理出版等出版、翻译资助项目。推荐《五只老鼠》等7部作品上报中国网络视听节目服务协会、《天边》等10部作品上报国家新闻出版广电总局参加优秀视听节目评选，推荐"内蒙古微电影展播活动"等 3 个项目参加国家新闻出版总局 2015 年网络视听节目内容建设专项资金扶持项目评审。

2. 三网融合工作持续推进

推动内蒙古自治区有线网络数字化率达到 100%，双向化率达 70%，双向覆盖用户超过 200 万户，推动完成了数字传媒中心有线电视前端机房、多媒体互动业务平台等工程建设，开展了相应的互动、增值业务；进一步推动内蒙古广电网络集团扩大有线电视网络双向化改造范围，推动内蒙古自治区广播电视台加快内蒙古自治区 IPTV（互联网协议电视）省级播控分平台规划建设，实现与国家 IPTV 播控平台信号对接，汇总节目逐步试播。

3. "走出去"工作进一步强化

举办了内蒙古自治区 2015 年优秀出版物暨首届中国蒙古文出版物展，展出各种出版物 2 万余种，其中，蒙古文出版物 5000 余种；组织各出版单位积极参加 2015 北京图书订货会、第 25 届（大同）全国图书交易博览会等展会、博览会。在图书交易博览会上，内蒙古自治区展出了《中国蒙古族服饰》《蒙古文学获奖作品集》等图书 3000 多种，是历届图书交易博览会参展规模较大的一次。展会期间，为纪念世界反法西斯战争胜利 70 周年，纪念中国人民抗日战争胜利 70 周年，向平型关大捷所在地大同市和灵丘县捐赠了 70 万码洋的图书，举办了"书香内蒙古、魅力大草原——听着歌声品书博"、《中国蒙古族服饰》图书推介暨蒙古族服饰展、签名售书等活动，展示和传播了内蒙古自治区出版业丰硕成果和深厚的民族文化。

三、"十三五"期间内蒙古自治区新闻出版产业发展面临的机遇与挑战

"十三五"时期，适逢传统媒体与新兴媒体融合发展的关键时期，既是内蒙古自治区新闻出版业发展的重要机遇期，又充满了挑战。

（一）"十三五"期间内蒙古自治区新闻出版产业发展面临的机遇

内蒙古自治区新闻出版业发展具备了良好的政策环境。中央把文化建设置于中国特色社会主义事业"四位一体"总体布局中统一部署、全面推进，出台了繁荣发展少数民族文化事业的政策措施，制定了国家《文化产业振兴规划》，为实现民族地区新闻出版业发展与崛起提供了强大的政策支持；自治区党委、政府实施民族文化强区建设发展战略，为内蒙古自治区新闻出版业积极、健康、稳固发展指明了方向；自治区经济实力显著增强，相继出台了一系列推动新闻出版改

革发展的政策措施，落实了资金投入等保障机制，为新闻出版事业的发展提供了重要的物质基础；建设学习型政党战略任务的提出，会进一步推进学习型社会、学习型机关、学习型家庭建设，这些将有力地带动新闻出版业的发展；内蒙古自治区顺利完成了出版体制改革任务，为推动新闻出版业发展方式的转变和结构调整提供了体制机制保障。因此，内蒙古自治区新闻出版业转变发展方式，调整产业结构、重构产业格局、实现崛起正逢其时。

（二）"十三五"期间内蒙古自治区新闻出版产业发展面临的挑战

1. 内蒙古自治区新闻出版业发展仍远低于全国平均发展水平

内蒙古自治区新闻出版业虽然保持稳步发展的态势，但整体实力仍远低于全国平均发展水平。2009年，全行业总产值达100亿元，相对于全区9600亿元的GDP总量来说贡献率仅为1%，相对于全国10000亿元的新闻出版业产值，仅占不足1%的份额。内蒙古自治区新闻出版业整体实力居全国5个少数民族自治区第3位，在西部12个省区中排第9位，在全国排名中居第25位以后。

2. 内蒙古自治区新闻出版业自身发展存在的问题

一是投入不足。蒙古文出版编辑能力优势明显，汉文出版物市场竞争力较弱，蒙汉文交融出版是内蒙古自治区新闻出版业的突出特点。公益性的蒙古文图书出版占全部出版数量的40%以上。因政府财政投入不足，公益性的蒙古文出版水平处于勉强维持状态，还不能充分满足蒙古族广大读者的需要。汉文出版物市场份额占有率较低、竞争能力不强，尚未形成产业优势。

二是基础薄弱。现有出版单位布局不合理、基础设施普遍较差、技术落后、产业结构趋同、产品单一、产业集中度低、市场竞争能力不强；基层发行网点呈现逐年萎缩状态，全区基层新华书店网点已从1995年的194个下降到179个。物流基础设施、信息系统尚未建立，无法形成布局合理、覆盖广泛、运转高效、配送便捷的出版物发行体系。

三是人才不足。内蒙古自治区出版业人才总量少、结构不合理。一方面，盟市新闻出版管理机构多数与文化部门合署办公，旗县没有设置新闻出版相关机构，工作无法直接延伸落实到基层，机构不健全、人员编制不足的情况在全区较为普遍；另一方面，现有从业人员中蒙汉文兼通人才、高层次管理及编辑和营销人才、精通出版专业又掌握现代新技术的专业人才严重不足，后备力量难以为继。

四是成本较高。因地域辽阔、东西跨度大、设备老化、运输物流基础设施不够发达等原因，内蒙古自治区新闻出版业生产、发行、消费成本远高于内地多数省份。

四、"十二五"期间内蒙古自治区新闻出版产业发展的经验

"十二五"时期，全区新闻出版业以科学发展观为统领，解放思想、深化改革，立足根本、明确定位，尊重人才、加快发展，整体实力进一步增强，各项工作取得了新进展、新突破、新成效。

（一）抢抓机遇，创新发展

"十二五"期间，新闻出版业发展仍处于可以大有作为的重要战略机遇期，具备许多有利条件。中央提出推动文化产业成为国民经济支柱性产业，使文化产业发展上升为国家战略，为新闻出版业的发展提供了难得的历史机遇；人民群众快速增长的精神文化需求，13亿人口的文化消费潜力为新闻出版业的发展提供了巨大的市场空间；新闻出版体制改革的强力推进为新闻出版业的发展提供了强大动力；科技进步特别是信息网络技术的迅猛发展为新闻出版业的发展提供了重要支撑；国家政策支持力度的不断加大为新闻出版业的发展提供了有力保障；金融支持和资本市场的不断完善为新闻出版业的发展提供了有利条件；中国国际地位的日益提高和中华文化不断"走出去"为新闻出版业的发展提供了新的契机；各级党委、政府的高度重视为新闻出版业的发展提供了坚强的思想保证和组织保证。

内蒙古自治区新闻出版业在与时俱进中把握形势、更新观念、改进作风、转变职能，以思想的大解放促进新闻出版业的大发展、大繁荣，构建了蒙汉文出版相互促进、协调发展、共同繁荣的局面，蒙古文出版满足八省区、走向世界，形成拥有强大影响力的主流出版媒体传播格局；产业结构不断优化、规模不断扩张、质量不断提升，形成具备一定内容生产创作能力、较高技术装备水平、产业链条完整的新闻出版产业体系；发展方式更加科学，竞争能力显著增强，文化权益得到充分保障，构建起符合内蒙古自治区实际的新闻出版公共服务体系；转变职能，加强监管，构建深入基层、执法及时有力的出版物市场监管体系。经过努力，提升了内蒙古自治区新闻出版业在全国、西部地区和民族自治地区的位次。建设成国家级蒙古文出版基地，打造出世界级蒙古文出版发行中心。

（二）立足根本，明确定位

内蒙古自治区新闻出版业在"十二五"期间立足"四个坚持"，明确"六个定位"，始终坚持正确的政治方向和舆论导向，解放思想，开拓进取，深化改革，加快发展，开创了新闻出版业改革发展的新局面。

1. 立足"四个坚持"

一是坚持服务中心、服务大局，紧紧围绕自治区中心工作，提升新闻出版为经济社会发展服务的能力和水平；二是坚持深化改革，用改革的办法解决发展的问题，创新出版体制改革，深化发行改革，走出一条独具特色的内蒙古自治区新闻出版改革发展之路；三是坚持以人为本，以满足人民群众日益增长的文化需求为工作的出发点和落脚点，大力实施新闻出版惠民工程，为"构建和谐内蒙古"做出应有的贡献；四是坚持民族特色，通过培育提升民族出版品牌和出版精品，推动和壮大汉文出版，打造世界蒙古文出版发行中心，实现蒙汉文出版发行全面、协调、可持续发展。

2. 明确"六个定位"

一是围绕舆论引导更加主动的发展定位，聚焦治国理政新理念、新思想、新实践、新成就这条主线，指导完成重大主题宣传任务，建立健全日常监管、社会监督和媒体综合评价体系，巩固拓展外宣阵地，加强外宣管理；二是围绕"安全播出更加可靠"的发展定位，加强台站基础设施建设，规范安全播出运行管理，有效提升监管监测水平，加大广播电视技术运行维护管理力度，确保网络安全、信息安全、可管可控；三是围绕"公共服务更加高效"的发展定位，重点推进以公共服务和传输覆盖为主要内容的"十个全覆盖"工程、"固边"工程、全民阅读活动、草原书屋工程、农村牧区电影放映工程和县级数字影院建设、西新工程、东风工程和国家内蒙古民族文化出版基地建设等；四是围绕"行业监管更加规范"的发展定位，重点推进规范依法行政程序，逐步建设形成功能完备、手段科学、及时有效的监管体系；五是围绕"生产创作更加繁荣"的发展定位，抓好精品创作导向，鼓励精品创作，发挥典型引导、示范带动作用；六是围绕"系统建设更加有力"的发展定位，重点推进以考核评价和行业文化建设工作。

（三）尊重人才，加强引导

确立人才优先发展战略，以培养新闻出版各类领军人物为目标，统筹抓好领导人才、经营管理人才、专业技术人才，特别是复合型人才与行业紧缺和急需人才队伍建设，造就一批名作者、名编辑、名记者、行业技术专家和出版家、企业家。重点开展新闻出版名家工程、领军人才工程、专门人才培养与开发计划。以职业准入和岗位准入为抓手，不断提高基层人才队伍素质。完善新闻出版专业技术人员职业资格制度，建立多种形式的人才培训机制。把非公有文化机构的人才队伍纳入行业人才建设体系。创新人才激励机制，健全人才选拔机制，完善人才流动机制，形成有利于各类人才脱颖而出的体制环境。

加大政府投入，争取国家、自治区财政对自治区出版基金、农家书屋工程可持续发展资金、民族文字出版专项资金、"走出去"专项资金等的支持力度。积极争取中央和自治区政府对新闻出版领域重大项目的资金支持，加大新闻出版重点项目的实施力度，加快新闻出版改革发展项目库的建设步伐，引导和带动新闻出版业发展。制定和公布产业发展和投资指导目录，完善、落实投融资政策。制定和实施出版资源向重点出版传媒企业和基地倾斜的政策，对大型跨地区骨干出版传媒企业和国家级出版产业基地，在出版资源配置上予以倾斜，鼓励其做大、做强。完善版权相关法律、法规和政策制度，扶持版权代理、评估、质押、投资、融资等活动，支持建设版权服务平台。研究转制后新闻出版企业资产管理、劳动分配等新问题，激发企业发展活力。

五、"十三五"期间内蒙古自治区新闻出版产业发展对策

"十三五"时期，应该坚持问题导向，抓住中央将文化建设置于中国特色社会主义事业"四位一体"总体布局中的机遇，要进一步转变发展方式，调整产业结构，重构产业格局，推动全区新闻出版社健康、可持续发展。

（一）加快结构调整，转变发展方式

进一步加快新闻出版产品结构、产业结构、企业组织结构、所有制结构、区域布局结构、技术结构的调整，建立和完善新闻出版产业体系，全面提升产业水平和国际竞争力。进一步加快推进传统新闻出版业数字化转型，加快发展数字出版等战略性新兴新闻出版产业。进一步培育新闻出版骨干企业，鼓励有条件的新闻出版企业跨区域、跨行业、跨所有制经营和重组，推动新闻出版资源适度向优势企业集中。支持"专""精""特""新"的现代新闻出版企业发展。进一步加快建设新闻出版产业带、产业园区和产业基地，利用多种渠道融资，推动有条件的企业上市，吸收社会资本有序参与新闻出版活动。

进一步加快新闻出版业由主要依靠资源扩张向主要依靠科技进步、文化创新和提高劳动者素质转变，真正实现新闻出版业发展方式由粗放型向效益型转变，由数量型向质量型转变，由扩张型向科技型转变。加快思想观念创新、体制机制创新、内容形式创新、出版形态创新、传播手段创新、产业体系创新、商业模式创新、版权服务体系创新的步伐。建立创意激励机制，以鼓励内容创新为核心，对各类创意作品、创意人才、创意机构、创意产业园区进行国家奖励与扶持，着力培育创新主体。

（二）加快成果转化，推动创新发展

推动科技创新和科技成果转化，研发一批拥有自主知识产权，具有战略性、

引导性和带动性的前沿技术，掌握一批具有支撑作用、保障作用的基础技术，重点支持内容采集与处理技术、声音与图形图像技术、云出版技术、语义分析技术和数字显示技术。鼓励和支持企业技术研发与改造。加快新闻出版行业标准化建设步伐，推进数字出版相关标准的制定与推广工作，编制完成行业基础性标准，研究新业态下的核心标准。

围绕宣传贯彻党的十九大、迎接庆祝自治区成立70周年，统筹做好"五位一体"总体布局、"四个全面"战略布局、改革发展和民族团结的宣传引导工作。优化内容创作生产，建立创作优秀题材库，打造一批具有鲜明草原文化特色、体现时代精神、促进民族团结的精品力作。加快实施新闻出版数字化转型升级和"三网融合""智慧广电"，推进供给侧结构性改革，解决频道频率、图书报刊发展中的同质化、低效率等问题。

（三）推进新闻出版业"＋"工程

一是推进"实体书店＋"工程。以图书、音像制品为核心，融入文化用品、儿童玩具、教育培训、视听和数码体验、电影、咖啡茶座、电商等业态，打造升级版的实体书店，推进"实体书店＋"工程进商圈、进社区、进校园活动。二是推进"广电＋"行动项目。打造升级版广电，实现从单向到双向、多媒体互动，从标清到高清、超高清，从普通电视到3D电视的升级。推动广电网络扩容，增加电子政务、电子商务、远程教育、远程医疗等其他综合信息服务，积极推进"智慧社区""智慧城市"建设，开展宽带接入服务，实现广电全面转型升级。三是推进科技"＋"新闻出版业工程，提升公共服务水平。按照新闻出版公共服务标准化、均等化、便利化的要求，充分发挥科技对新闻出版公共服务的支撑作用。

（四）加强人才队伍建设

改革引进人才、使用人才、培养人才和留住人才的制度，创新考核激励机制，吸引并留住优秀高端人才；推动互联网企业与传统出版企业的人才流动和交流，改变数字出版复合人才短缺的现状；完善新闻出版科技专家库，充分发挥科研机构、高等院校、技术企业、新闻出版企业在新闻出版科技创新体系建设中的重要作用。

（五）大力发展绿色印刷产业

优化全区印刷产业布局，大力推广数字印刷、绿色印刷、按需印刷，促进义务教育教材印刷、包装生产制造、物流配送、原材料供应、产品设计、排版制版等全供应链紧密结合，提升规模效益，实现产业升级。

（六）支持建设发展产业基地

建设新闻出版与广播影视融合发展的创意园区、产业基地，形成较为完整的内容创意、加工、存储、复制、传播、消费、物流产业链，集聚行业资源，培育新兴业态，形成规模效应。

第四章

内蒙古自治区广播影视产业发展报告

　　内蒙古自治区广播影视产业是自治区民族文化产业的重要组成部分，它既承担着传承和弘扬草原文化、呈现内蒙古自治区各族人民悠久的历史传统和现实生活状况的社会责任，又面临着重构传统媒体生产方式和发展模式，最终实现产业转型和市场价值增值的改革任务。《内蒙古自治区"十三五"新闻出版广播影视发展规划》以突出民族文化为产业发展方向。

一、"十二五"期间内蒙古自治区广播影视产业发展取得的成就

（一）协调推进公共服务体系和传输覆盖体系建设

近年来，内蒙古自治区广播影视产业借助"十个全覆盖工程"的建设，在推进公共服务体系和传输覆盖体系方面取得了跨越式发展。按照工程要求，2015年有41.79万户"户户通"（投资1.9亿元）、85个自治区地面数字电视覆盖（投资4420万元）、12368个"村村响"（投资9894万元）的工程已全部完成，总投资为3.3314亿元。累计完成了201.79万户"户户通"（投资9.74亿元）、151个自治区"地面数字电视覆盖"（投资7852万元）、12368个"村村响"工程建设，累计投资为11.5146亿元。

自治区政府努力提升广播电视的传输覆盖能力，推进广播影视制作、播出、传输、覆盖的数字化升级换代，加大对农村牧区数字电影放映、城镇数字影院建设和有线电视双向化数字化改造。2016年，内蒙古自治区新闻出版广电局在全区152个台站新增、改造304部地面数字电视发射机及附属设备用于转播中央12套电视节目，全面完成2015年国家新闻出版广电总局下达的在自治区范围内中央电视节目无线数字化覆盖工程一期建设任务。

内蒙古自治区新闻出版广播影视固边工程，是"十个全覆盖工程"的延伸、拓展，也是自治区"兴边富民"的重要组成部分。从内蒙古自治区新闻出版广电局的统计数据来看，2015年固边工程建设卓有成效：投入建设资金为2.05亿元，完成了20个边境旗（市、区）农牧民用户和边防哨卡5.8305万套广播电视"户户通"接收设备的安装和调试；建设7个高山无线发射台站，确保了安全播出工作；建设20个播控平台和1340个行政村"村村响"，终端设备用于日常广播节目播出、重要信息发布及应急广播播出；建设31个自治区地面数字电视覆盖站点、90部中央地面数字电视发射机、16部中央蒙古语调频发射机和1部数字音频调频实验发射机，完成了自治区边境地区电视信号从模拟到数字的转换，增加了一套蒙古语广播节目。截至2015年底，内蒙古自治区广播电视综合覆盖率达到99%。

（二）引入市场机制，完善公共文化服务的转型升级

开展公共文化服务，实施文化惠民工程是广播影视工作丰富人民文化生活的重要抓手。在"十二五"取得明显成效的基础上，自治区政府认识到公共服务除在标准化、精准化之外，还要引入市场机制，其基本思路是企业经营、政府购

买、市场运作。公共服务工程如果加上市场机制的"前缀"，用市场的理念去做将更富有成效。

2017年1月10日，内蒙古自治区工商联、内蒙古自治区新闻出版广电局联合召开促进民间资本进入新闻出版广播影视行业工作座谈会，鼓励、引导和支持民间资本参与新闻出版广播影视各项事业的建设，激发民间资本活力，转变新闻出版广播影视发展方式，调整产业结构，建立健全现代文化市场体系，明确了包括影视节目制作业务、影院基础设施业务、网络视听节目服务业务、新闻出版广播影视基地等在内的10个具体业务可以允许民间资本的进入。

公共服务是政府新闻出版广播影视行业应尽的社会责任，而引入市场运作机制能够推动公共服务再上新台阶。2015年，内蒙古自治区新增城镇影院38家（共124家），银幕171块（共573块）；全区77个旗县（不包含中心城区）已建和在建影院59个；推动了各行政村（已完成55个）电影放映由室外向室内的转变，农村牧区每年电影放映为13.47万场次。内蒙古自治区在推进农村电影放映工程中，主要采取市场运作、企业经营、政府购买、群众受惠的方式，收到了良好的效果。内蒙古自治区共有11个盟市成立了农村牧区数字电影院线公司，现有电影放映队761支，发放数字电影放映设备763台，电影放映车114辆。市场化运作模式使内蒙古自治区公共服务标准化、均等化水平进一步提高。

（三）拓展媒体矩阵，广播影视媒体融合步伐加快

随着国家新闻出版广电总局"宽带广电"和"广电＋"战略的实施，全国新闻出版广播影视媒体融合正在向纵深推进。目前内蒙古自治区媒体建设已经取得重要进展，融合发展新格局初步形成。到"十二五"期末，自治区共拥有75种报纸、149种期刊、89座广播电视台、125套公共广播节目、121套公共电视节目、18家网络视听节目服务机构，部分媒体机构开办了"两微一端"，形成了传统媒体和新媒体共同发展的格局。近年来，内蒙古自治区新媒体的发展取得了长足的进步，特别是"两微一端"发展势头强劲，平台注册信息公开化，账号信息较为齐全，信息发布和在线服务、实用性功能、语言网络化广受欢迎。内蒙古自治区新媒体矩阵构建主要包括微博、微信和客户端三大板块。截至2016年上半年，内蒙古自治区共有属地微博账号近160万个、微信公众平台近2万个、属地各类客户端近2000个。内蒙古自治区传统广播影视与新媒体融合步伐加快，现已形成了22个媒介、48个媒体矩阵，在不断做大传统媒体的同时力争做强新兴媒体。

内蒙古自治区广播电视台积极尝试使用广播电视、网站、微博、微信等平台实现多媒体采集、多渠道发布和多媒体互动方式。内蒙古自治区广播电视台收视

率最高的几档民生新闻节目《都市全接触》《新闻天天看》《百姓热线》《雷阵语》共拥有微博和微信"粉丝"100多万,可以让受众实时了解新闻节目的内容以及策划的各项活动,同时还作为热线平台为节目收集新闻线索。《百姓热线》《雷阵语》微博和微信更是成为内蒙古自治区民众维权、求助的重要通道,很多信息源于新媒体,并将其生产为电视节目,实现了新媒体平台和传统电视节目的互通互动,借助节目品牌影响力举办的公益、读书、相亲、老歌等线上线下活动在当地反响热烈。

(四)释放政策红利,初步展现后发优势

2014年12月22日,国家新闻出版广电总局下发了降低广播电视节目制作经营许可证门槛的相关通知,取消注册资金300万元的准入许可。内蒙古自治区广电传媒中心于12月31日向全区转发了该通知,积极鼓励企业涉足广播电视节目制作经营,2015年,内蒙古天堂草原文化传媒有限公司等38家获得了广播电视节目制作经营许可证。截至2015年底,自治区广播电视制作经营机构已达99家。这些机构2015年拍摄电影8部,电视剧1部(32集),制作其他类(专题、综艺、农业科技、微电影等)节目55847分钟,总销售收入为6257.27万元。

内蒙古自治区电影票房近年增幅稳定,总收入从2009年的3033万元上升至2016年的5亿元。这是内蒙古自治区重视电影产业,特别是在《国务院办公厅关于促进电影产业繁荣发展的指导意见》出台后,大力推进电影院线发展的结果。据统计,2011年内蒙古自治区共有银幕132块,2016年达到728块。2012年第一季度,全区共有11条城市院线、52家电影院,2016年影院增至171家。以内蒙古电影集团为例,2015年集团实现总收入5263万元,利润总额为838.17万元,净资产收益率为4.97%,国有资产保值率为187.38%,主营业务收入增长率为56.07%,固定资产增长率为19.53%,保持了良好的发展态势。

随着2017年中国影视的WTO保护期结束,中国影视正在由规模速度型发展向质量效率型发展转变。内蒙古自治区以打造创新型、高水准、全方位的影视文化产业链条为己任,探索国内影视产业发展新模式,构建影视产业基地新格局,打造了一批国内一流的民族影视文化产业聚集区。目前已投入运营并初步获得经济效益和市场美誉度的有乌兰布统草原影视基地、包头石拐区大青山影视旅游文化产业项目、金帐汗蒙古部落影视基地、蒙元文化影视城、东达影视基地、蒙古源流文化产业园区、通湖草原影视基地等,涵盖了从阿拉善到呼伦贝尔的八个盟市,布局已基本完成。这些影视基地依托当地历史与人文旅游资源的多重优势,形成了一批融体育经济、文化旅游、影视拍摄、休闲度假、娱乐互动为一体的旅游文化综合体。

民族电影译制是内蒙古电影集团的一项重要工作。2015 年译制中心完成 102 部影片，超额完成年度计划。其中，标准蒙古语故事片 50 部，科教片 10 部；订购场次为 9250 场，其中，标准蒙古语为 7365 场，巴尔虎方言为 924 场，科尔沁方言为 899 场，巴林方言为 62 场。随着"一带一路"国家战略的全面实施以及草原丝绸之路经济带建设的大力推进，中蒙影视产业合作交流的空间获得大幅提升，为内蒙古自治区影视产业发挥后发优势奠定了良好基础。

二、"十三五"期间内蒙古自治区广播影视产业发展面临的挑战

内蒙古自治区经济社会连续十多年保持快速增长，人均 GDP 居全国前列。产业结构和布局更加合理，增长方式进一步转变。特别是自治区将文化产业的发展作为建设"文化大区"的重要战略举措，为内蒙古自治区广播影视产业迎来了前所未有的发展机遇。

2017 年 2 月，《内蒙古自治区"十三五"新闻出版广播影视发展规划》（以下简称《规划》）正式印发。这是新闻出版局和广播电影电视局两局合并后第一次制定融合性规划。《规划》对未来 5 年面临的形势进行了科学分析；确定了广播影视产业的指导思想以及未来 5 年的发展目标；明确了自治区"十三五"期间新闻出版广播影视建设的 8 项任务，共设 6 个专栏、30 个项目。"十二五"期间，内蒙古自治区全面完成了"十个全覆盖"工程建设，为广播影视产业今后的发展奠定了较好的物质基础。但就内蒙古自治区广播影视产业发展现状来看，与国内先进地区相比尚有较大差距。主要表现供给侧对需求侧变化的适应性调整明显滞后；媒体融合动力不足，新媒体产业发展尚处于初级阶段；产业结构不合理；体制改革未达到预期目标。

（一）内蒙古自治区广播影视产业供给侧不适应需求侧变化

内蒙古自治区广播影视产业供给侧不适应需求主要表现：①产能过剩，无效供给过多。②有效供给跟不上，优秀的广播影视作品少，优质片源稀少，造成供给方面的缺失。③供给与需求错配。供需错配是结构性的深层次矛盾，生产出来的作品没有市场，市场需要的产品却没法提供，造成了广播影视业存在产品与市场脱节、供给与需求错配的局面。④广播影视产业生产率不高。相比同样的产品投入的人力多、资源多、生产周期长。优质产品少，普通产品多，甚至有不少低劣产品。因此，只有完善供给侧改革才能促进广播影视产业改造组织架构、创新管理模式，以适应市场变革并引领市场发展。

（二）内蒙古自治区广播影视与新媒体融合的初级阶段特征明显

内蒙古自治区广播电视与新媒体融合起步较晚，目前只是为传统广播电视母体增加了一些新媒体元素，新媒体产品仍旧带有强烈的母体烙印，真正意义上的深层次媒体融合还未出现，群众对于各新媒体平台的知晓度和接纳度也比较低。内蒙古新媒体中心虽然有建设"新媒体矩阵"的规划，但实际上缺乏顶层设计，目前仍处于在新旧媒体融合的初级阶段，其主要表现：一是市场化程度低。内蒙古广播影视行业处于事业单位的管理模式之下，带有强烈的行政化色彩。二是人才匮乏。缺乏云计算、大数据、编程编码、产品运营和整合营销等方面的专业人才。三是资金不足。发达地区媒体融合的资金很大一部分依靠互联网公司的风险投资、股权转让，甚至上市融资，但对于市场化程度较低的传统媒体而言，大多都是通过自生方式和自我循环来解决资金问题。内蒙古自治区广播电视发展相对落后，底子薄，没有足够的资金可以投入新媒体发展事业中来，据新媒体中心预算显示，仅内蒙古自治区广播电视台未来"五网、五端、三微"产品矩阵在业务拓展、产品叠代、新产品研发、市场推广等方面的资金缺口就在5000万元以上。

（三）内蒙古自治区广播影视产业结构不合理

内蒙古自治区广播影视产业发展结构不合理状况已存在相当长时期。主要表现：内蒙古自治区无论是国有企业还是民营公司，在实力上与国内同业务领域的传媒集团相比差距仍然很大；产业结构较为单一，电台、电视台掌握和控制着绝大部分产业资源；广播影视的收入结构不合理，广播电视主要依赖广告，电影主要依赖票房，有线网络主要依靠收视维护费；广播影视产业盈利方式单一；非经营性收入所占比例偏低等。内蒙古自治区优化广播影视产业结构，构建统一开放市场体系的任务依然艰巨。目前，内蒙古自治区的电影产业、电视剧产业、影视动画产业是市场化程度较高的产业类型，因此应该选择优先发展，通过这些重点产业的发展积累资金以及经验，带动产业的整体发展。

（四）内蒙古自治区广播影视产业体制机制改革效果不明显

近年来，中国各地广播影视产业体制机制改革在不断深化，上海市、广东省等发达地区培育广播影视新型市场主体的任务已经完成，产业效益明显提升。而内蒙古自治区广播影视产业的组织形式却依然陈旧。虽然，当前社会力量和资本进入广播影视产业推动了组织形式的创新力度，但从产业整体来看，依然是相对传统的组织形式和管理模式，不少仍是一二十年前的老模式，有些虽然表面改革了，但内部还是原有的运作模式，因此，在市场颠覆性急剧变化中难以作出快速且有效的应对，在争夺受众的竞争中就难以取胜。

内蒙古自治区广播影视产业长期沿用过去的行政化管理模式，管理层的提拔和调动基本参照的是公务员程序，行政领导的观念、视野、前瞻性等往往脱离市场；加之某些产业（如传媒）具有区域市场中的优势地位，因此缺乏主动变革的动力和勇气，在少数民族地区稳定高于一切的背景下，逐步形成与其求变不如求稳的普遍心态，维持现状成为最为现实的发展抉择。产业体制机制改革阻力较大。

三、内蒙古自治区广播影视产业发展面临的主要矛盾

（一）资源与市场的矛盾

内蒙古自治区广电传媒中心拥有垄断性的资源和市场。表现在以下几方面：一是拥有内蒙古自治区广播影视创作的先天优势：设备、技术、人才和市场资源等。二是既有的垂直管理的渠道有利于整合全区资源。但是，由于市场机制不健全，开发能力有限，导致内蒙古自治区的文化资源并未得到有效的开发和利用，从区内到国内、国际各级市场的开发仍有巨大潜力。

（二）宣传与经营的矛盾

长期以来，广播影视主要履行政府的宣传职能，在事业投入、宣传管理、人才储备等方面有了较好的基础，因此形成了重宣传、轻营销的局面。广播影视系统体制改革后，许多实行企业化管理的机构在经营理念上仍沿用传统套路，过于依赖政府政策，缺乏主动投身市场的积极性。

（三）事业与产业的矛盾

事业与产业矛盾主要表现在两个方面：一是将产业当做事业办。改制后，并没有形成真正的市场经营主体，不讲投入产出和回报率，造成资源浪费，致使区内广播影视产业发展不均衡。二是一味依赖广告增加收入，对广播影视的后期产品，衍生产品和相关产品的开发不够。长期以来，广播、电视经营紧盯广告，在整个产业链尚未形成之前，这一关注会无法改变。

（四）实力与竞争的矛盾

当今传媒业分化组合趋势明显，竞争日趋激烈，传媒市场的放开、新技术的

运用、多元资本的涌入导致传统媒介的生存环境日益严峻。在竞争中求生存是必然选择。如今，以"内容产业"为主体的市场化进程加快，但内蒙古自治区的广播影视产业无论从人才、技术、管理模式，还是从市场开发等方面，仅就面对国内市场而言，竞争实力不强，更无法适应国际市场的激烈角逐。

（五）做大和做强的矛盾

做大是指形成一定的经营规模，属于量的变化；做强是指形成一定的核心竞争力，属于质的变化。做大是做强的基础，做强才是目标；做大是过程，做强是结果。当前，内蒙古自治区广播影视产业总体规模虽然有所增大，但相比国内发达地区，由于尚处于简单复制阶段，缺乏创新，所以，导致内蒙古自治区仍然面临着做大和做强的双重任务。在资本剧烈整合的时代，做大与做强兼顾，形成相当规模是当前急需解决的主要问题。

四、国内广播影视产业市场发展的新趋势

随着广播影视产业信息化发展，互联网改变了传统广播影视产业的生产、交换和消费。广播影视业从过去完全的事业属性，走计划经济路线，逐渐地转变为走市场竞争路线，在市场中求生存谋发展。"十二五"期间国内广播影视产业在艰难的市场化转型过程中，对于资源禀赋、盈利模式、产业格局和市场机构等的认识都不断加深。当前国内广播影视产业市场表现出的发展趋势主要有以下几方面：

（一）资源禀赋：从渠道稀缺向内容稀缺转变

渠道资源的稀缺主要受技术和频谱资源的制约，而内容的稀缺在一定程度上取决于原创性的多少和媒体的开放程度。回顾国内广播影视业的发展历程我们会发现，渠道的稀缺和内容的稀缺是交替发生，互相影响的。先是技术在一定程度上解决了渠道稀缺的难题，然后是渠道资源拓展后导致内容资源的匮乏，进而内容提供商在商业利益的驱动下，迅速填补由于技术进步导致的内容稀缺，内容的增加又再次导致渠道资源的稀缺。两者循环交替，互相博弈。

当今的信息技术发展极大地拓展了广播影视的传输渠道。宽带资源使相同电视频道传输广播和电视节目的数量成倍增长，而且个性化和高品质、互动服务在广播影视市场中所占份额越来越大。新的传输技术从根本上解决了频谱资源紧张的问题。于是，广播影视产业的发展瓶颈不再是渠道而是内容。此外，随着渠道资源的拓展，受众的规模化、多样化和个性化需求逐渐得到满足。数字技术对渠

道的拓展使为受众提供大量个性化定制服务成为现实。因此，在今后相当长时期，内容稀缺将成为制约广播影视产业的主要瓶颈。

（二）营销模式：从单一营销渠道向多元营销渠道转变

传统媒体的主流营销模式有以下几点：在内容市场将内容销售给受众，然后在广告市场将广告时间销售给广告客户，通过有线数字加密和用户管理系统向用户收取收视费。在这一营销模式下，传统广播影视业的收益往往取决于受众的规模，而与受众对内容的需求强度没有关联。信息化技术革命首先开拓了广播影视产业新的营销渠道。一方面，通过加密技术和用户管理，可以对受众的内容消费行为直接收费；另一方面，由于数字技术和网络技术拓展了资源，个性化和高品质付费节目将满足受众的不同需求，受众的消费意愿建立在对内容的需求强度的基础之上。其次媒体融合加快倒逼传统媒体发展成为综合信息服务提供商，其业务范围不断延伸，营销渠道日益多元化。例如，当前数字电视运营商的业务就涵盖了传媒、通信、电子商务、数据广播和信息安全等多个领域。此外，当前广播影视内容基本已经实现多重销售，获得多重收益。而广播影视业务之外的其他服务收入所占比重也在逐渐增加。

（三）产业格局：从产业分立向产业融合演变

在信息技术的推动下，电信、广播影视和出版业的边界日渐模糊、收缩，甚至最终消失。三大产业从内容生产、传输平台和接收终端等多个层面、多个维度走向融合。

传统电信、广播影视和出版业都具有纵向一体化的特征。从信息传输平台来看，电信拥有电信网，出版也借助发行渠道，广播影视建立电视网。由于传统媒介的内容生产高度依附于媒介载体，再加上从传统计划经济体制走出来的传统媒介还拥有各自的政策壁垒，使三大产业在信息的生产、交换和消费中自我封闭。而"媒体融合"通常包括以下三个方面的主要内容：

1. 媒介内容的融合

媒介内容的融合是指分属不同媒介形态的内容生产，依托信息技术形成跨平台和跨行业的内容生产、交换和消费平台。利用数字和网络终端，逐渐形成多层次、多种类的内容融合产品。

2. 传播渠道的融合

传播渠道的融合是指原来不同形态的媒介产品传播的融合和互联互通。随着电信网、广播电视网和互联网三网融合，传播渠道将成为推动产业融合的主要力量。

3. 媒介终端的融合

媒介终端的融合是指将多种媒体功能整合在一起，以一种开放的终端平台和统一的技术标准将信息和服务传递给使用者。这种融合使传统媒介纵向一体化的结构裂变为横向一体化的结构，各种信息平台的业务趋于一致，功能趋同。

（四）市场结构：从高度垄断的市场逐渐向竞争性市场演化

市场结构反映的是市场中的竞争水平和垄断程度。在数字技术和网络技术的推动下，产业链的裂变重塑了市场竞争格局，通过市场竞争进一步提高了资源的配置效率；市场容量的扩大又进一步加剧了市场竞争程度。

产业边界日益模糊，业务范围的不断扩大拓展了市场竞争范围。三大产业部门拥有共同的技术基础、传输平台，为消费者提供类似的数字产品，三大部门间可以互相进入，逐渐形成高度开放的"大传媒市场"。

总之，随着信息技术和三网融合的不断推进，广播影视产业发展既面临着机遇，也面临着挑战。对于信息化时代广播影视市场化发展的变化应引起研究者及政策制定者的高度关注。

五、"十三五"期间内蒙古自治区广播影视产业发展的对策选择

内蒙古自治区广播电视产业的发展面临诸多障碍，有些障碍是处于同等发展阶段其他地区也会面临的共性问题，如技术、人才匮乏、市场化程度低等，而另一些障碍则是制约内蒙古自治区广播影视产业发挥后发优势的瓶颈问题，如观念障碍、体制机制障碍等。国家全面实施"一带一路"倡议，加强与"丝绸之路"沿线国家的文化交往，为西部边疆地区的影视产业发展带来了百年不遇的大好机遇。内蒙古自治区有丰富的历史文化积淀，也产生过具有全国影响力的影视作品，如果能够选择正确的路径，充分利用地域文化资源，打造影视产业核心竞争力，"十三五"期间内蒙古自治区的广电产业完全有可能实现跨越式发展。

（一）加快体制机制改革创新

产业发展方式对体制机制的路径依赖非常明显。内蒙古自治区在广播影视产业发展中，要逐步突破非企业化的软预算约束与高投入、非货币化的交易关系与高消耗、非市场化的资源配置方式与低效率之间的内在逻辑机理。在以转企改制为重点的体制改革完成后，要继续推进规范的股份制、公司制改造。除了内蒙古电影集团，内蒙古自治区要培育一批有竞争力的大型广播影视企业集团和骨干企业，使之在竞争中真正成为文化市场的主导力量。要积极建设市场体系，创新广

播影视产品的市场制度、资金和劳动力的市场制度，让竞争机制和价格形成机制为主的市场机制发挥调配作用，实现资源的优化配置。

（二）影视事业与产业协调发展

影视艺术具有公共性和商业性的双重属性，因此应该依据影视艺术的基本属性划分影视单位的类别。可以把影视单位分为事业和产业两大类，把肩负社会公益职能的单位划分为影视事业单位，把主要担负商业经营性的部门划分为影视产业。对两者采取不同的管理模式。对影视事业单位采取事业单位的管理模式，对影视产业采用企业化管理模式。让影视事业单位在塑造社会主义价值观、传承优秀民族文化和维护国家文化安全方面充分担负起"公共"义务。让影视产业部门积极投身市场经济的大潮，在竞争中壮大自己。只有这样才能公益性与产业性兼顾，使两者相辅相成，相得益彰。

（三）创新发展理念，推进广播影视产业供给侧改革

广播影视产业的供给侧改革，在社会结构和产业经济的急剧变革和转型中需要紧跟时代发展趋势。广播影视产业供给侧改革的主要任务之一，就是在互联网大潮的强势冲击下，如何加快传统产业与新兴产业的融合，实现传统广播影视产业向现代化广播影视产业的转型。加强供给侧改革是促进广播影视新旧产业深度融合、加快转型步伐的有力举措，重点要从以下四个方面入手：

一是内容为王。在内容上创新，不断适应互联网时代新的需求。在内容生产上要有快速反应能力。

二是传播方式创新。从传统的单向传播方式向媒体与受众之间双向、交互传播方式转变，互动、共享、个性、定制成为互联网时代的核心理念。传播方式要以用户为中心，注重用户反馈和使用效果，改善用户体验。

三是产业结构优化升级。供给侧改革的重点之一是调整广播影视产业结构，进而推动产业的优化升级。没有发展前景的业务要逐步压缩甚至全部淘汰，对有巨大潜力的新兴业务要重点扶持，通过产业结构调整和优化升级实现融合转型。

四是加大技术创新力度。技术改变世界，广播影视是技术集聚型产业，高新技术的应用能带来产业的爆发式增长，如高清数字电视、OTT电视、网络视音频技术、3D电影技术等。技术创新是广播影视产业融合转型的重要引擎。

（四）培育合格市场主体，探索视听媒体发展新模式

当前内蒙古自治区广播影视行业市场主体培育主要存在两个方面的问题：首先是缺少真正合格的市场主体，其大多数是以"事业单位"身份参与市场活动

的。虽然广播影视的许多行为已经市场化了，被社会视为"媒体企业"，但其身份仍然是事业单位，主体游离于市场体系之外。这使广播影视媒介在进行资本运作等企业化运营时，缺少独立决策权。市场主体不合格其内部就没有拓展市场的动力，其外部则带来价值链的断裂，制约了现代市场体系的建设，在参与国际竞争时也存在接轨问题，从而影响文化"走出去"战略的实施。

其次内蒙古自治区广播影视产业缺少具有强大市场竞争力的现代传媒产业集团。以 2009 年 12 月为整合影视资源，拓宽产业链，由内蒙古电影制片厂、内蒙古电影发行有限责任公司、内蒙古自治区电视台电视剧制作中心等 5 家单位组建的"内蒙古电影集团有限责任公司"为例，这是自治区唯一的电影生产制作机构，但近年来并未推出具有全国影响力的作品，潜力并未得到很好的发挥。这些影视制作市场主体大部分规模较小，缺乏像光线传媒、华谊兄弟、万达这样跨地域、跨媒体运营的大型企业集团。这使内蒙古自治区整个广播影视产业难以做大做强，更难以与跨国传媒集团竞争。

十多年来，广播、电视行业为了解决市场主体问题，先后采取了集团化改革、经营资产剥离、制播分离、事业单位转企改制等一系列重大举措，虽然在某些方面取得了重要突破，但是从总体上看，公益性资产和经营性资产、事业部分和企业部分的关系仍然有待进一步厘清。

（五）重构视听产业链，提高其各环节的增值能力

在媒介融合背景下，传统广播影视产业链发生两个重要变化：一是各环节的参与主体越来越多，其性质越来越复杂。从创意环节来看，除传统的影视制作机构外，一些国外原创节目模式输出公司也参与进来。在内容生产环节上，随着媒介融合的推进，通讯社、报业、民营影视机构、商业网站乃至用户都成为内容生产者。同时，集成商、网络运营商也通过与传统内容制作商的联盟或组建自己的制作机构向内容生产环节拓展。在终端环节上，在传统用户的消费基础上，增加了互动式的点播、回看服务，此外，更有搜索、网络社交、电子商务、线下活动等参与进来。二是形成新的融合视听服务其运营环节，其运营方式越来越复杂。在媒介融合的背景下，很难再界定一个市场主体具体属于哪个产业领域。对于整个视听服务大产业链来说，因为从未有过的多元参与、新旧融合、多重叠加、价值重构使产业链条变得更宽、更长，并在各环节之间形成交集，构成一个基于最新网络技术发展而不断进行动态调整的价值网。因此，内蒙古自治区广播影视产业在"十三五"期间可考虑加快建设各类集成交互平台，通过开放的平台架构体系、良好的营收分享机制来促进内容和应用服务提供商开发更好的产品，以促进融合视听产业生态系统进入良性循环。影视产业集聚区要从资金引入、剧本创

作、拍摄执行、后期制作、宣传发行、人才培养等方面提供全面支持，特别是需要引进国际影视工业先进的理念。广播影视是文化产业的核心内容，具有其他文化产业不可替代的特殊属性。因此，为实现内蒙古自治区建设文化大省、强省的战略目标，提高文化产业的核心竞争力，加快广播影视产业发展步伐是摆在我们面前的一项重大任务。

第 五 章

内蒙古自治区会展业发展报告

　　目前，国际环境复杂多变，全球经济疲软，国内改革发展稳定的任务艰巨繁重。我国经济发展进入新常态：从高速增长转为中高速增长，经济结构不断优化升级，从要素驱动、投资驱动转向创新驱动。同时，"一带一路"和"互联网＋"的热潮席卷而来。在此大背景下，会展经济发展应该如何主动适应国家经济发展的新常态，如何主动融入国家"一带一路"倡议，如何主动拥抱"互联网＋"浪潮，内蒙古自治区会展业发展如何紧跟时代步伐，进一步挖掘潜力、发挥作用，值得业界人士深思。

一、内蒙古自治区会展业发展基础

（一）经济实现较快增长

近年来，内蒙古自治区的经济实现较快发展，其中，自 2002 年起连续 8 年增速居全国第一。但内蒙古自治区各区域间发展不平衡、经济增长方式粗放等问题依然突出。2010 年，内蒙古自治区党委、区政府做出决定，将不再追求 GDP 增速，而把着力加快转变经济发展方式和经济结构调整作为发展目标——适时提出"富民强区"战略。2016 年，面对错综复杂的宏观环境，内蒙古自治区积极推进供给侧结构性改革，努力促进新旧动能加速转换，坚持发挥优势和补齐短板一起做，调整存量和做优增量同步抓，经济运行总体平稳、稳中有进、稳中提质、稳中向好，较好地完成了全年的主要目标。2016 年全年实现生产总值18632.6 亿元，按可比价格计算，比上年增长 7.2%，高于全国平均增速 0.5 个百分点①。

（二）较为优越的区位优势

内蒙古自治区具有独特的地缘优势，横跨我国东北、华北、西北三大区，是我国东西部的结合部，处于过渡地带的内蒙古自治区由东向西毗邻 8 个省、直辖市、自治区；与以京津为中心的环渤海地区经济圈为邻，是内蒙古自治区进行对外宣传、引进先进的管理体制、加强会展经济的对外交流与合作的桥梁；北与俄罗斯、蒙古两国接壤，这为发展边境口岸贸易、引进外资、进行科学文化交流提供了广阔的市场空间，也对发展会展业有着特殊的经济意义。"一带一路"倡议的提出，使内蒙古自治区的区位优势更加凸显，也为内蒙古自治区会展经济发展带来极大机遇。近年举行的中蒙博览会等就充分发挥了内蒙古自治区北部边疆的区位优势，推动了内蒙古自治区会展业的发展。随着"一带一路"倡议的推进，内蒙古自治区的区位优势将更加明显。

（三）丰富的资源优势

内蒙古自治区拥有丰富的资源优势，为发展特色化会展活动创造了条件。

1. 广袤的草场养育了丰富多彩的家畜品种

内蒙古自治区草地面积辽阔，居全国之首，是我国重要的畜牧业基地。饲草

---

① 李永桃. 内蒙古自治区公布 2016 年经济运行"成绩单"［EB/OL］. 正北方网，2017 – 01 – 26.

种类多达 900 余种，其中优质牧草有 200 余种，使畜牧业发展取得了前所未有的成绩。近年来，养殖业的快速发展推动了自治区乳业的崛起，首府呼和浩特市被中国乳制品协会正式授予"中国乳都"的称号。特色产业的崛起，吸引着众多国内外各参展商前来内蒙古自治区洽谈，这有力地推动了会展业的发展。截至 2017 年，内蒙古自治区乳业博览会已连续举办十一届，其致力于服务"三农三牧"，提高奶业品牌影响力，促进奶业现代化发展。

2. 丰富的森林资源发挥了显著的生态、社会及经济效益

内蒙古自治区森林资源在全国占有重要地位，现有林业用地占全国林地面积的 1/6，居全国第一位。我国最大的森林工业基地之一的大兴安岭林区大部分在内蒙古自治区境内。丰富的森林资源不仅为国家提供了大批木材，而且孕育了多样的森林生物资源，具有改善生态环境，调节区域气候，推动旅游经济发展的重要功能。近年来，内蒙古自治区利用丰富的森林资源完成了人造板、刨花板、电工层压木技术、啤酒以及烤胶、造纸等重大项目，为会展业的发展提供了大量的物质基础和后备资源，其所推动的旅游经济的发展，也有力地配合了内蒙古自治区会展经济结构的优化与完善。

3. 野生动植物资源丰富

目前，内蒙古自治区发现的兽类有 114 种，马类 362 种。其中，著名的且具有重要经济价值并被列入国家和自治区重点保护的珍禽异兽就达 49 种；现已发现的野生植物有 1000 余种，其中，具有"塞外特色"的中草药 500 多种，每年的采集量在数十万斤，成为我国重要的中草药材生产基地之一，并形成了蒙药生产研究中心。内蒙古自治区药交会被称作是"中国最大的固定城市药品交易会""全国保健品第一会""中国西部药医第一会"，经过多年发展，内蒙古自治区药交会规模迅速膨胀，在中国医药界认知度达 95% 以上，已成为医药保健品行业产品招商代理的"风向标"之一。丰富的野生动植物资源保证了内蒙古自治区会展展品的多样性，为吸引更多的参展商前来参展、洽谈提供了更多机会。

4. 矿产资源种类多、品质高

内蒙古自治区矿产资源种类多、分布广、品质高。煤炭、稀土、黑色和有色金属、非金属矿产储量闻名海内外。全区各地均有煤炭，分布广而相对集中，主要煤田构造简单、煤层厚度大、埋藏浅、宜于开采、煤种齐全。内蒙古自治区稀土资源储量占全国 90% 以上，居于世界前列，且矿产分布集中，便于开采和加工，形成了闻名全国乃至世界的稀土科研生产中心，其对电子、宇航、原子能工业领域都有无可估量的价值。此外，现已探明 13 个大气油田，预测石油、天然气资源储量分别在 30 亿吨和 6000 亿 ~ 10000 亿立方米。目前，内蒙古自治区已建成较为完善的矿业体系，氰化、冶炼、黄金采选、地质勘探、金银加工、珠宝

加工等项目一应俱全，提供了优良的投资环境和优越的发展条件，在此基础上，实现内蒙古自治区与各地参展商在更广阔领域、更高层次的沟通、交流和项目对接，进一步扩大双方互惠互利的合作，为内蒙古自治区会展业提供更大的发展空间。

（四）悠久的草原民族文化

内蒙古自治区是中国三大历史文化之一的草原文化的发祥地，在这里，灿烂悠久的北方少数民族历史文化源远流长，伴随着华夏文明一步一步从历史走到了今天，蒙古族作为今天部分人种的祖先，吸引了众多学者的眼光，并形成了蒙古学研究中心，历史悠久的那达慕草原旅游节已成为内蒙古自治区的特色旅游产品。从1999年开始举办的昭君文化节和从2004年开始举办的内蒙古草原文化节，是集文化、经贸、体育、旅游于一体的综合性节庆活动。每年的文化节期间，会有大批国内外文化界、商界名流及游客蜂拥而至。昭君文化节已被国家旅游局命名为全国100个民间艺术活动之一。

（五）丰富的旅游资源

在现代会展业中，旅游业是其派生资源，以会展业和旅游业为基础而形成的会展旅游既是旅游市场也是会展市场的重要组成部分。内蒙古自治区是一个美丽神奇的地方，蓝天白云下的大草原，绵延千里的林海雪原，星罗棋布的河流湖泊，淳朴浓郁的民族风情，源远流长的历史文化和古老神奇的文物古迹，使内蒙古自治区成为中外游客向往的旅游胜地。改革开放以来，内蒙古自治区旅游业迅速崛起，形成了东北部的草原旅游、森林旅游、边境旅游、温泉旅游和冰雪旅游、中部的草原旅游、文物古迹旅游、西部的沙漠旅游等特色旅游产品。通过会展业提供的平台，可以实现内蒙古自治区与各地旅游界交流介绍旅游资源，推广精品旅游线路，展播旅游宣传片，洽谈旅游业务等方式，实现旅游精品线路的对接，促进旅游资源的有效整合。

（六）逐步完善的基础设施

近年来，内蒙古自治区基础设施建设步伐加快，初步建成了铁路、公路、航空交通网络，与周边国家和省区有便捷的交通相连接，邮电通信设施的建设也基本与全国同步。与此同时，旅游基础设施的建设也得到明显加强，包括旅游企事业单位、旅游涉外饭店、星级饭店等接待能力不断加强。而且大多数三星级以上的宾馆饭店都拥有现代化的会议中心，具备了一定的会展接待规模，这也是保证内蒙古自治区会展业快速发展的必备条件之一。首府呼和浩特市已有全国著名的锦江国际酒店、香格里拉大酒店、喜来登大酒店入驻。包头市等也相继兴建了神华国际大酒店、五星级海神温泉大酒店等，这对提高城市形象，带动旅游、商贸及饭店的发展都有极大的促进和推动作用。

二、"十二五"期间内蒙古自治区会展业发展的成就

相比全国会展业而言，内蒙古自治区会展经济起步比较晚，发展比较缓慢。"十二五"以来，发展态势良好。

（一）会展规模上升，综合效益和带动效应显现

内蒙古自治区会展业不断发展，其规模不断上升，综合效益和带动效应显现。内蒙古自治区会展业发展较快的城市是呼和浩特市、包头市、鄂尔多斯市。以呼和浩特市为例，"十二五"以来，呼和浩特市会展经济进入快速发展期，发展总体呈现"规模稳中有进，质量不断提升"的特点。具体表现在规模、档次、场次、参展人数的逐年递增，标准展位达到 1000 个，以每年大概 30% 的速度在递增。内蒙古国际会展中心于 2007 年投入使用，其第一年的展会才两三场，从 2008 年开始，逐年递增，到 2014 年，达到 31 场次，2015 年，通过引导社会力量的参与，举办了首届呼和浩特年货博览会、首届中国北方马铃薯电商交易、内蒙古国际农业博览会、内蒙古乳业博览会、内蒙古农牧业机械展览会、内蒙古食品博览会、呼和浩特市电子商务企业展示会、广告印刷办公设备博览会、蒙古国肉制品推介会、呼和浩特国际汽车展览会、呼和浩特国际茶产业博览会、呼和浩特国际民族文化产业博览会以及内蒙古绿色农畜产品博览会等 32 场大型展会，参观人数近 190 万，成交额约 55 亿元。呼和浩特市的办展规模不断扩大，质量不断提升，且一些全国性、国际性会展也逐渐进入。"十二五"时期，呼和浩特市展馆建筑面积为 14.5 万平方米，展览面积为 3.6 万平方米。相关从业机构近 500 家，从业人员达 2000 多人[①]。

（二）品牌会展亮点频现，知名度和影响力进一步提升

在"药交会"、"民交会"、草原文化节、"昭君文化节"等有影响力的会展活动带动下，内蒙古自治区会展业呈较快发展态势。2003 年，内蒙古自治区党委、政府提出建设民族文化大区战略，要求像抓经济建设一样抓文化建设，走出一条事业与产业并举，特色与品牌双赢的发展之路。在这一背景下，内蒙古自治

---

① 呼和浩特商务局. 会展琳琅满目　会展年增速30%　呼和浩特会展业发展底气十足［EB/OL］. 内蒙古商务厅网站.

区草原文化节应运而生。2008 年，第六届草原文化节加上了"中国"的概念，表明内蒙古自治区草原文化节的中国化，使其更具有世界意义。迄今为止，中国·内蒙古草原文化节已举办十三届。草原文化节已经成为打造草原文艺品牌、弘扬草原文化、展示内蒙古自治区魅力的响亮品牌，有力促进了内蒙古自治区文化的全面发展，打造了一条文化繁荣的亮丽风景线。内蒙古自治区"药交会"创办于 1999 年，被称为全国药品、保健品行业的晴雨表。其经过多年发展，不仅成为全国新特药推广的主渠道，也成为内蒙古自治区会展经济的重要"引擎"。

（三）会展主体加快培育，产业链进一步打造

内蒙古自治区会展市场的稳步发展吸引了更多社会资金、资源的投入，其市场化步伐进一步推进。2017 年 3 月，内蒙古自治区国际会展业协会会员代表大会在呼和浩特市召开，有 22 家会员单位参加。会展业的发展使会展公司、广告公司、展览场馆、宾馆饭店以及策划公司、旅行社等都得到蓬勃发展，完整、联动的会展产业链正被加快打造。

三、"十三五"期间内蒙古自治区会展业发展面临的机遇与挑战

"十三五"时期，内蒙古自治区会展业发展既面临机遇，也面临挑战。如何抢抓机遇，变被动为主动，值得内蒙古自治区会展业界人士深思。

（一）内蒙古自治区会展业发展面临的机遇

1. "一带一路"倡议背景下的机遇

党的十八大以来，我国深入实施区域经济发展总体战略，重点实施的是"一带一路"建设、京津冀协同发展、长江经济带发展三大战略。"一带一路"倡议构建了我国对外开放的新格局，其贯穿亚、欧、非三大洲，覆盖全世界 40 多亿人口，而内蒙古自治区由于独特的区位优势，在"一带一路"的中蒙俄经济带中地位举足轻重、不可替代。

2015 年，由中华人民共和国商务部、内蒙古自治区政府和蒙古国工业部联合主办的中国—蒙古国博览会在内蒙古自治区呼和浩特市举行，这是内蒙古自治区首次承办的国际性博览会，也是中蒙两国第一个国家级双边博览会。对于全面推进"一带一路"倡议、建立中蒙俄经济合作走廊，促进中蒙两国在各领域的合作，意义重大。

2. "互联网＋"对会展业发展的促进作用

"互联网＋"正在快速改革和颠覆众多的传统经营方式和习惯，同样其对会

展业的发展也带来了巨大影响。互联网所带来的变革，改革了会展活动模式和发展空间，并从根本上促进会展行业的发展，其可以从各方面更好地呈现展会的核心价值。"互联网＋"动摇了传统会展业的管理和经营理念，改变了其营销和传播方式，颠覆了市场和渠道走向以及变化模式和商业趋势。

（二）内蒙古自治区会展业发展带来的挑战

1. 我国经济发展进入"新常态"的影响

近年来，国际环境复杂多变，国内改革发展稳定任务艰巨繁重。2014年12月召开的中央经济工作会议为2015年的经济工作"定调"：我国经济正在向形态更高级、分工更复杂、结构更合理的阶段演化，经济发展进入新常态，正从高速增长转向中高速增长，经济发展方式正从规模速度型粗放增长转向质量效率型集约增长。随着中国经济发展进入新常态，会展业发展也面临着转型升级。一方面，会展业发展增速放缓；另一方面，会展业或进入精细化发展阶段，从注重规模、数量扩张向注重质量、效益转变。我国的会展业和会展经济进入新常态。

2. 会展业发展面临市场转型的压力加大

一直以来，地方政府为了推动地区会展经济的发展倾注了很大力量，通过政策引导、资金支持、税收优惠等措施来提升会展业，可以说，为了擦亮城市名片，"各地政府不惜成本，不仅管搭台，还要管唱戏"。比如，一些地方政府为了鼓励会展企业到该地区办展、吸引会展项目落地，出台了"举办活动给予资金补助"的措施。内蒙古自治区民交会的举办即是如此产生。

国家明确要求清理官办活动，严控"三公"经费等政策持续影响我国会展经济的发展。短期内可能会对我国会展业产生不利影响，长期来看，却是我国会展业市场化转型发展的机遇。唱了多年的"政府主导型展会"终于哑口，"国八条"或将成为中国会展业由政府主导向市场化转型的重大拐点。在业内看来，未来会展业的发展趋势是官退民进，由政府主导型展会向市场需求化转型，这也是目前会展行业的新趋势。党的十八大以来，各地政府主办的展会在减少或者压缩规模，或者由一年一期改为两年一期。众所周知，在国际上，大型会展均由企业主导而非政府，会展只有市场化才能赚钱、才可持续。"国八条"不仅不会重创会展业，反之将加快会展业向市场化转型。有资料表明，我国展览工程行业80%以上采用不可回收的一次性木材料，浪费惊人，也产生了大量垃圾，与绿色、低碳、环保的办展理念相悖。会展业向市场转型，由企业办展而非政府办展，将会加快新型、绿色展览用具的开发、宣传、推广，加快会展业向注重质量、效益转变。

"转型升级"成为国内展览业的首要关键词，以往偏重政府主导的中国展览业将逐步向市场化、专业化迈进。

四、"十三五"期间内蒙古自治区会展业发展对策

为贯彻落实《国务院关于进一步促进展览业改革发展的若干意见》，进一步推动内蒙古自治区展览业改革发展，做大做强展览经济，更好地发挥展览业在稳增长、促改革、调结构、惠民生中的积极作用，带动内蒙古自治区现代服务业快速发展，2016年5月，《内蒙古自治区人民政府关于促进展览业改革发展的实施意见》，确定内蒙古自治区展览业发展的新目标——力争到2020年，形成以呼和浩特市、包头市、鄂尔多斯市为核心、多盟市协调发展的展览业区域格局，基本建成结构优化、功能完善、基础扎实、特色鲜明、布局合理的展览业体系。

（一）理顺管理体制

多年以来，我国会展业存在多头管理、互相掣肘、资源分散的现象。比如，在中国一些城市，会展业至少有三个主管机构，分别是商务委（商务局）、贸促会和旅游委（旅游局）。这些主管机构各管一摊，部门间政策执行的着眼点和目标存在差异，职能交叉，分散用力，利益掣肘。

《国务院关于进一步促进展览业改革发展的若干意见》提出，理顺展览管理体制，建立由商务部牵头、全国统一的管理体制和跨部门联动机制，加强展览业发展顶层设计和宏观引导。逐步下放和取消展会审批权限，加快市场化进程，加强行业自律。加强会展市场主体培育，鼓励多种所有制企业参与竞争，完善会展产业链服务体系，提升我国展览业服务水平和国际竞争能力。

《内蒙古自治区人民政府关于促进展览业改革发展的实施意见》指出：健全管理体制。完善展览业管理体制和机制，建立由自治区商务主管部门牵头，发展改革、教育、科技、公安、财政、税务、工商、文化、海关、质监、统计、知识产权、食品药品监管、检验检疫、贸促等部门和单位共同参与的自治区展览业改革发展厅际联席会议制度，协调解决展览业改革发展中遇到的重大问题。加强展览业发展战略、规划、政策、标准等的制定和实施，加强事中事后监管，优化公共服务体系。进一步简政放权，按照国家有关规定，除党政机关主办的展会需严格履行审批手续外，取消自治区商务主管部门负责的境内举办对外经济技术展览会办展项目行政审批。

加强对内蒙古自治区会展业管理的统筹协调，研究制定行业发展规划，打破区域、行业壁垒，加快区内外、区内盟市间会展业协调发展。消除市场壁垒，打破各自"一亩三分地"的行政市场壁垒。建立健全会展城市间的交流对接机制，

联合举办具有国际影响力的展会，促进内蒙古自治区与周边地区会展业的协同发展。科学规划行业区域布局，明确区域"错位"发展和相互补充的格局。按照"力争到 2020 年，自治区形成以'呼包鄂'为核心、多盟市协调发展的展览业区域格局"的发展目标，整合全自治区会展业资源，形成错位竞争和特色化发展的自治区会展格局，促进会展资源按市场规律优化配置和有效使用。

（二）完善行业法规

近年来，我国会展业得到快速发展。在市场经济利益的驱动下许多行业都参与进来，也吸引了一些缺乏资质、办展能力较差的企事业单位，导致会展业市场鱼龙混杂，低水平重复办展、无序竞争、恶意欺诈现象时有发生。展会效率低下，有的有名无实，扩大广告宣传；有的挂国际、全国名称，但实际上与讨价还价的集贸市场无异。而会展业相关的法律法规建设滞后于市场发展实际，使政府部门进行行业管理和市场监管时无法可依，违规办展没有处罚整改依据，导致部分展会重招展、轻招商，重创收、轻服务，扰乱了市场经营秩序，侵害了参展商与观众的权利，严重损害了会展业在社会公众中的形象，制约了我国会展业持续健康良好发展。所以，亟须加强会展行业法制建设，加快会展立法进度，逐步建立和完善会展行业发展和规范的法律体系。

行业标准的制定和推广越来越成为行业规范的重要内容。2013 年，会展业标准化技术委员会先后颁布实施《会展中心（会议中心）服务规范》《会展设计搭建服务规范》《商贸类展览会等级分类标准》三项会展业国家标准。研究制订《会议分类和术语》和《贸易类展览会数据统计》标准。一些地区也相继颁布制定了一系列地方性会展行业标准。内蒙古自治区明确提出，健全行业标准和统计制度。完善展览业标准化体系建设，落实国家展览业有关标准体系，制订、完善和推广展览管理、经营服务、节能环保、安全运营等地方标准，逐步形成面向市场、服务产业、主次分明、科学合理的具有内蒙古自治区特色的展览业标准化框架体系。同时，建立展览业统计分析制度，为展览行业发展评估及政策制定提供科学依据。

完善的知识产权保护成为推动会展业发展的重要因素。加强市场环境建设，形成开放、透明、高效的市场规则，加强对品牌展会的知识产权保护。支持和鼓励展览企业通过专利申请、商标注册等方式开发利用展会名称、标志、商誉等无形资产，提升对展会知识产权的创造、运用和保护水平。扩大展会知识产权基础资源共享范围，建立信息平台服务展览企业。把打击侵犯知识产权和制售假冒伪劣商品列入展会总体方案和应急处置预案中。完善重点参展产品追溯制度，推动落实参展企业质量承诺制度，展会设置知识产权服务台，提供知识产权咨询、文献检索、侵权查处等服务。加强展会维权援助和举报投诉处置能力建设。并且加强境外展会知识产权保护工作，帮助企业有效应对知识产权纠纷。

提高便利化水平。随着国家"一带一路"倡议的推进，内蒙古自治区会展业发展迎来新的机遇。进一步优化展品出入境监管方式方法，提高展品出入境通关效率。引导、培育展览业重点企业成为海关高级认证企业，适用海关通关便利措施。简化符合我国出入境检验检疫要求的展品通关手续，依法依规允许符合要求的展品、样品在境内销售。

加强诚信体系建设。加快建立覆盖展览场馆、办展机构和参展企业的展览业信用体系，建立信用档案和违法违规单位信息"黑名单"制度。完善境内外经贸企业资信体系建设，充实失信企业数据库。大力做好涉外法律、国际商事规则和惯例等咨询服务工作，发展面向"走出去"企业的涉外法律顾问的业务等。

（三）推进市场化进程

会展业在规范的市场经济运行机制中发展，一个行之有效的管理模式应该是政府、行业协会和企业相互配合、相互协调的互动有机整体，三者有不同职能，各负其责。政府部门从会展的具体事务中脱离出来，把着眼点放在统筹规划、行业引导、政策扶持上来，同时，营造良好的产业发展环境，进行市场培育。行业协会是联系政府和企业的纽带和桥梁，不仅要熟悉国内外行业情况，与国内企业密切联系，协调行业内部问题，而且要与国际相应机构保持联系与合作。企业是会展业发展的主体。政府、行业协会和企业按照各自的职能运作，并有机结合，才符合市场化运作规律，会展业才有生机和活力。

加强市场环境建设，完善市场监督管理体系，逐步建立开放、透明、高效的市场规则。全国各地相继成立会展行业协会，充分发挥行业中介组织"服务、协调、自律"的作用。2017年3月，内蒙古自治区国际会展业协会会员代表大会在呼和浩特市召开，会议明确今后一个时期协会工作总体思路是以打造会展新兴优势产业为目标，不断增强活力和实力，努力成为凝聚会展资源、调动各方积极性、促进会展业加快发展的重要平台；完善行业标准体系，制定相关服务制度标准和行业规范，加强规范管理；建立展会评估制度，建立全国会展行业资质评定制度，根据全国统一的标准要求（包括专业展馆标准化体系、国际展认定标准、展会及展馆统计标准体系、绿色展会标准等）进行资质评定，加强市场监管；健全统计制度，改进和完善会展统计体系，建立全国统一、权威的统计监测体系，提高会展统计资料数据的可信度；建立信息发布平台，推动信用体系建设；加强知识产权保护。

随着"四风建设"以及"八项规定"的出台，会展业市场化程度进一步深化。加快政府职能转变，完善公共服务体系，提高公共服务水平。加快推进政府展会转型升级进程，使展会运作实行政企分离。2015 年以来，各地政府为了进一步扶持会展业发展纷纷出台新政策，朝着市场化方向转移。可以说，多种因素的力量推进加快了会展业市场运行的节奏。

政府主导型展会成为新市场。对于会展公司而言，承办政府主导型展会是一个机遇。政府主导型展会向市场转移是行业趋势，这类展会发展势头好，具有一定市场潜力，更为重要的是，政府更倾向于将这类展会转给本土会展企业运营操作。2014 年，第四届中国—亚欧博览会将展会期间的广告资源进行了拍卖，包括志愿者服装、证件、门票广告位冠名权等。这不仅开创了国内展会广告资源进行拍卖的先河，也是中国—亚欧博览会首次尝试市场化运作。武汉光博会也将承办权面向市场招标，最后由民营会展企业——尚格会展负责具体的办展工作，首开武汉民营企业承办大型展会的先河，同时也成为整个武汉会展业市场化转型的关键节点。

逐步厘清政府和市场的关系，严格规范各级政府办展行为，减少财政出资和行政参与，逐步加大政府向社会购买服务的力度，建立政府办展退出机制。放宽市场准入条件，着力培育市场主体，加强专业化分工，拓展展览业市场空间。

加快推进内蒙古自治区会展业市场化改革，重点依托市场力量实现会展业发展壮大，培育壮大市场主体，打造完整的市场化产业链，推进场馆市场化运营，完善以展会服务产业、产业推进展会的良性市场化运作路径，形成竞争有序、充满活力的会展业市场格局。

（四）加强信息技术的应用

会展业对于会展 APP、大数据、移动互联、O2O 的概念不再陌生。转型升级成为会展业的共识。技术创新广泛应用于会展业的方方面面。比如，淘宝上现有 3 亿多消费者，"碎片化"的消费正变成巨大的潮流，展会该如何吸引这部分消费群体，值得会展业思考。

2015 年 1 月，支付宝发布 O2O 行业解决方案，其中包括未来商超、医院、餐饮、百货、酒店、物流、会展等 14 个行业场景。会展场景中，包括未来展会票务解决方案、展会服务方案等。2015 年 2 月，中智国际商展集团提出，我国会展业进入由智慧理念、智慧产品、智慧团队及智慧资本组成的"智慧会奖（Smart MICE）3.0 时代"，"智慧会奖"即会奖服务从更前端参与客户计划，基于对客户及资源的深入感知和挖掘，利用大数据、云计算、移动互联等现代技术，以更智慧的方法完善内部管理，提供高增值服务，分享更开放的协作平台，与其他供应商无缝对接，从而实现会议流程优化、监管到位、成本节省、数据归集、商机捕获等目的。该集团推出智慧化会议协作管理平台，吸引了凤凰旅游集团、君联集团的资本。在移动互联网时代，专业的场地预定平台正在形成，由此诞生了会展领域全新的服务商。比如，蓝色光标整合400余家酒店及会议中心资源，推出会议的O2O产品"咪啪"就是全新的会展服务商。借助网络和大数据，这一类服务商会很快向传统的服务领域发起挑战。会展场馆的经营管理同样可以利用互联网技术。比如，通过对展馆内人群数据的收集、整理和分析，借由大数据平台，对展览参与者进行多价值链的开发已经成为中国顶尖会展场馆的共识。现在，"展览通"等数字化增值服务产品越来越多地被使用，通过这种场馆、展品和数字平台的联动，展览场馆的智能化程度得到提升，从而获得更多收益点。而且展馆还能借此掌握数据入口这个关键点，为以后发展谋划更多的可能性。展馆可以通过搭建展览信息大数据平台，汇集主办方、参展商、观众以及展会服务商的各项数据，并通过与各方共享数据，实现O2O的线上服务，更快地走从线下到线上的道路。通过展馆电子门禁系统，展馆与主办方能及时掌握观众信息，同时展馆与主办方通过采用电子门票、手机门票、短信门票、网络二维码门票等先进门禁技术使观众得到更好的服务体验。展馆还可以建设Wi-Fi热点，不但提升信息服务水平，更可以通过Wi-Fi技术提供展览路线导引、展览区域介绍、展商与观众实时对接等精细化服务。

O2O现在是会展业最热的词汇之一。"O2O"是"Online to Offline"的简写，即"线上到线下"，OTO商业模式的核心很简单，就是把线上的消费者带到现实的商店中去，在线支付购买线下的商品和服务，再到线下去享受服务。

近年来，中国会展业或进入精细化发展阶段，从注重规模、数量扩张向注重质量、效益转变。与之相应的是营销手段的不断升级，碎片化传播、翻译APP、展厅现场导航、产品数字化展示、智能展馆将共同形成会展业新的增值服务内容，并创造出更多的商业附加价值。加快信息化进程。引导企业运用现代信息技术，开展服务创新、管理创新、市场创新和商业模式创新，发展新兴展览业态。举办网络虚拟展览会，形成线上线下有机融合的新模式。积极应用云计算与大数据、物联网、移动互联网等信息技术提升传统会展业水平，推进办展实体信息化，建设新型智慧场馆并对现有场馆进行智慧化改造，推进会展业智慧管理和智慧服务，加快发展智慧经济会展项目。

（五）加快国际化步伐

遵循国际通行的展览业市场规则，发挥我国产业基础好、市场需求大等比较优势，逐步提升国际招商招展的规模和水平。加快"走出去"步伐，大幅提升境外组展办展能力。提升在国际展览业中的话语权和影响力，培育一批具备国际竞争力的知名品牌展会。比如，2015年举办的中国—蒙古国博览会，这是中蒙两国第一个国家级双边博览会。

深化国际交流合作。推动展览机构与国际知名的展览业组织、行业协会、展览企业等建立合作机制，引进国际知名品牌展会到境内合作办展，提高境内展会的质量和效益。配合实施国家"一带一路"等重大战略及多双边和区域经贸合作，用好世博会等国际展览平台，培育境外展览项目，改善境外办展结构，构建多元化、宽领域、高层次的境外参展办展新格局。

（六）提升展览企业竞争力

培育市场主体，加强国际竞争力建设。内蒙古自治区会展业企业实力不雄厚、管理不规范、缺乏领军型的会展企业，尚未形成一支职业的会展经理人队伍和一支高素质的办展人员队伍，导致真正形成规模和品牌的展会不多，这是难以与国外大型展览公司在世界会展市场上竞争和抗衡的重要原因。会展经济比较发达的广州市政府明文禁止媒体、展馆独立举办展览活动，以保护专业的展览公司运作展会的空间，规范展览市场向良性发展。进一步强化展览公司的市场主体地位和机制。

内蒙古自治区在打造国际化品牌展览会方面，优势凸显，如"一带一路"倡议释放了强大的市场助推力，展览活动作为商品展示、交易的重要平台，在产品输出、资本输出方面具有重要作用。中国是世界制造业第一大国，拥有庞大的参展商群体。当前，在世界500种主要工业品中，中国有220种产品的产量居全球首位。

为了提高展览品质、优化展览结构，鼓励内蒙古自治区展览企业与国际展览集团的合作，鼓励多种所有制企业公平参与竞争，引导大型骨干展览企业通过收购、兼并、控股、参股、联合等形式组建国际展览集团。加强政策引导扶持，打造具有先进办展理念、管理经验和专业技能的龙头企业，充分发挥示范和带动作用，提升行业核心竞争力。

（七）健全展览产业链

以展览企业为龙头，发展以交通、物流、通信、金融、旅游、餐饮、住宿等为支撑，策划、广告、印刷、设计、安装、租赁、现场服务等为配套的产业集群，形成行业配套、产业联动、运行高效的展览业服务体系，增强产业链上下游企业协同能力，带动各类展览服务企业发展壮大。

第 六 章

内蒙古自治区数字传媒产业发展报告

　　《中国互联网络发展状况统计报告》显示，截至2016年底，中国网民规模已达7.31亿人，中国互联网普及率达到53.2%，手机网民有6.95亿人，各类互联网服务应用均保持高速增长。动漫游戏、网络文学、网络音乐、网络视频等数字文化产品拥有广泛的用户基础，与百姓生活越来越密切，已经成为目前群众文化消费的主产品。网络用户付费习惯的养成则是"引爆"数字文化产业的导火索。随着移动支付技术的突破，中国网民逐渐培养起了为网络产品付费的习惯，也只有这样，7亿网民才能成为真正的消费者。

　　同时，随着互联网和数字技术的不断发展和普及，传统文化产业将实现数字化转型升级，并不断催生出数字文化产业的新业态、新模式，数字文化消费将成为扩大文化消费的主力军。近期以来，关于数字文化的文件密集出台，其产业迎来前所未有的政策红利期。其中首要的是数字创意产业被纳入《"十三五"国家战略性新兴产业发展规划》（以下简称《规划》）。《规划》提出，到2020年，数字创意产业产值规模将达8万亿元。而数字创意产业在文化领域的具体体现则是数字文化产业。"十三五"期间，中国产业结构调整的主要驱动力发生了很大变化，数字创意产业符合"以重大技术突破和重大需求为引领的产业发展"的内涵，因此被纳入战略性新兴产业。《2017年内蒙古自治区政府工作报告》提出，要凝聚各族人民团结奋进的精神力量，深入实施全民阅读、文化信息资源共享等文化惠民工程。

一、"十二五"期间内蒙古自治区数字传媒产业发展的背景

全球数字传媒行业发展迅速。从 2010 年开始，全球经济逐渐走出金融危机的阴影，缓慢复苏，改善的经济环境促使娱乐及传媒行业获得了更多的发展契机。伴随着消费者娱乐消费时间的不断增加，传媒产业具有极为广阔的发展前景。根据凯络（Carat）公司所做的统计分析和预测，2020 年全球人均每周娱乐消费时间将接近 100 小时，而且呈现了前所未有的碎片化，用户需求将会支撑行业的长期持续增长。在 2014 年中，全球娱乐与传媒行业的收入增长率达到5.9%。特别是在一些受全球经济衰退影响较小的地区，如中国和印度的娱乐及传媒行业收入增长率更是远高于全球平均水平。当然，我们也可以看到，还有一些地区，如希腊和意大利，因为受到高额政府债务或政治不稳定等因素的影响，增长水平没有明显变化，甚至出现了负增长的趋势。但总体来看，全球传媒行业的复苏增长态势明显，全球娱乐及媒体行业的年均复合增长率将达到 5.7%，收入在整体经济增长的带动下从 2010 年的 1.48 万亿美元增长到 2015 年的 1.96 万亿美元，收入来源从传统平台向数字平台加速转变（如图 6-1 所示）。

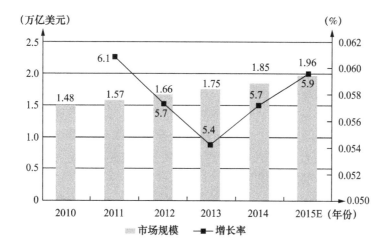

图 6-1　2010~2015 年全球传媒产业市场规模及增长率[①]

"十二五"以来中国数字技术与文化呈现融合发展趋势。科技进步特别是数字技术的发展已经成为中国文化发展的重要动力和引擎，文化与科技的无缝融合

---

① 崔保国. 中国传媒产业发展报告（2016）[M]. 北京：社会科学文献出版社，2016.

在深度与广度上得到实质性推进。

（一）文化新业态竞相涌现

文化新业态是以现代数字技术为核心支撑的文化形式，与传统的文化业态不同，文化新业态所具有的技术密集、知识密集、附加值高等特性体现了数字技术对传统文化行业与形式的升级与改造。"十二五"以来，随着数字技术的更新与应用，数字技术与文化融合的程度日益加深，以数字技术推动的文化新业态竞相涌现。

数字影视产业。数字影视是以数字技术为支撑的影视类型，节目的采集、制作、发射、传输与播放都以数字化的方式进行处理。与一般的影视类型相比，数字影视具有技术先进、传输快捷、清晰度高、覆盖面广等特点。伴随着三网融合的不断推进，数字影视产业的用户规模将不断增加。数字影视从产业类别上说，可分为数字电视产业与数字电影产业。

动漫创意产业。动漫创意是数字科技与文化高度融合的朝阳产业，在产业的发展中逐渐形成了以数字技术为依托，以文化内容为载体，以创意为内核，以产业链的延伸与扩张为基础的产业格局。目前，中国动漫创意产业已基本形成了动漫卡通、手机游戏、网页游戏、家用游戏、单机游戏、掌机游戏、大型游戏等为内容的发展格局。

数字出版产业。数字出版是以现代数字技术为支撑，面向互联网、手机、电子书阅读器等其他移动终端提供数字阅读产品的产业形态。作为出版业的高端产业形态，数字出版改变了以往的出版方式，也冲击了原有的产业格局。

创意设计产业。创意设计是产业融合发展趋势下出现的产业类别。现代创意设计产业以数字技术为支撑，改变了传统的设计生产与传播方式，以图文、音频、视频等较为显性直观的方式为生产和生活各领域提供服务，从而创造与培育出新的创意设计需求与市场空间。

3D打印产业。3D打印是近年来快速发展与推广的新型快速成型技术。作为一项堪称具有"颠覆性意义"的新型数字技术，3D打印在提升和发展高端装备制造业中作用巨大。

（二）文化新内容形式多元

文化新内容依托现代数字技术，或是在数字科技推动下实现传统文化内容的创新，或是在科技的催生下衍生出新的内容。由于科技和文化本身在内涵和外延方面的复杂性，在其融合创新发展支撑下文化的内容与形式呈现出多元发展趋势。在多元的内容中，微系列文化产品尤为值得关注。

1. 微系列文化产品不断拓展

数字技术的创新发展和移动通信终端的普及，推动了微文化时代的来临。微博、微信等即时通信工具的出现，以其精微绵薄之力重构着整个文化生态。生活节奏的加快，人们生活时间的"碎片化"逐渐成为一种文化生活和休闲方式，这为微系列文化产品的拓展与延伸提供了生存的土壤。从产品的形态来说，微系列的文化产品包括微电影、微杂志、微小说、微语音等。

2. 3D 视图

3D 视图是以数字三维成像技术为支撑的文化实践活动。3D 成像因其在表现效果上的逼真、生动，创造与展示出了一个亦幻亦真的立体空间。3D 视图体现了文化与创意的高度融合，3D 图像在影视娱乐、舞台装饰、室内装潢、场景推演、展览展示、商业推广、教育科研、航空航天等多个社会文化活动中均得到广泛应用。

3. 移动视听

移动视听是在以互联网移动终端为主导渠道的信息传播过程中出现的视听类文化产品。手机视频、手机音乐和音频广播是三种较为常见的文化形式。手机视频是移动互联网时代媒体融合发展的重要形式。

4. 电子书

电子书是广泛应用于固定电脑和互联网移动终端的阅读类数字化产品。数字技术推动了传统纸质出版向电子书的升级，在应用中具有易携带、轻便环保等特点。

（三）传播新手段层出不穷

数字技术的更新推动了传播手段的变革，这不仅体现在现代以数字技术为支撑的传播手段或方式技术更新的速度加快，而且体现在传播手段以一种浪潮化的方式席卷着社会生活的各个领域。它不仅改变了固有的传播格局和传播生态，而且拓展出新传播体系的舆论生成、商业推广、对话方式等。

（四）消费新路径发展迅速

数字技术对文化的影响在消费路径方面主要体现在催生出的新的消费方式或支付方式，改变了人们原有的消费理念，培养了人们新的消费习惯。作为产业链中的重要组成部分，新的消费路径既在成长中探索自己的产业链，也冲击或改变着原有的产业形态。从整体特征来说，随着数字技术更新速度的不断加快，微信支付、支付宝、京东白条等各类新消费路径如雨后春笋般出现，改变着人们的日常生活。

（五）文化"走出去"与数字技术的应用有序发展

文化贸易是文化"走出去"的主导模式，在对外文化贸易领域，"十二五"期间，这一趋势明显加快，游戏、艺术品、动漫等文化产业形态已上升为中国对外文化贸易的第一军团，其增长速度最快，与数字技术的关系最为密切。与此同时，影视、出版、音乐、演出等传统产业也利用数字技术实现自身的升级换代，大力提升了其在国际市场的竞争力。

（六）文创产业最新发展趋势

2014 年，文化产业在整体推动中国第二产业升级换代基础上开始实现其自身的升级换代。在移动化高速发展背景下，中国大力推动大、智、云、移、自——大数据、智慧城市、云计算、移动互联网、自媒体和小、微、新、特、融——小企业、微方式、新业态、酷特色、融思维的发展思路。高度重视数字技术的核心推动力。以数字技术在原创领域开创新思路、新通道；以数字技术推动内容产业的大发展，推出各种微文化产品；以数字技术开创了传播方式的新革命、新手段；以数字技术展开了文化消费与接受方式的新变革；以数字技术打开了中国文化"走出去"的新通道。

中国数字文化科技企业成为文化创意的领军产业。中国互联网相关文化创意行业成为中国文化产业的高端产业、核心产业、领军产业、先导产业，真正成为了支柱产业。一支以 BAT（百度、阿里巴巴、腾讯）等互联网上市企业为代表的准航母舰队已经开始成形。成为当今世界唯一准备与美国文化创意科技航母群相媲美的以民营经济、混合所有制为主的企业群。这个准航母舰队群利用现代投融资方式、通过上市获得国际化的背景，运用风险投资、融资的方式迅速壮大。形成一种互联网时代，特别是移动网络时代按照新型跨越式发展的方式成长的模式。

数字科技创造文化运营新链条：创客—威客—云营销—极客—数客（数据分析师）。利用互联网、移动网、云技术、大数据创造新型的集聚创、购、传、销、体验一体化的模式——新O2O（Online to Offline）模式："线上线下融合互通模式"，由创客、威客和微店网带来的新的方式正在为这种园区/集聚区发展模式探索出一条新的路径。"创客运动"是让数字世界真正颠覆现实世界的助推器，是一种具有划时代意义的新浪潮，全球将实现全民创造，掀起新一轮工业革命。

新的网络虚拟集聚区模式采用威客模式。创意产业的根本观念是通过"越界"促成不同行业、不同领域，特别是线上与线下的重组与合作。通过越界，寻找新的增长点，推动文化与经济融合发展，并且通过在全社会推动创造性原创来促进社会机制的改革创新。而从发展来看，数字化高端融合的 O2O 新模式，是创意产业集聚区的高级形态和未来发展趋势。

文化创意还需以云服务为基础的分销渠道。所以"微店网云模式"倏然而出，与网上创意产业集聚区或"文化创意信息数字交易港"相对应，地上可有相应的实体型生产、物流中心或会展中心、贸易中心。可与定期的博览会、交易会相匹配，形成网上常设数字交易与地上会展业以及直接交易的立体交易系统。微店网云模式开创了一种新的网聚模式，而无须企业、营销商的地上集聚，以最简方式实现集约化经营。

在新的模式运营中，"极客"的作用不可忽视。"极客"是整个新模式运营的技术探索者和支撑者。他们以不断的技术创新奠基着、改变着互联网、移动网络以致文化产业/文化经济的生态面貌。他们是中国未来科技发展不断创新的先锋和中坚力量，我们必须高度重视这个群体，不断发现人才，以热情和宽容的态度关怀他们，从各个方面支持他们，并以孵化器等方式扩大极客的队伍。

数客是数字时代的重要，也是当前推动大数据发展的关键人才。目前数客大量缺乏，是国内数字科技发展的短板，需要尽快培养。

二、"十二五"期间内蒙古自治区数字传媒产业发展的成就

虽然中国传媒产业取得了巨大的成功，但也衍生出中国东部与西部、内地与边疆传媒经济发展的日益失衡。这种失衡状况已经远远超出人们的想象，甚至比东西部区域经济的总体失衡状况更为严重。据上海大学吴信训教授的研究，就支撑电视传媒发展的广告收入而言，东部地区年广告收入是西部地区的 9 倍，仅京、沪、粤三地的年广告收入就是整个西部地区年广告收入的 5 倍。

"十二五"期间，内蒙古自治区深入贯彻落实科学发展观，自治区党委"8337"发展思路和各项决策部署，围绕落实"五位一体"总体布局和"四个全面"战略布局，积极构建社会主义和谐社会。2016 年以来，内蒙古自治区供需失衡矛盾依然突出。面对复杂严峻的经济形势，全区 2016 年的经济运行"总体平稳、稳中有进、稳中提质"。"三去一补一降"取得实效，经济发展稳中有进；产业结构调整步伐加快，服务业支撑力稳步提升；需求端总体偏弱，消费支撑力稳步增强；企业效益改善明显，两个收入增长艰难；物价温和上涨，工业品价格筑底回稳；改革举措落地生根，经济发展活力持续释放；生态文明建设成效明显，节能减排工作顺利推进。内蒙古自治区传媒产业发展虽有成就，但并不乐观。与全国相比，内蒙古自治区传媒产业与国民经济失衡的状况更为突出。2016年末，内蒙古自治区广播综合人口覆盖率为 99.2%，电视综合人口覆盖率为

99.2%。年末全区有线电视用户为 330.6 万户。

内蒙古自治区数字图书成就斐然。2016 年 6 月，内蒙古自治区图书馆在启动仪式现场举办了咨询活动，向公众发放宣传资料，重点将内蒙古自治区图书馆创新惠民工程"数字文化走进蒙古包"和"彩云服务"介绍给广大读者及社会各界人士，使工程受益人群更大化。启动仪式上，内蒙古自治区图书馆李晓秋馆长亲自到现场为公众介绍"彩云服务"和"数字文化走进蒙古包"工程。在接下来的一周时间里，内蒙古自治区图书馆学会也将围绕"创新、协调、绿色、开放、共享"新发展理念举办独具特色的宣传展览、北疆讲坛专题讲座等系列活动。

各高校数字图书馆建设发展迅速。内蒙古医科大学数字图书馆系统门户日前成功上线，标志着内蒙古自治区首家云图书馆正式落成。从 2016 年 11 月起，内蒙古医科大学图书馆和 IBM 达成合作，共同搭建云图书馆。云图书馆建成后，系统门户将图书馆不同的异构数据库接口打通，为在校教职员工和学生提供统一检索、24 小时无缝链接和随时随地的远程访问、下载服务。同时，内蒙古医科大学将把云图书馆带到每个人的手中，打造移动数字图书馆，让用户可以通过移动设备随时畅游知识的海洋。此外，内蒙古医科大学还将基于 IBM—PMC 云管理平台，打破高校、图书馆和医疗机构之间的行业壁垒，与医疗信息机构实现资源共享、共建、共知，让云图书馆成为整个内蒙古自治区医疗行业乃至全国医疗行业都可以共享使用的知识库。预计明年云图书馆的资源服务能够覆盖全区 12 个盟市医院和 5 所附属医院及相关医疗单位，为内蒙古自治区搭建医学信息大数据资源保障服务中心奠定基础。

2017 年 5 月，内蒙古大学举行蒙古文数字图书馆开通暨与包头市共建共享工程启动仪式，标志着涵盖蒙古文文献管理系统、蒙古文文献资源数字共享平台、蒙古学信息服务平台等 9 大文献信息资源体系的"内蒙古大学蒙古文数字图书馆"正式投入使用，并与包头市公共图书馆、各高校图书馆建立了蒙古文图书文献信息资源的共建共享。

2017 年 1 月 10 日，内蒙古自治区工商联、内蒙古自治区新闻出版广电局联合召开促进民间资本进入新闻出版广播影视行业工作座谈会。会上提出内蒙古自治区要鼓励、引导和支持民间资本参与新闻出版广播影视各项事业的建设，激发民间资本活力，转变新闻出版广播影视发展方式，调整产业结构，建立健全现代文化市场体系，不断提升内蒙古自治区新闻出版广播影视产业的整体实力和竞争力，更好地满足内蒙古自治区各族人民群众精神文化需求，实现新闻出版广播影视快速发展。还提出内蒙古自治区要从 10 个业务方面鼓励支持民间资本进入新闻出版广播影视行业。具体为印刷复制业务，发行业务，出版业务，有线网络传输业务，影视节目制作业务，影院基础设施业务，网络视听节目服务业务，新闻出版广播影视基地，园区建设物业、工程管护业务，"走出去"业务。其中"走出去"业务鼓励民间资本参与新闻出版广播影视"走出去"的经营，从事图书、报纸、期刊、动漫、纪录片等产品的出口业务，支持其到境外特别是俄蒙开办新闻出版广播影视企业。支持民营新闻出版广播影视企业参与国际性书展、影视展、动漫展、设备展、版权产业等展览展示，开展形式多样的产品贸易和服务贸易活动，提升自治区新闻出版广播影视的传播力和影响力。

传媒产业作为国民经济的一个重要组成部分，其快速发展对社会经济具有重要的推动作用；内蒙古自治区传媒产业作为文化大区建设的支柱产业之一，其快速持续发展是实现文化大区建设目标的必然要求，也是建设和谐内蒙古自治区的内在要求。内蒙古自治区要解决传媒经济在国民经济发展中的失衡状况，发挥传媒产业在促进国民经济建设、文化大区建设、构建和谐内蒙古自治区中的重要作用，唯一的选择就是实现超常规、跨越式的发展。

超常规、跨越式发展就是指落后国家和地区在特定的内外条件下，通过大力借鉴和吸收先进国家和地区的发展经验和积极成果，充分利用后发优势，突破一般发展步骤，以科技创新和跨越为先导实现区域经济社会全面飞跃发展，甚至跨越某些常规发展阶段。跨越式发展是以具备一定的内外条件为基础的。从传媒业的产业属性、民族地区的文化资源优势、区位优势、民族地区传媒产业的现有基础条件、国家对民族地区的特殊政策等方面看，内蒙古自治区传媒经济可以在局部乃至全国实现跨越式发展。

三、"十三五"期间内蒙古自治区数字传媒产业发展面临的机遇与挑战

"十三五"时期，要全面贯彻党的十八大和十八届三中、四中、五中、六中全会精神，促进产业融合发展，培育新型文化业态，满足人民群众高品质、多样化、个性化的数字文化消费需求，增强中华文化在数字化、信息化、网络化时代的国际竞争力、影响力。2017年4月文化部发布《关于推动数字文化产业创新发展的指导意见》提出发展目标，即数字文化产品和服务供给质量不断提升、供给结构不断优化、供给效率不断提高，数字文化消费更加活跃，使其成为扩大文化消费的主力军。培育若干社会效益和经济效益突出、具有较强创新能力和核心竞争力的数字文化领军企业，一批各具特色的创新型中、小、微数字文化企业。动漫、游戏、网络文化、数字文化装备、数字艺术展示等重点领域实力明显增强。数字文化产业生态体系更加完善，产业支撑平台更加成熟，市场秩序更加

有序，政策保障体系更加完备。到 2020 年，形成导向正确、技术先进、消费活跃、效益良好的数字文化产业发展格局，在数字文化产业领域处于国际领先地位。

（一）"十三五"期间内蒙古自治区数字传媒产业发展面临的机遇

1. 传媒产业属于文化产业，具有鲜明的信息产业与创意产业特征

第一，从生产过程来看，传媒产业不生产粮食也不制造机器，其产出物是信息，投入物大部分也是信息，出售物更是信息。传媒业执行的基本职能是收集、整理、加工、存储信息，传媒产业的主要任务就是向社会提供服务性信息。

第二，从传媒产品价值实现的角度分析，它具有信息价值的多层次性、间接性、增值性特征。传媒产品的效益并不同其传输同步，也不是独立发生作用，它必须同物质生产部门相结合，才能获得多方位的效益，并使其价值增值。

第三，从传媒产业的性能分析，传媒产业同全体信息产业一样，都是有高渗透性的产业。在现代社会，各部门之间、生产各环节之间都离不开包括传媒产业在内的信息产业的参与，利用了信息科技的传媒产品可以渗透到社会生活的各个方面，供各行各业人们使用。传媒产业作为创意产业，还具有马克思所说的"艺术之不平衡与平衡"规律。历史上经济落后的俄罗斯在 19 世纪末出现托尔斯泰等艺术巨匠；在当代，湖南省出现了"电视湘军"执中国省级电视之牛耳，这些说明，传媒产业作为"创意产业"可以实现非线性跳跃式发展，也就是说，传媒经济可以凭借后发优势，实现超常规发展。

2. 内蒙古自治区独特的文化和区位

内蒙古自治区大草原自古以来就是中国北方游牧民族活动的大舞台，历史上先后有十多个少数民族在这里繁衍生息，辽阔无垠的大草原积淀了丰富的文化财富和遗产，创造了独特的草原文化和多姿多彩的民族风情。这里有知名的草原景观：成吉思汗陵园、阿尔山温泉、响沙湾、格根塔拉、阿斯哈图石林、月亮湖；有古老的建筑遗迹：辽上京、元上都、汇宗寺、喀喇沁王府、阿尔寨石窟；还有珍贵的非物质文化遗产：婉转悠扬的长调、热烈奔放的马头琴、古老的"潮尔"、原生态的"呼麦"。其中，内蒙古自治区的长调已于 2005 年被联合国列入世界非物质文化遗产保护名录。这些优秀的文化资源因其古老、不可复制和无法再生而弥足珍贵，具有永恒的魅力，也为电视艺术创作提供了绝好题材。这些资源经过现代传媒手段与包装手法的合理处理，将可能成为更大区域乃至全国关注的内容。内蒙古呈狭长带状，东与黑、吉、辽搭界，中接冀、晋、陕、甘、宁，西抵新、藏，如此广阔的地域使内蒙古自治区文化具有地域上的接近性。更重要的是，内蒙古自治区北邻蒙古国、俄罗斯，这种毗邻使内蒙古自治区具有内地省份无法比拟的地缘优势。凭借文化的独特性和明显的地缘优势，内蒙古自治区传媒能够有效地召集区域受众，构成鲜明的传媒特质。

3. 内蒙古自治区传媒产业具有国家和自治区优惠的政策环境

传媒产业的发展离不开中央在政策、资金、重大项目布局等方面的支持。2003 年，《内蒙古自治区党委、政府关于进一步加快文化发展的决定》《内蒙古自治区人民政府关于印发民族文化大区建设纲要（试行）的通知》《内蒙古自治区人民政府关于支持文化事业和文化产业发展若干政策的通知》三个重要文件，其明确提出："构建以文化旅游、文艺演出、新闻出版、广播影视、文博会展等文化产业为重点的文化产业体系，文化产业的增长速度高于 GDP 增长速度，成为自治区经济发展的支柱产业。"自治区党委书记储波在《加快文化发展，建设民族文化大区》的署名文章中指出："把文化作为产业来发展，是在市场经济条件下繁荣社会主义文化、满足人民群众精神文化需求的重要途径，也是内蒙古自治区加快文化发展、建设民族文化大区的重要任务。内蒙古自治区丰富而独特的民族文化资源，是发展文化产业的潜在优势。要把潜在优势转变为现实优势，必须大力发展文化产业，实现由文化资源大区向文化产业强区的转变。"传媒产业是文化产业的重要组成部分。作为文化大区建设支柱产业之一，传媒产业的快速持续发展是实现文化大区建设目标的必然要求；作为文化大区建设的鼓劲者和助威者，传媒产业为文化大区建设提供舆论配合和精神支撑，其快速持续发展是实现这一目标的有效保障。在这些政策措施中，新闻出版和广播影视作为文化大区建设的重点内容，在启动资金、市场准入、组建媒介集团、文化企业上市融资、税收、鼓励广播影视作品创作等方面，享有各种优惠政策，被多重优惠政策所覆盖。

4. 内蒙古自治区传媒产业近年来的快速发展为实现超常规发展提供了可能

就传媒业而言，内蒙古自治区广播电视、影视剧、新闻出版等各个方面取得了喜人的成果。截至 2008 年底统计，全区有公开发行的报纸 61 种，期刊 149 种，广播电台 13 座，电视台 14 座，具有刊登时政类新闻信息的互联网站 2 家。内蒙古自治区电视台在近几年实现了突破性发展。2003 年底，内蒙古自治区电视台与上海开麦拉传媒投资公司签署了合作协议，从 2004 年 1 月 1 日开始，上海开麦拉传媒投资公司全面代理内蒙古自治区电视台汉语卫视的广告经营。此外，电视台推出了《蔚蓝的故乡》等一批有影响力的节目，使内蒙古自治区卫视在收视拉动和社会影响力上有了一个质的飞跃。2004～2006 年，内蒙古自治区电视台春节晚会以"三连冠"的不菲业绩成功打造了在国内享有盛誉的春晚品牌，被业界称为"内蒙古电视台晚会现象"。内蒙古自治区卫视目前落地 28 个省会城市，包括中国香港特别行政区和中国澳门特别行政区，覆盖近 300 个地市县，自行落地近 200 个地市县，同时覆盖澳大利亚、俄罗斯、蒙古、新西兰等国家。内蒙古自治区电视台依靠"民族特色"已收到明显成效并初步形成自己的核心竞争力，为内蒙古自治区传媒业整体的快速发展起到表率作用。与此同时，内蒙古自治区报业也进行了诸多改革。2008 年 12 月 29 日，内蒙古日报传媒集团成立，标志着内蒙古自治区报业发展翻开了新的篇章。另外，内蒙古自治区的都市报形成一批具有一定竞争力和影响力的媒体，如《北方新报》《内蒙古晨报》《呼和浩特晚报》等。其中《北方新报》2008 年广告收入达 7200 万元，发行量突破 12 万份，已跻身国内主流传媒行列。

（二）"十三五"期间内蒙古自治区传媒产业发展面临的挑战

2016 年 12 月，国务院发布《"十三五"国家战略性新兴产业发展规划》，将数字创意产业纳入其中。数字创意产业成为与新一代信息技术、生物、高端制造、绿色低碳产业并列的"十三五"时期我国战略性新兴产业发展的五大支柱之一，充分体现了加快培育形成新供给、新动力的要求。

从影响传媒产业功能发挥的发展经济学因素分析"十三五"期间内蒙古自治区传媒产业发展面临的挑战。从大体上来看，传媒产业的功能发挥的效果如何，与传媒产业的发展水平（既包括传媒的产业化水平，也涵盖传媒的信息传播、舆论监督等方面的水平）密切相关。一般而言，传媒产业的发展是其功能实现的前提条件，传媒产业越发达，其功能往往就越容易发挥和实现，传媒产业的水平低下，其功能的实现效果则难以真正达到预期。但应当注意的是，传媒产业本身的发展还不足以完全使其功能自然而然地实现，因为传媒具有经济和政治双重属性，传媒产业的功能能否真正发挥出来，与政府和公众赋予传媒的社会地位的高低以及传媒界服务经济发展的能力与意识等多方面的因素息息相关。具体来说，制度性因素、技术性因素、人力资本因素和全球化因素是制约传媒产业功能发挥的关键（如图 6 - 2 所示）。

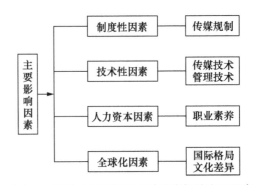

图 6 - 2　影响中国传媒产业功能发挥的主要因素

制度性因素。制度是一种具有经济价值的服务提供者，对于传媒产业来说亦是如此。良好的制度有利于传媒的产业化发展及舆论监督能力的提高，不完善或低效的制度安排则往往会产生负面效应。影响传媒产业功能发挥的制度性因素主要表现在传媒规制之上，具体的包括影响传媒产业发展的法律法规、监管模式、产业政策、市场机制等。内蒙古自治区数字媒体传媒产业发展亟须完善地方法规，规范监督治理。

技术性因素。影响传媒产业发展的技术性因素是多元的，不仅包括机器设备技术、生产技术，还涵盖组织管理技术、经营销售技术等。这些技术的进步不仅直接影响着传媒产业的发展水平，也为传媒产业功能的实现提供了必备条件。因为，从报刊到广播、电视到新媒体，大众传播媒介每一次质的飞跃都离不开技术进步的支撑，且技术的进步是社会信息化、传媒的覆盖率和影响力、公众的媒介接触率提高的基础。内蒙古自治区数字媒体传媒产业发展亟须技术创新引领。

人力资本因素。传媒人和传媒组织是发挥传媒产业功能的主体，传媒产业的任何一项功能的实现都依赖传媒人力资本。人力资本拥有规模报酬递增效应，是传媒产业的主导生产要素，亦是传媒产业功能发挥的一大关键。在传媒人力资本中，传媒从业人员的知识存量多少、技能才干如何直接制约着传媒产业发展的质量和速度，而传媒人的社会责任、精神信仰和职业道德则进一步影响传媒产业功能的发挥效率。

全球化因素。全球化因素对传媒产业的功能特别是其中的国际营销功能的发挥有较大影响。在当今时代，全球化潮流已势不可当，且按照WTO规定，传媒产业中的很多方面须逐步放开。这对于中国这样的发展中国家而言，既是机遇，更是挑战。由于传媒产业具有很强的政治属性且中国与发达国家的政治制度、意识形态差异很大，中国传媒产业能否真正"走出去"是其国际营销功能能否实现的关键。

此外，中国与欧美国家的语言和文化差异较大，在英语等世界性语言通行而汉语的通用性处于劣势的现实背景下，语言文字也是影响中国传媒产业外向发展及其相关功能发挥的重要因子。

四、中国数字传媒产业发展经验分析

在我国，国家相关部门高度重视和支持数字媒体技术及产业的发展，从创建产业基地到扶持关键技术研发都投入了大量的人力、物力和财力。上海市、北京市、长沙市、成都市等城市相继成立的数字媒体产业发展基地给了数字媒体技术发展以优质的空间。"十二五"期间，国家继续将高端软件和新兴信息服务产业作为重点发展方向和主要任务，并将继续推进网络信息服务体系变革转型和信息服务的普及，利用信息技术发展数字内容产业，提升文化创意产业，促进信息化与工业化的深度融合。经过近几年努力，我国现在已形成影像、动画、网络、互动多媒体、数字设计等为主体形式，以数字化媒介为载体的产业链。数字媒体艺术产业已经成为北京市、上海市、江苏省、浙江省和东南沿海城市新的经济增长点和支柱产业。数字媒体产业迎来了一轮新的发展良机。数字媒体与传统的文化产业融合形成新兴产业。

依据《中国传媒产业发展报告（2016）》，2015年"新常态"下传媒产业仍持续增长，媒介技术更迭加速。2015年，中国传媒产业整体保持增长态势，增幅较2014年略有放缓。其原因是面对复杂多变的全球经济环境，我国的经济增速开始放缓，各行各业的投资趋于谨慎，广告行业在2015年受经济大环境的冲击，全国广告经营额较上年仅增长5%左右，甚至没有跑赢GDP（6.9%）。在严峻的宏观经济背景下，中国传媒产业在2015年仍然增长了12.3%，整体市场规模达到12750.3亿元。

《中国传媒产业发展报告（2016）》显示，传媒产业整体发展平稳，但结构已经发生了深刻变化。2015年，中国传媒产业有两个有趣的"超越"：一是报业广告和发行收入双双大幅下滑，报业市场整体规模在2015年首次被电影票房市场（440亿元）超越；二是电视广告市场发展疲软，下滑趋势明显，2015年电视广告收入首次被网络游戏市场（1411.5亿元）超越。这两个超越让传统媒体感到深深的"寒意"。2015年互联网媒体的市场占比由2014年的47.2%上升到51.8%，进一步拉大了与传统媒体的规模差距，传统媒体影响力和话语权体系都受到了严峻挑战。

2015年，中国传媒产业的亮点之一便是移动媒体，手机上网人数超过6亿，逼近网民总人数。基于互联网和移动互联网的、以大众娱乐为核心的文化产品与商业市场相互交织，已经构成新的业态模式。从市场层面看，"泛娱乐化"有助于加快媒体融合发展，打通文化传媒产业不同领域间的通道，推动文化创新发展，因此也受到多数互联网大鳄的推崇。然而，从社会发展层面看，严肃内容的影响力不断受到压制，过度娱乐的副作用也会对社会的健康和可持续发展造成隐患，这将成为政府制度建设的重要课题。

从市场、技术和资本三个不同层面来看，移动互联市场经历了前期的爆发式增长后，将逐步进入调整和细分阶段；人工智能、虚拟现实等新技术在2015年开始初露端倪，它们或将影响未来传媒产业的发展趋势。而2015年互联网企业的强大资本优势不断凸显，其或将最终影响中国媒介产业未来的整体格局。

媒介融合一般情况下被认为是传统媒体与网络新兴媒体之间的融合，融合的过程是传统媒体将其优势资源向新兴媒体市场转移。在 2015 年之后，一种由互联网企业发起的针对传统媒体进行收购兼并的"倒融合"开始逐渐成为趋势。国内互联网巨头阿里巴巴网络技术有限公司（以下简称阿里巴巴）近年来不断在传媒领域进行拓展，据媒体报道统计，近两年，阿里巴巴已经入股或者收购 25 家媒体，其中包括《京华时报》《北京青年报》《第一财经日报》《第一财经周刊》等。

"倒融合"之所以成为媒介融合的一种新现象，本质是因为互联网企业已经今非昔比。经过多年的发展，阿里巴巴、腾讯（深圳市腾讯计算机系统有限公司）、百度（北京百度网讯科技有限公司）这些互联网巨头已经掌握了融合的主动权，传统媒体所能做的无非是尽力配合成为互联网巨头们战略布局中的重要一员。

而城镇化与老龄化或将成为传媒产业的未来空间。城镇化与老龄化是未来传媒产业市场格局变化的两个基础性的变量。城镇化意味着以城市为中心的媒介还有市场增长的空间和潜力，而老龄化则意味着媒介受众的年龄结构将在未来 10～20 年中发生根本性变化。中国快速发展的城镇化对媒介产业的发展具有很强的促进作用，人口不断向城市流入也意味着媒介产业基础设施的建设仍然有市场空间和潜力。

此外，"人工智能＋传媒行业"也充满了丰富的想象，而其中最具颠覆性的就是机器人写手可能在未来取代传统记者成为新闻生产的主力军。目前，新闻写作机器人主要应用在财经报道和体育报道领域，完成的报道也主要是那些标准化程度较高的消息、快讯等新闻题材，显然人工智能在目前还没有办法取代人类的创造力和思辨能力。但人工智能在数据的处理能力和处理速度上的优势是传统记者无法比拟的，物联网时代的海量传感器可能使媒体面临更多的大数据挖掘报道，这将使机器人新闻的优势持续扩大。

五、"十三五"期间内蒙古自治区数字传媒产业发展对策

要发挥和实现中国传媒产业的功能，关键是传媒产业自身要得到发展。这种发展一方面表现在传媒的市场化、产业化水平提升上，如传媒产业总产值的增长、对 GDP 贡献率的增加；另一方面在于传媒的信息传播、舆论监督能力的强化（也包括传媒行业社会责任感与服务经济发展意识的提高），从而有效渗透并服务国民经济和社会发展。因此，实施科学的定位战略，发挥内蒙古自治区民族文化资源优势和区位优势，整合区内传媒力量，发挥整体优势，吸引各类优秀人才到内蒙古自治区创业，通过资本运营，解决资金瓶颈问题。内蒙古自治区数字

传媒产业发展路径对策主要包括以下几方面：

（一）转变政府职能，增加制度创新供给

政府要在经济发展中发挥积极作用，从全能、包办型向引导、服务型转变，更多地通过经济或法律手段而非行政手段进行管理。

1. 进一步完善法律规范

首先，要以加强法规制度建设为重点，强化依法管理和政策管理。完善地方法规，履行监管职能，并继续推进"政企分开、产事分开、管办分开"的工作。其次，在管理方面，政府要做到依法管理，依法支持影视媒体履行自己的社会职能，明确规定任何单位和个人不得无理干涉、干扰影视正当的传播和经营活动；依法支持影视业的改革开放和自身发展，为影视业创造良好的发展动力、开放环境和优越的产业政策和技术支持，鼓励其做大、做强。最后，构建数字文化领域标准体系。加强手机（移动终端）动漫标准应用推广，推动虚拟现实、交互娱乐等领域相关产品、技术和服务标准的研究制定，积极参与数字文化领域国际标准建设。健全技术创新、知识产权与标准化互动支撑机制，及时将先进技术转化为标准。推动建立数字文化标准行业组织，促进资源整合共享，建设数字内容生产流程、产品和服务的质量管理体系并加强推广应用。

2. 培育市场机制，规避市场失灵的现象

政府部门应完善市场机制，培育全国、城乡统一的传媒市场，逐步放宽传媒准入规制和传媒产权管制，为跨媒介、跨行业、跨区域的大型传媒集团的打造创造政策条件，借此激活传媒产业内部的发展动力，激发传媒组织服务经济社会发展的积极性。同时，政府还应借助公共物品供给等方式最大限度地减少和规避"市场失灵"情况的发生。尤其针对当下中国传媒产业城乡、区域发展严重不平衡的现状，政府部门应通过政策倾斜扶持中西部地区传媒以及涉农传媒、县域传媒的发展。以中西部落后农村和少数民族聚居地为重点，推动直播卫星电视"户户通"、互联网"村村通"，加快"农家书屋"、农村数字电影放映、城乡阅报栏（屏）、乡镇传媒产品销售网点、落后地区传媒基础设施等项目的建设，增加涉农传媒产品和服务的生产与供给，构建覆盖城乡和各区域的传媒产业公共服务体系。而对于那些积极开拓农村和中西部传媒市场、大力服务"三农"发展的传媒企业，政府部门应通过制度安排给予减少税费、增加补贴、加大信贷支持及优先纳入政府采购计划等措施，以激发其积极性，促进传媒产业"三农"服务功能的发挥及其他功能在农村与中西部的实现。

（二）强化市场作用，促进资源合理配置

当前，应进一步发挥市场在传媒资源配置中的决定性作用。传媒产业的发

展、优胜劣汰需要市场的自我调节。当下中国很多传媒组织纷纷转企改制，目标是进行市场化、产业化转型。但相应的市场制度安排和市场运行体系有待完善。

1. 消除市场壁垒，畅通要素流动渠道

由于行政因素限制，我国传媒市场地域分割、行业分割现象严重，尤其是在传统传媒中，纵向上基本按照中央、省、市、县"四级办"模式，横向上也遵循报刊、广电、互联网等行业划分，市场分散。要加强市场的作用，党委宣传部门、新闻出版部门、广电部门、文化部门、政府新闻办、工信部门等主管单位应在工作上联动起来，通过逐步消除地方和行业壁垒，促进要素的市场发育，构建"公平、竞争、开放、统一"的全国城乡和区域统一的传媒市场，使资金、技术、人力、信息、管理经验等资源能灵活流动，降低要素供给成本，形成规模经济效应，提高市场集中度。应逐步放宽传媒集团兼并重组的限制，使出版集团、报业集团、广电集团、通信集团与互联网集团能够遵循市场规律更加自由地进行整合。这样不仅可以优化传媒产业的内部结构、提高传媒企业的生产效率，还能直接促进传媒经济产值的增加，使之在 GDP 中的比重进一步上升，并通过产业关联效应带动国民经济其他产业的发展。

优化数字文化产业市场环境。积极建立司法、行政、技术和标准相结合的数字文化知识产权保护体系，完善知识产权快速维权机制，加大管理和执法力度，打击数字文化领域盗版侵权行为。规范数字文化产品版权交易市场，发挥版权交易激励原创、活跃市场、价值发现的作用。积极促进数字文化会展发展，搭建展示交易平台，推广数字文化技术、产品及服务。积极发挥行业组织在平台搭建、信息交流、行业自律、信用体系建设等方面的作用。

2. 降低出入门槛，发挥优胜劣汰作用

市场竞争的优胜劣汰机制可以有效激励和鞭策传媒企业遵循市场规律进行科学运作。因此应明确市场准入和退出机制。例如，对那些效益较差、资不抵债、人才缺乏、发展难以为继，或者存在严重违规行为，或者主管部门或主办单位不愿意继续办下去的新闻出版单位，应予启动倒闭破产程序，或由有实力的传媒集团兼并、重组或托管，以打破报刊、广电等传统媒体长期延续的"只进不出、只生不死"的计划时代格局。同时，还应优化传媒产业的所有制结构，逐步降低民营传媒、外资传媒的准入壁垒，激发公有制传媒企业的经济活力，促进传媒市场从国家垄断向有效竞争转型，以实现资源配置的"帕累托效率"。此外，还可放宽传媒企业进入资本市场的限制，完善风险投资机制，让符合条件的传媒企业按流程通过整体上市、收购股权、置换资产或发行债券、质押贷款等方式进行投融资运作和资本增值。通过类似手段，可以推动中国的传媒经济发展，强化传媒产业的正外部性，促进其市场调节等功能的实现。

培育数字文化产业市场主体。培育一批具有较强核心竞争力的大型数字文化企业，引导互联网及其他领域龙头企业布局数字文化产业。支持企业实现垂直、细分、专业发展，鼓励数字文化企业的收购、兼并和创办，鼓励和支持各类高新技术企业与文化企业开展技术、项目等方面的合作。有序引导各类投资进入数字文化产业，大力扶持中、小、微数字文化企业，鼓励其向"专精特新"方向发展，强化特色经营、特色产品和特色服务。充分发挥大企业龙头带动作用，通过生产协作、开放平台、共享资源等方式，支持上下游中、小、微企业发展。

3. 立足于民族文化和区位优势

作为中国西部民族地区，内蒙古自治区以其多姿多彩的民族文化和地域文化闻名于世。内蒙古自治区传媒产业要想从弱势到强势，独占一份市场份额，首先就是要有一个差异化生存的定位策略。体现在传媒内容的取向上，就是必须紧紧抓住民族文化资源优势，形成特色，树立文化品牌。这不仅是内蒙古自治区传媒业在全国传媒市场占据一席之地的需要，也是自治区党委建设民族文化大区的战略需要。

4. 引导数字文化产业集聚发展

充分发挥国家级文化产业示范园区、国家文化产业创新实验区、国家文化与科技融合示范基地等创意创新资源密集区域的作用，培育若干各具特色、各有侧重的数字文化优势产业集群和产业链。依托创新资源富集、产业基础深厚的城市，建设富有创意内容、创新模式和强大文化创意能力的数字文化产业发展策源地。结合"一带一路"建设、京津冀协同发展、长江经济带发展等区域发展战略，以要素禀赋、产业配套为基础，加强创新创意资源联动，形成若干数字文化产业发展集聚区。将数字文化产业发展与国家级新区、国家自主创新示范区、自由贸易试验区、经济技术开发区、高新技术产业园区发展相衔接，以市场化方式促进产业集聚。

（三）改进传媒技术，推动产业内部升级

产业结构升级，不但意味着企业的生产成本减少、经济效益提高，也能使资源消耗减少和环境破坏减轻。传媒产业进行结构升级有赖于技术进步，而技术进步则依托科学研究的进展、新科技的推广应用和管理方法的改进以及社会生产者本身知识的进步。要推动传媒产品和产业内部结构升级，可从以下几方面着手：

1. 更新技术设备，采用先进传媒科技

针对基础设施、技术设备滞后的情况，有条件的传媒企业应引进新技术、改善生产条件，推动产品融合、技术融合与行业融合，促进云计算、物联网等的研发应用。如传统书报刊可开发移动阅读终端，推出平板电脑、手机等版本的读

物，依托数字出版、数字图书馆、知识数据库等拓展年轻人市场；广电系统则可借助三网融合契机，进军 IPTV、手机电视、网络广播、4G 手机等数字化业务，丰富传媒产品的体验形式，以适应消费者的个人偏好。特别是在中国手机用户超过 11 亿、网民总数接近 6 亿的背景下，对互联网（包括移动互联网）进行技术改造，推出和优化手机视频点播服务、手机阅读终端以及网络影视、动漫游戏、及时通信、社交网络、数据库等业务。这不仅将直接推动传媒产业的发展和传媒经济的增长，还能促进传媒产业各项功能的增强（传播手段的改进、传播效率的提高可强化传媒产业对社会各领域的介入与渗透能力），加速国家信息化。

2. 增加科研投入，完善行业创新机制

从国外引进技术有助于增强后发优势，但由于缄默知识的存在，购买专利不一定能获得全部技术，无论是自主创新还是购买国外技术，都不能仅偏重于低层次技术的创新，而应形成自主知识产权，传媒产业同样如此。特别是在新媒体领域，行业发展一日千里，传媒企业应通过增加对 R&D（研究与开发）的投资、成立专门的技术研发部门以及推出薪酬、荣誉和晋升等激励方式，完善企业和行业内部的创新激励机制。例如，互联网传媒企业可围绕创新建立一套以绩效考评为核心的分配机制，拉开不同绩效员工间的收入和职位差距，以鼓励员工进行产品、技术和渠道等的创新，充分利用数字化手段创造更多的新形态的传媒产品与服务，提高产品差别度、改善产品结构，满足市场需求。同时，传媒业研发的信息技术还应通过知识传播、技术转让等方式推广到其他产业部门，用数字网络等信息科技改造国民经济中的各大产业，以实现传媒产业的技术推进功能，引导生产方式变革。

推进数字文化产业创新创业。强化创新驱动，引导领军企业联合中小企业和科研单位布局创新链，加强关键技术研发、产业融合探索、商业模式创新。支持在数字文化产业领域开展众创、众包、众扶、众筹活动。促进产业协同创新，推动建设文化内容数字资源平台，建设以企业为主体、产学研用联合的数字文化产业创新中心，建设创新与创业结合、孵化与投资结合、线上与线下结合的数字文化双创服务平台。加强对数字文化产业发展趋势、消费行为、用户需求的研究，加强对数字文化企业的培训辅导和政策宣传，为数字文化新产品、新业态、新模式成长提供支撑。

3. 改善管理方式，推行科学经营理念

我国传媒企业可借助调研考察与经验交流方式，借鉴国外优秀传媒企业先进的经营体制模式、财务管理模式、人事管理模式，优化公司治理结构，在内容生产、技术开发和产品营销上拓展业务，延伸产业价值链，并借助兼并收购与联合重组打造现代化传媒集团和产业集群。另外，还应积极探索集约化经营的新盈利模式，以此推动传媒产品和传媒产业结构的升级，增强传媒经济对国民经济的辐射带动作用。优秀经营理念、先进传播技巧的有效运用有助于传媒产业的市场调节、国际营销等功能的实现。

（四）开发人力资本，提高从业人员素质

传媒产业能否发展，其功能能否发挥，传媒人力资本是一个关键因素。人力资本理论认为，人力资本是规模报酬递增的，是经济增长的源泉。特别是对于优质人力资本较为缺乏的当今中国传媒产业来说，充分积累和开发人力资本，对传媒经济的发展意义重大。在这方面，既要提高传媒从业人员的专业技能，使之增强生产传媒产品、提供传媒服务的能力，更要提升其职业道德，使之自觉承担社会责任，从而促进传媒产业各项功能的发挥。

1. 拓展从业人员的专业能力

传媒从业人员是传媒产业功能发挥的主体，其专业能力的高低影响着传媒产业功能实现的效果。当下，我国的媒介经营与管理人才以及高级采编创作人员稀缺，极大地制约着传媒经济的发展。这一方面要求高等院校更加注重培养既懂内容生产又懂经管运作的复合型传媒人才，通过重设专业方向、调整培养方案，为传媒产业供应高层次的采编人员和媒体职业经理人。比如，财经院校可以利用自身在经济管理学科的优势，开设"媒介经营与管理""传媒经济学"等专业方向的本科生、研究生教育，注重传媒人才的交叉学科背景，为传媒经济的发展供应兼具财经知识和传媒素养、采编业务与经营管理皆长的复合型应用人才。另一方面，传媒企业应加强员工的在职培训，通过定期邀请专家学者传经授业、鼓励回炉高校进修学习等方式增强其生产优质传媒产品、提供高效传媒服务的技能，以提高信息传播效率、舆论监督能力和媒体的影响力。此外，在全球一体化的背景下，涉外传媒机构还应多吸纳和培养具有英语、法语、德语、俄语、印地语、阿拉伯语、西班牙语、葡萄牙语等语言能力和优势的传媒人才，培育具有国际影响力的采编创作演艺人员（如记者、编辑、主持人、导演、编剧、作家、演员等），逐步推进中国国际信息传播的语音无障碍能力，提升中国传媒的全球影响力，促进传媒产业的国际营销功能的实现。

强化创新服务和人才支撑。引导数字文化产业创新中心建设，对技术创新能力较强、创新业绩显著、具有重要示范作用的数字文化产业创新中心予以扶持，鼓励和引导企业不断提高自主创新能力。评定一批数字文化方向的文化部重点实验室。依托数字文化产业创新中心、重点实验室、重点高校、科研机构和龙头企业系统性地开展数字文化产业理论研究和创新实践，通过国家社科基金、国家文化科技创新工程等支持一批数字文化领域重大课题和创新项目。支持数字文化产业智库建设。加强数字文化产业统计，及时准确反映行业发展动态。加大人才培养力度，创新人才培养模式，开展人才实训和交流，培养兼具文化内涵、技术水准和创新思维的数字文化产业人才。

2. 培养传媒人才的职业道德

在开发人力资本方面，还应重视传媒产业的职业道德和行业文化的建设，培育和弘扬传媒企业家精神、传媒人精神。例如，加强对从业人员的职业道德与社会责任感的教育，使之正确认识传媒作为"社会公器"服务经济发展与社会进步的公共责任，发挥传媒界的精神信仰、道德情操等非正式制度的价值，促进传媒产业正向功能的实现。在这方面，政府主管部门和行业协会应当继续引导传媒组织及从业人员"走基层、转作风、改文风"，并通过物质奖励、荣誉表彰等激励机制，激发其"走基层、转作风、改文风"的创造力以及服务农村和中西部等基层社会的积极性。同时，对于那些经常刊播虚假广告、恶意发布不实报道、宣扬和迎合三俗之风等妨碍经济社会健康秩序的媒体及从业人员，应予通报批评甚至进行相应的法律惩处，从而减少和规避传媒产业的负外部性可能带来的不良效应。总而言之，要通过各种制度安排和可行性的渠道提高整个传媒行业的职业道德，以提升传媒产业的公信力、服务力和公益意识，使传媒组织在追求经济效益的同时注重社会效益。

（五）加快走出国门，打造外向型竞争力

国际传播力微弱、外向竞争力较小，是全球化背景下我国传媒产业面临的重要问题，也是传媒产业国际营销功能收效欠佳的关键原因。因而，加快国际接轨步伐，打造中国传媒产业在全球市场中的核心竞争力尤显迫切。

1. 挖掘传统文化资源等要素禀赋，发挥比较优势

参与数字文化产业国际分工与合作。充分利用国内、国外两个市场、两种资源，鼓励企业参与国际分工与合作，培育具有国际竞争力的数字文化企业和产品，为全球数字文化产业发展提供中国模式。鼓励优势企业到境外设立研发机构，通过境外投资并购、联合经营、设立分支机构等方式不断开拓海外市场。鼓励数字文化企业积极参与国际交易和会展活动，深化人才、创意、技术、管理方面的国际交流与合作。推动产业链全球布局，针对重点国别地区确定不同的推进方式和实施路径，实现产业链的资源优化整合。积极面向"一带一路"沿线国家开展国际合作。在"走出去"的过程中，充分挖掘本国优势资源。源远流长的中华文明为传媒产品的生产提供了丰富素材，用国际性的语言、先进科技手段和现代营销理念来整合这些资源，有助于发挥比较优势形成中国风特色，从本土历史和文化中汲取的创意与灵感，有助于内蒙古自治区数字传媒产业国际影响力

的打造，有助于把资源优势转化为产品和服务优势，增加传媒产品出口量和竞争力。

2. 利用国外人才技术等外部资本服务自身发展

国际贸易中的"两缺口模型"认为，发展中国家经济发展所需的资源数量与其国内的有效供给之间存在缺口，这时利用外资是唯一的出路，充分利用外部资源并通过溢出效应可以促进企业和行业技术、管理水平的提升，驱动生产效率的提高。因此，在人力资本和技术处于劣势的情况下，我国传媒产业应加大对外部资源的开发利用，进行"引进来"相关工作，有条件的传媒机构可以面向全球招聘人才、在境外上市融资以及引进先进传媒科技。在聘用外籍人员上，我国传媒机构做的较少，而路透社的雇员来自全球89个国家和地区，法新社雇员也来自81个国家与地区，美联社的外籍雇员甚至占所有员工的约36%，这些外籍员工成为西方媒体遍布全球的触角和宝贵的资产，大大提升了其国际传播效率。我国也应借鉴这种经验，在对外传播中增加外籍雇员比例。在上市方面，虽然近年来国内主要互联网传媒公司先后在美国、中国香港等地上市，但图书报刊、广电影视等主流传统传媒机构却迟迟未能"走出去"，如能通过买壳或借壳、IPO等方法在境外上市实现资产证券化，这有助于传媒产业利用外部资源服务自身发展。同时，在传媒技术方面也应加强与发达国家的交流与合作，通过科研协作、引进团队、购买专利等方式形成后发优势，以增强国际影响力。

3. 培育本土的大型跨国传媒集团，开拓全球市场

我国传媒产业应积极推进国际传播战略，如政府可鼓励国内领衔的媒介组织加快境外落地步伐，借助独资、控股、并购与合作等形式到海外设站设点、建台建社、办报办刊、开厂开店，并通过聘用当地传媒人才、借鉴当地生产模式、吸收当地营销经验等适应和融入当地环境，以加速培育中国传媒业的跨国公司与国际品牌。近几年来，"新华社"中央电视台、"人民日报"中国国际广播电台、中国电影集团公司等中央级传媒机构通过各种方式陆续提升对外传播力，但地方传媒的国际影响力却因地域壁垒而被束缚。主管部门可考虑将南方报业传媒集团、湖南广播影视集团、上海文化广播影视集团等实力较为强大的地方性传媒也纳入国际传播战略体系，重点支持中央和部分地方传媒进一步开拓海外市场，逐步打造中国自己的诸如新闻集团、贝塔斯曼、时代华纳等跨国传媒集团。同时，在"走出去"时可借鉴跨国传媒集团全球经营的模式，在全球化的基础上实施本土化，即实现全球化思维与本土化操作的融合，利用全球的资源，使用当地的人才，制作符合当地消费口味的本土化内容。我国对外传播机构应积极参与国际分工，针对目标市场所在国的消费偏好、文化习俗和审美观念等差异，利用多国语言、多种表意手法、多类型呈现方式从事跨国传媒产品的专门化、专业化生产

以及垂直一体化经营。用世界语言传播中国信息,做到"内外有别"和"外外有别",推出易被外国人接受的可供全球营销的传媒产品,加速中国传媒产业的销售国际化、生产国际化和企业国际化。通过开拓国际传媒市场、抢占全球人力资源发展中国传媒经济、发挥传媒产业的国际营销功能,促进文化软实力和国际话语权的提升,推动国际信息传播新秩序的建立。

第 七 章

内蒙古自治区文化创意产业发展报告

　　发展文化创意产业是实现内蒙古自治区文化强区战略目标的必由之路，是增强自治区文化整体实力和竞争力的有效途径。为此，自治区在文化创意产业方面相关政策的出台力度是非常大的。

一、文化创意产业的内涵

文化创意产业是一种在经济全球化背景下产生的以创造力为核心的新兴产业，它是指依靠创意人的智慧、技能和天赋，借助于高科技对文化资源进行创造与提升，通过知识产权的开发和运用，生产出高附加值产品的产业。它是以创作、创造、创新为根本手段，以文化内容和创意成果为核心价值，以知识产权实现或消费为交易特征，为社会公众提供文化体验的具有内在联系的行业集群。根据《国民经济行业分类》，我国文化创意产业主要包含以下九大类别：文化艺术，新闻出版，广播、电视、电影，软件、网络及计算机服务，广告会展，艺术品交易，设计服务，旅游、休闲娱乐，其他辅助服务（文化用品、设备、产品的生产和销售）。

创意产业与文化产业是两个不同的概念。文化产业强调其产业基础来自不同国家或地区特有的文化资源，其发展能够满足人们的文化休闲需求；而创意产业从本质上说是文化产业的较高级发展形势，它以较为发达的经济为依托，借助产业规模化运作与发展，是文化产业在全球意义上的拓展和延伸。从广义上来看，创意产业远远超出了文化的范畴，它涵盖了高创造性、高附加值以及高科技含量的设计业、软件业等各类不同行业，是一种思想产业、观念产业和高端产业。

创意产业与文化产业也有着相互关联的部分。创意产业在一定程度上代表着文化产业的创新部分；它们都肯定了高科技手段、文化资源、创新理念对于产业发展的关键性作用。文化产业以文化为核心，有着明显的地区差异性；而创意产业以创意为核心，带有发展的观点，能够在更大程度上激励全社会的创新精神。事实上，"文化创意产业"这一概念汲取了"文化产业"和"创意产业"含义的精髓，是对二者的发展和升华。在市场经济趋向国际化的竞争中，仅通过文化或创意都很难在竞争中取得胜利，因此"文化创意产业"应运而生，它不仅包括了创意产业中的文化性，也包含了文化产业中的创新性。具体而言，文化创意产业将关注的焦点集中于"产业文化化"和"文化产业化"。作为前两种概念的子范畴，文化创意产业概念趋向中性化，并且恰到好处地探索了文化和创意两种产业的契合点，并能最大限度地发挥两者独有的产业优势。

文化创意产业园区作为文化创意产业的物质载体，是指以创意生产为主要活动的主导产业明确、公共服务平台和设施完备、产业链相对完整、示范作用明显的集聚区。文化创意产业园区作为一种新兴的产业发展基地，不同于传统的工厂或技术园区。首先，文化创意产业从事的是精神文化产品的创作，以创意为核心要素，因此，园区依靠创意人士来吸引企业的进驻，而非像传统产业那样借助企业的平台来招募人员。其次，文化创意产业园区是工作与生活、消费与生产的综合体，而不像传统产业基地那样只是工作的场所。最后，传统的产业由于要考虑生产原料的获取及产品运输的成本等问题，因此，在地理位置的选取上以物质资源（包括自然资源、交通资源等）为主；而文化创意产业从事的是精神文化产品的创作，所以当地的文化资源就成了影响园区地理位置选取的主要因素（如图7－1所示）。

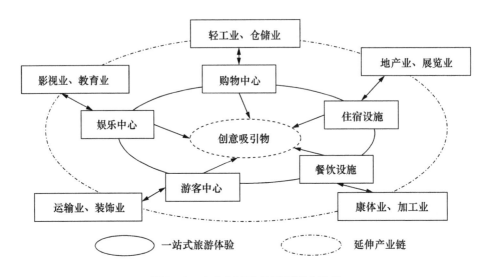

图7－1　文化创意产业园区概念示意

目前文化创意产业的业态开发类型正在由园区型、旧厂房改造、创意村落向文创小镇发展（如图7－2所示）。

图7－2　文化创意产业业态开发类型

二、"十二五"期间内蒙古自治区文化创意产业发展的背景

"十二五"期间，内蒙古自治区文化创意产业从无到有、从被动效仿到主动探索，与国家和地方政府的政策环境、社会环境、经济环境、技术环境等客观因

素密切相关。

（一）政策环境

1. 国家文化创意产业相关政策

2004 年第十六届四中全会第一次提出"解放和发展文化生产力，增强我国文化的国际影响力"，2009 年 7 月，国务院常务会议审议通过了我国第一部文化产业专项规划——《文化产业振兴规划》（以下简称《规划》）。《规划》将创意产业提升到与十大振兴产业相同的高度，明确表示，我们要重点推进"文化创意、影视制作、出版发行、广告、文化会展、演艺娱乐、数字内容和动漫"等文化产业形态。《规划》的颁布实施极大促进了我国文化创意产业的发展，标志着文化创意产业从此上升为国家战略。党的十七届六中全会通过的《中共中央关于深化文化体制改革，推动社会主义文化大发展大繁荣若干重大问题的决定》将文化创意产业列为国民经济的支柱产业。

我国《"十二五"时期文化产业倍增计划》将创意设计业作为文化系统"十二五"期间发展的十一个重点行业门类之一；2014 年 3 月 14 日，《国务院关于推进文化创意和设计服务与相关产业融合发展的若干意见》，就加快推进文化创意和设计服务与实体经济深度融合做出了明确要求。这表明国家已经把文化创意产业和设计服务业与相关产业融合发展视为国家战略。文件提出，文化软件服务、建筑设计服务、专业设计服务和广告服务，都是以文化创意和设计服务为中心的。

2014 年 3 月 17 日，国务院发布国发 13 号文件《国务院关于加快发展对外文化贸易的意见》，目的是推进文化"走出去"战略。比如，我国的电影卖不出去，而好莱坞大片我们还限制进口，因此，我国文化出口是逆差，所以，必须要大力发展文化贸易。通过简化通关手续，国家要实现文化"走出去"，对文化贸易给予支持。2014 年 3 月，文化部、中国人民银行、财政部共同出台了《关于深入推进文化金融合作的意见》，其中提到了要支持小微文化企业的发展，可以用个人资产抵押担保进行融资。2014 年 4 月 2 日《国务院办公厅关于印发文化体制改革中经营性文化事业单位转制为企业的规定和进一步支持文化企业发展两个规定的通知》，随后 4 月 16 日，《文化部关于修订印发〈国家文化产业示范基地的管理办法〉的通知》又出台。仅仅在一个月内，国家史无前例地连续发了 5 个文件，其中国务院文件 2 个，国务院办公厅文件 1 个，三部委文件 1 个，文化部文件 1 个。从国家的宏观经济发展战略来看，文化创意产业蕴藏着巨大的发展潜力，我国高度重视文化创意产业的发展，并力争将创意产业的振兴作为后金融危机时期转变经济增长方式的一种有效措施。今后，国家对文化创意产业大力支持的宏观政策环境不会改变，促使其将持续快速增长。

2015 年，国家又相继出台了《国务院办公厅关于发展众创空间推进大众创新创业的指导意见》《国务院关于大力推进大众创业万众创新若干政策措施的意见》，为形成文化创意产业的创新创业生态提供了系统、有力的政策保障。《中华人民共和国电影产业促进法（草案）》《关于支持戏曲传承发展的若干政策》《关于推动传统出版和新兴出版融合发展的指导意见》的一系列政策进一步推动了戏曲艺术、电影产业向网络空间延伸的创意思路。《国务院关于新形势下加快知识产权强国建设的若干意见》、知识产权局《关于进一步推动知识产权金融服务工作的意见》等相关政策，为影视剧、图书出版等知识密集型行业的创意发展提供了更好的版权保护和服务。

2. 内蒙古自治区文化产业相关政策

2012 年 8 月，《内蒙古自治区人民政府关于进一步促进文化产业发展的若干政策意见》（以下简称《意见》），《意见》的主要目的是进一步促进文化产业发展，实现由民族文化大区向民族文化强区的跨越。《意见》在市场准入方面，鼓励非公有资本和外资进入政策允许的文化产业领域，在投资核准、资质认定、证照办理等方面同国有文化企业享受同等待遇，同时有关行政主管部门在政策许可范围内对投资兴办文化企业的减少行政审批环节，简化审批手续，不得收取政策规定之外的任何附加费用等。在资金支持方面，要求各级政府安排年度财政预算时，要逐年增加文化产业发展专项资金。自治区本级财政从 2013 年起，将文化产业发展专项资金提高到 3 亿元以上，以后逐年增加，到 2015 年增加到 5 亿元以上。专项资金以项目补助、贷款贴息、保费补助、绩效奖励等方式用于培育骨干文化企业，构建现代化文化产业体系，促进金融资本与文化资源对接，加快科技创新和文化传播体系建设。在税收减免方面，提出经营性文化事业单位转制为企业后，从注册之日起，在国家政策规定期限内免征企业所得税。另外，在土地使用、投资融资等方面都有明显的政策倾斜。从以上具体《意见》中可以看出，内蒙古自治区在由民族文化大区向文化强区转变的过程中，对于文化创意产业的地位和发展的支持力度是非常大的。截至 2012 年底，内蒙古自治区已建成 5 家国家级文化产业示范基地，34 个自治区级文化产业示范基地，在建 21 个自治区级重点文化产业园区，正在产生集约效应和规模效应。

2013 年初，自治区党委、政府把内蒙古自治区建成"体现草原文化、独具北疆特色的旅游观光、休闲度假基地"列入自治区重点发展目标，把发展旅游业上升到自治区经济社会发展的战略高度，这为我区创意旅游的发展乃至整个旅游业发展创造了前所未有的政策环境和发展机遇。

在新发布实施的《内蒙古自治区文化产业中长期发展规划（2013～2020）》

中，自治区将文化创意产业作为重要内容，提出了文化产业创新发展战略。强调突出重点，加强协调配合，大力推进文化创意设计服务业与装备制造业、消费品工业、建筑业、信息业、旅游业、农牧业、体育产业等重点领域融合发展。提出"一核、两窗、三区、四园、五业"的思路来布局文化产业。"一核"是指呼（呼和浩特）包（包头）鄂（鄂尔多斯）一体化，产生集聚效应，拉动周边地区文化产业发展，重点发展数字传媒、文化会展等新型文化产业，以此作为内蒙古自治区文化产业发展的集散地；"两窗"是指满洲里市、二连浩特市两个对外文化交流窗口，是落实我国向北开放的重要桥头堡和充满活力的沿边经济带的具体表现；"三区"是指以草原文化为特色的生态体验区，以黄河文明农业水利为特征的河套生态产业区以及以沙漠治理、防风固沙为特征的沙漠治理区；"四园"是指元上都文化遗址公园、红山文化遗址公园、阴山岩画遗址公园、嘎仙洞遗址公园；"五业"是指文化旅游、文艺演出、文化会展、创意制作、数字传媒五大文化产业。《内蒙古自治区文化产业中长期发展规划（2013～2020）》为今后我区文化创意产业发展奠定了坚实基础。

2015年，内蒙古自治区财政厅、党委宣传部印发了关于《内蒙古自治区文化产业发展专项资金管理暂行办法》（以下简称《办法》），《办法》中提到，为规范资金管理，提高使用资金的效率，对自治区培育的重点文化产业集聚区和示范基地、国家级文化与科技融合示范基地、骨干文化企业、重点文化产业项目和小微创意文化企业的专项资金采取贷款贴息、以奖代补、投资基金、项目补助、融资担保等多种方式，为企业融资提供便利。

总之，这些政策不仅为内蒙古自治区文化产业的发展引领了新的方向，同时也为文化创意产业在提升质量水平、壮大产业规模、有效转型和内涵提升等方面提供了强有力的政策保障。这使"十二五"期间内蒙古自治区文化创意产业的发展规模呈现出由小到大、由弱到强，吸纳就业的水平稳步增强，对地区经济发展和人民文化生活水平提升的贡献率不断上升的总体态势。

3. 地方盟市相关政策

在自治区政府相关政策的指导下，"十二五"期间各地方盟市政府也积极出台政策，以推进文化创意产业的发展。

鄂尔多斯市在鼓励支持文化创意机构及人才入驻方面做出了巨大努力。印发了《鄂尔多斯市关于鼓励文化创意机构及文化创意人才入驻暂行办法》中明确，要鼓励和支持在国内外具有较高知名度和影响力、业内取得一定成就的文化创意机构和人才入驻鄂尔多斯市从事文化创意工作。重点引进拥有核心技术、原创能力和自主知识产权的文化创意机构、文化创意孵化机构和文化创意服务平台。鼓励国内外知名创意人才在鄂尔多斯市设立机构或工作室，鼓励国内外相关领域大学生到鄂尔多斯市发展文化创意产业。在鄂尔多斯市投资创业的文化创意机构和个人，经审核后免费提供办公场所。文化创意机构利用闲置写字楼、公寓、厂房、街区等投资改造为文化创意设计园区或基地，按实际投资额和效益给予50万~500万元资助。对毕业5年内的大学生在鄂尔多斯市投资发展文化创意产业的，免费提供办公场所，并依据创业项目带动的就业人数给予2000~20000元的创业资助。对入驻鄂尔多斯市以大学生创业为主的文化创意孵化机构及公共服务平台，依据建设标准和规模，一次性给予不超过100万元的建设资助。对鄂尔多斯市引进的文化创意高级人才创办、领办创意类企业，经评定后给予30万~300万元的项目启动补贴。入驻鄂尔多斯市的文化创意机构，3年内奖励其为市财政贡献地方留成部分的60%用于文化创意项目实施。设立鄂尔多斯市文化创意成果风险投资基金，扶持具有良好发展前景的文化创意项目和企业发展。市文化产业发展专项资金重点对文化创意项目实施进行资助和贷款贴息。积极支持鄂尔多斯境内注册纳税的文化创意企业上市融资。在沪深两地主板、中小企业板、创业板上市的，分阶段给予300万元奖励；在全国中小企业股份转让系统（简称"新三板"）挂牌的，一次性给予100万元奖励；在内蒙古股权交易中心和上海股权托管交易中心挂牌的，并进行股份制改造和成功融资后，一次性给予10万元奖励。对入驻鄂尔多斯市的文化创意机构人员和人才，其子女入学、医疗等方面享受同城待遇，购房享受政府补贴，并协助解决配偶工作；对引进的文化创意高层次人才给予更加优惠的政策。以免费提供办公场所、资助、贷款贴息和奖励等举措，吸引优秀文化创意机构和文化创意人才入驻鄂尔多斯市，推进鄂尔多斯市文化创意与第一产业、第二产业、第三产业融合发展，促进产业结构调整和转型升级。在鼓励文化旅游产业创新创意发展方面，鄂尔多斯市也做出了努力。2015年1月，市政府决定从市文化旅游发展专项资金中安排2000万元，围绕"商、养、学、闲、情、奇"等旅游发展要素，鼓励投资文化旅游新产品、新业态的创新发展。

赤峰市委、市政府把文化强市建设纳入经济社会发展总体规划，举全市之力发展现代文化事业和文化创意产业，以实现文化与各项产业相互融合、相互推进。赤峰市委、市政府相继下发《关于加快文化产业发展的意见》和《关于加快文化产业发展的若干政策意见》，为文化创意产业的投资发展创造了良好的外部环境。确立了挖掘利用历史文化、优先发展创意文化、做大做强品牌文化、有序提升娱乐文化的文化创意产业发展总体思路，形成了以文化创意业为主导产业、文化旅游业为支撑产业、工艺美术业为主打品牌、相关产业联动发展的文化创意产业发展新格局，文化创意产业已成为全市经济新的增长极。

巴彦淖尔市在"十二五"规划摘要中提到，"要集中力量发展文化创意产业，努力建设河套文化创意园等一批重要文化项目，完善基础设施，搞好功能配套，建设文化产业基地和集聚区"。

阿拉善盟提出了八项措施助推文化与旅游融合发展，以推进将阿拉善盟打造成国际旅游目的地和创建全域旅游示范区的进程，其中之一是"旅游特色商品研发＋文化"，它的提出为旅游业指明了新的方向。

锡林郭勒盟在打造文化创意、文化产业、旅游购物特色产业城的进程中也不遗余力地探索着很多宝贵经验。已有相关专家建议，将中蒙俄国际文化旅游商贸城项目列入锡林郭勒盟"十三五"规划，以期在政策上予以扶持，进而做大、做强。

通辽市制定并出台了《通辽市文化体制改革试点工作方案》《通辽市文化艺术精品创作奖励扶持办法》等相关政策文件，为文化创意产业的发展提供了良好的政策环境。

2015 年，呼和浩特市出台了《呼和浩特市人民政府关于加快文化产业发展若干政策意见》（呼政字〔2015〕40 号），从市场准入、财政、投融资、土地、税收、人才、奖励 7 个方面制定了优惠政策。同时明确了自 2015 年起，呼和浩特市每年设立 3000 万元文化产业发展专项扶持资金。为进一步增强扶持资金使用效果，专门配套出台了《呼和浩特市文化产业发展专项资金管理暂行办法》。

2013 年，包头市政府出台了《包头市人民政府关于加快文化大市建设的若干政策意见》《包头市人民政府关于加快文化产业发展的若干政策意见》《包头市文化产业示范园区（基地）申报命名管理办法》等政策性文件，以加强文化创意产业发展的政策引导作用。

伴随着促进文化产业发展政策的实施和一批文化产业重点项目的开工建设，内蒙古自治区文化创意产业已进入快速发展期，为推进服务业转型升级、促进内蒙古自治区经济社会全面发展注入新的动力。

（二）社会环境

内蒙古自治区文化创意产业的形成是其社会生产力不断发展的结果，是内蒙古自治区社会经济、政治、文化共同发展、相互渗透、相互作用、相互融合的必由之路。"十二五"期间，内蒙古自治区文化创意产业的蓬勃发展依赖于稳定、开放、发展的社会环境。这主要体现在以下几个方面：

1. 经济快速发展为公众不断追求精神生活奠定了物质基础

"十二五"期间，内蒙古自治区的综合经济实力显著增强，地区生产总值由 2010 年的 1.17 万亿元增加到 2015 年的 1.8 万亿元，年均增长 10%；人均生产总值由 7070 美元增加到 1.15 万美元，居全国前列。一般公共预算收入由 1070 亿元增加到 1963.5 亿元，年均增长 12.9%；一般公共预算支出由 2273.5 亿元增加到 4352 亿元，年均增长 13.9%。累计完成固定资产投资 5.2 万亿元，是"十一五"时期的 2.6 倍，年均增长 18%。自治区在经济下行压力持续加大的情况下，创新调控举措，稳住了经济增长势头，实现了新常态下的新发展。而社会生产力的发展所带来的一个直接结果就是劳动时间和闲暇时间的分离。生产力的发展意味着劳动效率的提高，其使工作和闲暇时间的分配发生了变化，闲暇时间逐渐增多，并将超过工作时间。这导致了公众文化娱乐需求的增长，只有通过产业化方式生产大批量的消遣、娱乐的产品、设施和服务才能予以满足。可以说，内蒙古自治区社会生产力的大力发展，不仅极大地满足了公众的物质生活需求，而且激发了人们不断追求精神生活的欲望。这为内蒙古自治区的文化创意产业发展提供了充足动力。

2. 科学技术的发展为满足公众的精神需求提供了无限可能

文化生产像其他形式的生产一样，依赖于一定的生产技术，这些技术既是文化生产力的一部分，又给特定时期的文化打上了深深的烙印。尤其是现代传播媒介的发展对文化创意产业产生了革命性的作用。这些技术的决定性意义在于它能够把文化产业大批量生产的、低价格的文化产品快速、便利地推销给最广大的人群，其有效地推动了文化创意产业的发展。"十二五"期间，内蒙古自治区科学技术发展水平进一步提高，其主要标志是高等教育事业发展更加与社会需求接轨，云计算中心建设稳步推进，一批具有创新能力的企业落户内蒙古自治区，这使科技服务业、高新技术产业发展水平显著提高，为内蒙古自治区文化创意产业的发展提供了有力的技术保障。

3. 市场经济的充分发展为文化创意产业的实现提供了有效的运行机制

文化产品商品化是实现其经济功能的原动力，它内在地驱动着文化生产者将文化产品推向市场，实现其劳动价值。将文化产品视为商品，是在商品经济发展到一定阶段以后才出现的。在当代，文化的经济功能被社会所接纳，文化的娱乐性、消遣性得到广泛认同，这为文化创意产品的生产和消费以及市场化运作找到了切入点。

现代西方社会主张充分享受社会的物质富裕，注重生活体验和大量消费，这种崇尚消费的观念，成为支配他们日常生活方式的一种主导观念，这无疑对现代文化创意产业的形成和发展产生了巨大的刺激作用。当今世界充斥着时装、摄影、广告、电视和旅行，这就客观上呼唤着社会经济机构以工业的方式大量生产适合于享乐主义者消费的文化创意产品。

4. 世界文化交融为文化创意产业提供了发展空间

"十二五"期间，中央对内采取一系列重大战略：供给侧结构性改革、大众创业、万众创新、京津冀协同发展等，这对内蒙古自治区文化创意产业发展提出了新要求。对外采取的重大战略决策主要是"一带一路"和"中蒙俄经济走廊建设"等，这为内蒙古自治区文化创意产业在调整发展思路、增强创新能力、扩大有效供给、健全支撑体系等方面提出了新要求。内蒙古自治区积极融入国家"一带一路"发展战略，发挥草原"丝绸之路"起点城市和枢纽城市的作用，紧紧把握国家深化中俄、中蒙战略合作机遇，加强区域间经贸文化交流合作，不断扩大草原"丝绸之路经济带"的影响力。新的时代背景为内蒙古自治区文化创意产业的发展提供了巨大空间。

三、"十二五"期间内蒙古自治区文化创意产业发展的成就

"十二五"期间，内蒙古自治区文化创意产业发展驶入"快车道"。"十二五"期间吸纳就业人员最多的行业主要是新兴的文化创意和设计服务、文化艺术服务和广告行业，2015 年，其从业人员分别达 6.45 万人、4.32 万人和 4.29 万人，分别占文化服务业法人单位的 34.3%、23.0% 和 22.8%，占文化及相关产业法人单位从业人员的 69.6%。从行业结构看；新兴文化产业呈现出较强的发展势头，传统文化产业保持平稳发展。目前全区文化产业单位已覆盖了文化休闲娱乐、文化艺术、文化信息传输、文化创意和设计服务等 10 个行业大类，50 个行业中类，文化产业门类逐步趋向齐全。"十二五"期间以互联网技术发展为依托的文化信息传输服务业、文化创意和设计服务的新兴文化产业迅速崛起，发展较快，2015 年全区 3924 个新兴文化产业法人单位实现营业收入达 262.17 亿元，占全区文化产业法人单位的 42.0%。其中，文化创意和设计服务行业营业收入最多，达 205.22 亿元，占新兴文化产业法人单位营业收入的 78.3%，占全区文化产业法人单位营业收入的 32.9%，在十大类行业中占比最高。

各盟市认真贯彻落实自治区关于打造民族文化强区的战略部署和"抓大扶小"的发展思路，坚持改革与发展并举，事业与产业齐抓，积极培育市场主体，搭建产业发展平台，产业发展环境进一步优化，产业门类逐步健全，产业结构日趋完善，市场活力和吸纳就业能力也得到明显增强，初步形成了以规划为引领、园区为载体、项目为支撑、市场化运作机制为保障的文化创意产业发展格局。其发展成果主要表现在以下几个方面：

（一）文化创意作品不断涌现

近年来，作为北方草原民族的摇篮和草原文化的发祥地，内蒙古自治区以高度的民族文化自信，努力打造文化创意产业的亮丽风景线，具有影响力的内蒙古

自治区文化创意活动相继出现。拿动漫产业来说，内蒙古自治区有着丰富的动漫题材资源，如蒙古族的《成吉思汗》《嘎达梅林》等，这些作品都是千百年传承下来的经典民族文献，在国内外有很大的影响力和市场。在呼和浩特市举办的第三届中国西部文化产业博览会动漫大赛上，来自内蒙古自治区的三维动画《草原豆思》从参赛的 240 多部作品中脱颖而出，获得大赛特别荣誉奖。《国家的孩子》《中华德育故事》等动漫作品及其品牌为内蒙古自治区文化创意产业的发展开辟了新路。内蒙古自治区电视台制作的《动漫驿站》栏目以及在西部文化产业博览会上内蒙古自治区选送的动画电影剧本《嘎达梅林》《巴拉根仓》等作品也受到业内人士和观众的好评。此外，呼和浩特昭君文化研究会正在着手与区外制作公司联手将历史小说《东方和平天使王昭君》改编制作成百集动漫。

依托丰富的马业资源，内蒙古自治区民族艺术剧院打造出我国首创的大型马文化实景剧《千古马颂》，这部实景剧深深吸引了众多中外游客，推动了文化与旅游的深度融合。唱响纽约、莫斯科等地的五彩呼伦贝尔儿童合唱团正在策划、创作和编排更多草原童谣，让国内外观众在天籁般的童音中追忆童年、回归自然。大型舞剧《马可·波罗传奇》被选为文化部特色文化产业重点项目、"丝绸之路"文化产业重点项目、获财政部 2015 年度文化产业发展专项资金、2015～2016 年度国家文化出口重点企业和重点项目和自治区文化产业重点项目。《马可·波罗传奇》已在美国驻场演出 426 场，成为内蒙古自治区第一个实现文化商演并走出国门的品牌，其投资方和核心演出团队是呼和浩特民族演艺集团。

（二）文化创意展会如火如荼

"十二五"期间，内蒙古自治区会展业如火如荼地开展，节庆活动异常活跃。比如，连续举办的呼和浩特市昭君文化节被国际节庆协会评为"中国最具发展潜力的十大节庆活动之一"；蒙牛集团与湖南卫视联手打造成功的"中国超女"活动；伊利集团成功申请北京奥运会乳品赞助商等均是文化艺术创意与市场经济有机结合的成果，属于创意经济的范畴。2015 年 6 月 28 日，"草原文化与创意产业展"在内蒙古展览馆展出，现场观众络绎不绝，此次展览是"第十二届中国·内蒙古草原文化节"活动项目之一。展览分为文化创意设计、文化创意产业、"互联网＋文化创意"三个部分。其中，文化创意设计展区展出十余家优秀院校、学会和设计工作者的 700 多件设计类作品，文化创意产品展区展出创意产品 600 余件，"互联网＋文化创意"展区旨在为草原文化产业价值链上各环节的专业力量和社会资源实现创意人才、文化企业与市场的无缝对接提供平台。

（三）文化创意产业园区竞相建设

作为文化创意产业的重要载体，各盟市具有代表性和影响力的文化创意产业园区相继建成。

1. 大盛魁文化创意产业园

2009 年 5 月 18 日，内蒙古自治区首家文化创意产业园——大盛魁开工奠基，这填补了呼和浩特市文化创意产业园的空白。其中有大盛魁旅蒙商博物馆、塞外古城民俗商业城、大观园文化汇演中心及德胜园住宅小区 4 个核心部分，是大型历史电视剧《大清第一商号》和百集电视连续剧《大盛魁》的主要拍摄基地。该项目以大盛魁商业文化为主线，以明、清两代建筑风格为外表，丰富了呼和浩特市历史文化名城内涵，旨在通过大盛魁让更多的人了解呼和浩特市。

大盛魁项目是对文化产业、旅游业、娱乐业、民族风情、地域文化的资源整合，集大型文艺会演、影视制作、动漫、游戏等产业于一体的演艺中心；同时，还有由一些手工作坊和老字号组成的，作为呼和浩特市历史文化老街的圪料街，实现了"吃、住、行、游、购、娱"综合服务功能配套设施，全面提升了大召旅游区块的综合形象及服务能力。整个文化创意产业园是以大盛魁精神为灵魂，明、清风貌做外表，结合影视剧，讲述了一幕幕具有个性的文化故事，将历史与现代、文化与休闲有机融合，既扩大了旅蒙商文化的外延，又为古老的召庙注入了新的活力。目前，大盛魁博物馆、蒙博博物馆、辽金元老窑瓷馆和世界报纸杂志馆 4 家民营博物馆正式开园，35 家手工艺师工作室和自治区 12 个盟市的手工艺品主题店已全部入驻，均对公众免费开放。

2. 金海电子商务文化创意产业园

2015 年，呼和浩特市在原呼和浩特钢厂房的旧址上建设了中国北方首家电子商务文化创意产业园——金海电子商务文化创意产业园。园区以电子商务为核心，包含网络科技、钢铁文化、商业休闲、旅游娱乐、物流基地五大功能，设计包括电子办公、工业博物馆、时光广场、怀旧火车休闲大道等 9 大区域。此外园区还将以工业文化钢铁精神为理念，通过工业博物馆和工业艺术雕塑等，再现呼和浩特钢厂艰苦奋斗的历史印记和新时代钢铁精神。目前，金海电子商务基地已经入驻宜齐网购商城、百度推广、糯米团购、蒙萃源电子商务、民族 V 购、新浪乐居、淘宝呼和浩特等 10 家电商企业以及呼和浩特电子商务协会，涉及网络建设、家用电器、数码 3C、汽车用品、日用百货、食品饮料、内蒙古自治区土特产等多个销售和服务领域，即将打造成为呼和浩特市电子商务产业最集中的区域。

金海电子商务基地以仓储起步、品牌引入、凝聚人气、创造商机为总体建设思路，着力打造金海商圈的竞争核心，营建智慧高效的流通体系，构筑电商汇集的交流场所，实现高效性平台与智慧型传递相融合，最终形成城市电子商务信息新物港。在未来的建设发展中，在成功创建自治区电子商务示范基地的基础上，金海电子商务基地将以争创国家级电子商务示范基地为契机，从"区域特色突破、产业特色突破、支撑体系突破"出发，以区域传统产业转型升级为重点，物流配套与电子商务相结合为优势，努力建成综合保税区和规划面积为15平方公里的金海商贸功能区。在各项配套设施齐全和优惠政策的支持下，力争引进100家电子商务企业、电商区域总部及配套服务企业入驻，电子商务交易总额争取突破1000亿元，同时为1万名高素质人才和劳动力提供创业就业机会及岗位，努力实现全口径纳税贡献达到1亿元以上。

3. 中蒙俄文化创意产业园

中蒙俄文化创意产业园位于呼伦贝尔市海拉尔区，由呼伦贝尔中蒙俄文化置业发展有限公司投资建设，项目已被列为内蒙古自治区文化旅游产业重点项目。中蒙俄文化创意产业园集文化产业发展中心、旅游集散中心、中蒙俄艺术博物馆集群、国际旅客落地签证服务大厅、国际品牌直营折扣中心等内容为一体，充分利用海拉尔地处中蒙俄三国交界处的地域优势，集中国、俄罗斯、蒙古国三国精华，将草原文化、北疆特色与产业经营有机结合，并以三种建筑风格和民族特色为表现形式，致力于打造"五个第一"，即呼伦贝尔旅游第一站（天成彼得国际文化主题酒店、中式酒店、中蒙俄国际旅游中转平台、国际旅游落地签证大厅）、中蒙俄文化交流第一平台（民族音乐演艺会展中心、俄罗斯油画展贸培训基地、俄罗斯玉石加工中心、奥特莱斯购物中心、云媒体应用平台）、文化创意产业第一园（大学生创意中心、中蒙俄国际冰雪乐园、传统皮革皮具手工加工基地、民族服装加工展贸基地、马文化研究设计展示中心、动漫影城拍摄基地、非物质文化遗产展演基地）、绿色食品展示交易第一中心（旅游产品批发市场、绿色食品交易市场、中蒙俄国际美食城）和启智、休闲娱乐第一城（儿童潜能体验中心、儿童戏水乐园、酒吧一条街/茶馆一条街、中蒙俄国际皮草城）。

中蒙俄文化创意产业园是一座集文化创意产业集聚、旅游集散、绿色食品展销、演艺会展等于一体的综合性文化产业发展基地，力图打造成中国东北地区规模最大、功能最全的大型文化创意产业集聚区。项目总投资10亿元，其中，固定投资金额为10亿元，拟引资5亿元。目前，产业园一期项目中蒙俄国际皮草城、天成彼得国际酒店、外国人落地签证服务中心等已投入运营，中蒙俄国际冰雪乐园、民族文化演艺会展中心、奥特莱斯商城、中蒙俄国际美食城、高尔夫国际酒店等项目主体工程已竣工，近期将陆续投入使用。

4. 锡林郭勒中蒙俄国际文化旅游商贸城

锡林郭勒中蒙俄国际文化旅游商贸城是由锡林郭勒盟凯谛制衣有限公司开发承建的项目，其定位是以"民族特色为主导、国际商品为引领、生活日用品为基础"，汇集全盟、全区、全国特色的产品，打造"南有义乌，北有锡林"，集商贸批发、文化创意、旅游体验、商超对接、前店后厂、国际会展、电子商务于一身的中国北方民族特色小商品批发集散地。现有广州市、温州市、义乌市、沈阳市、北京市、满洲里市和周边盟市批发客商以及蒙古国、巴基斯坦、印度等32个国家产品长期进驻，商品销往各旗县市周边地区。该项目一期工程总投资为1.2亿元，建筑面积为4万平方米，可划分为500个摊位，现已运营。其将准备在全盟区域内建立1000家线下体验店，使具有民族特色的产品、地方特色的产品、进口商品、生活日用品等通过线上乐村淘电商平台与全国互动，同时保留传统批发销售方式。它充分利用中国首家村镇O2O电商平台，打造锡林郭勒盟首家农牧区电商服务平台。通过该平台，把高品质的商品和信息快速输送到农牧区，再把优质的农牧产品和信息输送到城市的双向供需平台，从而形成一个闭合的"商流、物流、信息流、资金流"的循环系统。

锡林郭勒中蒙俄国际文化旅游商贸城旨在引进全盟、全区、全国民族特色和地方特色商品，打造中国北方民族特色小商品批发集散地，进而打造文化创意、文化产业、旅游购物特色产业城。鉴于锡林郭勒中蒙俄国际文化旅游商贸城发展前景及重要作用，目前，已有专家建议盟委把锡林郭勒中蒙俄国际文化旅游商贸城项目列入锡林郭勒盟"十三五"规划中。

5. 乌海市青少年创意产业园

乌海市青少年创意产业园是内蒙古自治区首家以创意体验为主题的青少年活动场所，也是以开发少年儿童创新意识为初衷的"创意体验式"课外实践场所，项目于2012年10月开工建设，于2013年正式开园，是乌海市2013年的重点公益工程之一。该产业园以"青少年创意"为主题，以激发带动少年儿童创新精神为主旨，总体分为综合功能区、艺术设计区、管理办公区、夏令营区、户外体验区等。产业园总建筑面积为7594.32平方米，园内体验场馆根据青少年的兴趣爱好和创意体验需求引进独具特色的各类专业项目。新奇的智能遥感屋、高品质的原创音乐创作设备、专业的沙画工具、精巧的魔术道具、神秘的心理沙盘、丰富的手绘创作选材、变化无穷的创意多米诺、逼真的遥控飞行器等匠心独运的项目设置为青少年搭建了一个创意十足的舞台。改造前这里为一废弃的硅铁厂，该园区旨在培养青少年的创造潜能，是具有教育、娱乐等功能的产业园区。

6. 海拉尔文化创意产业基地

呼伦贝尔市海拉尔区文化创意产业基地项目的建设于2013年拉开了帷幕。产业园占地为9万平方米，建筑面积为23万平方米，总投资为8亿元，可提供5000个就业岗位。海拉尔文化创意产业园以"建筑创意带动文化经济发展，推动地区文化建设"为定位，围绕"把绿色留在海拉尔"的建园理念，充分体现"文化·休闲·商务"三大功能。以文化为底蕴、以发展为主线，以七种业态为其衍生模式。海拉尔文化创意产业园形成了文化交流、文化交易、文化创意和文化生活四大展示平台。海拉尔文化创意产业园的建设对于整合地域文化资源、塑造文化品牌、搭建国际文化交流平台、优化文化产业结构具有重要意义，对东出口环境的改造、物流带建设、关联产业的融合发展、解决居民就业具有重要拉动作用。

7. 呼伦贝尔马文化创意产业园

呼伦贝尔马文化创意产业园区项目也在规划建设中。产业园包括马文化主题、城市功能协调、生态功能协调和度假功能协调四大功能。由瑟宾牧马小镇、马术马业学院、鄂温克马文化公园、鄂温克文体公园、滨河景观长廊、生态农牧业休闲园、休闲度假区（别墅区）等一批项目组成。经过力争建成以草原文化为核心特色，延伸马文化产业链，融入草原旅游文化，构建集旅游服务、农业科普、商务休闲、草原运动、高端度假于一身，或集旅游、观光、休闲、娱乐、健身、竞技等于一身的国家级马文化产业示范区、我国北方牧区重要的现代化农牧业生态示范基地、内蒙古自治区重要的马术休闲度假基地、呼伦贝尔草原旅游度假服务营地、鄂温克旗民俗文化体验基地。

在规划建设方面，坚持企业出资、政府征地、网状布局、点状征地、对等置换、整体开发原则进行。在建设资金方面，当地政府为了弥补早期收入的不足，增加了创收项目，赛马场等企业与场所除举办或承办国内外各种级别比赛外，还可以承担国家和各地区马术队训练，发展会员俱乐部即组建马术和高尔夫球两个俱乐部，利用广阔无边的大草原，通过各地马协会开展各种马术运动会及户外骑马活动。既要达到能够承办国内外大型商业性赛马活动及全国各类民族体育赛事要求，又要注重一年四季周边地区消费和国内外游客需求。马文化创意产业园区要在当地政府引导下把建设"中国优秀旅游强县"和打造马文化节庆活动名牌有机地结合起来，保持和完善具有当地民族特色的马术和赛马活动，把传统赛马、现代赛马、民族民间马术办得更精彩。届时，这里除了是一个重要旅游景区外，还将成为呼伦贝尔市民族文化娱乐的一个热点，人们在此可以从事专业的马术学习和训练，可以欣赏到国内外各类一流的马术赛事，使人的气质、毅力以及身体素质等方面得到全面的锻炼和提升。

8. 通辽市科尔沁文化创意产业园

针对通辽市文化创意产业主体框架已显雏形，但尚未形成规模、文化产业科技含量不足，附加值不高，文化市场发育不良，文化产业的文化品位不高等突出问题，通辽市政府决定建设一个文化产业聚集平台集中解决上述问题，以更好地引进、扶持、推介大、中、小型文化企业。按照以园区拉动文化产业发展的思路，为引进国内大型文化创意龙头企业和集中盘活市内现有的文化产业经营企业，进一步整合资源形成优势，形成规模，形成品牌，通辽市科尔沁文化创意产业园从2013年开始建设。科尔沁文化创意产业园区的发展定位是建立一个集创意、研发设计、生产制作、经营销售、创业孵化、文化旅游、贸易物流、信息交流、教育培训、展览展示等功能于一身的综合性文化创意产业基地，打造完整的文化创意产业链。基地主要建设项目为文化创意产业区、广告创意产业区、传媒图书出版区、文玩书画产业区、文艺广场及生活服务区等。该项目总投入预算为10亿元，规划面积约为60万平方米，建筑面积为40万平方米。园区建设旨在以提高、运用文化高新科技含量为统领，重点推动和发展一批文化创意创新项目，如民族服装、民族饰品、工艺品生产制作、版画制作经营、动漫影视、演艺公司等。

9. 赤峰龙源文化创意产业园

赤峰龙源文化创意产业园位于敖汉旗四家子镇热水汤村，由内蒙古龙源博物馆、兴隆洼玉石文化产业园、农家生活体验中心三部分构成。内蒙古龙源博物馆是全区最大的私立博物馆，馆藏文物达8000余件，是清华大学、北京大学考古实训基地。兴隆洼玉石文化产业园内建有玉石雕刻厂，不仅为前来参观考察的游客、专家、学者提供玉石加工体验，而且加工雕刻龙血玉石工艺品。企业一直坚持吸纳周边农村剩余劳动力，对新入厂的职工进行一个月的系统培训，熟悉生产加工环节、掌握产品操作流程，根据个人能力安排适合的岗位。目前，在此就业的农民有40余名，就业人员年平均工资为26000元，确保就业家庭有了稳定收入。农家生活体验中心现已招聘主管、迎宾员、收银员、库管、厨师、面案、服务生、保安、水电机械维修、保洁人员等20多名。

10. 察哈尔文化创意产业园

乌兰察布市察右后旗察哈尔文化创意产业园被列入自治区2015年度文化产业重点扶持项目。开发区按照总体规划和产业特性，划分为"一个核心区＋六个工业园"的结构，简称"一心六园"，分别是章盖营核心区、赛汉工业园、益武堂工业园、巴音工业园、南界工业园、平地泉工业园、白海子工业园，重点发展农畜产品加工业、电子电器业、装备制造业、化学工业、生物制药业、包装彩印业、新能源、物流等。区内则设有文化创意产业中心区、湖泊景观、现代产业、滨河公园、商住、城市消费6大板块，规划有乌兰察布大剧院、民族历史博物馆、文化创意大厦、音乐喷泉（民俗广场）、少年科技宫、美术馆、雕塑长廊与雕塑群、总部经济中心、国际会展中心、巴特尔门、先贤苑等多座特色建筑。2012年5月，这项命名为《察哈尔文化创意产业园总体规划》的策划，经国家建设部环境艺术委员会专家委员会评审，荣获2011年度（第三届）中国环境艺术（规划类）最佳创意奖，这是由陕西西部园林建设研究院园林环境艺术设计大师王韬等专家团队与内蒙古自治区高级环境艺术师贾少杰组织合作完成的。

11. 内蒙古草原豆思文化创意产业园

2014 年 7 月，内蒙古草原豆思动漫产业投资股份有限公司（以下简称草原豆思公司）与和林县人民政府签署协议，投资 13 亿元的内蒙古草原豆思文化创意产业园正式落户盛乐现代服务业集聚区。

草原豆思公司是内蒙古自治区唯一拥有上、中、下游产业链条、多元化互动式发展的动漫公司，创作了大型电视儿童系列动画片《草原豆思》，该片在包括中央电视台及国内其他 200 余家电视台、网站、移动终端等媒体陆续播出，取得了良好的收视效果。该项目包括建设动漫大厦、动漫体验馆、动漫剧场、动漫培训基地、动漫联合国及其配套设施。目前，项目一期工程"草原豆思魔幻谷"正着手建设。2014 年，在内蒙古自治区建设完成加盟连锁店 30 家，计划 3 年内在自治区 12 个盟市、101 个旗县共建成 120 家魔幻谷，每家魔幻谷的平均建设面积为 1000 平方米。

该项目以盛乐现代服务业集聚区科技公共服务平台为依托，充分发挥文化创意产业方面的领军作用，实现园区与企业的共赢。其将对打造呼和浩特地区的文化创意产业基地，提升整个自治区文化创意产业发展起到积极的推动和促进作用。

12. 文化旅游养生创意产业园

近期，巴林右旗人民政府与赤峰龙祥旅游文化发展有限责任公司经友好磋商，共同签署了文化旅游养生创意产业园项目协议。文化旅游养生创意产业园项目计划投资 15 亿元，集中打造龙翔博物馆、室内温泉及国际标准泳道、旅游养生馆、大型养生公寓、高新龙血石展厅及玉石加工厂、产业园配套会议室及影剧院、公园人文景观及索道和大型儿童游乐场、跑马场及沙湖水上运动项目于一体的综合旅游文化产业群。

13. 包头国际影视文化创意产业园

2015 年 5 月 27 日，内蒙古自治区包头市石拐区政府与北京电影学院、深圳迪威视讯股份有限公司在北京共同签订协议，准备建设包头国际影视文化创意产业园。该园区充分依托北京电影学院资源优势和石拐区历史文化遗存，借助高新电影科技，挖掘利用百年煤炭工业遗存等历史文化资源，以"一带一路"国际影视文化创意艺术节为龙头，建设彰显丝路国家文化精髓的北影—包头国际影视文化创意产业园，是落实"丝绸之路经济带"和"21 世纪海上丝绸之路"战略构想的先行先试之举，整体项目总投资预计不低于 10 亿元，将开展影视教育与培训、影视投资与拍摄、发展影视旅游产业及旅游景观、电视节目运作、影视基地的规划设计和建立手机电影及微电影拍摄基地。围绕文化旅游休闲产业基地及影视文化产业战略，石拐区深度融合生态、旅游、文化各个层面，打造集影视拍摄、生产服务衍生产业、教育培训、休闲旅游、情景体验、文化创意于一体的具备时代地域典型特征的影视文化产业园。据悉，目前各项前期基础环境已经搭建完毕。

可以说，"十二五"期间，呼包鄂创意产业园区已产生了聚焦效应。比如，包头市还有位于昆区的包头乐园文化创意休闲娱乐产业园，位于青山区的赛罕塔拉文化旅游产业园和建于原来赵家营村的内蒙古文化传媒创意园，位于东河区的乔家金街北梁文化产业园，位于九原区的燕家梁文化产业园，固阳秦长城热气球文化产业园。鄂尔多斯市还有位于伊旗的成吉思汗陵旅游区，位于伊旗阿镇占地600公顷的鄂尔多斯文化产业园，位于东胜区占地面积为200公顷的鄂尔多斯江源文化创意园等。近期，呼和浩特市首家花灯设计制作基地——呼和浩特民族文化产业基地落成。总投资约45亿元的"鄂尔多斯江源文化创意产业园"也破土动工。虽然文化创意产业园区建设还存在很多难题，但是文化创意产业的框架正在搭建，随着内蒙古自治区国家级大数据综合实验区的启动，内蒙古自治区文化创意产业园区的建设与文化创意产业将继续快速前行。

四、"十三五"期间内蒙古自治区文化创意产业面临的挑战

当前，内蒙古自治区文化创意产业发展虽然取得了明显成效，但从打造全国文化创意中心的目标要求来看，还存在一些问题与不足。与其他省市比较，文化创意产业仍处于规模小、布局散、档次低的起步阶段，各方面的资源未得到有效整合，没有形成产业集聚效应，文化作为产业竞争力、城市软实力的优势还没有充分体现出来。

（一）　文化创意产业链不完整、竞争力较弱

文化创意产业链是指以创意为龙头、以内容为核心来驱动产品的制造、创新产品的营销模式并通过后续衍生产品的开发，形成上下联动、左右衔接、一次投入、多次产出的链条。在这个链条中，创意是核心价值，产业链通过创意的"价值扩散"来实现。也就是说，原创企业通过合作开发、专利技术或者版权转让形式，把创意的核心价值扩散到周边关联产业中，形成长线生产能力，扩大产业链的规模。按照文化创意产业发展规律来讲，产业价值链应该分为6块，包括资源、创作、生产、包装集成、流通、展示。它具备两个明显的特点：一是纵向不断延伸链条，产业链被不断拉长、细分和开放，并加入一些新的市场主体和价值创造者；二是横向不断深化分工和扩展协作伙伴，稳固和提升每一个环节的价值

形成能力，逐渐催生出更加相互依赖、紧密协作的价值网络，如图7-3所示。

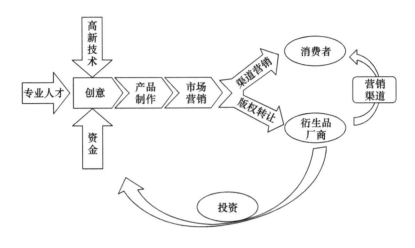

图7-3 文化创意产业价值链

1. 内蒙古自治区的文化创意产业发展尚未形成完整的、顺畅的、高效的产业链

内蒙古自治区文化创意产业链不成熟主要体现为企业间在开发、生产和营销等环节上缺乏密切的协同和合作；企业自身的产品和服务难以融入客户企业的价值链运行当中；产品的有效差异性小，提高产业链的整体竞争能力差，难以获得较高的利润回报和竞争优势。而这在一些优秀城市已经做得相对成熟。比如，北京中卡世纪动漫文化传媒有限公司已经开始专注于动漫产业道路的探索与运营，通过整合国内外各类动漫品牌资源，进行系列化产品开发，建立动漫产业多渠道的运营体系，以构建一个完整的动漫产业链运营模式。

2. 大项目支撑薄弱，核心竞争力有待提升

目前，内蒙古自治区文创产业的规模虽然较大，但核心竞争力不高。这主要表现在以下两个方面：一是内蒙古自治区文化企业的科技研发投入较低，致使文化产品的科技含量不高，文化和科技融合有待提高，市场竞争力较弱。二是在文化创意几大行业中，一些在全国称得上"单打冠军"和"小巨人"的企业不多，市场占有率和行业集中度较低。事实上，大项目、大平台建设是推动文化创意产业做大做强的关键。比如，上海投资达数百亿元的迪士尼、东方梦工厂等重大项目，这是增强发展后劲、实现跨越发展的"牛鼻子"。在这方面与同等城市相比，无论是存量还是增量部分，内蒙古自治区具有"大手笔、大投入、带动力强"的文化大项目、大平台不多。

3. 创意意识相对落后

当前，内蒙古自治区的文化创意产业正在开始受到重视，被视为未来经济发展的重要引擎，人们都在热情盼望着进入"文化创意"时代。但据关调查显示，80%的调查对象对"文化创意"的概念并不清楚，对文化创意的内涵、构成和价值缺乏深层次的理论研究，特别是如何通过文化创意与现代产业衔接，并对现有文化资源进行发掘方面人们还停留在较低层次的认识上。很多人并不必然地把文化认可为一种生产力，往往漠视文化的作用，没有把文化创意看作经济的组成部分。这表明"文化创意"观念落后于经济发展的需要。由于认识不清文化创意的产业性质，很多人包括官员忽视了文化的产业属性，也就看不到文化创意产业蕴含的经济效益和社会效益。

（二）文化创意产业园区发育状况欠佳

1. 产业定位不清，管理能力不足

目前内蒙古自治区很多文化创意产业园区的开发建设缺乏合理规划，没有明确的产业发展导向，在招商的过程中对企业缺乏限制筛选，借创意产业之名进行写字楼开发，导致产业园区失去了创意产业聚集发展的意义。同时部分园区在改建过程中软硬件环境都不能达标，后期物业管理也相对较差，不能满足企业办公和科研之需。

2. 中小企业生存难，客群不稳定

创意产业的初衷就是要培育中小企业和文化艺术企业，从而推动整个产业的发展。但是纵观国际上著名的创意园区发展历程，同样的历史一再重演：先是一些艺术家们发现那些濒临倒闭的旧厂房，以低廉的租金入驻；接着是画廊入驻；然后资金实力较强的设计师们来了；最后是承租能力更强的时装店进驻，把地价炒高后挤走画廊和艺术家。随着地产热的升温，园区租金普遍上涨。越来越多的中小型创意企业在园区一轮轮的"洗牌"中遭到淘汰，被资金雄厚的企业所取代，这些还未孵化的中小企业正面临着尴尬的生存局面。内蒙古自治区的一些文化创意园区也面临着同样的命运。

3. 商业比例过高，喧宾夺主

从目前内蒙古自治区运营的创意产业园区来看，已出现了商业配套比例过高、运营惨淡的现象，这一情况在定位为文化和时尚的创意产业园中表现得尤为明显。有些文化创意园，其发展也违背了创建园区的初衷，其厂房里传出的是与文化艺术完全无关的机床声，使园区环境更加混乱。部分地方更是打着"文化创意园"的旗号，进行房地产的炒作。据业内人士介绍，各地的创意园区、时尚街区如雨后春笋般一夜涌现出来，但不少地方未能摆脱高空置率以及商家资金回笼

难的"成长的烦恼"。

（三）文化创意产业的相关配套支持系统不完善

1. 政策体系尚未完善

受宏观经济和区域竞争影响，当前内蒙古自治区文化创意产业运行仍存在较多不确定、不稳定因素，现行的文化创意扶持政策也存在执行力度不够、针对性不强等问题。以资金支持为例，在其他城市纷纷扩大文化发展专项资金规模的情况下，内蒙古自治区文化创意专项资金规模却出现了一定程度的缩减。在土地利用方面，也先后出现了部分大项目、好项目难以落地的现象。还有内蒙古自治区的人才引进政策，虽然政府出台了不少优惠政策引进文化创意人才，但在具体执行中却因种种原因没有落实到位，特别是承诺的提供人才住房、工作室场所等优惠措施迟迟无法兑现。此外，在税收政策、投融资政策、文化"走出去"政策、知识产权保护与开发政策等方面也亟须进一步丰富与完善。

近年来，为了培育和发展本国或本地区的创意产业，不少国家和地区出台了一系列相关的政策和措施。如由政府牵头，建立创意产业发展基金，同时在投融资、税收、进出口、人才培训等方面对创意产业的发展予以适当的优惠或政策扶持等。而内蒙古自治区目前还缺乏一个全面、系统的政策支持体系，以此来推动创意产业的发展。

2. 人才梯队需要优化

创意人才是发展创意产业的前提和关键，人才的缺乏会制约创意产业的发展。从最根本上讲，中国文化创意产业发展的瓶颈是创意管理人才的缺乏。日益短缺的人才问题逐渐成为困扰国内文化创意产业的主要问题之一。据统计，当前我国文化创意类人才存在着很大的缺口，需要大约30万人，但目前从业人员仅有3万余人。在纽约，从事文化创意产业的人员占该城市全部从业人员的12%，这个比率在伦敦是14%，在东京是15%，而在北京却不足1‰，内蒙古自治区的创意人才更是少之又少。随着现代传媒、动漫游戏、网络文化等新兴文化创意产业的迅速扩张，人才匮乏问题尤为突出。具体来说，内蒙古自治区缺少一批既通晓高新技术又熟悉文化产业、既熟悉文化创意又擅长产业化运作的复合型人才。由于缺乏创意人才，原创性作品就显得特别稀少，内容短缺是产品研发环节的最大问题。就打造产业链而言，创意、技术、营销、渠道经营、管理、研究领域的人才也必不可少。但是内蒙古自治区文化创意产业还没有形成人才体系，占据产业链条前端和末端的创意和经营人才是链条上最为薄弱的两个环节。具有特色的原创性作品是产业链的核心环节，但是目前具有民族性的、特色性的原创作品不足，文化资源尚未有效地转化为文化资本。

近年来，通过实施一系列有力举措，内蒙古自治区文化创意产业人才队伍状况虽有了一定改善，但人才总量小、高端人才少、行业结构分布不均等问题仍没有从根本上解决。相比而言，国内许多城市也非常重视人才建设工作。

3. 国际化水平需要提高

作为新兴产业，文化创意产业更加强调外向化发展，需要与国际接轨。在这方面，内蒙古自治区与先进城市的差距明显。以北京市为例，随着北京国际电影节、北京国际设计周、北京文博会、科博会等大型交流平台的影响力不断增强，北京在全球的文化影响力得到全面提升。上海数十个创意产业基地目前聚集了来自美国、日本、比利时、意大利等30多个国家的800多家企业，几乎涉及文化创意产业的所有领域。而内蒙古自治区的文化创意产品能够"走出去"的并不多见。

4. 融资渠道不畅

据调查，内蒙古自治区的几家文化创意企业因刚刚起步，在盈利能力、内控制度、财务管理、会计信息等方面不符合金融部门的要求，大部分文化企业财务管理不健全。有的企业虽然聘请了会计人员，但只是简单的税务报表，没有建立真正的账簿。金融部门无法从其提供的报表中掌握真实情况。甚至有时企业提供的报表存在错误数据，导致金融部门无法及时完成审批工作，进而影响贷款的发放。不仅如此，目前内蒙古自治区金融机构对中小企业的贷款需要固定资产抵押或信用担保，而文化创意企业较为有价值的资产往往是人才、技术等无形资产，无形资产在企业总资产中所占比重较大，可用于抵押贷款的有形资产不足，使内蒙古自治区的很多文化创意企业很难有效利用银行贷款这一重要的融资方式。大量资本因体制原因往往选择驻足观望，导致文化产业与资本脱节现象严重。

除贷款难外，企业通过资本市场和产权市场融资也面临多重限制。资本市场进入的门槛通常较高，多数文化创意企业难以达到上市要求，利用资本市场融资也难以成为解决企业融资难问题的渠道。这就出现了"两张皮"现象。有创意的人与投资人之间缺乏交流平台。一些好的创意被淹没在茫茫人海中，没有被挖掘出来，投资人手中有大量资金但找不着好项目。

创意产业的发展和成熟需要丰盈充裕的资金储备。但是，由于创意生产机制和产品利润回流方式的特殊性以及创意载体产品的非保值性，从而导致创意产业的高风险性。在国内文化创意产业也被称为"朝阳产业"，既然是"朝阳"，也就意味着市场并不热化，包括商业银行与风险投资在内的投资机构对此态度十分谨慎。而在资本市场上，由于创意文化企业多是中小企业中股本规模相对较小的那部分。即使上市于中小企业版，对于一般的文化创意企业来说，做到千万元资金的盘也并不多见。这对于解决企业的融资问题基本上也帮助不大。

5. 知识产权保护力度不够

全社会对知识产权的经济、社会价值认识不足，其法律意识淡薄，侵害他人版权和忽视自我保护的现象同时存在，并十分普遍。加之国内知识产权保护法律体系不完善，其中介代理体系也尚未形成，知识产权政出多门，涉及专利局、版权局、工商局、商标局等多个部门。因此，在执法过程中，管理部门对假冒产品打击乏力，创意产品被盗用或模仿的现象日益泛滥，这极大地打击了创意企业进行技术创新和文化创意的积极性。

五、国内外文化创意产业发展的经验

他山之石，可以攻玉。事实上，内蒙古自治区乃至中国的文化创意产业因为起步较晚，可以更多地借鉴国外的先进经验。据不完全统计，全球文化创意产业每天创造 220 亿美元产值，并以 5% 左右的速度递增，有些国家增长得更快，美国为 14%，英国为 12%。特别是在英国、美国、澳大利亚、韩国、丹麦、荷兰、新加坡等发达国家和地区，文化创意产业已经形成了各自的特色，并产生了巨大的经济效益，文化创意产业已经成为引领国家产业创新和发展的一股重要力量。但是，全球文化创意产业发展极不均衡，主要集中在以美国为核心的北美地区，以英国为核心的欧洲地区和以中国、日本、韩国为核心的亚洲地区。其中，美国占市场总额的 43%，欧洲占 34%，亚洲、南太平洋国家占 19%（其中日本占 10% 和韩国占 5%，中国和其他国家及地区仅占 4%）。深入剖析各国文化创意企业的成功要素，对内蒙古自治区文化创意产业的发展有着重要的借鉴意义。

（一）文化创意产业在国外的发展

"创意产业"提出的背景是在 1997 年 5 月，英国首相布莱尔为振兴英国经济，提议并推动成立了创意产业特别工作小组。这个小组于 1998 年和 2001 年分别发布研究报告，分析英国创意产业的现状并提出发展战略。1998 年，英国创意产业特别工作组首次对创意产业下了定义，将创意产业界定为"源自个人创意、技巧及才华，通过知识产权的开发和运用，具有创造财富和就业潜力的行业"。在当今世界，创意产业已不再仅仅是一个理念，而是有着巨大的经济效益的市场。近几年，创意产业国际化发展趋势日益明显，文化创意产业国际贸易高速增长，成为世界贸易中最具活力的新兴产业之一。目前，发达国家在国际竞争中的优势主要体现在附加值高、增长较快的创意领域，如影视、新媒体等产品的出口。

1. 美国

美国属于创意产业大国，其创意产业主要分布在加利福尼亚州、纽约州、德克萨斯州、佛罗里达州四个州。其中，位于纽约州纽约大都会博物馆是"世界三大艺术殿堂"之一，拥有苏荷（SOHO）现代文化艺术、百老汇等著名创意集聚区；洛杉矶是美国八大电影公司总部所在地，好莱坞和世界上第一个迪士尼游乐园都汇聚于此；佛罗里达是全球著名的滨海文化旅游胜地。

美国在文化政策制定方面与世界各国有所不同，至今虽然未设立文化部，也没有一个正式的官方文化政策，但却是世界上第一个进行文化立法的国家。美国文化政策的基本原则是对内放松管制，对外扩张策略，同时对文化产业给予扶持。在这种自由和安全的环境下，美国文化创意产业采取多方投资和多种经营的方式，鼓励非文化部门和外来资本的投入，这是美国文化产业跨国经营的基础。也因为这样的投资环境才能吸引更大的投资，使流动的资本继续集中在文化产业中得以寻觅商机。

2. 日本

日本文化厅以《21世纪文化立国方案》为文，正式确立及启动日本文化立国战略，日本是世界上最大的动漫制作和输出国，在全球播放的动漫作品中有60%是来自日本，在欧洲更是高达80%以上。动漫产业主要集中在东京都和大阪府。其中，东京都练马区尤以动漫产业闻名，东京都的400多个动漫工作室基本都聚集于此；秋叶原地区商务文化旅游设施齐全，是动漫爱好者的旅游必选之地。同时日本的游戏产业占有全世界50%以上的市场。

我们知道，日本文化创意产业都是针对内容的产业，也属于典型的外向型经济，所以，日本借助其所发展的产业到世界各地举办活动、广设国际文化基金会，也借展示及推销机会收集各地市场新资讯，以利于后续国际文化产品的创新与发展。同时，日本政府也非常重视文化创意产业，很积极地协助业内人士通过相关的文化创意法案、法规及对与文化创意有关的事务进行协调等，因此，其文化创意产业咨询机构都是由政府组织成立的，并直接隶属于政府部门或相关机构，这对于整个日本文化创意产业的发展有其直接的影响与作用。

3. 韩国

首尔是韩国的文化创意产业中心，附近集聚了游戏产业园区、观光旅游园区、影视文化园区、出版产业园区和艺术产业园区。以政府整体主导的文化创意产业的韩国，其主要策略在电子游戏、电视剧与电影发展，并以文化创意产业国际化战略拓展国际市场，同时，针对不同地区开发不同的文化创意产品。为了让文化创意产业得以再造契机，韩国政府动员社会投资、官民共同融资的策略，广设各项文化创意产业投资基金，鼓励文化创意产业的发展。

韩国也有文化创意产业园区的开发与设置，其主要目的是优化资源整合、发展整合经营，利用群聚的力量获取最高的效益，因此，韩国政府正极力在做产业整合与产业链方面的工作。韩国的文化产业园区振兴的文化创业产业均是市场潜力雄厚的产业。

（二）文化创意产业在中国的发展

据前瞻产业研究院发布的《2012～2015 年中国创意产业园区深度调研与投资战略规划分析报告》显示，作为文化创意产业规模化、集约化发展的重要途径和载体，近年来，我国文化创意产业园建设势头强劲，文化创意产业的效益日渐明显，尤其是在一些基础较好的城市，如深圳市、北京市和上海市，文化创意产业更是经济发展的支撑力量。据统计，2010 年，我国文化创意产业增加值达到了 10000 亿元，文化创意产业增加值占 GDP 的比重约为 2.75%。2015 年，我国文化创意产业增加值达到 18000 亿元，占 GDP 的比重将超过 5%（如图 7 - 4 所示）。

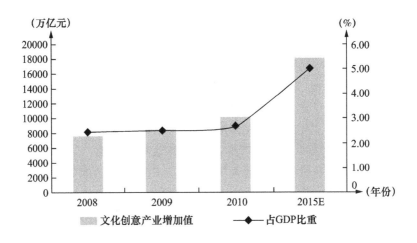

图 7 - 4　2015 年中国文化创意产业增加值

作为一个新兴产业，创意产业在中国已经引起了高度重视。特别是在发展较快、国际化程度较高的大都市，创意产业的发展已经初具规模，并形成了各具特色的创意产业园区。在北京市、上海市、深圳市等地，文化创意产业增长速度已远远超过经济增速，分别保持了 19%、20%、22% 的增长速率。此外，像杭州市、苏州市等许多城市也纷纷把创意产业的发展规划作为支柱产业予以重点扶持。可以说，文化创意产业已成为这些城市经济转型中的一个新的增长点，具有带动我国经济振兴的重要意义。

"十二五"期间，我国发展文化创意产业的资源非常丰富，资源优势转化为产业优势的潜力巨大，文化创意产业集聚化发展趋势日益明显。目前，我国文化广告创意产业园区主要分布在六大区域，由此形成了六大产业集群：首都文化创意产业集群、长三角文化创意产业集群、珠三角文化创意产业集群、滇海文化创意产业集群、川陕文化创意产业集群以及中部文化创意产业集群（见图7-5）。在六大集群基础上形成了东部沿海快速发展带、中部稳步发展带、西部要素聚集潜力发展带，三条线的梯次发展格局。

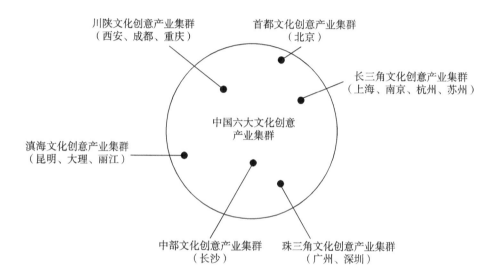

图7-5 中国文化创意产业集群

据北京市智研咨询有限公司发布的《2017~2022年中国文化创意产业园行业市场深度调研及投资前景分析报告》显示，我国文化创意产业园区的建设从20世纪90年代起步，到2002年末只有48个园区建成，2012年时出现井喷态势，达到1457家，并在2014年时达到2570家园区的顶峰。2015年，园区数量稍有回落，全国正常运作的园区在2506家左右。其中，由国家命名的文化创意产业各类相关基地、园区就已超过350个（如图7-6所示）。在政府的积极引导下，我国文化产业已经初步形成了以国家级文化产业示范园区和基地为龙头，以省市级文化产业园区和基地为骨干，以各地特色文化产业群为支点，共同推动文化产业加快发展的格局。

截至2015年，我国文化创意产业园区的类型主要有产业型、混合型、艺术型、休闲娱乐型、地方特色型几种，其类型数量如表7-1所示，2015年的类型结构如图7-7所示。

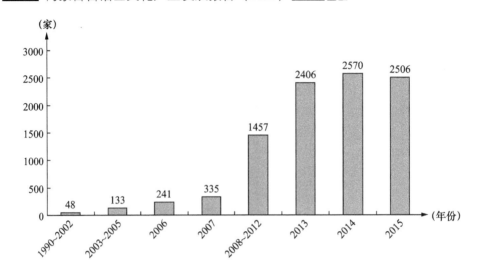

图7-6 1990~2015年中国文化创意产业园区数量

表7-1 2010~2015年中国文化创意产业园类型数量情况 单位：座

年份\类型结构	2010	2011	2012	2013	2014	2015
产业型	331	453	518	532	534	535
混合型	740	992	1378	1575	1733	1661
艺术型	40	61	77	79	80	82
休闲娱乐型	58	80	100	107	110	110
地方特色型	65	85	106	113	113	118
合计	1234	1671	2179	2406	2570	2506

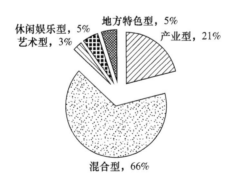

图7-7 2015年中国文化创意产业园类型结构分布

可以说，文化创意产业已成为改变中国经济发展方式和城市发展转型的重要源泉。中国已经成为世界上最大的制造业国家，但也是世界上资源损耗和环境污染较严重的国家之一，"高投入、高消耗、高污染、低效益"的粗放型发展道路最终将面临发展的瓶颈。数据显示，中国单位 GDP 的能耗是日本的 7 倍、美国的 6 倍、印度的 2.8 倍。大力发展文化创意产业将为我国经济社会的持续健康发展以及实现由"中国制造"向"中国创造"的经济转型提供一种新的出路和模式。当然，与发达国家相比我们还有很大差距。我国创意产业还没有在全国范围内得到认同，尚有一大批城市的创意产业发展薄弱，严重影响了整体发展的平均水平。另外，从创意产业出口值来看，我国目前发达城市的出口量较国外远远落后，尚未形成文化输出大国的局面。这主要是因为我国创意产业起步晚，丧失了部分市场和产品优势。我国具有丰富的文化资源，但由于缺乏好的创意，致使很多资源未被充分利用，反而是美国这样只有 200 年历史的文化资源小国，借鉴了从古希腊开始的欧洲文明和东方文化而成为文化输出大国。经过以上各方面的比较可知，我国创意产业已经取得了一定成绩，但相比发达国家还有很大差距。我国仍须加强对重点创意产业的政策扶持力度，推进创意产业在大中小城市的普及工作。

（三）文化创意产业在北京市及知名园区的发展经验

剖析国内一些优秀城市的文化创意产业发展经验与成功要素，对于重构内蒙古自治区文化创意产业思路有着不可低估的借鉴意义。文化创意产业是北京市的重要支柱性产业，其快速发展归因于以下几个方面：

一是政策落地较早。

二是"文化创意＋"活动实质推进。落户北京市大兴区的"中国设计节"搭建了全新设计产业创新交流平台，进一步推动了创意设计与城市、民生、科技等领域的融合。2015 年第十届中国北京国际文化创意产业博览会中，半数以上项目属于"文化＋"新兴业态。

三是重大项目建设有序推进，京津冀协同发展初见成效。2015 年，首都文化产业协会与天津市、河北省文化产业协会签署《京津冀三地文化产业协会框架合作协议》，京津冀 66 家文化创意产业园区代表共同发起并签署《京津冀文创园区协同发展备忘录》。"尚 8 南开 263 产业园"、C92 东方嘉诚文化创意产业园等整合盘活了三地资源，实现产业园区建设运营方面的协调合作。

四是投融资服务体系更加健全。针对文化创意企业"轻资产"的特点，北京市在全国率先创建文化投融资服务体系，率先建立针对文化创意企业的统贷平台，设立了 1.5 亿元文化创意产业风险补偿金，试点开展文化融资风险补偿业务。除此以外的相关投融资服务还体现在 2015 年北京文化产权交易中心正式上线；创建了国家文化金融合作试验区，为服务京津冀协同发展提供文化金融创新系统支撑；建立了文化政银企合作机制，为文化创意企业授信额度超过 1500 亿元；与北京市证监局等单位联合制定《上市备忘录》，畅通文化创意企业上市渠道，助力北京市文化上市板块做大做强。

五是系列服务平台创新搭建。2015 年，针对文化创意企业的需求，北京市文化经济政策服务平台政策库内容不断更新，新增政策 129 项，总量已达 425 项；服务方式和手段进一步拓展，O2O 综合服务网络初步建成。此外，2015 年，北京市文资办与北京双高人才发展中心进行战略合作，设立北京文创双高人才发展中心，搭建起文化创意领域的专业化人力资源服务平台。2015 年 6 月，首都文化产业协会正式成立，为文化企业搭建起交流展示、信息共享、合作发展的平台，首批会员单位包括保利文化、北广传媒、光线传媒等知名文化企业 300 余家。文化"走出去"平台建设成效明显。2015 年，中国（北京）国际文化创意产业博览会、北京国际图书博览会、北京国际电影节等大型国际文化会展的"走出去"平台作用进一步凸显。其中，第 22 届北京国际图书博览会达成各类版权输出协议 2791 项，达成引进协议 1834 项，输出与引进比为 1.5：1。在台北举办的 2015 年北京文化创意产业展实现签约金额 2.3 亿元。"2015 年北京文化庙会·台北之旅"达成合作协议金额 5 亿元台币。2015 第五届北京国际电影节签约项目 36 个，协议金额为人民币 138.45 亿元，签约项目从电影创作扩大到金融、出版、广告、法律等多个领域，涵盖电影产业链的各个环节。

六是功能区税收优惠试点政策吸引高新企业。

七是户籍管理制度保障文创产业高级人才。

八是鼓励区县发展文创产业，使十六区县侧重不同。

北京市十六区县文化创意产业侧重点如图 7-8 所示。

表 7-2　北京市十六区县文化创意产业重点领域

区域＼产业	重点支持	协同创新
东城区	艺术品展示交易，数字内容，文化产权交易，演艺演出，老字号品牌开发	特色剧场，时尚创意设计，版权交易，音乐制作
西城区	文化金融服务，创意设计服务，数字出版，演艺演出	会议展览，艺术品展示交易，老字号品牌开发
朝阳区	新闻服务，广播电视传输服务，广告服务，影视动画设计制作，影视节目制作发行，录音制作，艺术品展示交易	文化休闲娱乐，体育赛事与演艺，会议展览，数字内容创作生产，服装设计及展示

产业 区域	重点支持	协同创新
海淀区	数字内容研发生产，文化软件开发，互联网信息服务，影视节目创作与生产，影视动画设计制作，建筑及专业设计服务	文艺创作，演艺演出，文化生态休闲旅游
丰台区	戏曲文艺创作与表演、培训，数字出版	服装设计，动漫游戏及数字内容
石景山区	动漫游戏设计制作，文化软件服务，数字内容生产传播	创意设计服务，文化生态休闲旅游
门头沟区	艺术品展示交易，文化生态休闲旅游	
房山区	历史文化及生态旅游，特色会展，文化休闲娱乐	演艺演出，设计服务
通州区	艺术品创作展示交易，出版展示物流发行	音乐培训创作，文化休闲娱乐
顺义区	会议展览服务，艺术品和版权产品交易服务	高端印刷及精品印刷
昌平区	文化休闲娱乐，演艺演出，历史文化及生态旅游	
大兴区	新媒体，影视节目制作，视听设备制造，创意设计服务	高端印刷及精品印刷，数字出版，乐器研发制造
平谷区	乐器研发制造，演艺演出，音乐创作、教育与培训，音乐版权保护与交易	
怀柔区	影视制作及版权交易，数字内容生产，影视体验娱乐，会议会展	文化生态休闲旅游
密云县	历史文化及生态旅游，文化休闲娱乐	
延庆县	历史文化及生态旅游，文化休闲娱乐	

北京市文化创意产业支撑体系比较健全，整体功能板块如图 7 - 8 所示。

功能区建设带动区县重点发展的文化创意产业，形成了 20 个功能区和差异化的文化创意产业项目，其具体内容见附录一。

（四）上海市文化创意产业及知名文化创意产业园区对内蒙古自治区的启示

1. 上海市经验

上海市是我国创意产业的首发地。从 20 世纪 90 年代中期自发地形成四行仓库、田子坊等一批上海市最早的创意产业集聚区开始，到 20 世纪 90 年代后期八号桥、张江高科技园等一批新型都市产业园的兴起，上海市创意产业发展的步伐

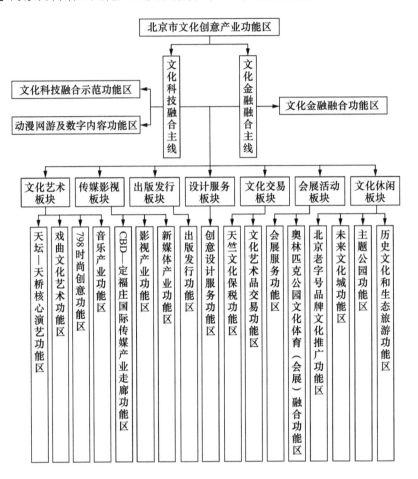

图 7-8　北京市文化创意产业功能区产业支撑体系

在不断加快。2004 年 12 月，首届中国创意产业论坛的举行，标志着上海市开始着力发展文化创意产业。2005 年，上海首批 18 家创意产业集聚区正式揭牌，上海市创意产业协会也宣布成立，一年一度的"上海国际创意产业活动周"也开始启动，《上海市创意产业"十一五"规划》也正式出台，其中提出了打造"创意上海"，建设亚洲最有影响的文化创意中心的目标。目前，上海市已发展了四批创意产业园区，总数达到 82 家。创意园区内聚集的企业主要类型为动漫软件、建筑规划、时尚展示、平面艺术、广告及相关等。

上海市的文化创意产业发展有着自己的特点。无论在产业政策、产业结构方面，还是在重点产业、重点项目的选择及基础研究等方面，都十分注重扬长避短，突出国际化、高端化和信息化等特点，充分体现和发挥上海市的核心竞争力。

产业政策通常由产业结构政策和产业组织政策两部分构成。前者着眼于保证特定产业在产业格局中的战略地位，后者则着眼于特定产业内部的组织，以保证产业各单元间（集群间、企业间）的有序竞争和互补合作。这方面，上海市有着较为成功的实践。1999 年，上海市委、市政府启动了"聚焦张江"的战略决策，倾全市之力促进张江高科技园的发展。2004 年，颁布了以重点扶持张江文化科技创意产业基地为主要内容的《浦东新区扶持文化发展的若干意见》；2005年出台的《上海加速发展现代服务业实施纲要》明确以金融业、文化服务业等 6大领域的集中突破带动上海现代服务业的加速发展。之后，又先后创新地推出了文化科技创意企业（机构）认定办法，解决了原有《高新技术企业认定办法》不适合文化创意企业的问题，使经认定的文化创意企业（机构）可享受高科技企业的各项优惠政策。与此同时，逐渐加大对创意产业的资金扶持力度。上海市委宣传部下属的上海市文化基金会投入了 600 万元，在张江高科技园区建立了文化科技创意发展专项基金，上海市科委在张江投入 400 万元资金，打造以动漫、网络游戏和影视后期制作作为重点的创意设计产业与创业服务集成的高地——上海创意设计国际孵化器；浦东新区政府投资 1000 万元，与张江集团和上海电影学院组建了动漫研发平台，支持动漫产业发展；2005 年 10 月，上海文化发展基金会引入风险评估、财务核算等现代金融运作方式，正式推出"文化项目扶持贷款"项目。市政府增加注资 1 亿元，以基金会全额贴息或部分贴息的方式，带动金融资本进入文化领域，得到了上海金融机构、各大会计师事务所等相关中介服务机构的强烈关注，主动寻求与基金会的合作。此举不仅引入以十亿、数十亿计的金融资本，而且有利于吸引全国各地的优秀文化项目和文化人才，真正实现"海纳百川"，打造强势的"海派"文化。可以说，这些产业结构政策的实施促成了上海市在与文化科技创意产业发展相关的产业、人才、资金等方面的综合优势。

然而，创意产业是不会因为产业要素的空间集聚而获得快速健康的发展的，园区数量的增加也不一定会带来产业规模的扩大。不论是老厂房、老仓库等历史建筑，还是现代化的产业园区，其本身不过是产业发展的空间形态，真正支撑园区发展的是园区产业的准确定位，是园区内富有竞争力的业态。基于这样的认知，上海市在推动文化创意产业园区发展中注重吸收国外成功经验，注重可持续发展。表现在产业的组织政策上，一方面，在外部注重引导各区在建设文化创意产业集聚区时与区内传统产业集群相结合，与所在地块的历史文化、传统及周边环境等资源相结合，清晰自身的产业定位，以利于培育核心竞争力，实现错位发展；另一方面，在园区内部，则强调以产业链的搭建，规划集聚区内的企业结构，激励区内各企业互补合作，建立特色鲜明、产业集聚、品牌突出、相互带动、链条延伸、拉动明显的产业结构，形成规模经济。

以上海文化科技创意产业基地为例，产业链的合理搭建即为其企业结构规划的主要依据。网络游戏是该基地重点发展行业。"盛大网络""第九城市"等国内互动娱乐龙头企业都已在园区入驻。但从产业链看，上述企业均属位于产业链中游的运营商，其盈利模式为向产业链下游移动，研发能力不够强。因此，在这一产业链中，就缺少一个原创研发的环节。基于这样的考虑，园区引入了全球最大的网络游戏研发企业 EA（ELECTRONIC ARTS INC，美国艺电），以填补原有网络游戏产业链上游原创研发环节的缺失，而对 EA 而言，"盛大网络"和"第九城市"正可以成为其研发产品的孵化器。

通过引进产业链中的龙头企业，成功实施"凤引百鸟"策略，带动了产业链上其他环节更多企业入驻基地，从而在基地内形成了相对完整的产业链，实现了相关联产品的相互辐射、带动，形成了强大的整体竞争优势。

人才是发展文化创意产业的第一资源。2005 年，上海市人事局、市委宣传部等部门联合发布首批《上海市重点领域人才开发目录》，其中，文化创意产业人才开发计划首当其冲。该目录的编制，为引导人才向包括文化创意产业在内的现代服务业的集聚，为加快培养上海经济社会发展紧缺急需的高层次人才提供了重要的指导依据。目前，上海市已集聚了本土及来自数十个国家和地区的 3 万余名创意人才。在加快人才引进的同时，创意人才的培养也得到不断加强。上海戏剧学院创意学院、复旦大学上海视觉学院、上海电影艺术学院、中国美术学院上海设计学院、上海师范大学美术学院等一批高校创意人才培育中心先后成立。

此外，上海市高度重视知识产权保护工作。2004 年，上海市在全国率先制订和颁布了《上海知识产权战略纲要（2004～2010）》，提出以建设知识产权保护的创新体系、保护体系和服务体系为核心，提升上海市文化创造力和知识生产能力；在搭建文化创意产业公共服务平台时把知识产权保护平台作为一项重要内容正式成立了上海创意产业知识产权保护联盟，为文化创意产业的健康发展提供了良好的知识产权环境，使知识产权保护真正成为文化创意产业发展的引擎和"保护神"。

2. 张江文化创意产业园成功要素剖析

张江文化创意产业园位于上海市浦东新区张江高科技产业园区，其是上海市文化产业园区、国家级文化产业示范园区。张江文化产业园自 2009 年获得市级文化产业园区授牌以来，坚持"创意科技、创新服务、创业精神"的核心理念，在推动创新发展、加强规范管理、集聚产业集群、打造优秀品牌、形成规模效应等方面获得了一系列突出成就。

张江文化产业园制定了中长期规划。建设一个融合科技、文化、金融、时尚优势的国家级文化产业示范园区，促进文化与科技、创意、金融、贸易的紧密结合，放大"聚焦张江"及浦东综合配套改革的体制和政策优势，形成产业的规模优势，到 2015 年形成约 120 万平方米的文化产业园区，吸引了 800 家动漫、游戏、数字内容和新媒体产业的企业入驻，其中龙头企业为 20 家，骨干企业为 100 家，吸纳从业人员为 15 万人，实现年产值 500 亿元以上。

张江文化创意产业园的成功集中体现在以下四个方面：

一是确立"创意科技、创新服务、创业精神"的核心理念，探索一条科技创新型的文化产业园区建设之路，突出科技进步对文化产业的强大带动作用，建设科技研发、金融扶持、企业孵化、时尚生活相融合的新型创意社区，集聚国内外文化产业的高端资源，开发原创型、高端型的文化产品和文化服务。

二是突出主要产业板块，顺应全球文化产业向科技含量高、创意含量高、集聚程度高方向发展的大趋势，集中主要优势资源，确立网络游戏、动漫、数字内容、新媒体为张江文化产业园的四大重点领域，充分发挥互联网、3G 通信网等全球媒体的优势、形成高产值的市场优势。

三是建立和健全文化产业公共服务平台系列，加强金融、贸易对文化产业发展与繁荣的支持，建设上海动漫研发公共服务平台、上海东方惠金投融资和担保服务平台、上海文化产权交易所核心部分、上海市宣传系统人才交流中心、上海动漫产业促进会等市级文化产业重点要素功能平台，形成了功能齐全、配套完善的服务体系。

四是突出"先行先试"的示范效应，顺应浦东新区作为国家级综合配套改革试验区的优势，开创国内文化产业园区机制创新的多项第一，包括国内第一个作为原创产品发布地和展示地的上海动漫博物馆；第一个有效运作的文化产权交易所（版权交易中心）；第一个动漫研发公共服务平台等。率先推动了文化产业商业模式的转变，从"原创、研发驱动"向"研发＋商业＋资本联合驱动"转变。

虽然张江文化创意产业仍存在中小企业流失、发展面临困难、面临恶性竞争等问题，但其科学的定位、合理的规划、积极与主管部门调配资源的精神，是值得内蒙古自治区乃至其他地区的文化创意产业借鉴和学习的。

六、"十三五"期间内蒙古自治区文化创意产业的发展对策

内蒙古自治区文化创意产业的发展首先要在思想上高度重视，创意产业是引领未来发展的龙头，是产业融合的黏合剂和催化剂。借鉴国内外文化创意产业的先进经验，"十三五"期间，内蒙古自治区文化创意产业应注意以下几点。

（一）强化文化创意产业的顶层设计与定位

1. 园区的定位应理性而慎重

创意活动存在于世界的任何地方，但创意活动的产业集聚却未必在世界任何地方都可以同样出现，这是因为其集聚取决于地区文化和科技发展的规模和水平，取决于创意活动所具有的基础和环境。因此，在规划建设园区时，应特别注重园区发展与当地的社会传统、文化资源等的结合，与区域内传统产业优势的结合，如果离开了这些因素的支撑，园区建设就极有可能成为所谓的"平地造文化"，并有可能最终沦为"创意产业"概念下的房产管理；而在园区与园区之间，如果设计者们缺少对自身发展优势的准确把握，缺少对园区发展的明晰定位，各园区间的发展就极有可能出现"同质化"倾向，导致同类园区数量越来越多，但资源反而愈加分散的结果，最终影响整个地区产业的健康发展。

2. 园区内的产业链搭建要有规划

在明确了自身定位，解决了与自然禀赋相结合、实现错位发展的策略后，各园区关于集聚区内产业链的设计与搭建就显得格外重要。因为这关系创意产业发展的实质。我们知道，一个创意作品一经发表，其版权价值就得到了保护，再经过后期开发，形成与作品相关的衍生产品，版权价值随产业链平滑流动，带来了更大的增值与提升。从这个意义上讲，产业链是创意产业的本质特征，而产业链的搭建则无疑是创意产业发展的关键。因此，在创意产业起步发展阶段以搭建产业链为核心，规划集聚区内的企业结构，驱动产品制造，拉动产品销售，带动后续产品开发，形成便于上下联动、左右衔接、一次投入、多次产出的相对完整的产业链条，这是发展创意产业园区应该予以特别关注并首先考虑的内容。

以创意旅游为例来说明创意产业链的重要性。创意旅游是为游客创造一种深入体验旅游地文化的机会，在这个过程中，需要主客双方互动，且以游客为中心，以游客的随机创意产生和实现为旅游开发目标。那么旅游业可能波及的产业面必然是广阔无边的。所以厉无畏等人指出，创意旅游的发展思路就是充分发挥旅游产业关联带动效应，强调旅游产业链的拓展和延伸。比如，蒙古族"男儿三艺"（赛马、摔跤和射箭比赛三项竞技项目）作为典型的草原非物质文化资源，非常适合进行创意旅游开发。目前，蒙古族"男儿三艺"在草原旅游业中其功能单一，旅游项目多停留在观赏层面，缺乏主客双方的深层积极互动，缺乏对社会、文化及生态功能的关注，无法产生明显的产业拉动效应。事实上，草原非物质文化蒙古族"男儿三艺"有其丰富的文化内涵，其起源、活动目的、功能、内容和形式的历史演变，在当今草原民族生活中的角色，活动中蕴含的技艺技巧、比赛规则等一系列问题都具有一定的文化内涵。创意旅游有创意展示、创意空间、创意活动三种基本形式，以不同产品形态对"男儿三艺"进行创意旅游开发，自然会涉及多个相关文化元素，会拉动多个产业产品的开发。例如，赛马活动会拉动马术技艺的传授和培训，摔跤比赛可以拉动蒙古族摔跤服饰的生产，这样通过产业链拓展可以使其文化内涵得到充分展现。就骑马活动而言，它可以涉及养马、驯马、制作马产品（如马奶酒）、制作马具、马靴等多个产业元素。摔跤、射箭也一样，可以拉动摔跤技艺传承、摔跤服饰制作以及射箭技艺、弓箭制作等产业发展。通过创意旅游开发，形成以草原文化旅游为核心，涉及更多文化元素的泛旅游产业体系，这对增加草原牧区的经济效益、促进民族产业发展以及实现旅游扶贫效应具有重要意义。

3. 应促进园区产生集聚效应

为了促进园区内各企业间的交流与互动，园区还应设立商会、行会、各种技术平台、交流平台，成立相关的技术标准制定机构等。这里不妨借用"产业丛"（CLUSTER）概念予以说明。"产业丛"可以理解为产业发展要素的丛集时、簇集和组合，它不是从上而下的一根链条，而更像一簇生机勃勃的丛林，迸发出生命的活力。创意之源在于各种信息、人才、发明和市场需求等创意要素的集聚和交融，在于形成一个创意要素密集区，把相关的各种企业、研发机构、大众传媒、工作室、艺术家俱乐部、政府服务机构、教育培训机构等组合在同一个空间，以激发创意，降低开发成本，同时形成更多新的生产力组合。当园区内形成这样一种产业链上的有效组合和创意要素的丛集时，必然形成有力的品牌号召力，吸引更多的创意资源，真正实现产业园集聚效应所带来的增值价值。

4. 找准内蒙古自治区文化创意产业的基点

创意经济的核心是文化内涵，内蒙古自治区有着深厚的历史文化积淀，优美的传说、动人的神话，这笔巨大的文化财富是发展创意产业取之不尽、用之不竭的源泉。所谓"越是民族的越是世界的"，其说明了善于充分汲取民族文化的养分，对于打造创意精品十分重要。

因此，内蒙古自治区文化创意产业的工作重点是鼓励发展原创，激发新创意，要将黄河文化、草原文化独特性的内涵定位于内蒙古自治区创意产业的支撑和基点。黄河文化和草原文化作为两种最基本的经济类型（农耕和游牧）是中华文化和中华文明得以不断发展壮大的源泉。在长达数千年的漫长历史发展过程中，两种文化互相撞击、相互补充、相互融合，最终铸就了中华民族经久不衰的凝聚力。可以说，在人类文明的演变中，草原文化以其丰富的内涵为中华文明输送着养分，并作为中华文化的有机组成部分对中华文明和世界文明的发展产生过重大影响。因此，我们要依托和利用民族文化特色，努力挖掘传统文化，挖掘创意元素。比如，可以充分利用内蒙古自治区各盟市的历史故事、民间故事和典故等创作剧本；创造动漫形象；推广动漫作品来发展动漫产业。在数字游戏产业方面，要鼓励创业、创新，加强政策扶持，大力发展单机小游戏、棋牌等网络休闲游戏、大型网络游戏等各种数字游戏，打造一两个精品，带动产业发展，提升数字游戏产业发展水平。

（二）发挥文化创意产业的政府主导作用

1. 从强势产业着眼，从特色项目着手，从独家文化品牌着力

这是内蒙古自治区文化创意产业的发展路径。

内蒙古自治区要把"三点"连成"一线"，大力发展和创造文化生产力，首先，我们应对一些既有可塑性又有可能性的发展强劲的门类或产业作出战略性选择，其次按照文化产业高创意、高科技、高附加值、高文化含量、高增长率、低成本、低能耗、低污染、生命周期长、需求弹性大、具有唯一性、不易被模仿替代、能代表区域经济发展方向的原则和特性，优选一批最有价值的项目加以打造，并凭借其自身的扩散效应、关联效应和外溢效应初步形成一个以强势产业为核心、向集约化发展的文化产业集群。而抓住特色项目，产生"注意力经济"是一个突破点。特色项目必然产生于强势产业，又必将成为强势产业的支撑和亮点。内蒙古自治区文化产业业已形成的重点门类和主导产业群中，出版发行业、广播电视业、演艺娱乐业、文化旅游业、民族工艺业、文博会展业等具有可塑性，并可能成为强势产业的每一门类或产业都是特色项目的策源地。把具有唯一性、不易被模仿替代、能代表区域经济发展方向原则和特性的最有特色的文化产业项目打造成品牌，最终进入文化产业价值链的高端。基于此，内蒙古自治区应该设立一个专门的文化创意管理部门，每年整合和开展几大特色项目，以点带面，打造产业链，形成注意力经济，产生带动效应，以此促进全区文化创意产业的发展。

2. 坚定不移地推行创意产业集聚战略

由于文化创意产业具有融合性、关联性的特点，所以其发展是区域经济综合发展水平的一种表现。文化创意产业越发达，其对上下游产业的集体互动和企业的地理集聚要求越高，可以说，集群化的环境是文化创意产业实现跨越式发展的必要条件。而优化创新集群化模式，推进文化产业基地和园区建设应顺应产业融合趋势，突出有限的支柱产业方向，严格入园标准，防止文化创意产业园变质为工业基地的现象发生。针对一些新建的文化创意产业园区，要注重引进主导产业中具有较强的研发能力的龙头企业入驻，这样其相关的配套产业自然会在龙头企业四周迅速聚集，构成有特色的园区产业链网络以带动整个园区的发展。例如，美国的硅谷就是一个由少数创新型产业集团的发展带动了整个区域发展的实例。

文化创意产业的发展与区域经济的发展水平是息息相关的。随着城市功能的完善，文化创意产业也越来越要求集体的互动和企业的地理集聚，以形成集群化环境。更为重要的是，在园区主导产业中，政府要注重确立那些有较大规模，生产最终产品或者产品中关键部件的主导企业成为龙头企业或者骨干企业，这些企业具有很高的产业关联性，能够快速构建园区产业链网络。针对一些新建的创意产业园区，建议政府通过招商引资的方式，重点引进主导产业中的龙头企业入驻，这样其相关的配套产业自然会在龙头企业四周迅速聚集，构成有特色的园区产业链网络以带动整个园区的发展。可以说全世界文化创意产业的发展都处于起步阶段，谁先发展谁就抢占了先机，谁就将在新一轮的世界经济发展中占据有利位置。推动内蒙古自治区文化创意产业的发展，可以激发全民族的文化创造活力，提高国家文化的软实力，也是社会主义文化建设的重要内容，是文化大发展、大繁荣的迫切需要，是建设创新型国家的迫切需要。

3. 促进融合，用创意提升传统产业

经济发展方式的转变和经济结构的调整，一方面要大力发展高新技术产业，另一方面也要大力提升传统产业，加快其与新兴产业的融合发展，为传统产业注入创意元素，这将为传统产业带来新的活力。首先，内蒙古自治区要加快发展创意旅游。随着我国对内需的不断重视和人们消费、生活方式的转变，旅游将成为今后一段时间内快速发展的产业。为吸引游客应把景点开发与环境保护相结合，把旅游和休闲相结合，为旅游注入创意，注入体验活动，增加景区的文化内涵，推动旅游业从观光旅游向休闲旅游、创意旅游转变。其次，可以推动创意农业发展。在推动农牧业现代化的同时，改进农业发展模式，把农业生产与产品展示、休闲体验等结合起来，使农业发展多样化，用现代新兴的技术、手段改造农业，用创意元素提升农业，把农业生产之外的其他环节改造为富有创意的形态。最后，发展创意展演也是可以探索的一条路径。文艺演出日益成为经济发展和人民生活水平提升不可忽视的力量，《鄂尔多斯婚礼》《马可·波罗传奇》等已成为展示本土文化，走向国际舞台的名片和品牌。要改变观念，高度重视文化演出，挖掘民族的、地域的特色和资源，激发创意，多出新作品、好作品，极力打造有特色的文艺展演产业。此外，要积极贯彻落实《国务院办公厅转发文化部等部门关于推动文化文物单位文化创意产品开发若干意见的通知》（国发〔2016〕36号），推动文化创意与城乡规划、建筑设计、园林设计和装饰设计等产业融合，积极发展绿色产业，完善功能，提升文化品位。

4. 推进特色文化产业建设

以文化旅游、文化节庆、文化展会、工艺品、演艺娱乐等特色文化产业为重点领域，促进特色文化元素、传统工艺技艺与创意设计、现代科技、时代元素相结合，加强对文脉相同、地缘相近区域的统筹协调，建立和完善特色文化产业区域合作机制。围绕重点产业和重点项目，推动产业要素有效配置、优势互补、相互促进。实施一批特色文化产业项目，突出其民族文化特色，建成特色文化产业带，以期到"十三五"末，形成若干特色文化产业带，建设一批"一地一品"特色文化产业旗县区，培育一批充满活力的各类特色文化展会，基本建成特色鲜明、重点突出、布局合理、链条完整、效益显著的特色文化产业发展格局。例如，在推动文化与旅游深度融合方面，可以实施演艺企业向中心城市、旅游景区驻点演出战略，打造精品旅游市场演艺节目。推动工艺美术企业向旅游景区扩张，提供具有特色高的品质文化旅游纪念品。整合会展资源，加强市场化运作，举办自治区文化与旅游融合系列活动，打造文化旅游系列活动品牌，推进非物质文化遗产生产性保护与旅游项目的融合，开发创意产品，为旅游增添民族文化元素。推动"文化＋科技＋旅游"的产业新模式发展。

5. 要加大与俄蒙文化的交流合作，打造对外文化交流品牌

针对内蒙古自治区文化创意产业国际化水平不高的问题，内蒙古自治区文化创意产业要统筹和规范全区对外文化交流工作，建立对外文化交流协作机制，以推动内蒙古自治区对外文化交流走入规范化、长效化轨道，开展多渠道、多形式、多层次的对外文化交流活动。内蒙古自治区要以口岸盟市为依托，加强边境地区文化建设，以重点推进与俄罗斯、蒙古国的文化交流合作。要按照自治区《关于加强与俄罗斯和蒙古国文化交流的意见》，围绕"一带一路""向北开放"的发展战略，依托"草原丝绸之路""万里茶道"的历史渊源优势，加大与俄蒙文化交流力度。比如，建立与俄蒙文化交流长效机制和定期会晤工作机制，制定对俄蒙中长期文化交流规划和年度计划。三方可以定期共同举办"文化那达慕"活动，并将其打造成为自治区乃至国家对俄蒙文化交流品牌。以大型文化节日为契机，三方互办"国际蒙古语戏剧艺术节"，联合举办中蒙、中俄国际演出交易会，呼麦、长调、马头琴、舞蹈等国际比赛，互派艺术家开展学术交流、艺术采风。以中蒙博览会为平台，把国际蒙古舞大赛和中蒙歌会等品牌做大做响，争取成为在国际上有影响力的文化活动品牌。在文化艺术人才培养、民族文化遗产保护传承、图书交流等方面加大合作力度。加强边境口岸城市的文化交流，提升二连浩特市、满洲里市等城市的交流规模和层次。鼓励和支持各类文化单位和社会力量参与俄蒙文化交流。

此外，推动内蒙古自治区文化创意产业"走出去"，要认定一批"走出去"重点企业和项目，要吸引国内外知名文创企业、机构和人士来内蒙古自治区落户投资，提升自治区的文化创意产业国际化程度。要整合内蒙古自治区民族和地域文化资源，着力打造"美丽草原我的家"对外文化交流活动品牌。进一步完善

全区对外文化交流数据库建设，大力扶持和加强指导具有民族和地域特色、具备对外文化交流潜力的项目，以品牌建设推动对外文化交流再上新台阶。

（三）加强文化创意产业的支持政策与平台建设

1. 要加强文化创意人才队伍建设

作为高智商的集聚领域，人才培养对于文化创意产业的发展至关重要。当前内蒙古自治区的教育体系中，注重理工类、经济类人才的培养，注重实用、经验类人才的选拔，而对于社会研究人才、创新型人才的培养投入较少。因此，在政府制定相应的文化发展战略的同时，我们也应该注重文化人才、创新型人才的培养和激励。建立相关的研究体系，投入一定的研究资金，吸引文化人才，鼓励他们的成长；创新人才的选拔体制，让一些有创新能力的人才能够快速成长，找到个人的发挥空间，逐步解决文化创意人才不足的现状。而从根本上来说，还是要改革我们的教育体制，在继承传统文化的同时，鼓励创新，这样才能从根本上解决我国优秀创意人才短缺的问题。

不论是中小学还是高校，都要树立多元化的人才观。积极学习和宣传国外先进理念，传播国外各路英才、成功人士的发展之路，逐步感染转变唯书、唯学历的成才观，鼓励多元化发展，走多样化的成功之路。甚至可以说，创意人才要从娃娃抓起。教育部门要加快我区中小学教育、课程改革，设立一些激发学生思维，提高创造能力、动手能力的课程，举办开展各种创意活动、体验科技活动等，鼓励有原创性的、有特长的学生，发现、大力培育有潜力的人才。此外，要建立多层次的人才培养体系。鼓励有条件的高校设置创意产业骨干专业，创新培养方案。同时，加快建立职业教育、继续教育培训、研讨交流体系，产学研参与，各类资本积极投入的多层次、多渠道的教育培训体系。为创意产业发展提供强有力的人才支撑。

2. 加强文化法治建设

重点加强公共文化服务、文化产业发展、民族文化传承创新等方面的立法。积极推动文化地方立法，及时将实践证明行之有效的文化体制改革重大政策举措上升为地方立法，推动出台《公共文化服务保障条例》《文化产业促进条例》《公共图书馆条例》《非物质文化遗产保护条例》《文化市场管理条例（修改）》等地方立法项目。

3. 健全和完善文化投入机制

进一步健全文化财政保障机制，加大政府投入力度。合理划分各级政府文化事权与支出责任，推动基层按照公共文化服务标准化、均等化要求，落实基本公共文化服务所必需的资金，保障广大人民群众的基本文化权益。引导和激励社会力量参与文化建设，建立政府主导、社会参与的多元文化投入机制。建立健全文化专项资金绩效评价和监督管理机制，提高资金使用效益。转变公共文化投入方式和供给方式，推广运用政府与社会资本合作模式，规范和推进政府向社会力量购买公共文化产品和服务工作，将购买公共文化服务所需资金纳入各级政府财政预算。

4. 创新资金融资措施

内蒙古文化创意产业中小企业融资难主要体现在三个方面：主体资格问题、担保方式问题和自有资金问题。这三个难题要是破解了，实际上解决中小企业融资难的问题就可以大大地推进一步。

在主体资格方面，内蒙古自治区要制定一套适合中小企业尤其是文化创意产业的评级制度，以此来解决主体问题，要运用符合文化创意产业特点的指导体系来改造评级模型。在贷款担保方面，传统意义上讲就是信誉，而信誉与主体是紧密关联的。有形资产少，能够用来抵押的东西少之又少，用传统的方式很难解决担保问题。中国农业银行现在正在考虑用联保的方式，或者引入社会担保公司的方式，包括知识产权质押的方式、预期收益质押的方式等解决文化创意企业融资问题，且这些方法都是解决中小企业融资难的有效手段。在自有资金的问题方面，中小文化创意产业在起步阶段是很难达到银行的要求的，政府也应在考虑能否用银保结合的方式，引进一些社会资金，以解决这样的问题。与此同时，在符合银行监管的条件下，从银行组织方式上进行创新。

创意产业要发展，资金投入是重点。目前内蒙古自治区的创意产业投资主体仍相对单一，以政府投资为主。内蒙古自治区可借鉴韩国、中国香港等国家和地区的做法，建立各种科技研发基金、文化创新基金、创业投资基金，搭建创意产业化平台，营造一个成本低、信息灵、效率高的投融资环境。搭建创意产业化的平台，营造有利于创意产业发展的投资环境，从而积极推动创意产业的发展。

5. 夯实基础，加快培育载体

依托城区，推动"三个一批"工作，加快载体建设。首先是改造一批。借鉴北京市、上海市的经验，对老工业区、老厂房、民族特色建筑等进行改造和利用，建设成为创意工厂或创意空间。其次是建设一批。在人文气息浓厚的区域、中央商务区周边，设计、建设一批形态各异、各具特色的创意工作室，为引进、培育一批创意人才、创意产品奠定基础。最后是培育一批。依托本地科研院所等教育研究机构，成立创意产业相关研究中心，加强对创意产业的研究，加强与国内外研究机构的交流，积极开展创意头脑风暴等活动，培育一批理论创新能力强、创意点子丰富、能源源不断提供支持的创意智库。

第 八 章

内蒙古自治区工艺品产业发展报告

　　作为中国蒙古族的主要聚居地，蒙古族特色工艺品是内蒙古自治区民族文化资源的重要象征之一。近年来，内蒙古自治区充分挖掘本土民族文化资源，大力扶持民族工艺品产业，使之得到快速发展，已经初步形成了品种丰富、地域特色鲜明的民族工艺品产业集群。对其民族工艺品市场发展状况及原因、市场化营销策略的研究，不仅能够促进传统民族文化的传承、保护与发展，而且对于"十三五"时期全面落实党中央对内蒙古自治区发展战略定位，打造祖国北疆亮丽风景线以及推进内蒙古自治区旅游强区和民族文化大区建设都有积极借鉴意义。

一、内蒙古自治区工艺品产业现状

近年来，伴随着经济和社会各项事业的持续健康发展，内蒙古自治区工艺美术行业步入了发展的"快车道"。设计理念不断更新，行业规模逐年扩大，产业集中度平稳提高，涌现出了一大批优秀作品和艺术精品，造就了一大批技艺人才。截至2015年，内蒙古自治区工艺美术代表门类有11个，种类近200个，花色品种达到几万个，有工艺美术企业和作坊近千户，从业人数达10万人，工业总产值达到50亿元。内蒙古自治区工艺美术产品的制作主要是以草原文化为创作背景，将刺绣艺术，錾刻技术等运用在蒙古族民族风格工艺品的制作中，并装饰有蒙古族民族图案，使蒙古族民族风格工艺品具有鲜明的民族特色。这些工艺品大多与日常生活有着密切的关系，但是由于蒙古族以往的游牧生活方式，这些工艺品在材质种类等方面相对还比较单一，材质主要集中在布类、皮质类、动物骨骼和金属类；按使用用途进行分类可以分为服饰类、生活用品类、装饰品类等。

（一）内蒙古民族风格工艺品分类

1. 服饰类

蒙古族被誉为马背上的民族，由于历史上长期游牧和征战使蒙古族的传统服饰具有鲜明的民族特色。蒙古族传统服饰包括长袍、坎肩、腰带、首饰、帽子、靴子、博克服等。随着社会的发展，蒙古族穿着传统民族服饰的时间相对较少，只有在一些重大节日或重要场合才会穿着。蒙古族服饰运用了刺绣等方法，还具有蒙古族民族特色的图案和装饰，使其不仅是一种服饰，更是一种精美的民族工艺品。

蒙古族男子的长袍多以蓝色或棕色为主，女装多为红色、绿色、粉色和天蓝色。长袍大多以绸缎花边盘肠云卷等图案或以皮毛装饰，美观并且实用。坎肩是蒙古族传统服装的配套服饰，是长袍的一种外套，多用云纹或花卉图案装饰。蒙古族妇女的首饰采用蒙镶技术，主要使用金银玛瑙等材质，工艺精巧。蒙古族牧民的帽子有多种样式，由于游牧的需要，在冬季可以抵御严寒，夏季用来遮蔽阳光。耳套大多采用花卉、卷草以及动物图案等进行装饰，以刺绣方式制作。蒙古族靴子的材质为皮质或布质，刺绣有精美的花纹软，有靴尖上卷、半卷和平底不卷三种样式，以适应不同的环境。博克服是蒙古族摔跤运动的服装，其套裤以云朵纹、植物纹等装饰，体现出蒙古族的粗犷豪迈。

2. 生活用品类

由于蒙古族以往的游牧生活方式，其传统家具通常都是轻巧、灵便、实用性强，采用彩绘或者雕刻手法进行装饰。蒙古族传统家具的装饰图案多以动植物纹样为主，由于受藏传佛教的影响，狮、虎、鹿、象、羚羊等动物纹样被广泛地采用。蒙古族在生活中使用了许多银器，比如，银壶、银碗和饮酒器皿等，这些银器造型大方、做工精巧，大多錾刻有精美的云纹、太阳纹、龙纹、卷草、八宝以及花卉等蒙古族传统图案纹样，具有鲜明的民族风格。

蒙古刀一般用优质钢打制，刀柄、刀鞘使用钢银牛角或骨头等材质制成，装饰精美的龙虎和云纹等图案，或镶嵌宝石。过去主要用来宰杀牲畜和切割肉类，也是蒙古族男子的佩饰，现在主要作为室内装饰使用。

皮酒壶是蒙古族皮囊酒的承装容器，由牛皮制成，造型多样，有马头琴、马鞍、葫芦等形状，表面有蒙古族传统图案进行装饰。

蒙古烟荷包大多刺绣有花卉图案，不同花卉图案具有相应的寓意，并以缝有的不同的飘带数代表一定的含义。蒙古烟荷包的用途不仅是装烟，更重要的是用以传情。

3. 装饰品类

由于蒙古族以往主要以放牧牛羊为生，所以牛羊皮、牛羊角和头骨等材料丰富，大多装饰品以此作为材质。蒙古族皮画是蒙古民族创造的工艺品形式。皮画利用牛皮或者羊皮经过描绘、着色、层染、抛光、定形和半浮雕凹凸压制等一系列工艺，纯手工制作。皮画给人一种古朴的韵味，可以作为室内装饰品。除了皮画以外，牛羊皮制作的钱包比较多见，这些钱包装饰有各种蒙古族传统图案，结实耐用。牛羊皮还被制作成一些小的民族工艺小挂件，如小型的蒙古包、帽子和小动物形象。牛头骨和牛角或者羊头骨和羊角经常被做成一些较为大型的挂件。蒙古族工艺品中还有一些仿真动物制品，如仿真牛、仿真马、仿真羊、仿真鹿和仿真骆驼等。

4. 传统乐器

蒙古族的一些传统乐器也是精美的民族工艺品，其中最常见的是马头琴，因琴杆上端雕有马头而得名，其音色深沉粗犷。

5. 其他

内蒙古自治区民族传统手工艺品种类丰富、花样繁多，各地都有别具一格的特色产品。例如，阿拉善有仿古地毯、沙画、手工刺绣、骨雕、皮雕、木雕、石雕、金银首饰、天然宝玉石首饰、绳类、绣毛毡、家具、饮食器具等具有浓郁地域文化特征和浓厚传统民族文化风情的工艺品。而以蒙元文化为特色的包头市民族手工艺品则以民族工艺摆件、根雕标本、骨雕摆件、皮革制作著称。此外还有赤峰市的"巴林石贴画""巴林牛角弓"以及呼伦贝尔市利用蒙古国工匠带中国青年学徒的方式，打造出来的银器、蒙古雕刻、蒙古烫画、皮画、壁毯，敖乡的桦树皮、鹿皮手工艺品等，近年来，这些工艺品都取得了良好的经济效益。

（二）内蒙古自治区民族传统手工艺品生产与经营状况

1. 生产现状

（1）生产模式。目前，少数民族传统手工艺品生产模式主要有现代工业企业、手工业艺人作坊和大师工作室三大类。绝大多数少数民族传统手工艺品的年产值在逐年增加，但相对于高增长的其他产品来说，其市场份额是不断萎缩的。2013年，《内蒙古晨报》以"民族工艺品'钱'途受阻"为题报道了呼和浩特国贸批发城民族工艺品市场遭遇发展瓶颈的状况。内蒙古自治区民族工艺品的生产方式多以家庭作坊为主，从事工艺品制作的多数是外来人口，而且绝大多数为女性，她们没有经过正式培训就上岗，生产极不规范。

大量手工艺人开设的家庭作坊是在1990年后迅速出现的生产模式，并扎根于城乡。这类家族式小企业掌握着核心技术，雇用少量工人进行小批量生产，产品面向"熟人社会"，地方特色保持得比较完好。它们生产技术以手工技艺为主，小型机械为辅。在手工技艺与机械的对接中，关键性的工序如地毯的手工织毯雕刻中都采用传统工艺，从而他们的产品以独特的文化风貌赢得市场份额。但是，由于市场需求的扩大，导致大量手工作坊一拥而上，导致市场上以次充好、以假乱真的皮画、皮靴、笔筒等民族工艺品遍地开花。

现代工业企业利用丰富又廉价的劳动力成本优势，参与市场竞争，产品服务"生人社会"。它们对传统工艺的革新加上多元化的创意设计，不仅生产出了具有时代风尚的工艺产品，而且使一些传统工艺如加工等在新的应用领域找到了突破口。

（2）原料供应。内蒙古自治区民族手工艺品是少数民族利用当地物产创造起来的，在很长时期内都是就地取材。按照传统，内蒙古自治区民族工艺制品的选材全都选用的是天然材料，如牛羊的头角骨头、皮革等，还有当地出产的天然宝石矿物、麻布等。在加工上坚持使用原始手艺，制作过程不计工时。这显然无法适应当下激烈的市场竞争，在高度工业化的今天，内蒙古自治区民族手工艺品从原材料到制作工艺都发生了改变。目前，皮革制品和宝石制品原料主要从广东、福建等外地采购，银器制品、雕刻制品也大多采用现代工艺。

（3）产品用途。过去，少数民族传统手工艺品都用于生产生活。如今，除了少量编织类和织锦类工艺品用于生产生活外，少数民族传统手工艺品实用功能逐渐退化，主要向礼品、纪念品和收藏品方面转化。

2. 经营方式

内蒙古自治区民族手工艺品因精巧细致、深具民族特色而有口皆碑。然而，经营方式较为陈旧，缺乏市场竞争意识，市场占有份额很小；产品生产缺乏市场调研，品种单一，销售渠道不畅，产品以政府机关订购的礼品和会议纪念品为主，开发的旅游纪念品较为粗糙，很多民族风格旅游纪念品的制作缺乏独一无二性，如南方机械生产仿制的蒙古刀早在20世纪90年代后期就已进军内蒙古自治区，目前占据大量市场份额。内蒙古自治区由于历史地理原因，各盟市旗县工艺美术产业发展差异较大，没有形成统一的区内市场，加之自身文化消费市场不活跃，造成了其少数民族传统手工艺品经营尚处于无序竞争状态。

3. 产业化发展情况

任何一种产业都要经历形成期、发展期、成熟期、高潮期、衰退期的循环反复，内蒙古自治区少数民族传统手工艺品也会遵循这一产业发展规律，其走过了形成期的零星制作和发展期的家家户户制作，如今在市场竞争的压力下步入了产业化发展的转型期。如蒙古服饰、银饰加工等均已步入了产业化发展轨道，成为当地的特色产业，在一定程度上促进了民族地区的脱贫致富。但是，内蒙古自治区的传统手工艺品的产业化尚处于初级阶段，发展仍不成规模。

在民族手工艺品产业化的过程中存在着"文化"与"产业"分离的现象，民族文化需要创新，但文化创新要以弘扬优秀民族文化为出发点，而不是一味迎合当下消费趣味，一些民族工艺品生产厂商盲目根据时下流行时尚来设计工艺品，导致其民族工艺品丧失了原有的文化内涵，违背民族传统，造成文化与产品的脱节。

（三）内蒙古传统手工艺品人才培养与技艺的传承和创新

1. 人才培养

民族传统手工艺品做工考究，产品精美，产值小，技艺难度大，从业人员少。目前，内蒙古自治区传统手工技艺人才培养方式主要有高等院校专业培养、师徒传授、家族传授和企业职业培训几种方式。在高等院校专业技术教育方面，主要有内蒙古师范大学美术专业、内蒙古工业大学工艺专业、内蒙古农业大学和内蒙古艺术学院的艺术设计专业等与工艺美术相关联的专业，每年培养了大批工艺美术人才，为内蒙古自治区少数民族传统手工艺品的传承与发展储备了人力资源。

在各级政府的重视下，自治区文化厅牵头，协调各相关部门，整合传统工艺资源和项目，联合相关机构、企业和传承人建立自治区传统工艺工作站。在各盟市以及传统工艺较集中的区域设立分站，协调指导各地区传统工艺的保护与传承工作，促进全区传统工艺项目和产业发展。包头市和赤峰市还设立了手工艺品传承基地，由工艺大师教授技艺，取得了良好效果。还有一些身怀绝技的民间手工艺人，将自己的技艺手把手地传授给自己的得意弟子或家族成员，这样培养了少量具有高超技艺的工艺美术人才。另外，传统手工艺术企业为了自身的发展，对新手和企业员工进行了职业培训。

2. 技艺传承

上述人才培养方式实质上也是技艺传承方法，由于少数民族传统手工艺品应用功能退化，不适应消费市场需求，日渐淡出人们的视野，因而技艺传承日益式微。首先，由于高等院校是批量培养人才，所以难以做到专而精，毕业生真正流入传统手工艺品制造行业的人数较少。其次，传统工艺工作站面小，技艺习得效果好，但受资金、场地、设备、时间、工艺大师个人因素等多方面的制约，难以持续，核心技艺传承困难。再次，师徒式和家族式技艺传承方式使核心技艺得以代代相传，但私传授受不利于技艺的普及和传播。最后，企业培训新手和对员工进行职业培训，但在市场化和现代化的今天，少数民族传统手工艺品生存环境恶化，企业效益较差，劳动付出与期望的报酬所得落差很大，难以留住手工艺人，从业人员流动性大，不利于技艺的保留、提升和传承。

3. 技艺创新

民族传统手工艺品多是利用纯手工技艺将原料加工而成，产品易被腐蚀氧化，不易长久保留，再加上人们审美观的变化，因此，少数民族传统手工艺品必须在技艺上有所创新才能保持其生命力。技艺创新首先是改进工艺流程和机械设备，获得"赤峰市技术创新示范企业"称号的内蒙古力王工艺美术有限公司是国家文化产业示范基地，是集生产制作手工艺术挂毯、青铜艺术品于一体的民族企业。他们投入大量精力和物力进行技术攻关，找到了可以改变型壳与铜液的温降速度、提高青铜溶液充型效果的有效办法——将稀土材料应用于制壳与溶液工艺之中。这项新技术的应用，改变了原有技术的缺陷，使过去不能铸造的薄壁、镂空、长流程铸件得以成功生产，为世人创造出了精美绝伦的青铜艺术品。另外，是变换传统造型，增强传统手工艺品美感。例如，蒙古族银饰手工艺品，不仅在银饰的品种和造型上日益多样化，而且融入了景泰蓝和烤蓝等配饰，使银饰工艺品更加美观华贵。

（四）政策法规的保护与激励状况

1997年，《中华人民共和国传统工艺美术保护条例》（以下简称《条例》）颁布，《条例》第三条规定："国家对传统工艺美术品种和技艺实行保护发展提高的方针。"《条例》颁布以来，对工艺美术行业的保护扶持和发展产生了巨大的推动作用。2006年，"工艺美术"作为促进发展的"文化创意产业"被写进了《国家"十一五"时期文化发展规划纲要》，这是第一次把工艺美术的发展列入国家文化规划发展层面。《国家经济委员会关于旅游纪念品工艺品生产与经营若干问题的暂行规定》也从法规上对工艺品作了具体的保护和发展规定；2011 年，全国人大常委会颁布《中华人民共和国非物质文化遗产法》将传统技艺纳入非遗保护范围，第一次把对传统技艺的保护上升到法律保护的高度，这将大大促进传统技艺的发展，使其成为国家大力支持发展的行业。

自治区通过出台鼓励政策、组织大型活动来促进内蒙古自治区工艺美术产业的发展。2015 年 9 月，由内蒙古自治区经济和信息化委员会主办，内蒙古自治区工艺美术协会承办的"首届内蒙古自治区工艺美术品展示会"在内蒙古国际会展中心举办。展会以"扩大影响、保护传承、展示成就、促进交流"为主题，其内容包括中国工艺美术大师（内蒙古籍）和自治区工艺美术大师的代表作品；历届国家和自治区级工艺美术大师风采和成就；参加第三届内蒙古自治区工艺美术大师和第二届工艺美术品"飞马奖"评选活动的作品。此外，由内蒙古自治区文化厅、内蒙古自治区广播电影电视局、内蒙古自治区新闻出版局、内蒙古自治区旅游局主办的"内蒙古自治区首届工艺美术精品展""内蒙古自治区工艺美术大师评选""内蒙古自治区工艺美术创新作品大赛"等为民族传统手工艺的展示和传承提供了平台。2016 年，内蒙古自治区举办了首届文化产业博览会，其中的创新作品大赛、蒙古族传统与现代服装服饰展示等多项活动突出展示了非遗产品、工艺美术等代表行业水平的优秀文化企业、产品和项目。鄂尔多斯文化产业博览交易会则在三大主题展馆中设立"民族特色馆的中国工艺美术大师书画·艺术品联展区"。许多盟市也结合当地实际，举办各种传统工艺美术品评选活动，如由赤峰市文联主办，市工艺美术协会、市民间文艺家协会承办，市博物馆协办的"大美工匠——赤峰市工艺美术大师作品展"等。

2017 年 9 月，为落实党的十八届五中全会关于"构建中华优秀传统文化传承体系，加强文化遗产保护，振兴传统工艺"的要求，《内蒙古自治区人民政府办公厅转发了自治区文化厅〈关于振兴传统工艺实施意见〉的通知》（以下简称《通知》），《通知》从传承与发展优秀传统文化、增强文化自信、弘扬工匠精神，促进就业和实现精准扶贫的战略高度出发对内蒙古自治区传统手工艺品产业在"十三五"期间的发展布局做了总体规划。自治区民委把民族手工艺品制作保护与发展作为新时期民委经济工作的重要内容，投入人力、物力、财力专门举办少数民族传统手工艺品制作培训班，搭建培训服务平台，积极助推少数民族产业脱贫。以鄂尔多斯市为例，在"十二五"期间，通过从自治区民委争取少数民族发展资金项目和市级少数民族发展资金项目，共实施手工艺品加工和民族服饰服装加工项目 32 个，安排资金 506 万元。通过政策和资金的有力扶持，民族手工艺品协会和民族服装服饰协会逐年增加，从事民族手工艺品和服装服饰加工业的人越来越多。

二、内蒙古自治区传统手工艺品传承与发展的制约因素

（一）法律保护缺乏操作性，政策保护缺位

自1997年以来，虽然我国陆续颁布了一系列关于保护和发展工艺美术或与之相关的法律法规和政策，但这些法律法规和政策都是指导方针和基本原则的宏观部署，本身不具备操作性，又无相应的实施细则和地方性法规与之相配套，使国家关于保护和发展民族手工艺品的法律法规和政策在不少地方难以得到较好的执行。2011年颁布的《中华人民共和国非物质文化遗产法》虽然在法律层面规定了国家、省、市县四级保护体制，但在县级没有设立相应的机构，有关工作人员也没有定岗定编，而少数民族传统工艺多存活于民间乡村，导致具体保护工作无法落到实处。同时，各级政府对传统手工艺品的重要性认识不够，保护和发展的意识不强甚至缺乏。因此，在资金扶持、信贷补贴、税收减免、设备折旧等方面，从上到下都没有制定相应的优惠（专项优惠）政策，使少数民族传统手工艺产业在资金流通等方面存在着严重的政策缺位，因而发展态势日益式微。

（二）技艺传习体系尚未确立，传统工艺企业基础薄弱

民族传统手工艺品采用纯手工制作，技艺传习难度很大。其一，工艺流程复杂，学习时间长，核心技术难以掌握。其二，受机械化生产和人们急功近利思想的冲击，原先的手工艺人转向其他行业，年轻人没有学习的意愿，技艺传习的主体在流失，这是少数民族传统手工艺品技艺传承最迫切的困境。在内蒙古自治区的民族工艺品当中有很多热销品，有些生产厂家为了追求眼前利益就对这些热销品进行仿制，这导致产品良莠不齐，市场秩序出现混乱。长期模仿他人制品的结果就是生产的产品缺乏独立性和特色，无法形成品牌效益。其三，近年来，少数掌握核心技术的工艺大师不断获得来自政府的荣誉和国家相应资金的扶助和补贴，他们也认识到其中的商业价值，但其传授技艺的责任心和积极性并没有得到显著提高，甚至更加保守，核心技艺只向其家族成员传授。当前，内蒙古自治区的民族传统手工艺品的规模企业数量少，设备陈旧，很多企业不具有研发能力，缺少创新人才，因而企业基础非常薄弱。如此薄弱的企业基础，无法达到行业内部资源、技术和信息的共享，致使行业发展举步维艰。

(三) 市场意识薄弱，经营模式落后，生产与经营无序混乱

在市场经济条件下，传统手工艺品的生产和销售仍处于自然和半自然的原生状态，普通手工艺人缺乏市场经营理念，没有开拓市场的意识，被动地接受订单生产，或者自产自销，少量具有较高制作水平的手工艺人则将其作为家庭副业，因而在少数民族传统手工艺品主要产地并没有形成竞争的态势。在经营模式上，主要是"企业＋农户"，其中的企业基本上是私营企业，并不是按照现代企业制度创建的集生产、研发、销售于一体的现代大型企业。规模较小的私营企业主不善于长远规划，开拓市场的手段有限，缺乏创新性，经营中的风险转嫁给农户，因此，"企业＋农户"模式没有产生激励机制，难以调动手工艺人的积极性和创造性。

(四) 制作 (设计) 观念、质量不能满足市场需求

传统手工艺中的一些器型延续多、变化少。随着工业化时代的到来，传统的手工艺传承方式也受到前所未有的冲击，因为纯手工制作，速度慢、效率低，技艺持有人为获得更大利益，将技艺规范化、扩大化，这也是当前区域性传承的一大特征。但一些传统技艺持有人缺乏现代的设计观念，缺乏深入系统的市场调研，造成产品单一，缺少时代气息和创新，观赏性有所欠缺。机械化生产效率高，消费品供过于求，相较于传统手工艺品，机械制作的产品造型精巧别致，感观舒适而吸引眼球，价格低廉，适用性强，这些都构成了对传统手工艺品的强大冲击，加速了其应用功能的退化，使其与现代人的审美情趣和生活消费需求之间的背离越来越大。

(五) 管理与保障机制不健全

少数民族传统手工艺品的保护和发展涉及多部门管理。首先，少数民族传统手工艺品是民族传统文化的载体，是民族地区发展文化事业的重要客体，其事务管理涉及地方文体宣传部门。其次，少数民族传统手工艺品是民族地区发展特色产业的文化资本，其事务管理又牵涉经济职能部门。最后，少数民族传统手工艺品的保护和发展又是复杂民族事务中的一部分，上文所述的扶持民族手工艺品的培训就是由地方民委或民族事务局管理。由于民族手工艺制品与旅游市场联系紧密，因此在行业发展布局上还要接受各地旅发委的业务指导。不同部门间由于无明确职能分工，容易造成"权力寻租"或"踢皮球"的尴尬局面。少数民族传统手工艺品的保护和发展，缺乏统一协调的管理部门和健全合理的管理机制，造成了政府的各项激励机制不能产生应有的效果。

三、内蒙古自治区传统手工艺品发展的策略建议

（一）建立完善的法律法规和政策体系

1. 完善法律体系

针对已有法律法规操作性低的缺陷，在保证法律稳定性前提下，制定相应的便于操作的实施细则。地方各级人民政府应当高度重视《中华人民共和国传统工艺美术保护条例》，并据此制定相应的地方性法规和行政规章，形成传统工艺美术保护和发展的统一体系。一是针对少数民族传统手工艺品的特殊性，就其保护和发展制定条例。二是认真落实自治区文化厅《关于振兴传统工艺实施意见》，并成立专门机构，加快保护研发工作，传承和发展内蒙古自治区传统工艺美术作品和技艺。三是加强知识产权保护，将传统手工艺品牌纳入知识产权保护体系，申请专利商标和外观设计知识产权，以保护民间艺人的艺术创造，建立规范有序公平合理的竞争机制，打击假冒伪劣产品，鼓励手工艺人创新技艺和产品，推动少数民族传统手工艺术的不断发展。

2. 落实激励政策

针对少数民族传统手工艺品政策保护的缺位问题，国家和地方政府都制定了相应的专项政策给予引导和激励，但很多时候这些具体政策并不能真正落实到相应的企业。例如，政府给予的税收减免优惠和信贷贴息政策大多流入规模企业，而传统手工艺品企业基础薄弱，难以承担当前的税赋，更需要通过税收优惠减轻企业的负担。因此，首先，应给予传统手工艺品企业与中小企业同等甚至特殊的贴息政策，以解决其运营的资金困难；其次，建立少数民族传统手工艺品专项基金，奖励为少数民族传统手工艺品保护传承和发展做出贡献的工艺大师和相关人员，对传统手工艺精品和珍品的评审、征集、收购、收藏提供相应的资金保障；最后，放缓设备折旧，以降低传统手工艺品企业的经营成本。

（二）促进文化与产业的融合

现如今，文化与经济的界限日益模糊，其在价值上具有很强的互补性。传统与现代的结合，艺术（工艺）与生产效率的结合已经成为工艺美术品产业的发展趋势。

1. 融入民族传统文化元素，创建民族品牌

少数民族传统手工艺品的应用功能不断退化是现代化发展的必然趋势。然而，它们是民族传统文化的载体，民族传统文化精神不会因时代变迁而蜕变。因

此，在少数民族传统手工艺品创新发展的同时，将民族传统文化融入其中，使其外形色彩或包装富有民族特色。同时，借助少数民族传统手工艺品浓厚的民族特色，创建民族品牌，发挥品牌融产品外显特质与内隐特质于一体的功能，既使少数民族传统手工艺品的外观质量包装等受到广大消费者的普遍重视，又增强了消费者的心理认同，进而形成对民族品牌的忠诚，满足消费者自我体验，驱使消费者追求象征性消费。

2. 利用现代科技改进传统技艺，提高生产效率

运用现代科技能克服手工艺品纯手工制作效率低的不足，同时又能保证民族文化内涵不流失，必须发挥少数民族民众自我科技创新的主动性。少数民族民众掌握着自身传统手工技艺，在此基础上，培养他们的科技创新意识，激发他们改进技艺的积极性，能起到事半功倍的效果。另外，用优惠政策和产业发展激励措施吸引人才投入传统手工技艺研究，将研究成果投放到生产中并使之普及，充分发挥科技运用在工艺美术品产业中的示范效应。

3. 注重现代装饰设计，提高审美品位

在日常生活中，人们经常能够看到制作优良但却略显朴拙的民族传统手工艺品。这种工艺品在市场上很受欢迎，但那种朴拙是经过精心设计包装过的。而许多原生态的传统手工艺品往往给人"土""俗"的感受，因为多数传统手工艺品忽略包装或者包装简易，既不适应现代人的审美要求，又不利于运输和储存。因此，应用现代装饰设计美化传统工艺品，用富含民族传统文化元素的包装使其特色化。

4. 发展电子商务，拓展营销宣传渠道

目前，我国的计算机网络技术进一步发展，网络支付方式和操作越来越安全、方便和快捷，这为民族工艺与电子商务结合提供了技术支持。同时国内的物流技术迅速发展，物流速度越来越快捷，安全度也越来越高，物流运营范围急剧扩大和物流环境的适应性增强保证了民族工艺与电子商务结合的中间环节的畅通。采用现代宣传与促销手段，提升知名度、扩大销量是民族手工艺产业发展的必经之路。运用现代传媒技术，扩大对少数民族传统手工艺品的宣传，改变其深在闺中无人识的封闭或半封闭状态，让消费者认知、接受并购买，培养忠诚顾客群。

（三）坚持市场化发展方向

1. 以市场理念为出发点

开发民族传统手工艺品的应用功能。少数民族传统手工艺品起源于生产生活需要，其应用功能经久未衰。随着现代化水平的日益提高和人们消费理念的变

化，少数民族传统手工艺品日渐为其他消费品所替代，但在追求环保健康的消费理念和怀旧返古的心理需求作用下，少数民族传统手工艺品因其原生性仍受到人们的追捧和喜爱。因此，在民族工艺品的提升方面应当坚持两条腿走路，既挖掘中、高端消费群体，开辟中、高端消费品市场，如精致的酒具、挂毯等，也应当发挥工艺品的装饰性，满足大众日常生活审美的需要。

2. 以产业化经营为路径

必须坚持以产业化发展思路，挖掘少数民族传统手工艺品经济功能。从产业经济的角度看，民族民间工艺品作为商品同样具有价值和使用价值。民族传统工艺作为民族地区文化资源的重要组成部分，通过挖掘整理、创新开发，以产业化运作来开拓市场、扩大市场占有率是提高传统工艺对民众生活的贡献率，也是以创新发展促进保护的必由之路。在少数民族传统手工艺品作为家庭副业时期，其经济功能已经开始被逐渐认识，在倡导文化大发展、大繁荣的今天，民族传统手工艺品资本化的经济功能日益凸显。借助时代赋予的发展机遇，内蒙古自治区的传统手工艺品前期初步产业化发展经验，借壳旅游业和休闲产业，从广度和深度两个层面广泛挖掘少数民族传统手工艺品的经济功能，将其作为民族地区发展特色产业的资本源，走少数民族传统手工艺品产业化发展之路。在保存"企业＋农户"模式外，建立集产、销、学、研于一体的少数民族传统手工艺品大型现代企业或研究中心，便于资源共享，增强防御风险的能力。

3. 以文化传承为归宿

挖掘民族手工艺品的经济价值，目的是唤起少数民族弘扬本民族传统文化的自觉和自信，帮助他们重塑民族传统文化的主人翁责任感，从而承担传承和发展本民族优秀传统文化的重任。因此，应当从文化传承和发展视角挖掘少数民族传统手工艺品的文化教育功能。少数民族传统手工艺品是民族传统文化的活态载体，是传承和发展少数民族传统文化的有效工具。全球化时代保存文化多样性从某种意义上说是国际通行的"政治正确"。发展少数民族传统手工艺品本身就是一种文化传承。

（四）依托旅游产业，开发旅游商品

开发传统手工艺旅游商品必须依托休闲旅游业的大发展。传统手工艺品与旅游业的关系密不可分。一方面，少数民族传统工艺品是旅游商品开发的重要资源，也是旅游业发展的重要支撑之一；另一方面，少数民族传统手工艺品的保护与发展需要旅游业的带动和宣传，并且旅游商品经济能够有效反哺传统手工艺术行业。因此，少数民族传统手工艺品应善于借壳旅游业，在不改变民族传统文化原生状态的基础上，合理将其开发成旅游商品，实现传统手工艺术行业与旅游业的最佳对接，并达到二者的双赢。根据内蒙古自治区旅游业统计公报显示，2016年全区接待国内外游客为9805.32万人次，比上年增长15.19%；全年完成旅游业总收入为2714.7亿元，比上年增长20.28%。内蒙古自治区旅游市场的持续升温以及内蒙古自治区党委、政府把内蒙古自治区建设成为国内外知名旅游目的地的战略定位为民族手工艺品的大发展提供了良好的历史机遇。

（五）借助非物质文化遗产，培育品牌企业

非物质文化遗产代表作名录制度对于保护非物质文化遗产发挥了积极作用，但因其固有的缺陷而导致非遗保护同市场化运作相脱节。"作为非物质文化遗产与物质文化遗产一样，一旦进入国家级名录，就会产生名录效应，成为文化产业与旅游产业开发的有效资源。同时，名录申报成功还可以获得大量的保护专项资金，成为地方政府经济寻租的重要途径。所以，在名录申报过程中，各地对项目的争夺十分激烈，甚至出现对毗邻地区相同文化项目抢先申报，争夺文化发源地等现象。"[1] 内蒙古自治区先后有5批进入自治区级非物质文化遗产代表性项目，代表性传承人共计730人。其中，传统手工技艺共计12项、民间美术共计7项，但截至目前，无论是蒙古族拉弦乐器、蒙古族马具、蒙古族刺绣、蒙古族服饰还是鄂伦春兽皮制作虽然都入选名录，但利用其技艺及影响力从而形成国内知名品牌的企业却寥寥无几。这就需要引导那些经营业绩好、规模大、市场开拓意识强和能力强的大公司或大集团参与区域性手工艺品的市场开发。采取各种优惠政策和互利互让的方法吸引海内外社会资金投入民族手工艺品产业。根据市场需求，打破所有制界限，优化资源配置。

---

① 柏贵喜．名录制度与非物质文化遗产保护［J］．贵州民族研究，2007（4）．

第 九 章

内蒙古自治区演艺产业发展报告

从党的十七大以来，国家越来越重视文化产业的发展，文化产业在我国国民经济中的地位也越来越重要。内蒙古自治区 2003 年提出建设民族文化大区，发展文化产业就成为了重点工作目标。历经十多年的发展，自治区文化产业呈现逐年上升态势，规模由小到大、提供的就业岗位由少到多、产业增加值由低到高，这些变化有力证明了文化产业已成为自治区经济新的增长点，其对自治区文化软实力的提升起到了重要的推动作用。自治区各盟市依托本地文化资源优势和自然资源优势，开展了各类特色浓郁的文化活动，使地区影响力不断扩大，有力地推动了当地社会经济的发展。

一、"十二五"期间内蒙古自治区演艺产业发展成就

"十二五"时期是深化改革开放、加快转变经济发展方式的攻坚时期。在新常态下，自治区紧紧抓住这个机遇，加快了文化产业发展的步伐。各盟市在国家及自治区总体发展思路的指导下，纷纷制定实施支持文化产业发展的政策，如《呼和浩特市人民政府关于加快文化产业发展若干政策意见》《赤峰市人民政府关于加快文化产业发展的若干政策意见》《关于促进兴安盟文化产业发展的若干政策意见》等，有力地促进了演艺产业的发展。

（一）演艺产业发展继续受到重视

为深入贯彻党的十七大精神，推动演出市场大发展、大繁荣，更好地满足人民群众的文化生活需要，促进社会主义精神文明建设，2008年，国家发改委、文化部等九部委在充分调研的基础上，出台了《关于构建合理演出市场供应体系，促进演出市场发展繁荣的若干意见》。在2009年，国务院常务会议审议通过的《文化产业振兴规划》中，将发展文艺演出院线作为发展文化产业的八项重点工作之一。"十二五"期间，《中华人民共和国国民经济和社会发展第十二个五年规划纲要》仍继续将演艺产业作为重点发展的文化产业之一。2012年《文化部"十二五"时期文化产业倍增计划》提出："要大力拓展演艺市场，满足城乡居民对演艺的消费需求，实现从演艺大国到演艺强国的跨越。"2012年《国务院关于印发服务业发展"十二五"规划的通知》指出，要大力发展演艺业，重点鼓励演艺节目在内容与形式上的创新，推动发展全国性文艺演出院线，加快剧院、剧场、电子票务等演艺基础设施建设，形成1~2个国际知名的演艺产业集聚区，形成10家左右全国性或跨区域的文艺演出院线。在国家政策导向、居民收入水平提高、文化消费理念提升的大背景下，演艺产业呈现良好的发展态势。

内蒙古的演艺产业伴随着自治区文化产业的大发展，也取得了长足的进步。《内蒙古自治区"十二五"文化发展规划》中指出，要坚持"二为"方向和"双百"方针，制定演艺发展规划，健全演艺机制，加强演艺团体管理，推动全区演艺业的进步。《赤峰市营业性文艺表演团及个体演员管理暂行办法》《鄂尔多斯市扶持国有文艺团体艺术创作生产办法》《乌兰察布市重大文艺评奖制度改革的实施意见》等地方性文件的出台，旨在规范演艺产业的发展，推动演艺团体的内部改革与精品内容创作。总体上来说，"十二五"期间内蒙古自治区演艺产业在演出的场次数量、演出机构的数量呈增长趋势，在院团改革方面初见成效，在艺术创作方面不断有新作品涌现，并且打造了一批颇具影响力的演艺节目，在国内

外开拓市场的道路上实现了跨越式发展。

（二）演艺产业规模不断扩大，经济效益呈现增长趋势

从表9-1中看到，"十二五"期间，内蒙古自治区演艺机构的数量不断增长，仅在2015年比上一年减少了2个；国内演出观众数量及演出收入受中央八项规定的影响，2013年与2012年相比呈现下降趋势；从业人员数量、演出场次及演出总收入都有显著增长。

表9-1 2011～2015年内蒙古自治区艺术表演团体基本情况①

相关数据 年份	机构数 （个）	从业人员 （人）	演出场次 （万场）	国内演出观众 人次（万人次）	总收入 （万元）	演出收入 （万元）
2011	121	5963	2.08	1474.7	41212	3545
2012	137	6330	2.19	2040.0	54995	4886
2013	143	7024	2.65	1363.1	63573	3212
2014	177	7428	2.56	1779.3	67343	5930
2015	175	7515	3.91	1123.5	86128	7234

（三）演艺场所及团体机构专业化

随着内蒙古自治区演艺业的不断发展，专业化的演艺场所及团体机构应运而生，为推动内蒙古自治区演艺产业的发展发挥着关键性作用。

1. 演艺场所

位于自治区首府呼和浩特市的乌兰恰特大剧院作为自治区成立60周年的献礼工程是目前自治区规模最大、具有接待大型演出、会议和电影放映等多功能的现代化公共文化场所。2011年，开始与北京保利剧院管理有限公司合作经营，是保利剧院公司全国院线接管的唯一一家少数民族地区剧院。保利剧院凭借先进的管理模式开创了乌兰恰特"政府扶持、业主监管、委托经营、市场运作"的剧院经营管理创新模式，为内蒙古自治区演出艺术市场的繁荣和文化产业的发展贡献了力量。

2013年，包头大剧院落成，其总建筑面积为1.6万平方米，拥有1335个观众座椅，舞台面积为1300平方米，配备世界顶级音响——美国"Meyer Sound"音响、德国"Sennheiser"系列话筒、日本日亚管芯LED屏幕、包头唯一一架德

---

① 数据来源：内蒙古自治区文化厅。

国"施坦威"九尺三角钢琴以及广州彩熠灯光等先进的声光电设备。剧院还拥有2个贵宾室、2个排练厅、1个大客户室、1个多功能会议室、6个琴房、15个化妆间、17个多功能室，可举办戏剧、歌剧、话剧、大型歌舞表演、交响乐、民族乐、合唱、音乐会以及各类会议、讲座等活动。剧院以自主经营为主要模式，并积极寻找优势演出资源方进行合作，同时借外部力量打造自身剧院品牌。剧院与中国歌剧舞剧院、北京人民艺术剧院等国字号剧院建立战略合作关系，加入中国国际演出剧院联盟、中部地区演艺剧院联盟，寻找合作演出剧目。包头大剧院还与呼和浩特保利剧院和鄂尔多斯大剧院等周边剧院加强联络，探讨三地剧院演出项目推广合作模式，形成演出项目巡演网络。

坐落于鄂尔多斯市康巴什新区文化广场的鄂尔多斯大剧院，其建筑风格为鄂尔多斯蒙古民族头饰造型，是一座集剧场、音乐厅、影视文化区及办公于一体的大型综合性建筑。剧院总建筑面积为42688平方米，地下1层，地上3层（局部5层），主体设施包括1个歌剧厅，1个音乐厅，2个数字电影厅，拥有国内一流的舞台、灯光和音响设施以及贵宾厅、化妆间、排练厅、会议室、文化超市等附属设施。大剧院于2009年7月20日正式投入使用以来，承接了第十一届亚洲艺术节闭幕式晚会、俄罗斯国家民族乐团首度访华演出、第七届中国"荷花奖"舞蹈大赛颁奖晚会等国际、国内大型文化盛事及各种舞剧、话剧、音乐剧、音乐会、歌友会、杂质等的日常演出，成为鄂尔多斯市乃至自治区知名的演艺场所。

2. 演艺团体

在国家文化体制改革不断推进的过程中，内蒙古自治区的演艺团体也在改革中前进，各盟市通过合并、合作等方式组建大型演艺集团，提升在演艺市场中的竞争力。

呼和浩特民族演艺集团成立于2013年，下辖晋剧院、二人台艺术研究剧院、民族歌舞剧院、布谷少儿艺术研究剧院，是隶属呼和浩特市政府的国有独资企业。各剧院演出足迹遍布全国各地及20多个国家和地区，赢得了良好的国际声誉。

包头市文化演艺有限责任公司成立于2012年12月，隶属于包头市文化新闻出版广电局，为国有独资企业。下设内蒙古话剧院、包头市漫瀚艺术剧院、包头市民族歌舞剧院三个分公司和包头市舞美工程有限公司一个全资子公司。公司成立以来编创了一系列有影响力的深受观众喜欢的剧目，实现了社会效益与经济效益双提升。

鄂尔多斯东胜演艺集团成立于2012年6月，是一家集艺术创作、大型活动组织策划、演艺经纪、艺术人才培养、演出场馆运营以及市场综合开发于一体的大型演艺服务机构。目前拥有东胜区歌舞剧院有限责任公司、昱泽演艺设备有限责任公司、北京佳林盛世文化传播有限公司、太原盛世龙城文化传播有限公司等子公司。专业院团有舞蹈团、歌剧团、民族乐团、艺术培训中心、艺术创作中心、舞美制作中心。集团演员阵容整齐、实力雄厚，为进一步推动鄂尔多斯市文化产业跨越发展做出了贡献。

2014年通辽市民族歌舞团与浙江美盛集团合作，注册成立了内蒙古莱盛演艺有限公司，这是全区第一家由国有文艺院团与外省上市公司组建的演艺公司。巴彦淖尔市由原巴盟歌舞团、晋剧团、歌剧团组建为巴彦淖尔市民族歌舞剧院。该院集民族歌舞、河套二人台、晋剧、现代歌舞于一体，是内蒙古自治区西部地区演出阵容较大的专业艺术表演团体。

（四）演艺项目日益丰富，精品不断呈现

内蒙古自治区的演艺产品包括了音乐、歌舞、戏剧、戏曲、芭蕾、曲艺、杂技等各类型演出，最具有地方特色和民族特色的要属二人台、漫瀚剧和蒙古剧。

二人台是流行于内蒙古自治区中西部及山西、陕西、河北三省北部地区的传统戏曲剧种。在长期发展过程中，逐渐形成不同的艺术风格，以内蒙古自治区呼和浩特市为界，分为东西两路。二人台以其浓郁的乡土气息和地方特色，一直深受流传地广大群众的喜爱。内蒙古自治区土默特右旗被中国乡土艺术协会命名为"中国二人台文化艺术之乡"。2006年，二人台被列入第一批国家级非物质文化遗产名录。2015年，在文化部艺术司"中华优秀传统艺术传承发展计划"戏曲专项扶持项目"名家传戏——当代地方戏曲名家收徒传艺工程"中，呼和浩特民族演艺集团的二人台艺术研究院成为内蒙古自治区唯一入选单位；进行"科技＋文化"融合的二人台动漫《江山如画》得到了自治区科技厅的支持；二人台现代戏《花落花开》荣获两项文华奖，舞蹈《戈壁沙丘》荣获第八届中国舞蹈"荷花奖"作品金奖。

漫瀚剧是在蒙古二人台基础上创建的一个新兴地方戏曲剧种，其大量吸收借鉴了晋剧、京剧等剧种的表现手段和艺术技巧的同时，保持了地方传统表演艺术二人台的特色，又具有强烈的艺术个性，因唱腔音乐吸收了西部地区蒙古族民歌漫瀚调的成分而定名。漫瀚剧在内蒙古自治区西部地区深受百姓喜爱，一些优秀剧目获得国家重要奖项，并且受邀出国演出。包头市漫瀚艺术剧院是内蒙古唯一一家漫瀚剧剧院，曾以"全国稀缺剧种"身份被文化部命名为"天下第一团"。

蒙古剧是内蒙古自治区各地及蒙古族聚居区的草原民族歌舞剧剧种，它形成于20世纪30年代，早期主要流行于内蒙古东部蒙古族聚居地。中华人民共和国成立后，经过内蒙古自治区各专业艺术团体和乌兰牧骑的传播，逐渐流行于全自治区。2015年10月，中国评剧院承办的第四届"中国少数民族戏剧会演"在北

京举办，锡林郭勒盟苏尼特左旗乌兰牧骑精心打造编排的蒙古剧《驼乡新转》入选参加会演，并于 16～17 日晚在中国评剧大剧院演出两场，受到社会各界的赞扬，并在座谈会上得到了专家们的肯定及高度评价，中央电视台也对该剧进行录播。该剧进京演出走上全国舞台对蒙古剧发展起到了推动和示范作用。

近年来，内蒙古自治区原创的演出剧目，获得了全国性的重要奖项，并且得到了国家艺术基金的支持。

锡林郭勒盟的民族舞剧《草原记忆》入围 2011～2012 年度国家舞台艺术精品工程资助剧目，并先后获得全国、全区精神文明建设"五个一工程"奖，首届内蒙古自治区民族文艺会演金奖，第七届中国舞蹈"荷花奖"舞剧银奖。2014年，由内蒙古民族艺术剧院出品的中国首创大型马文化全景式演出——《千古马颂》，既是自治区文化产业发展重点项目，也是获得国家艺术基金扶持的项目。2015 年，呼和浩特民族演艺集团的《马可·波罗传奇》和其二人台艺术研究院的现代戏《万家灯火》入选了财政部"年度文化产业发展专项资金支持项目——加快特色文化产业发展项目"，二人台现代戏《乡村九品官》、舞蹈《斗熊》获国家艺术基金扶持。

（五）在国内国际演艺市场的影响力扩大

内蒙古自治区在着力打造具有地方和民族特色的演艺项目的同时，也非常重视将这些优秀节目向外推出及吸引优秀演艺节目进入内蒙古自治区演艺市场，在与国内、国际交流的过程中，逐步走上树立品牌的道路。

呼和浩特民族演艺集团所属各剧院的演出足迹遍布全国各地，晋剧院、二人台艺术研究院在山西省、陕西省、河北省、浙江省、吉林省、辽宁省等地享有盛誉；民族歌舞团先后代表国家赴美国、德国、法国、波兰、瑞士、捷克、俄罗斯、蒙古、日本、新加坡、中国香港和中国澳门、土耳其、突尼斯、阿尔及利亚等 20 多个国家和地区访问演出，赢得了良好的国际声誉。《马可·波罗传奇》已在美国布兰森白宫剧院驻场演出 3 年 593 场[①]，成为自治区第一个实现文化商演走出国门的品牌。2015 年，《马可·波罗传奇》连续获邀赴欧洲匈牙利夏季艺术节及意大利世博会中国馆"内蒙古主题活动日"进行演出，为国内文化产品"走出去"提供了又一鲜明示范案例。

2012 年 3 月，锡林郭靳盟歌舞团与呼和浩特保利剧院管理有限公司签订演出协议，参加全国保利院线巡演。民族舞剧《草原记忆》的巡演共涉及河南省、山东省、湖北省、四川省、广东省、浙江省、安徽省、江苏省 8 个省，郑州市、

---

① 呼和浩特民族演艺集团. 让民族文化站上文化高地［EB/OL］. 内蒙古新闻网，2015 - 11 - 17.

烟台市、青岛市、武汉市、重庆市、惠州市、东莞市、深圳市、丽水市、温州市、合肥市、张家港市、常州市、无锡市 14 个城市，总行程 1.4 万余公里，演出 20 场，观众达 1.6 万人次。2013 年，二连浩特市民族艺术团赴蒙古国举办"二连浩特文化日"活动，同年，阿巴嘎旗乌兰牧骑受邀赴乌兰巴托参加蒙古国艺术节，2014 年，太仆寺旗文化馆受邀参加柏林举办的"中国梦——走进德国"艺术节等，都是近年来锡林郭勒盟演艺业走出国门，提高国际影响力的表现。

此外，各地的乌兰牧骑纷纷赴欧洲参加各种艺术节的演出活动，在国际上展示了内蒙古自治区的形象，在内蒙古自治区对外宣传和文化"走出去"中发挥了重要作用。

（六）文化惠民工程落到实处

文化惠民是党和政府"执政为民"的理念在文化上的具体反映，通过努力推进文化惠民工程改善文化民生，让老百姓真切享受文化繁荣带来的福利。2008 年，内蒙古自治区提出文化惠民以来，依托草原文化资源的独特优势，加大文化服务体系建设力度，建立了一大批公共文化设施，公共文化场所免费开放，演出活动通过赠票、低价等方式让更多普通人走进剧院，文化下乡让百姓在家门口就能看到精彩节目。2013 年颁布的《内蒙古自治区人民政府关于进一步推进公共文化服务体系惠民工程的实施意见》中指出，在"十二五"期间，要继续组织实施重点公共文化服务惠民工程，满足各族群众日益增长的精神文化需求，推动社会主义文化大发展、大繁荣[1]。

2013 年，呼和浩特市开始发放文化惠民一卡通，持卡群众可享受参观文化文物景点、文化场馆，优惠观看电影、演出等文化惠民措施。这对促进呼和浩特市"文化民生"建设，提升城市文化发展水平，确保文化惠民落到实处，让更多群众分享文化建设成果起到重要作用。

呼和浩特民族演艺集团成立以来，开展了"文化下乡""周末大舞台""百团千场"等惠民演出活动，这些文化惠民活动的演出费用由市财政拨款进行补贴，补贴标准也由原来的每场 3000 元提高至 10000 元[2]，2013 年，上半年惠民演出 276 场[3]，2015 年，上半年开展惠民演出 733 场[4]；包头市在文化惠民工程中，深入开展了文化惠民"千场节目进基层""我请百姓进剧院"等八项活动，形成了群众文化共建共享、不断繁荣的生动局面；2015 年，赤峰市民族歌舞剧

① 内蒙古自治区人民公报［N］.2013 年第 5 期。
② 呼和浩特：惠民演出每场补贴提高至万元［N］.内蒙古晨报，2013 - 03 - 31.
③ 呼和浩特日报［N］.2013 - 07 - 15.
④ 呼和浩特民族演艺集团.让民族文化站上文化高地［N］.中国文化报，2015 - 11 - 17.

院及全市九支乌兰牧骑送文化下乡，深入农村牧区演出 1737 场①，乌海市形成的八大惠民品牌中的"天一剧场""政府购买文化服务"和"文化下基层"为百姓献上了丰盛的演艺文化大餐；巴彦淖尔市通过文化艺术节、艺术活动月、社区文化节、文化下乡、精品剧目展演及各种比赛等方式开展文化惠民活动；乌兰察布市开展"百团千场"下基层、"文化进万家""五城联创"宣传等文化惠民活动。

（七）文化院团改革稳步推进

随着体制的解缚、市场观念的日益深入、社会资源的充分活跃，我国国有文化企业正健康向上、蓬勃发展，成为推动社会主义文化大发展、大繁荣的重要支撑和新的经济增长点。国有文化企业是市场经济环境下弘扬社会主义文化价值观的重要载体，也一直是国家政策鼓励和扶持的重点。

2011 年 5 月，《中共中央宣传部　文化部关于加快国有文艺院团体制改革的通知》指出，按照区别对待、分类指导的原则，根据国有文艺院团的不同性质和功能，明确不同的改革任务。中央文化体制改革工作领导小组已确定少数保留事业单位性质的院团，其他国有文艺院团（不含新疆维吾尔自治区、西藏自治区）都要转制为企业。鼓励已列入名单的保留事业单位性质院团转企改制。今后原则上不得新设或恢复事业单位性质的文艺院团。2013 年起，在文化部等九部委出台《关于支持转企改制国有文艺院团改革发展的指导意见》背景下，国有文艺院团的改革正在持续深化中。很多文艺表演团体不断深化内部改革，通过运用现代化技术提升管理水平，通过完善培养激励机制强化人才支撑，现代化管理制度的建立进一步推动文艺表演团体向真正的市场主体转变。

2013 年 4 月 3 日，由呼和浩特市所属晋剧团、民间歌舞剧团、民族歌舞团和一个民族剧场组建而成的呼和浩特民族演艺集团成立，正式以企业身份参与文化市场竞争。经过几年的时间，呼和浩特市演艺集团已初步探索出一套适合自己的制度——对员工实行全员竞聘上岗、末位淘汰、按绩效发放工资；对下属院团也按演出场次、演出效果、剧目生产能力、人才培养力度等方面综合评价；针对梅花奖、特型演员成立专项支持资金，通过以老带新和青年演员专属舞台等进行人才梯队化建设。改革激发了院团的活力、实力、竞争力，精品剧目硕果累累，实现了跨越式发展。

2010 年 12 月，创新体制，搞活机制，包头市漫瀚艺术剧院经费形式由差额补贴调整为全额拨款事业单位，解决了艺术院团演职员的后顾之忧，为包头市文化艺术事业的繁荣发展奠定了坚实的人才和经费保障。从 2011 年 3 月开始，包

---

① 内蒙古文化惠民打通"最后一公里"[EB/OL]．乌海网，2016 – 03 – 03．

头市漫瀚艺术剧院进行内部管理和绩效工资改革，出台了《包头市漫瀚艺术剧院内部机制改革及管理办法》，经多次讨论、研究、修改和市文化局批复后，于2011年7月正式实施，通过对内部机制的改革，大大调动了广大演职员的积极性，拓宽了演出市场，增强了市场竞争力。

兴安盟为扶持国有文艺院团艺术创作生产和企业化管理改革，从《兴安盟国有文艺院团内部企业化管理改革方案》到《关于促进兴安盟文化产业发展的若干政策意见》等，先后出台了一系列深化文化体制改革的政策举措，为改革的深入推进和文化企业的发展提供了更广阔的政策空间。兴安盟民族歌舞团等单位实行全员聘用、绩效工资。

（八）演艺与旅游进一步融合

从我国第一个旅游演艺产品《仿唐乐舞》开始，不同形式和题材的旅游演艺产品相继出现，日益受到人们的喜爱和追捧。2010年，文化部和国家旅游局联合评选出《国家文化旅游重点项目名录——旅游演出类》，35个文化旅游演出项目上榜，其知名度进一步提升。随着旅游业的发展，旅游景区纷纷推出各种特色演艺活动作为吸引游客的重要手段。

近年来，内蒙古自治区结合当地民族文化和民俗风情先后推出形式多样、内容丰富的旅游产品。目前内蒙古自治区旅游演艺产品当中，剧场综合类如鄂尔多斯成陵旅游景区先后打造的大型歌舞晚会《圣地古韵》、歌舞演出《欢腾的鄂尔多斯》、大型民族舞台剧《一代天骄》，鄂尔多斯响沙湾景区的蒙古族民俗歌舞剧《鄂尔多斯婚礼》、大型歌舞剧《响沙湾欢歌》，鄂尔多斯大秦直道文化旅游景区的《秦汉宫廷乐舞》，呼伦贝尔新左旗巴尔虎蒙古部落景区的大型民族歌舞《魂系巴尔虎》等；大型实景类有呼伦贝尔的《天骄·成吉思汗》；户外广场类如呼和浩特蒙古风情园的传统敖包祭祀仪式、草原实景婚礼表演，大秦直道文化旅游《古道迎宾》《直道英雄会》以及各类节庆活动的广场晚会等；餐饮宴舞类如大秦直道文化旅游景区的《单于盛宴》、成吉思汗陵园旅游景区天骄蒙古大营酒店的《天骄盛宴》、内蒙古饭店的《元朝宫廷诈马古宴乐》等。这些演艺活动大多以历史文化、地域文化、蒙古族民俗、蒙古族伟人为背景，以歌舞的形式展现内蒙古自治区的独特魅力，为旅游景区增色不少。

（九）国内区域合作加强

内蒙古自治区演艺业在发展过程中，通过各种形式的合作应对激烈的行业竞争。内蒙古自治区加入了2006年成立的西部演出联盟，内蒙古民族歌舞剧院是负责剧目创作生产的艺术院团之一。其通过整后西部演出机构团队的整体资源和力量，共同整合、包装、制作精品项目，打造有影响力的品牌剧目，并用市场化手段推广国内外优秀艺术团体和优秀演出剧目，满足西部地区演出市场的需求。2013 年，包头大剧院加入了中国国际演出剧院联盟，作为演出运营及剧院管理的专业性合作体，联盟旨在利用现代信息化技术和全新经营模式，为成员单位提供演出信息对称、集中采购、演出电子商务和金融服务等演出行业的公共服务；2011 年呼和浩特乌兰恰特大剧院正式与保利剧院合作，既可以通过保利院线输送内外不同种类的优秀剧目，还能把内蒙古自治区的优秀艺术舞台作品全面推向保利院线。

二、"十二五"期间内蒙古自治区演艺产业发展存在的问题

"十二五"期间内蒙古自治区演艺产业的发展成就突出，同时暴露出的问题也不容忽视。

（一）演艺市场秩序亟待规范，群众的文化消费习惯尚未形成

随着内蒙古自治区经济发展越来越好，人们消费水平越来越高，对于精神文化的要求也在逐步上升，因而演出市场日益火爆，但背后的乱象也让人沉思。

首先是一场演艺活动需要多个部门经过烦琐的审批程序，时间跨度多则两三个月，少则十几天，这使得一些外地的经纪公司举办演出的热情被耗减，甚至望而却步，因此外来的、高质量的大型演艺活动的发展受到影响，其也正是内蒙古自治区演艺市场"引进来"急需的资源。

其次是索票、抛票现象非常严重。各相关部门及各界人士千方百计地索票以及演出现场验票人员放入大量未购票的亲属等，使演出现场观众数量激增且混乱，而剩余的门票又在演出前以相当低的价格抛售，这不仅使演艺举办方利益受损，也对购买正价票的观众很不公平，并且打击了他们今后消费的信心，严重影响了商业演出市场的发展。

最后是票价居高不下。一场演出需要高额的场馆费用，如包头一宫、包钢少年宫场租费为 7 万 ~8 万元，神华为 10 余万元，奥体中心体育馆场租费高达 25 万 ~30 万元①；加上安保费用及演员报酬和大量的赠票使演出商要想盈利只能提高可以出售的门票的价格，这样就将相当多的真正爱好者和消费者拒之门外，干扰了演艺市场的正常秩序。

经济的发展、生活水平的提高，激发了群众了文化消费需求。然而，真正能

---

① 走了明星来了观众——透视包头演艺市场十年生长之路［N］. 包头晚报，2013 - 02 - 19.

够走进剧院，自掏腰包看演出的人，在大多数人看来，还是比较奢侈的事情。换言之，内蒙古自治区的演艺市场虽然有了进一步的发展，但群众对于演艺活动的文化消费还处于起步阶段，消费习惯尚未形成。通过各种方式获得赠票看演出成为一些人可供炫耀的资本；低价购买票贩子的现场抛票成为部分人实现观看演出愿望的手段；为了演出效果，演出商会通过网络、终端发放一些赠票，或者政府为了支持演艺产业实行的低价惠民措施又让观众养成了不想买票只想要赠票或购买优惠票看演出的习惯，演艺市场的培育任重而道远。

（二）缺乏市场细分，消费人群单一

内蒙古自治区演艺市场节目类型多样，但缺乏市场细分，受众比较局限。比如，中、高端演出偏向专业观众，一般性的演出其观众为综合性人群，而在不同层次的演出中，观众的需求又有着明显的差别。如戏曲节目老年观众多，因为传统艺术对他们来说更有吸引力，而流行音乐吸引的是热情、追求新鲜事物的年轻观众。受众的单一，将使演艺节目，甚至一些传统艺术渐渐失去市场。比如，二人台艺术根植于民间，对于内蒙古自治区西部地区的中年以上的人群来说比较熟悉和喜爱，在年轻人当中则难以产生共鸣。2006 年，经国务院批准，二人台被列入第一批国家级非物质文化遗产名录，但在市场经济条件下，二人台的生存与发展却处于艰难的境地。如何能针对不同的受众群体创作适合他们需求的亮点，扩大消费者群体是内蒙古自治区演艺市场面临的重要问题。

（三）演艺节目的质量和影响力有待提升

随着文化产业的发展，国家政策的支持，资金的扶持，内蒙古自治区演艺项目日益丰富，然后数量的增长与质量的提升并没有协同发展。近年来，有不少演艺项目获得国级家、自治区级的重要奖项，但真正在全国及国际上具有一定影响力的演艺节目屈指可数。一方面是由于原创能力的不足使内蒙古自治区演艺节目在题材方面受到局限；另一方面作为创作主体的国有院团虽然经过改革转制为企业的，但为了获取政府的各项资助，创作方向仍以政府导向为主，偏重于意识形态领域的正向传播，与真正的市场需求相脱节，这制约着内蒙古自治区演艺产业品牌的塑造和影响力的提升。

（四）与地区及国际合作有待加强

从全国范围来看，内蒙古自治区演艺产业通过加入演艺联盟和院线体制，不管在"引进来"还是"走出去"方面，都有了更好的途径。然而，联盟和院线各成员由于演艺发展规模不同，发展水平有差距，使这样的合作发挥的作用有

限。从自治区范围来看，全区 12 个盟市，除呼和浩特市、包头市、鄂尔多斯市（以下简称呼包鄂）之间联系比较紧密外，东西部其他地方在演艺方面的合作非常有限，不能实现规模化发展，在市场竞争中就难以集聚优势。从全球范围来看，虽然 2013 年呼和浩特民族演艺集团通过与北京天创国际演艺合作实现了在美国的商演终端——美国布兰森白宫剧院成功驻场演出；2015 年通过中国（湖北省恩施市）国际演出交易会，内蒙古自治区作为中国西部演出联盟的下属成员与美国西部艺术联盟签订战略合作协议，但国际合作的薄弱使内蒙古自治区演艺业难以融入全球化进程当中。

（五）地区发展不平衡

内蒙古自治区地域辽阔，12 个盟市的发展水平有明显差距。呼包鄂作为内蒙古自治区金三角地区，经济发展水平走在内蒙古自治区前列。而文化产业的发展，从地区结构看，企业集聚性较强，发展优势明显。全区规模以上文化企业主要集中在呼和浩特市、包头市、鄂尔多斯市，2015 年，三地规模以上文化企业达到 129 家，年末从业人员为 10912 人，实现主营业务收入为 118.90 亿元，拥有资产为 275.13 亿元，分别占全区规模以上文化企业的 56.3%、61.4%、67.6%、82.7%，呼包鄂地区已占五成以上。在文化惠民的投入方面，其也占全区的一半以上。呼和浩特民族演艺集团、包头市文化演艺有限责任公司、鄂尔多斯东胜演艺集团是内蒙古自治区最大的国有独资的演艺企业，在规模、资金、人才、能力等方面都具有明显优势，同时三地具备大型现代化的演艺场所，演艺产品的"引进来"和"走出去"都走在自治区前列。其他盟市演艺产业的发展水平各不相同，与呼包鄂相比还显落后。

（六）演艺行业协会尚未建立

目前，内蒙古自治区的演艺产业管理机构为自治区文化厅艺术处，主要负责制定发展规划，指导艺术创作与生产；扶持舞台艺术精品及高水准院团；组织协调重大文化活动；参与指导艺术表演团体体制机制改革，负责管理社会化艺术考级等工作；负责艺术行业各类社会团体、协会、学会、民办非企业业务指导、管理工作。

作为政府部门，与演艺企业团体之间的对接难免存在问题，就需要由行业协会在中间起桥梁和纽带作用。行业协会可以组织演出行业市场调研，向政府部门提供行业建议；开展演出行业技术、服务标准化的制定和推广工作；制订行业自律规范，调解会员因演出活动发生的纠纷；开展法律咨询服务，维护会员合法权益；组织演出从业人员开展业务交流、业务培训、行业评比和项目推广活动；组织国际国内演出行业交流活动；举办国内国际演出交易会和理论研讨、经验交流等活动，自治区亟待建立演艺行业协会。

（七）民营演艺企业生存艰难

民营文艺团体作为一支重要的社会文化力量，在公共文化服务体系建设中发挥着重要作用。2009年，文化部下发的《关于促进民营文艺表演团体发展的若干意见》明确要求，从政策倾斜、项目审批、资金扶持、表彰奖励、人才培养、宣传报道等10个方面重点扶持民营文化表演团体的发展，为民营文化表演团体发展创造良好的条件。民营文艺团体与市场比较贴近，演出活动也深受群众欢迎，但一般规模较小、不稳定，加之排练演出场馆大都靠租借，在市场竞争中面临着较大的挑战。多数民营文艺团体无法获得政府的资助和扶持，面临着生存发展的困难。

民营演艺场所同样面临着生存困难，如在鄂尔多斯市红极一时的红磨坊演艺大舞台、东方奥斯卡国际演艺广场、千龙休闲娱乐广场等民间演艺机构，逐渐淡出了人们的视线。由于节目质量不高，没有专业的策划营销团队，文化底蕴薄，演出成本费用高，经营压力大，使民营演艺场所难以维继。

（八）创新人才缺乏

人才是演艺产业的核心竞争力之一，演艺节目的创作编排、舞台效果的设计营造、演艺产品的宣传营销、演艺团队的运行管理等都需要专业的人才。然而长期以来，尤其是文化体制改革之前，内蒙古自治区的国有院团作为事业单位靠政府给养，没有创作的激情与动力；民营院团缺乏专业背景，并且受政策环境的诸多限制而对演艺市场信心不足，演艺产品的质量难以保证。虽然近年来情况有所改观，一系列口碑较好的演艺产品走向市场，意味着有越来越多的专业人才在其中发挥了作用，但如何培育和引进创新型人才仍然是内蒙古自治区演艺产业需要解决的问题。

三、"十三五"期间内蒙古自治区演艺产业面临的机遇与挑战

（一）机遇

随着我国文化产业步入高速发展的轨道，处于文化产业核心层的演艺业也借势获得了新的发展动力。2015年，中央和文化部制定多项措施，扶持我国演艺业的发展，对于内蒙古自治区"十三五"时期演艺产业的发展来说，是良好的

机遇。

1. 国家政策及资金的扶持

2015年2月16日发布的《国家艺术基金2015年度资助项目申报指南》要求，在舞台艺术创作资助项目中，突出了对新创作项目的支持，与已有剧目的加工修改提高项目相比，新创作项目的立项率和资助额度都有所提高；扩大了对青年艺术创作人才的资助范围，在2014年资助美术、书法、摄影创作人才的基础上，新增了对戏剧编剧、曲艺文本、音乐作曲和舞蹈、舞剧编舞等方面创作人才的支持；对传播交流推广项目，重点资助在服务基层、服务群众过程中，久演不衰、深受欢迎，产生过较好社会影响的作品在国内的演出，并且要求在国外展演、展示的应是国内有代表性的艺术家群体或一流艺术团体的代表作品；对专业艺术人才、经营管理人才和理论评论人才培养项目，提倡艺术经验的直接传授和在实践中提升创作水平、经营管理能力，鼓励围绕具体创作生产任务出作品、出人才、出效益。

2015年4月8日，由国务院发布的《自由贸易试验区外商投资准入特别管理措施（负面清单）》禁止外商设立文艺表演团体。演出经纪机构属于限制类，须由中方控股（为本省市提供服务的除外）。

2015年4月27日，"文化部全面清理整顿文艺评奖"。全国艺术创作工作会透露，按照中央巡视组反馈意见中提出的问题，根据中央评奖改革工作的有关精神和要求，文化部正全面清理整顿文艺评奖，取消一批、精简压缩一批，总体减少60%以上。取消节庆活动中的文艺评奖项目，加强评论。文化部对保留的中国文化艺术政府奖，减少分项设置和数额，修订评奖办法，严格评奖标准，规范评奖程序，严肃评奖纪律，预防和杜绝各种不正之风。同时制定出台关于严格规范管理文化部机关工作人员从事专业艺术创作和参与文艺评奖工作的有关规定，严格审批程序，严禁借艺术创作之名谋取不正当利益，严禁参加文化部系统主办的各类全国性文艺评奖，严禁利用职务和职权为参评者打招呼、拉选票，干预评奖。同时，建立获奖作品跟踪考核机制，推动获奖作品"走下去"，多演出、常演出。

2015年5月5日，《国务院办公厅转发文化部等部门关于做好政府向社会力量购买公共文化服务工作意见的通知》，其附件《政府向社会力量购买公共文化服务指导性目录》指出，公益性舞台艺术作品的创作、演出与宣传以及民办演艺机构面向社会提供的免费或低票价演出，被列入政府向社会力量购买公共文化服务的目录中。

2015年5月6日，《文化部艺术司关于开展"三个一批"戏曲剧本创作扶持的通知》指出，自2015年起，文化部开展"中华优秀传统艺术传承发展计划"

戏曲专项扶持工作，采取"征集新创一批、整理改编一批、买断移植一批"（以下简称"三个一批"）的办法，出资扶持优秀戏曲剧本创作，建立优秀戏曲剧本共享资源库。资源库中的戏曲剧本将无偿由戏曲表演团体申报使用。通过实施"三个一批"计划，达到培养戏曲编剧人才，凝聚戏曲编剧队伍，积累优秀戏曲剧本的目的，缓解因剧本缺乏制约各戏曲院团艺术创作生产的瓶颈问题。

2015年5月7日，文化部《关于举办2015年度全国演艺企业经营管理人才培训班的通知》指出，2015年5~9月将由中央文化管理干部学院与相关演艺企业联合举办5期全国演艺企业经营管理人才培训班。培训班全部采用"解剖麻雀、以案施训"模式。通过前期方案征集和遴选，文化部政策法规司和中央文化管理干部学院确定了5个联合承办方案。5个单位在所选主题方面的基本情况、成功经验、面临的问题、未来发展思路相对明确，执行方案较为成熟。培训班将邀请专家与培训班学员一起实地了解、共同研究案例，从案例提供方的探索实践出发，采用研讨为主、讲授为辅的模式共同探讨企业发展方向和问题解决方案，为学员触类旁通地解决自身企业面临的问题启发思路。

2015年7月11日，由国务院办公厅发布的《关于支持戏曲传承发展的若干政策》指出，从加强戏曲保护与传承、支持戏曲剧本创作、支持戏曲演出、改善戏曲生产条件、支持戏曲艺术表演团体发展、加强人才培养和保障机制、加大戏曲普及和宣传7方面，对促进戏曲繁荣发展做出了明确的规定。

2015年7月14日，《文化部关于开展全国地方戏曲剧种普查工作的通知》要求，通过普查，全面掌握我国各地区、各民族戏曲剧种的数量、形成发展历史、艺术特点、分布和流传地区、演出团体、人才状况、演出剧目、生存现状等，实现各级文化行政部门对各地戏曲文化资源的动态化、科学化管理，更好地促进戏曲艺术繁荣发展。

2015年8月11日，《文化部办公厅关于开展"中华优秀传统艺术传承发展计划"民族音乐舞蹈专项扶持工作的通知》要求，为贯彻落实《丝绸之路经济带和21世纪海上丝绸之路建设战略规划》，推动"一带一路"相关主题创作，2015年中国民族音乐舞蹈扶持发展工程将重点资助国内艺术院团、艺术机构赴"一带一路"沿线地区进行采风和体验生活，收集、提炼、加工当地的民族音乐舞蹈素材，汲取艺术营养，创作演出一批"一带一路"主题剧（节）目。受资助单位须在项目立项后一年内，创作、演出一部"一带一路"主题剧（节）目。相关剧（节）目自首演之日起，两年内的演出场次须不低于30场（次）。

2015年11月16日，《文化部办公厅关于开展戏曲剧本孵化计划项目申报工作的通知》要求，本项目扶持30部原创大戏和30部原创小戏。其中，小戏必须是独立成篇的完整戏曲作品（不含小品）。申报作品必须是现实题材戏曲现代戏，内容要求聚焦中国梦的时代主题，培育和弘扬社会主义核心价值观，传承和弘扬中华优秀传统文化，体现艺术创新。各戏曲企业在申报时需完成项目策划、剧本创意提纲创作等前期工作，获得资助后，小戏项目能够在 2016 年 4 月 30 日前完成创排演出，大戏项目能够在 2016 年 4 月 30 日前完成剧本创作。

2. "一带一路"背景下的新机遇

"一带一路"倡议提出以来，沿线国家特别是中蒙俄的交流合作不断深化。国家提出要坚持共商、共建、共享三大基本原则，除了与各国贸易互通外，还有一个很重要的方面就是文化的传播与交流，要与沿线国家建立更加紧密的文化关系，推动中西方文化的交融与发展。内蒙古自治区作为中国与俄蒙联通的前沿阵地，演艺产业的发展尤其是旅游演艺迎来了新的机遇。

"一带一路"背景下，自治区政府提出要加强文化交流，坚持政府主导、市场运作、社会参与，定期参加俄罗斯、蒙古等国举办的文化周、文化日等大型文化交流活动，并与俄罗斯、蒙古国建立长效的合作机制。

2014 年 9 月，习近平主席在出席中蒙俄三国元首会晤时提出，共建"丝绸之路"经济带倡议，把"丝绸之路"经济带同俄罗斯跨欧亚大铁路、蒙古国草原之路倡议进行对接，打造中蒙俄经济走廊。面临"一带一路"宝贵的发展机遇，内蒙古自治区旅游发展委员会通过搭建合作平台、举办促销交流活动、加强合作保障等多种途径，积极推进与俄罗斯、蒙古两国地区旅游务实合作。2015 年 9 月，"沪皖内蒙古旅游合作交流签约仪式暨联合推介活动"在上海市举办。三地旅游局负责人签署了《旅游合作框架协议》，未来三方将本着"资源共享、优势互补、相互支持、互利共赢"的原则，在深化旅游合作机制、打造区域旅游形象、开发区域旅游精品、加强旅游监管互动等方面加强合作，在国家"一带一路"倡议框架下共同强化区域旅游合作。合作旨在打通俄蒙大通道、联动长江经济带、贯通海上"丝绸之路"，成为采用跨区域合作形式落实国家战略的新尝试。2015 年 10 月 17 日，包括内蒙古自治区在内的 30 余家"一带一路"沿线城市开始联合组建"一带一路"城市旅游联盟，该联盟旨在旅游发展、节庆活动、旅游品牌培育、旅游市场开发、旅游客源互送、媒体宣传和国际交流等方面开展合作，将全方位推动"一带一路"沿线城市经济社会发展和文化旅游交流。"一带一路"沿线国家及地区旅游合作的加强，使旅游演艺未来的潜在市场大大扩展，演艺项目的打造、技术的创新、理念的融合等也将会有新的突破。

2015 年 4 月，文化部文化产业司下发了《2015 年度特色文化产业、"丝绸之路"文化产业和藏羌彝文化产业走廊重点项目名单》，26 个项目入选为 2015 年度"丝绸之路"文化产业重点项目。这 26 个项目涵盖了文化产业基地、旅游服务平台、文化创意产业、文化演艺等多个方面，涉及内蒙古自治区、广西壮族自治区、海南省、陕西省、甘肃省、青海省、宁夏回族自治区和新疆维吾尔自治区8个省（自治区）。内蒙古自治区呼和浩特民族演艺集团有限公司的大型民族舞台剧《马可·波罗传奇》列入名单中。《马可·波罗传奇》中体现的文化交流与文化包容，与"一带一路"的思想和理念相当契合，2015年8月《马可·波罗传奇》远赴匈牙利布达佩斯、意大利米兰演出，肩负着传播草原文化、打造文化交流新名片、践行"一带一路"倡议构想的重要使命。未来内蒙古自治区演艺业将以"一带一路"作为发展的新契机，更快地走出国门，走向世界。

（二）挑战

1. 如何满足群众日益增长的文化需求和多元化的审美情趣

随着经济的发展，群众生活水平的提高，文化消费日益成为生活中必不可少的一部分，并且呈现不断增长趋势。内蒙古自治区首府呼和浩特市"十二五"期间，居民收入稳步提升，为扩大文化消费需求提供了可能。呼和浩特市城镇居民人均可支配收入由2010年的25174元增加到2015年的37362元，年均增长10.6%；城镇居民人均消费支出由2010年的16624元增加到2015年的26547元，年均增长9.8%。其中，文化娱乐支出2015年达1643元，年均增长8.0%。数据表明呼和浩特市城镇居民文化消费需求提高，文化消费市场成长空间相对较大[①]。

文化产品的多元化及群众审美情趣的提高是演艺产业面对的严峻挑战。已经在市场上树立起品牌的演艺产品，各地会群起模仿，如大型实景演出遍地开花，观众很快出现审美疲劳；刚刚推入市场的新产品，如何精准把握观众的需求，获得观众的认可，又是摆在演艺企业面前的难题。内蒙古自治区作为演艺业相对落后的地区，文化消费市场、消费需求的新变化对演艺产业的发展提出更高的要求。

2. 如何在国内演艺市场树立自己的品牌

一个地区的演艺产业想要做大做强，依靠自己的单打独斗很难成功。为了在国内市场占据一席之地，内蒙古自治区演艺产业通过演艺联盟和院线机制的规模化、品牌化、集约化来实现自身的发展。面对能够走进市场创造票房利润的演艺产品还相当匮乏的情况，在经济上还属欠发达地区的西部，联盟的方式不失为推进当前演艺产业化、规模化发展的一个最优选择。目前，内蒙古自治区加入的西部演艺联盟，由于地理位置、交通、经济等原因，其规模效应还有待呈现。

加入知名院线是内蒙古自治区演艺业扩大知名度与争取市场份额的又一举措，但到目前为止，只有呼和浩特乌兰恰特大剧院与保利集团有合作。如何通过

---

① 呼和浩特文化产业"十二五"发展回顾及"十三五"展望 [EB/OL]．内蒙古文化产业网，2017－02－18．

"合纵""连横"在国内演艺市场树立自己的品牌，争取向演艺业发展好的地区靠拢，是今后内蒙古自治区演艺业面临的又一挑战。

3. 如何应对激烈的国际市场竞争

胡锦涛同志在党的十七大报告中明确指出："当今时代，文化越来越成为民族凝聚力和创造力的重要源泉，越来越成为综合国力竞争的重要因素。"任何一个国家要想在激烈的国际竞争中赢得主动，就必须在不断提升经济实力、科技实力和国防力量的同时，大力提高国家的文化软实力。

随着全球竞争的加剧，文化软实力成为各国争夺的高地。演艺产业作为文化产业的重要组成部分，在对外交往、交流中，体现着一个国家、地区、民族的文化实力。《马可·波罗传奇》成功打开了美国及欧洲市场，在充分展现蒙古民族特色文化的基础上，正式完成了由地区性的民族文化产品向国家文化符号的转变，同时也对内蒙古自治区演艺产业提出了更高的要求，如果不能代表国家水准，很难在国际演艺市场立足，因而内蒙古自治区演艺产业"走出去"，任重而道远。

四、加快内蒙古自治区演艺产业发展的对策建议

"十三五"期间，内蒙古自治区应紧紧抓住难得的发展机遇，积极实施"八大工程建设"，推进演艺产业健康发展。

（一）实施演艺市场培育工程，规范演艺市场

内蒙古自治区演艺市场的种种乱象，已经成为迫在眉睫需要解决的严峻问题。通过有效手段，规范及培育健康的演艺市场，是进一步挖掘市场潜力，繁荣演出文化的重要途径。

首先，政府作为支持演艺产业的主要角色，应该发挥能动作用，与相关部门沟通，制定相应的文件，简化审批程序，减少演艺活动受到的阻力，针对商业演出给予适度的空间和相应的支持，引导演艺市场均衡发展，让群众享受更多的精彩演艺大餐。

其次，演出商要控制门票价格，保证价格符合大多数人的消费水平，保证售票不打折、不减价，保证所有消费者的平等权益，使消费者对演艺市场建立起信心，养成自觉购票的良好习惯。

最后，要正确认识群众对文化消费的需求，其文化消费能力和诉求还需培育，从儿童演艺市场入手，可以找到突破点。创作或引进符合儿童年龄特点的演艺节目，同时注重舞台效果带来的视觉享受，从小培养儿童走进剧场的消费习

惯，接受艺术熏陶，为未来演艺消费市场的受众打好基础；同时儿童的消费会带动整个家庭，对于家长观看兴趣的培养和消费习惯的建立有良好的促进作用。

（二）实施文化消费引导工程，扩大消费者群体

不同的地域、年龄、职业、受教育程度的人群对文化的喜好千差万别，演艺市场的细分是吸引更多消费者的重要手段。确定了主要的目标消费群，就可以量身定做具有差异化的演艺产品，推行特色的演艺市场营销策略；根据多元化目标群，实施多阶位市场定价，满足不同年龄段、不同职业、不同性别、不同学历层次人群的多元化文化诉求。

具体实施当中，一方面，针对受众诉求比较一致并且特别鲜明的演艺节目，要做精做细，加强观众的认同，稳定消费者市场。如二人台，观众喜欢的就是它的本土气息，不管从语音、唱腔还是故事情节，都极大地贴近观众生活，除了演绎传统剧目外，还要与时俱进地加入百姓身边发生的新鲜事，这样会增加受众的忠诚度和满意度。另一方面，针对受众诉求呈现分化状态的演艺节目，要综合不同受众的特点，找到能让他们产生共鸣的平衡点。如在传统艺术中加入现代化技术手段，既能为偏向老龄化的、喜欢传统艺术的观众带来艺术享受，又能让年轻一代通过炫酷的舞台、宏大的场景的视觉体验感受文化的魅力。再如儿童剧，其受众既包括儿童，也包括陪同儿童观看演出的家长，容易理解的故事情节和可爱的人物造型是吸引儿童的主要原因，而美轮美奂的舞美效果和所蕴含的教育意义则是家长的主要看点所在。

（三）实施演艺品牌塑造工程，打造演艺精品

演艺产品会在不同的地域文化背景中展示，因此对演艺节目的创作提出了更高的要求。用创意推动原创演艺作品的生产，实施演艺产品的初演、筛选、改进、创新、完善是打造演艺精品，塑造演艺品牌形象的关键所在。

呼和浩特民族演艺集团打造的《马可·波罗传奇》在美国布兰森市白宫剧院驻演3年，又获邀赴欧洲匈牙利夏季艺术节及意大利世博会中国馆"内蒙古主题活动日"进行演出，其成功走出国门的一个重要因素就是马可·波罗本身的国际知名度与浓厚的蒙古族文化特色的结合，对于观众来说，既有熟悉的人物和熟悉的游历活动背景，又有新颖的异族民族文化的呈现，其接受度和认可度就会较高。

内蒙古自治区演艺产业在今后的发展中，要着重对音乐、舞蹈、杂技、戏曲等传统文化的融合，同时要加入创意文化元素与现代科技手段，还要兼顾对不同地域受众的文化背景进行改进与创新，才能真正在市场上树立自己的品牌形象。

(四) 实施演艺产业"走出去"工程，加强对外合作交流

内蒙古自治区演艺产业在与区内、国内、国际的交流合作方面已经做出了努力，今后还需要进一步加强。首先，尝试建立自治区内的演艺联盟，如呼包鄂演艺联盟，充分发挥呼包鄂金三角的经济优势、地缘优势、资源优势，实现演艺产业的规模发展，条件具备的情况下建立全区演艺联盟，带动演艺业相对落后的地区发展；其次，发挥西部演艺联盟的作用，与联盟成员互通有无，取长补短，积极创作精品演艺项目，积极引进和推出精品演艺节目，提升知名度与竞争力；最后，通过全球化的采购，吸引海外精品文化和高端艺术进入内蒙古自治区市场，吸引国际知名艺术家来演出，通过观摩提高自身能力。探索建立国际化的演艺联盟，围绕"一带一路""向北开放"发展战略，依托"草原丝绸之路""万里茶道"的历史渊源优势，加大与俄蒙文化交流力度，与海外演艺机构建立长效合作机制，积极创作具有代表性的高端演艺产品，并推向国际市场，树立起自己的文化品牌。

(五) 继续深化演艺企业改革工程，适应市场需求

从宏观角度来说，政府要理顺与演艺企业之间的关系，实现管理理念从办文化为主向管文化的转变。对于演艺企业能够进行市场化动作的应由市场主导其发展，对于处于濒危状态的优秀民族文化和传统民俗文化、公众急需的文化演艺活动应给予重点扶持。在指导推进国有演艺企业改革深化的同时，也支持民营演艺企业通过改革来盘活并且实现长久的发展。

针对国有文艺院团，要在政府扶持的基础上，逐步走市场化道路，也就是要走从公益性文化事业单位转向经营性文化事业单位，再转向演艺企业的道路。政府对国有演艺企业的扶持从投入资金、财政补贴到购买产品要有侧重，促使企业积极创作演艺精品，唯有如此才能获得政府扶持，同时演艺院团内部要实行激励和竞争机制，进一步激发国有院团的活力，发挥其公共文化服务的职能。国有院团应始终贯穿改革精神，在市场竞争中不断探索适合自身的发展道路。

政府对民营演艺企业要实行与国有演艺企业相同的待遇，建立公益性文化项目、大型产业项目政府采购和招标制，鼓励民营文化产业参与文化市场竞争，优化民营演艺企业的发展环境。针对民营院团来说，要积极与国有文化企业的合作，把企业的灵活机制和自有资本同国有文化企业的丰富资源结合起来，盘活存量，扩大增量，共同做大、做强。同时民营演艺企业自身也要与市场对接，根据市场需求在经营方式、演出形式方面进行调整，可以利用其与民间艺术贴近的优势，将民间艺术或非物质文化遗产资源作为艺术创新的基础，走出一条特色发展

之路。

（六）实施演艺产业创新工程，提升演艺水平

演艺企业改革创新。国有文艺院团在体制机制改革方面要实现创新，体制改革的内容主要是政府与院团之间的关系，方式是政府主动放权，政府的放权程序决定了院团改革的深度。政府放权后，对院团主要通过政策、资金等的扶持来推动其发展。在扶持手段方面除了现有的项目资助、评奖评优、政府购买、补贴等方面外，还应探索新的方式，尽可能以激发企业活力及自主创新能力为目标，避免行政干预及减少企业对政府的依赖，促使院团的艺术创作由政府导向转变为市场导向。机制改革的内容主要是转制院团和市场之间的关系，院团的角色要从意识形态领域转变为市场主体，在兼顾社会效益的同时以经济效益为目标，按照企业的发展规律来运行。院团内部要强化竞争机制，转变用人模式，推行全员聘任制和岗位管理制，做到公开招聘、平等竞争、择优录用；分配制度要创新，形成绩效挂钩、多劳多得、优劳优酬的分配机制。只有将院团成员的利益与企业利益捆绑在一起，才会增强其忧患意识和主观能动性，激发创造力，使转企院团向真正意义上的市场主体转型。

演艺项目内容创新。演艺节目的核心吸引力是内容，在群众文化需求越来越高的背景下，内容创新成为演艺产业发展的强大动力。传统文化艺术与现代流行元素的结合、文化内涵与先进技术的结合、民族记忆与国际视野的结合都是内容创新的有效途径。内容创新不能一蹴而就，也无止境，需要根据市场的变化、受众的需求、环境的影响持续不断地进行，才能使优秀的演艺节目永葆生机。

演艺传播手段创新。演艺节目以现场表演与现场观看为主要方式，但在传播手段方面可以通过数字化方式，充分利用互联网与新媒体扩大影响范围与受众范围。在可能的条件下由演艺企业自己组建专业的海外发行公司，或收购外国人现有的发行公司，也可以依托其他行业有实力的跨国公司已经建立起来的国际销售网络，推广自己的演艺产品。

（七）实施演艺产业信息化工程，建立信息共享平台

演艺产业的发展离不开交流、合作与研究，因而信息化是必然选择。首先，内蒙古自治区应该成立自己的演艺行业协会或联盟，组织相关专家学者对国内外演出市场进行调研，通过大数据的分析研究，精准把握市场形势，助力自治区演艺团体"走出去"、走得稳、走得远；借助国内演艺联盟，打造信息收集、共享和分析平台，借助国际演艺联盟与"一带一路"沿线国家实现资源共享，为演艺精品的打造、国内国际的演艺合作奠定基础。其次，通过演艺的方式挖掘整理

优秀传统文化艺术，推进数字化保存和传播，同时开辟线上演艺平台，实现多渠道传输、多平台展示、多终端推送，线上线下融合发展的新局面。最后，通过举办演艺论坛，对演艺产业发展的经验进行总结，与演艺产业发展先进地区进行交流，对今后演艺产业的发展趋势与方向进行分析预测，积累形成演艺产业研究数据库，推动演艺产业的科学发展。

（八）实施演艺人才培养工程，多途径培育创新人才

人才培养尤其是创新型人才培养需要社会各方的共同努力，并且需要长久持续地进行。首先，可以通过校企合作建立有效的沟通平台。校企合作一方面可以为艺术院校学生提供校外实践基地，另一方面也为演艺企业在提高编创、理论学习、培训、演出交流等方面搭建了良好合作平台。其次，可以由演艺联盟组织、行业协会牵头建立专门的产学研基地，并且积极争取与海外知名演艺机构及院校的合作，共同进行人才开发。再次，可以开展专业文艺院团、艺术院校对基层公共文化机构、群众文艺团队结对帮扶活动，开展艺术辅导，提升群众文艺工作水平。复次，推进多种演艺活动尤其是高雅艺术表演进校园，抓好传统文化教育成果展示活动，通过艺术熏陶吸引策划、经营、管理专业的相关人才加入演艺行业。最后，要引进人才，建立和完善良好的用人机制和保障机制，使高端专业人才能够真正在演艺行业发挥作用。

第十章

内蒙古自治区文化产业辅助产业发展报告

依据中华人民共和国国家统计局《文化及相关产业分类（2012）》规定，文化及相关产业是指为社会公众提供文化产品和文化相关产品的生产活动的集合。其中，文化产品生产的辅助生产主要内容有版权服务，包括知识产权、版权服务；软件服务；印刷复制服务，包括书、报刊印刷，本册印制，包装装潢及其他印刷，装订及印刷相关服务，记录媒介复制；文化经纪代理服务，包括文化娱乐经纪人，其他文化艺术经纪代理；文化贸易代理与拍卖服务，包括贸易代理，文化贸易代理服务；拍卖，包括艺（美）术品、文物、古董、字画拍卖服务；文化出租服务，包括娱乐及体育设备出租，视频设备、照相器材和娱乐设备的出租服务，图书出租，音像制品出租；会展服务，包括会议及展览服务；其他文化辅助生产，包括其他未列明商务服务业，公司礼仪和模特服务，大型活动组织服务，票务服务。

一、"十二五"期间内蒙古自治区文化产业辅助产业发展的背景

由中国人民大学创意产业技术研究院发布的《中国省市文化产业发展指数（2016）》的数据表明，中国省市文化产业的均值达到了73.71，比2015年的73.65略有上升，文化产业发展态势是保持上升的。从增速来看，2016年指数增速相对2015年基本持平。从综合指数排名来看，北京位列第一。从各省市文化产业影响力指数排名来看，东部地区文化产业经济影响和社会影响比较明显，前十名的省市区中，就有7个来自东部沿海发达地区。从增速看，辽宁省、贵州省、甘肃省、内蒙古自治区、广西壮族自治区分列影响力增长率前五名。

目前，内蒙古自治区文化产业体现为骨干企业支撑，多元市场主体逐渐进入的格局。在自治区文化龙头企业的带动下，中小文化企业大多实现了转制和重组，重组后的文化企业集团发展迅速，许多转制后的文化集团公司不断推进多元化发展、促进产业链条完善，成为内蒙古自治区文化产业的领头羊，为内蒙古自治区文化产业发展奠定了良好的基础。随着文化市场资本多元化的逐步形成，自治区的文化产业发展迎来了绝好时机。

"十二五"期间内蒙古自治区政府保障文化市场安全稳定有序运行。自治区政府以"文化市场北疆稳定工程"为统领，大力推进文化市场技术监管与服务平台应用、着力提升文化市场管理执法能力、积极推动文化市场经营场所转型升级，确保文化市场的安全稳定有序。一是全面加强法制宣传教育，组织开展了文化市场法制教育宣传日、知识产权保护宣传周、安全生产法制宣传等系列法制宣传教育活动，培育文化市场法治氛围。二是全面加强市场监督检查，出台了对文化市场综合执法《内蒙古自治区民政厅"双随机一公开"执法检查工作实施细则（试行）》，加大了事中、事后监管力度。相继出动执法人员463249人次，开展了文化市场交叉执法检查和安全生产检查活动，并对文化市场北疆稳定工程责任目标完成情况进行了考评验收。行政审批和执法业务全部通过全国文化市场技术监管与服务平台在线办理。三是全面加强诚信体系建设，积极落实文化市场经营"黑名单"制度，对上网服务场所和娱乐场所实行分级管理，促进文化市场健康规范发展。四是全面推动上网服务场所转型升级。上网服务场所转型升级由2015年的120家扩大到全区所有上网服务场所，场所环境、经营业态和服务质量明显改观。在试点基础上，启动了娱乐场所转型升级工作。五是全面加强执法队伍建设，相继开展了行政审批培训、执法业务培训等，培训人员达1393人次。通过与上海市开展对口交流、平台在线学习考试，全方位提升了行政执法人员业务素质。六是全面落实文化市场政策，先后组织对文化市场政策法规落实情况和

行政审批规范化建设情况进行了调研督查，各类政策文件落实情况较好，行政审批服务水平有较大提高。开展了 2015～2016 年度全区文化市场重大案件评选活动，有 3 宗案件被文化部评为 2016 年全国文化市场重大案件。

（一）版权服务

2010 年 6 月颁布实施的《内蒙古自治区版权管理办法》以邓小平理论以及"三个代表"重要思想为统领，以构建"两型"社会为主线，以增强自主创新能力为动力，以推动经济社会全面发展为目标，以促进多民族文化共同繁荣为重点，全面促进内蒙古自治区版权保护工作整体进程的推进。具体原则包括坚持国家统领，并且富有地方特色的原则；坚持创新，赋予版权保护以时代特征的原则；坚持与经济发展水平相适应的原则；坚持各方面利益平衡的原则。

同时，为贯彻落实《国务院关于新形势下加快知识产权强国建设的若干意见》（国发〔2015〕71 号）精神，深化知识产权领域改革，推动创新发展，加快知识产权强区建设，结合内蒙古自治区实际，提出《内蒙古自治区人民政府关于加快知识产权强区建设的实施意见》。一是要推进知识产权管理体制机制改革，研究完善知识产权管理体制；加快培育知识产权服务业；逐步建立重大经济活动知识产权评议制度；建立以知识产权为重要内容的创新驱动发展评价制度。二是要推动区域知识产权协调发展和对外合作。打造呼（呼和浩特市）包（包头市）鄂（鄂尔多斯市）自治区知识产权创新改革示范区，推动区域知识产权协调发展，提升知识产权对外交流与合作水平。三是要实行严格的知识产权保护。加大知识产权保护和侵权行为惩治力度，加大知识产权犯罪打击力度，加强知识产权维权援助与举报投诉体系建设，加强知识产权法律服务和法律保障，提升企业创新创造能力，发挥高校和科研院所知识产权创新创造作用，促进知识产权转移转化，加强知识产权信息开放利用。四是要加强组织实施和政策保障。加强组织领导，加大财政支持力度，加强知识产权专业人才队伍建设，加强宣传引导。

（二）软件产业

软件开发主要分两类，一类是通用软件开发，另一类是软件定制服务。未来国内信息科技和产业（IT）的企业将需要大量的通用软件开发人才。同时，针对各行各业的软件定制服务也将对软件人才提出更高的要求，达到从业人员能够设计适合行业特征的软件。从中国软件产业市场发展的进程来看，目前还处于起步阶段，其与发达国家相比，还有一定的距离。

随着经济全球化的进一步推进，中国软件业将面临更加广阔的国际市场以及前所未有的发展机会。近年来，国内的一些软件企业积极进入国际市场，在不同程度上参与国际竞争，尤其是在软件外包方面取得了一定的效果，中国作为WTO的正式成员，国内软件企业"走出去"必将获得在国际市场发展的机会，"走出去"是大势所趋。在目前不断变化的环境中，数字化创新、"工业4.0"以及聚合三个主要的技术发展趋势正在推动软件行业的持续发展，并创造出更智能、更精简和更好用的软件。

2015年，中国软件收入占GDP比重将近4%，自2000年以来中国软件业持续高速发展，2000～2012年，中国软件产业收入增长44倍，年均复合增长率约为37%。而近10年，全球软件产业的平均增长率在7%左右。2012年，全国软件产业规模达2.48万亿元，同比增长31.5%；2012年1～7月，全国软件产业规模达1.66万亿元，同比增长23.8%，中国软件服务业收入赶超欧盟，位居全球第二；到2015年，全国软件收入达4万亿元，占GDP的比重接近4%，软件产业将从目前的战略性新兴产业跻身国家战略支柱产业。高速增长也使软件产业迅速形成聚集效应。据了解，目前全国软件业务收入排名前20位的城市，占据全行业近九成的业务收入，其中北京市、上海市、南京市、济南市等11个软件名城及软件创建城市，占全国软件收入的65%。软件产业也已成为这些城市的战略支柱产业。截至2016年12月底，国产软件概念股共35只，2016年1～12月国产软件概念股累计成交量为9.61亿元。

中国软件和服务外包产业历经了十多年的快速发展，但最近几年整个产业面临着前所未有的挑战。中国软件和信息服务业网对外包行业里主要企业的调查结果显示，影响产业发展的主要因素是人才成本、甲方业务需求的减少以及汇率。外包企业的主要成本是人力，近年来，国内人力成本普遍上涨，软件和信息服务业表现得尤为突出。2017年5月27日，国家统计局公布了2016年不同岗位的平均工资水平。2016年城镇非私营单位职工年平均工资数据显示，信息传输、软件和信息技术服务业持续快速发展，平均工资为122478元，比上年增长9.3%，平均工资水平首次超过金融业排名各行业门类首位。另外，软件和服务外包行业吸引力在逐渐下降，很多中、高端人才流向了互联网和其他新兴产业，这又间接抬高了企业的用人成本。

国家对发展软件和服务外包产业仍然高度重视。根据工业和信息化部的统计，2016年全国软件和信息技术服务业完成软件业务收入4.9万亿元，全国软件业实现出口519亿美元。中华人民共和国工业和信息化部发布的《软件和信息技术服务业发展规划（2016～2020年）》提出，到2020年业务收入突破8万亿元，软件出口超过680亿美元，软件从业人员达到900万人。目前，中国服务外包产业承接的离岸服务外包规模已稳居世界第二位，对稳增长、调结构、促就业的作用不断增强。2016年5月5日，商务部、发展改革委等联合发文新批了10个中国服务外包示范城市，其城市数量达到 31 个。《国际服务外包产业发展"十三五"规划》提出，到 2020 年中国企业承接离岸服务外包合同执行金额超过 1000 亿美元，年均增长 10% 以上。

软件行业应该重视"互联网＋""中国制造 2025"以及"一带一路"蕴藏的巨大发展机遇。制约中国软件和服务外包产业发展的因素是企业的品牌影响力不足，行业里缺乏有国际影响力的品牌。2017 年 4 月 24 日，国务院发文决定将每年的 5 月 10 日设立为"中国品牌日"。在国务院发布的《进一步鼓励软件产业和集成电路产业发展的若干政策》中，特别强调了中国软件产业要"加强品牌建设，增强竞争力"。《软件和信息技术服务业发展规划（2016～2020 年）》中多次提到要"不断提高新型产品和服务的市场占有率和品牌影响力""加快软件和信息技术服务出口，打造国际品牌"。《国际服务外包产业发展"十三五"规划》也提出"培育一批具有国际先进水平的骨干企业和知名品牌"。为了提升企业的品牌意识，中国软件和信息服务业网在 2017 年 8 月 25 日举办了"2017（第三届）中国软件和信息技术服务业品牌大会"，这个在行业里唯一以品牌为主题的大会之前已成功举办过两届。

（三）印刷复制服务

数据显示，中国印刷业总规模目前已位居全球第二。"十二五"期间，中国印刷业总产值由 8677.1 亿元增长到 11246.2 亿元，年平均增长率为 7.9%，整体规模居全球第二位。

国家新闻出版广电总局 2017 年 4 月印发的《印刷业"十三五"时期发展规划》（以下简称《规划》）明确提出，到"十三五"期末，绿色印刷产值占印刷总产值的比重超过 25%，数字印刷的年复合增长率超过 30%。

然而，中国印刷业产业集约程度仍然不高，缺乏具有国际竞争力的标志性骨干企业。《规划》提出，到"十三五"期末，规模以上重点印刷企业的产值占印刷总产值的 60% 以上，培育若干家具有国际竞争力的大型印刷企业集团。

《规划》明确提出了"动力逐步转换"的发展目标。"十三五"期间，印刷业绿色化、数字化、智能化、融合化水平显著提高，并成为新的增长引擎。到"十三五"期末，绿色印刷产值占印刷总产值的比重超过 25%，数字印刷的年复合增长率超过 30%，智能印刷逐步推广，培育建设一批国家级创新研发中心。《规划》布局了 8 项重点任务，包括：加快实现创新驱动，打造发展新引擎；坚持绿色发展道路，增强绿色印刷实效；推动数字网络化发展，提升智能化水平；引导扩大产业生态圈，延伸跨界融合领域；提升示范特色影响力，促进辐射引领发展；提升产业国际竞争力，加快"走出去"步伐；加强产业标准化建设，完善质量管理机制；完善监管服务机制，维护有序竞争环境。

国家新闻出版广电总局同步印发的《光盘复制业"十三五"时期发展指导意见》提出，"十三五"期间，光盘复制业逐步形成以 5～8 家国家光盘复制示范企业为主体、其他企业为补充的产业格局；光盘复制产品市场抽查质量合格率不低于 90%，建立大容量光存储技术研究应用体系，使光存储技术升级、大容量光盘复制生产能力适应多样存储市场的需求。

（四）文化经纪代理服务

文化经纪代理市场是经纪市场的一个分支，同时也是文化市场体系的一个细分市场，是文化市场和文化产业发展的必然结果。伴随着文化市场的繁荣和文化产业的发展，文化产品作为商品进入市场，文化经纪公司和经纪人通过为文化商品生产者和消费者双方提供中介服务，促成文化产品交易。在内蒙古自治区文化经纪代理市场上从事交易与管理活动的主要有文化经纪公司、经纪人、文化商品生产者、文化商品消费者、政府以及行业协会。近年来，中国文化产业发展迅速，规模不断扩大，成为中国国民经济新的增长点。随着《文化产业振兴规划》和国家"十二五"规划等政策的颁布，中国文化产业进入快速发展阶段，为文化产业提供中介服务的文化经纪代理市场也将快速发展。《国家"十一五"时期文化发展规划纲要》提出，"发展文化经纪代理、评估鉴定、技术交易、推介咨询、担保拍卖等中介服务机构，引导其规范运作，向品牌化、专业化方向发展"。现阶段，文化经纪代理业务几乎涵盖了中国文化产业中的所有门类，门类多、领域宽、内容丰富，其中，出版经纪代理、演出经纪代理、影视经纪代理、艺术品经纪代理等领域发展迅速，在文化经营活动中发挥着重要作用。

文化经纪代理市场日益活跃，经纪业务量呈上升趋势。中国文化经纪代理市场自 20 世纪 80 年代起步以来，经历了 30 多年的发展历程，发展势头日益活跃，经纪业务量呈波动上升趋势，2008 年，中国文化经纪业务量达到 15.94 亿元，首次突破 10 亿元大关，2009 年，文化经纪业务量达到 56.50 亿元，创近 5 年来的文化经纪业务量新高。

文化经纪人总数增长，以个体经纪人为主。中国文化经纪代理市场的文化经纪人类型主要包括个体经纪人、合伙经纪人、经纪公司、兼营经纪人及其他组织 5 种形式。总体上，内蒙古自治区经纪人总数呈增长态势，合伙经纪人、经纪公司发展快速，个体经纪人已占文化经纪人主体地位。

文化经纪行为进一步规范。在文化经纪代理市场上，文化经纪人的经纪行为进一步规范，文化经纪代理市场主要存在经纪合同中未附经纪执业人员签名、未在经营场所明示经纪执业人员情况、无照从事经纪活动、对经纪的商品或服务做引人误解的虚假宣传等不规范问题。

（五）文化产品生产

中国国内文化用品产业经过几十年的整合发展，逐步形成了生产、流通、消费三级产业链结构。传统的各级间相互分离、互不交叉的局面已经被打破，文化用品行业正在经历从产业链同一环节内部竞争到全产业链上综合实力竞争的发展过程。其中，生产环节主要由众多的文具用品生产企业构成。目前，国内的文化用品流通环节基本表现为三级渠道模式。第一层级是以北京永外城为代表的一级渠道，其中包括永外城以外的厂家代表或办事处、区域总经销或总代理等。第二层级是以小商品市场为代表的二级渠道。第三层级是终端渠道，包括以普通超市和商场为代表的综合零售渠道，以史泰博、欧玛特为代表的专业零售渠道，街头或写字楼底商的文具店等。文化用品产业的发展趋势主要体现在以下几点：

第一，生产商加快向产业链下游扩张。随着文化用品生产企业规模的扩大以及生产集中化的发展，在激烈的竞争中具有一定规模与知名品牌的生产企业逐步脱颖而出，大生产商地位不断增强，文化用品生产呈现集中化发展趋势。通过集中发展大生产商的地位更加得到巩固，贝发、晨光等数十家知名生产企业占据了绝大部分的文化用品市场份额。生产商实力的增加使其对渠道的控制能力不断增强，并由此打开了生产商整合产业链的开端。文化用品生产商通过对渠道商严格的资质审核等方式积极加强渠道管控，同时向产业链下游进行扩张，整合流通环节，自上而下从一级渠道直至终端销售渠道，通过产业链扩张方式实现对渠道的严格控制，乃至最终实现控制文化用品全产业的目的。下面是几种典型的生产商产业链整合模式：

晨光模式。晨光文具股份有限公司实现产业链整合主要依靠向产业链终端扩张，构建自有零售终端完成。通过品牌店、样板店等模式，使零售商直接加盟成为晨光的终端销售渠道，目前晨光已经在全国各地设立了超过3.5万家直控零售终端。

得力模式。与晨光扩张至产业链终端发展不同的是，得力集团主要向产业链中游扩张，通过控制流通渠道来控制产业链。目前得力的一级渠道系统由遍布全国主要省会城市的30家分公司组成，而为快速响应渠道伙伴的服务需要，得力文具在中国主要省份城市均设立了协销推广体系、仓储配送体系及资金结算体系。

贝发模式。贝发集团股份有限公司是第一个明确提出全产业运营概念的公司，其目标是"从单一制造向综合文具供应链转变、从出口制造型企业向国际化品牌企业转型"，打造"中国文具供应链运营商第一品牌"。贝发主要通过并购、收购、投资、控股、合作等手段对文具产业链进行整合，带动上下游企业为其所用，实现全产业扩张的发展目标。

第二，批发商发展壮大对市场依存度降低。过去文化用品批发商规模较小，很多批发商是个体商户，对批发市场依赖程度较高。批发商主要存在于各级批发市场之中，以摊位销售作为主要经营方式，具有对渠道控制能力弱，不具备多种类商品的组货能力的特点。现今批发商逐渐两极分化，其中，具备较强实力的批发商，一部分升级为生产商的总代理、总经销，成为一级渠道商，另一部分寻求建立经销商品牌，通过整合产业链向上游集中采购、向下游掌控集团采购渠道，以大客户营销及服务作为其主营业务，成为渠道供货商。而这些实力较强的批发商尤其是后一类渠道供货商所需要的平台不再是以摊位为主要载体的交易市场，而是需要能够提供包括商务洽谈服务、金融结算服务、大宗货物调配服务以及综合信息服务在内的高端交易服务。因此，这部分批发商开始逐渐脱离传统批发市场的平台，使传统批发市场在文化用品流通环节的地位逐渐被弱化。实力弱的批发商虽然依存于批发市场，但随着大经销商的崛起与交易领域的变革，这部分商户将逐步被残酷竞争环境淘汰，而批发市场的业态也将最终走向没落。

第三，零售终端模式创新。综合超市引厂进店随着"大零售时代"的到来，零售终端在流通领域的地位与话语权不断加强。传统存在于"天意"等二级批发市场以及学校、单位周边的小型专业店的零售终端模式逐渐萎缩，零售终端的规模化、专业化、网络化发展趋势明显。

二、"十二五"期间内蒙古自治区文化产业辅助产业发展的成就

2016 年，内蒙古自治区民族文化强区建设成效显著，文化事业繁荣发展，文化产业增加值年均增长为18%，新闻出版、广播影视、哲学社会科学事业持续进步，草原文化影响力、传播力显著增强。内蒙古自治区政府提出"十三五"时期，应继续加快建设民族文化强区；坚持社会主义先进文化前进方向，推进草原文化创新发展；加大文物和非物质文化遗产保护力度，加强文化人才队伍建设，繁荣发展文艺创作，打造一批富有民族特色、时代特征、地域特点，思想性、艺术性俱佳的精品力作；创新对外传播、文化交流方式，推动民族文化"走出去"；加大文化惠民工程力度，实施新闻出版广播影视固边工程，引导文化资源向基层倾斜。倡导全民阅读，繁荣发展哲学社会科学事业；促进传统媒体和新兴媒体融合发展，加快推进"三网融合"；加大文化市场监管和文化领域知识产权保护力度。

大力发展文化产业。坚持把社会效益放在首位、社会效益与经济效益相统

一，深化文化体制改革，完善文化产业和市场体系。按照"抓大扶小"思路，支持骨干文化企业和中小微文化企业加快发展，推动文化产业结构升级。优化发展环境，理顺管理体制，扩大投资规模，用好文化产业发展基金，抓好重点项目和集聚区建设。促进文化与旅游、科技、创意的融合，培育新型文化业态，扩大和引导文化消费，提高文化产业对经济发展的贡献度。

（一）版权服务

2010年6月，《内蒙古自治区版权管理办法》的颁布实施，完善了内蒙古自治区著作权管理法律制度，填补了内蒙古自治区长期以来没有地方性著作权规范性文件的空白，是内蒙古自治区著作权创作、运用、管理和保护的重要地方性政府规章。《内蒙古自治区版权管理办法》的制定和出台对完善内蒙古自治区著作权保护制度、维护著作权人的合法权益、鼓励优秀作品的创作与传播、促进内蒙古自治区文化大区建设和民族文化产业发展将产生重大而深远的影响。

（二）软件产业

据中商产业研究院大数据库显示，2015年内蒙古自治区软件行业企业个数为81家，同比减少1.22%。2015年内蒙古自治区软件业务收入为30.10亿元，其中，软件产品收入为13.45亿元，信息技术服务收入为16.48亿元，嵌入式系统软件收入为0.17亿元。

包头软件园建立于2000年9月，是包头稀土高新区设在包头科技创业服务中心的软件专业孵化器，也是内蒙古自治区首家软件园。作为包头市发展软件产业的基地，包头软件园发挥了良好的聚集效应和示范效应，实现了资产、人才等的优化组合，对促进包头市软件产业发展起到了积极的推动作用。

包头软件园采用中心加基地的模式，致力于为入驻企业营造良好政策环境，提供一系列专业服务，不断推进资金、技术、人才的优化组合，产生了良好的聚集、示范和带动效应，入驻企业由成立之初的17家发展到目前的102家，从业人员为2100余人，预计实现销售收入8.5亿元。其中，有25家企业通过高新技术企业认定，15家通过"双软"认定。

入园企业立足软件园，因地制宜地研发出150多项独具特色的、拥有自主知识产权的软件产品（项目），已成功应用于冶金、机械、羊绒、医疗、教育、通信、税务等行业。其中，新联信息产业公司开发的一系列工控软件已成功应用于包钢冶炼、轧钢、电力调度等生产系统。亨达海天网络技术有限公司开发的《税务申报系统》《行政审批管理系统》等在内蒙古自治区有较高的市场占有率。包头市万佳信息、兰博电子成为内蒙古一机集团和包铝集团信息化建设的主力军。

新联、金名、软亨达海天等入园企业开发的软件产品在"中国国际软件博览会"上共获得 6 个金奖和 2 个创新奖,软件园已成为自治区软件产业发展的重要基地。

与此同时,一些区内外的知名企业,如中关村软件科技、新中大软件、中期恒安等也纷纷落户软件园,企业入驻的数量和质量都有大幅提升。

2003 年,包头稀土高新区投资 6000 多万元,新建了总面积为 32500 平方米的包头软件园大厦,2004 年 9 月已投入使用。软件园大厦按照高标准、智能化要求建设,不仅为软件企业提供了理想的研发、办公、实验场所,还为企业提供了包括大小会议室、多功能厅、展厅、银行、律师事务所等完善的配套服务设施。

2016 年,内蒙古自治区软件园共引进从事软件开发的企业 24 家,在孵企业 198 家,约占全市软件企业的 70%,全年软件收入达 31 亿元,约占全市软件企业收入的 90%,并引领自治区软件信息产业健康发展。

2016 年,内蒙古自治区软件园推动上线"包头两化融合暨工业云创新服务平台"企业项目 8 个,新增软件著作权 51 项,截至目前,园内企业累计获得软件著作权 309 项,获得软件产品登记 68 项,专利 32 项,总计自主知识产权产品 309 项,占全市软件企业知识产权总数的 90% 以上。

在资本市场方面,2016 年内蒙古非凡网络科技有限公司等 4 家软件园企业成功在内蒙古股权交易中心挂牌,包头市中升嘉益科技有限公司开始向社会公开发售原始股,开创了包头市软件企业股权融资的先例。

(三)印刷复制服务

为切实做好 2016 年内蒙古自治区印刷复制发行监管工作,根据国家新闻出版广电总局《关于做好 2016 年印刷复制发行监管工作的通知》(新广出函〔2016〕55 号)要求及全区新闻出版广播影视工作会议安排部署,制订了《内蒙古自治区新闻出版广电局关于加强印刷复制发行监管工作实施方案》。

全面贯彻党的十八大和十八届三中、四中、五中全会精神,深入贯彻落实习近平总书记关于做好意识形态工作系列重要讲话精神,认真贯彻落实 2016 年全国新闻出版广播影视工作会议精神,准确把握意识形态斗争面临的新形势,不断强化政治意识、责任意识和担当意识,始终保持高压态势,深入推进印刷复制发行监管工作,努力切断非法出版物印制传播渠道,坚决维护印刷复制发行领域意识形态和文化安全。

工作以"加强日常监管、创新监管手段"为主线,一方面,持续加强对印刷复制发行企业监督检查力度,查办一批违法违规案件,坚决打击印制销售非法出版物行为;另一方面,着力完善印刷复制发行管理服务机制,利用信息技术提升监管效能，加强印刷复制质量监管，加快行业诚信体系建设，丰富事中、事后监管手段。监管范围包括全区出版物印刷企业、包装装潢企业、其他印刷企业；全区国有和民营批发、发行企业。

（四）文化经纪代理

刘玉珠在《文化经纪人与文化产业》中指出，"文化经纪作为文化市场的一种中介机构，其自身也是一种文化产业，不仅将产生可观的经济、社会效益，文化经纪对发展民族文化产业所起的作用更是不可估量"。文化经纪通过为文化产品的经营、交易提供场所，能够有效地解决文化产品进入市场的问题，并在市场准入与市场竞争等方面发挥重要作用。

文化经纪机构大体可分为以下三类：直接为文化产品交易活动服务的"桥梁组织"，如演出经纪机构，商品经纪机构，影视经纪机构，文物经纪机构，模特经纪机构，文化旅游经纪机构，工艺品经纪机构，新闻出版经纪人及各种文化代理机构或经纪人等；为文化产业投资者服务的各类文化艺术咨询机构；能起市场中介作用，协调和约束文化市场经营的主体行为的行业自律组织，如文化市场中的行业协会。

文化经纪代理发展面临挑战。随着经济全球化的深入发展，外国文化资本、产品越来越多地进入中国，对中国的文化产业造成了一定压力。中国文化产业在解决自身发展遇到的问题时，还需积极、有效地应对外来的竞争与挑战。大力发扬传统文化的优良元素，积极吸收外来文化的有益养分，并且稳妥引进国外先进的文化机制。

人才是实现中国文化产业发展的关键。文化经纪人作为连接文化市场供求双方的纽带与桥梁，发挥的重要作用日益凸显。目前，在将培养引进优秀文化产业人才作为战略目标提上议事日程的大背景下，强调文化经纪人队伍的建设已成为相关职能部门制定文化产业政策的一个着力点。2009 年 7 月 22 日，国务院发布《文化产业振兴规划》明确提出，"要培养一批熟悉市场经济规律，懂经营、善管理的人才；吸引财经、金融、科技等领域的优秀人才进入文化产业领域；注重海外文化创意、研发、管理等高端人才的引进，为中国文化产业发展提供强有力的人才保障"。

2010 年 8 月，文化部制定并颁布实施了《全国文化系统人才发展规划（2010～2020 年）》，针对中国文化产业领域高层次人才缺乏的现状，提出"文化产业高层次经营管理人才培养工程""到 2020 年，重点扶持培养 200 名具有战略思维和全球视野，熟悉国内外文化市场，开拓创新能力强的优秀文化产业代理人"。这些文化产业政策，为相关文化人才的优化发展提供了强有力的依据与保障，成为壮大中国文化经纪人队伍的助推器。

（五）文化产品生产

《内蒙古文化用品零售公司名录2016最新版》全面汇总了截至2016年，乌海市大中文化用品经营部、呼和浩特市博兰文化用品有限公司等内蒙古自治区271家文化用品零售公司信息，覆盖率达99%以上。

《内蒙古自治区"十三五"文化改革发展规划》指出，"十二五"时期，全区文化战线自觉贯彻中央和自治区党委政府的决策部署，围绕中心，服务大局，以改革创新精神，促进文化事业全面繁荣和文化产业快速发展，加快推进由文化大区向文化强区迈进，各项工作都有新进展。艺术创作生产日益繁荣，推出了一大批优秀作品。覆盖城乡的基本公共文化服务体系日趋完善，人民群众的基本文化权益得到进一步保障。一大批文化基础设施相继建成并投入使用，有效地改善了文化发展的基本物质条件。民族文化遗产得到有效保护，传承体系逐步健全。文化产业加快发展，特色更加凸显。文化市场体系不断完善，监管能力有效提升。对外文化交流成效显著，草原文化影响力进一步扩大。文化体制机制改革稳步推进，文化人才队伍建设不断加强，文化投入持续加大，为文化发展提供了有力支撑。

三、"十三五"期间内蒙古自治区文化产业辅助产业发展面临的机遇与挑战

《内蒙古自治区"十三五"文化改革发展规划》提出，"十三五"时期是内蒙古自治区全面建成小康社会的决胜阶段，也是建设文化强区的重要时期。从国家看，经济发展进入新常态，供给侧结构性改革的实施，文化将在稳增长、促改革、调结构、惠民生方面发挥更加重要的作用；新型城镇化、"一带一路"建设、差别化经济政策、对边疆民族地区文化发展扶持等重大战略的实施，为自治区文化建设提供了新的契机；从自治区看，内蒙古自治区综合经济实力迈上新台阶，"十个全覆盖"工程的实施，为基层公共文化发展奠定了坚实基础；草原文化影响日益扩大，民族特色更加凸显，各族人民群众日益增长的精神文化需求，为文化发展创造了更加广阔的空间；全社会对文化建设的重视程度和参与热情不断提升，为文化发展营造了良好的社会氛围。与此同时，我们也清醒地认识到，面对新形势，内蒙古自治区文化发展仍面临着诸多困难和挑战。艺术创作生产精品缺少，民族文化遗产保护和传承难度增大，文化基础设施和基本公共文化服务相对滞后，城乡、区域文化发展不够协调，文化产业基础薄弱总量偏低，文化对

外开放水平不高，文化人才结构不够合理，制约文化发展的体制机制障碍尚未完全破除。综合研判，"十三五"时期，内蒙古自治区文化发展仍处于可以大有作为的重要战略机遇期。在新的历史起点上，必须以新的理念引领文化发展，进一步坚定文化自信，增强文化自觉，不断开创文化发展新局面。

健全完善文化市场体系。文化市场准入体系更加规范，实现审批主体、审批条件、审批流程的标准化管理，运行体系更加完善；建立健全门类齐全的文化产品市场和文化要素市场，促进文化产品和生产要素的合理流动；监管体系更加完备，全面应用技术监管系统，技术监管水平走在全国前列。

（一）全面构建数字文化创意产业的版权保护机制面临挑战

在互联网经济迅猛发展的今天，文化产业辅助产业发展也呈现新的内容。首先，社会面临技术与版权保护的矛盾。大数据在实现全球范围信息资源共享的同时，其版权的侵权概率也加大，如盗版、剽窃等各类侵权案件的频发。因此，要求更强有力的版权保护。同时，技术界则更加热衷于开发快捷、便于共享的传播软件（P2P、BT、EMULE 等），或者对原有传播软件进行改进、升级，扩大其可适用的传播方式（如 THUNDER、FLASHGET），进而使作为 ISP（互联网服务提供商）的信息产业界则更多面临版权共同侵权责任（如搜索引擎 Google、百度等）。互联网版权保护的困境主要集中在版权征得事先授权的困难以及付费的标准难以确定。传统版权的一对一授权模式在互联网环境下受到了挑战。面对海量作品的传播，要实现每一部作品在网络上传播都事先获得授权几乎是不可能的，就是特别规范的美国国会图书馆和许多国家的图书馆也都在网站上发表了一些事后补救的版权声明。

（二）内蒙古自治区软件产业发展不足

一是人才外流。由于内蒙古自治区地处偏远，自然条件差，在物质条件上的欠缺，导致许多软件人才外流，这对内蒙古自治区软件产业的发展是一个最不利因素。缺乏经营管理型人才，竞争激烈。中国的教育体制长期只注重培养技术人才，在复合型经营管理人才的培养方面有明显不足。随着改革开放的不断深入，内蒙古自治区已成为开放的国际市场的一部分，竞争十分激烈。在信息领域，由于起步较晚，技术和管理方面相对落后，在竞争中处于不利位置。二是大部分企业规模小，企业制度不合理。内蒙古自治区从事自主软件开发、生产软件及从业人员为数很少，资金不足，缺乏市场竞争力。软件企业主要是自然组成的合伙企业，由于缺乏经营目标和管理经验，均面临被淘汰的危险。三是招商引资力度小，缺乏风险投资机制和投资环境。软件产业是高投入、高产出、高风险的行业，因此，内蒙古自治区急需建立良好的风险投资机制和投资环境。

（三）印刷复制服务须继续加强监管

一是落实印刷企业执行印刷复制委托书、印刷"五项制度"、参加年度核验情况。出版物印刷企业重点检查承印验证制度落实情况，印刷委托书备案和验证内部资料性出版物准印证情况。二是掌握印制销售重大选题出版情况。严禁制售含有淫秽色情、暴力恐怖、封建迷信等内容出版物及非法少儿出版物，涉军类非法出版物，盗版的学习辅导读物等。三是把握网上书店出版物销售情况。特别是党和国家重要文献、领导人著作的盗版图书销售以及非法进口出版物销售的情况。四是监管无发行资质单位的销售出版物的行为。特别是违法违规销售宗教类出版物或宗教类内部资料性出版物的情况。五是掌握报刊摊亭销售情况以及依法纳入管理、规范经营的情况。

（四）内蒙古自治区文化经纪代理市场建设有待完善

内蒙古自治区经纪代理市场经历 30 多年的发展，由于其文化产业市场化程度较低，文化经纪机构的市场主体意识不强，经营和管理不规范，这在一定程度上限制了文化经纪代理活动的展开，内蒙古自治区文化经纪代理市场还处于初级发展阶段，还存在许多亟须解决的问题。

文化经纪代理法律法规建设不完善。目前，内蒙古自治区文化经纪代理市场的相关法律法规建设不完善，缺乏配套性和系统性。虽然国家工商行政管理总局早在 1995 年就颁布了《经纪人管理办法》，并于 2004 年进行修订，但是该法规只是对从事各种行业经纪人业务的普适性法规，没有其专门性的法律法规。在版权经纪代理方面，中国相关的法规有两项，分别是 1996 年国家版权局、国家工商行政管理局联合发布的《著作权涉外代理机构管理暂行办法》和《外国著作权认证机构在中国设立常驻代表机构管理办法》，其已不能适应目前版权经纪代理市场的发展。文化经纪代理法律法规不健全致使各种违法违规经纪行为时有发生，侵害了文化经纪代理主体的合法权益，妨碍了文化经纪代理活动的顺利展开。

文化经纪行业协会自律管理缺失。行业协会属于民间的自律组织和管理机构，具有服务、监督、沟通功能，在协调市场各方参与者的关系中发挥了重要作用。目前，内蒙古自治区文化市场的行业协会还不健全，大部分行业协会尚未脱离"官办"身份，未实现真正意义上的自主经营。目前，内蒙古自治区文化经纪代理市场还没有形成统一的组织机构实现行业自律、监督和规范文化经纪人或经纪公司的经营活动。

文化经纪代理企业规模小，竞争力弱，行业垄断突出。内蒙古自治区文化经纪代理市场处于初步发展阶段，文化经纪代理企业规模普遍偏小，经营不规范，竞争力弱。20世纪90年代初，由中国作家协会创办的文化经纪人服务中心，曾对作家的作品进行代理，但因缺乏竞争力、经纪代理市场不成熟而没有发展起来。文化经纪代理行业垄断突出，在版权代理市场上，中国版权代理业务主要由国有版权代理机构进行。中国现有28家经国家版权局批准的版权代理机构，其中，1家电视节目版权代理公司，2家电影版权代理公司，2家音像版权代理公司，其他23家代理机构以图书版权代理为主，大多属国有体制，代理范围狭窄，经济效益差，竞争力弱。

文化经纪人缺乏且素质良莠不齐。内蒙古自治区文化经纪从业人员不足，且素质良莠不齐，严重制约了内蒙古自治区文化经纪代理市场的发展。一方面，内蒙古自治区文化经纪行业从业人员的数量不到整个行业需求的20%，无法满足文化经纪代理市场发展的需要。由于文化经纪人入行门槛低，导致其从业人员素质普遍偏低，尤其缺乏高素质的文化经纪人。目前，中国传媒大学、北京电影学院、中国音乐学院、北京师范大学珠海分校等少数高校设立了艺术管理或文化经纪人方向的专业，但文化经纪的专业教材缺乏。北京市、江苏省等少数地方实行文化经纪人执业资格考试，但对其执业资格的培训简单且时间短，考试过于程序化。另一方面，文化经纪人的选拔和聘用不透明，专业化程度低，"家族或裙带经纪人"现象较为严重。在选择经纪人时，许多影视明星、文化艺术界知名人士大多选择自己的亲朋好友作为经纪人，如那英的经纪人是姐姐那辛、章子怡的经纪人是哥哥章子男、范冰冰的经纪人是父亲范涛、莫言的经纪人是女儿管笑笑等。这种"家族或裙带经纪人"的现象不利于文化经纪人队伍的专业化和职业化发展。

四、"十三五"期间内蒙古自治区文化产业辅助产业发展对策

"十三五"期间内蒙古自治区文化厅将全面贯彻党的十八大和十八届三中、四中、五中、六中全会精神，深入学习贯彻习近平总书记系列重要讲话精神和自治区第十次党代会和十届二次全委会议精神，紧紧围绕"五位一体"总体布局和"四个全面"战略布局，深入推动自治区"十三五"文化改革发展规划贯彻落实，着力繁荣发展社会主义文艺，构建优秀民族文化传承体系，着力完善现代公共文化服务体系、文化市场体系、文化产业体系，加速推进民族文化强区建设，推动文化"走出去"。

（一）对版权保护的相关建议

加强政府对文化创意产业的扶持政策，为文化创意产业的知识产权保护提供制度上的保证。政府需积极打造适合文化创意产业发展的制度平台，完善的指导措施才能为文化创意产业的顺畅发展起引领作用。目前内蒙古自治区的文化创意产业发展还不充分，与发达国家和地区相比还存在很大的差距，所以，要积极转变政府职能，从宏观上做好产业规划，制订和完善市场法规，引导文化市场规范、有序发展。

健全知识产权法律保护制度，扩大知识产权保护的客体范围。健全的知识产权制度是文化创意产业发展的重要法律保障，只有国家强制对其进行规制，才能使文化创意产业良性运转。同时，在立法的基础上加大执法监督力度，健全执法监督机制，做到有法可依、违法必究，严厉打击假冒伪劣产品等侵犯知识产权的违法犯罪活动，对侵权者尤其是故意侵权者除加重民事赔偿责任外，还要追究其刑事责任。

促使企业将实施知识产权战略纳入企业发展战略中。为避免企业由于不熟悉知识产权法律或缺乏知识产权保护意识而遭受他人侵害或无意间卷入侵犯他人知识产权的纠纷中去，应当鼓励文化创意企业将知识产权管理作为工作的重点，加强对本企业的知识产权保护。

加强知识产权的宣传和推广，使对文化创意产业的保护大众化。知识产权制度规范只有内化为社会公众的意识，并且在全社会范围内形成文化氛围，知识产权才能得到切实的保护。

（二）内蒙古自治区软件产业发展策略

人才战略。对软件产业来说，软件人才就是生产力。内蒙古自治区软件企业应认识到软件人才的重要性，要高薪引进人才，内部加强人才培训，注重软件人才梯队的建设。鼓励高等院校、科研机构、国内外企业和个人在内蒙古自治区投资兴办软件企业或兴建软件研究开发基地，政府有关部门在规划、立项、可行性研究等方面主动提供服务。

加快建立现代企业制度。建立现代企业制度，企业才能真正成为自主经营、自负盈亏、自我发展和自我约束的市场主体。内蒙古自治区软件企业实行制度创新，要把建立现代企业制度作为核心任务。首先要在明确发展方向的基础上，制定经营发展目标，实现企业产权的多元化，使技术人员、管理人员人力资本价值得到体现。

培育龙头企业，增强产业自主发展能力。培养自主的骨干龙头企业，综合运用政策、规划、标准、资金、项目和行业管理等多种手段，全方位多角度地持续支持龙头企业做大做强，树立行业典范，总结推广软件企业变大变强的经验和成功做法，带动更多企业由小变大，由弱变强。

基地建设策略。建立一些软件园区，这将对培育软件企业发展产业有着重大的意义。目前，内蒙古自治区仅在包头市建立了软件园，其处于单打独斗的格局，还应该在呼和浩特市、鄂尔多斯市分别建立一个软件园，实现区域性的人才和企业间的合作交流。各个软件园也能实现互联互通、信息共享、联合运作。针对现有软件企业小而散的现状，将其全部迁入软件园，将推动企业按照"平等、合作、互助、互惠"的原则，遵循"共闯市场、共享人才、共享资源、共同发展"的宗旨，不断探索创新组织方式和运行机制，共同学习软件业发达地区发展"软件工厂"的模式。

重点发展方向策略。重点发展面向区域优势的蒙语软件、国内市场的行业应用软件、消费类软件和安全软件。任何一个产业的发展都离不开地域化、工程化、工业化的生产手段，计算机软件产业的发展同样离不开必要的基础生产设施。而内蒙古自治区的工农业相对落后，只有优先开发适应内蒙古自治区各行各业实际发展情况的行业应用软件、消费类软件和安全软件来提高地区科技生产力、促进其消费水平，达到整体提高内蒙古自治区综合实力的目的，才能拥有先进的工程化、工业化生产技术和手段，才能提高软件生产率和软件产品质量，增强企业自身的综合竞争能力，使其在激烈的市场竞争中立于不败之地。

创新招商引资方法，加大招商引资力度，建立软件生产基金策略。转变招商引资理念就是要注意由小向大转变，由数量向质量转变，由区内向区外转变，注重引进国内外知名软件企业。创新招商引资方法是指在等商上门、以商招商、亲友招商、信息宣传招商这些常用方法基础上，重点开辟源头招商、合作招商、缺项招商、关联招商、网络招商等多种招商途径。软件产业具有高风险、高效益的特性，需要高投入，才能高产出。软件研究成果向产品市场的转化也是一个创新过程。由于缺乏风险投资机制，许多成果停留在实验室阶段，难以形成产品、产生效益，而软件的时效性最终导致成果和投入的浪费。因此，风险投资机制的建立，是当前内蒙古自治区软件产业健康发展的关键之一。由于软件的个体性，通过个体的创造开发软件是一条可行途径。发布软件标准规范，建立软件生产基金，可以最大限度地吸收个体创造的软件成果，充分发挥软件开发人员的个体创造力。特别在采用软件构件技术、构件—构架模式时，发挥软件个体特性是促进软件产业建设和发展的一个不可忽视的因素。

（三）印刷复制服务发展策略

加强组织领导。印刷复制、发行、监管是新闻出版广电行政部门的一项重要政治任务。各盟市要始终把监管工作放在意识形态管理工作的首位，作为"一把手工程"落实必要的人力、物力和财力，主要领导要亲自部署，带队参加专项行动。国家新闻出版广电总局经常对各地开展专项检查行动和对日常监管的情况进行抽查和督导。

组织开展专项行动和日常抽查工作。各盟市要继续组织好印刷、复制、发行专项检查行动，同时做好日常抽查工作，全年抽查印刷发行企业数量不少于本地印刷发行企业总数的10%，其中，出版物印刷企业、出版物批发企业要对其进行100%检查。各地要认真制定检查行动方案，组织管理执法人员，落实随机抽查要求，不提前打招呼、不坐下听汇报，直接进车间、进书店，查台账、核单据，发现问题要现场立案处理。

严格落实责任。按照属地管理、分级负责的原则，各地要全面部署本地区的监管工作，对问题高发频发、举报量大的区域及重大违法违规案件进行重点查办。对触犯"底线"、踩踏"红线"的企业要坚决依法打击，该吊销的吊销，该移送的移送；对无委托书备案手续承印出版物、无准印证承印内部资料性出版物的印刷企业一律从严从重处理；对轻微违规的企业，要通过约谈、教育等方式，及时"纠正"违规行为。同时，各地要加强行政执法与刑事司法的衔接配合，严禁有案不移、以罚代刑。

创新监管工作机制和手段。一是要加快推进印刷复制委托书网上备案系统全国联网工作，各地要根据自身情况加快提升信息化管理水平，发挥备案系统在监管工作中的积极作用。二是探索建立"双随机"抽查机制，对本地的重点区域、重点企业要开展双向随机抽查。三是有条件的地区可试点将年度核验工作与工商部门的年度报告公示制度相结合，实现统一核报数据。

构建全方位的监管体系。推进印刷、复制、发行企业信用体系建设，建立"黑名单"制度，取消违法违规企业申报国家、自治区、盟市评奖、项目等资格。推动部门之间监管信息共享，实现企业"一处受罚、处处受限"的监管体系。行业协会要积极开展行业自律，组织企业开展自查自纠和学习交流活动。同时，各盟市要畅通群众投诉举报渠道，充分调动社会监督力量，完善"政府监管、行业自律、社会监督"的全方位监管格局。

加强宣传培训。各盟市要对新修订的《内部资料性出版物管理办法》《出版物市场管理规定》等规章采取多种形式进行宣传培训。要对基层执法人员全部进行轮训，提高其依法行政能力；对印刷、复制、发行企业负责人，特别是新设立及存在违法违规行为的企业负责人进行培训，提高其守法经营意识。

（四）加强文化经纪代理市场建设

中国文化经纪代理市场的建设要发挥政府的宏观管理、行业协会的中观管理和企业的微观管理作用，通过建立多维度、立体化的文化经纪代理市场管理体系，促进文化经纪代理市场的规范化发展。

发挥政府引导作用。完善法律法规政府应发挥引导作用，加快文化经纪代理法律法规建设工作的步伐，把经纪制度纳入法制轨道，引导文化经纪代理市场朝着有序、规范化方向发展。在文化市场管理方面，我国已颁布了《中华人民共和国著作权法》《出版管理条例》《广播电视管理条例》《电影管理条例》《音像制品管理条例》《营业性演出管理条例》《美术品经营管理办法》等一系列法律法规，使文化市场的管理有法可依，有章可循。但我国文化经纪代理的立法相对滞后，缺乏系统性和配套性，制约了文化经纪代理市场和文化市场的发展。政府应加快文化经纪代理立法工作的步伐，制定统一的文化经纪人和文化经纪代理业务方面的法律，明确文化经纪人、文化经纪公司以及文化经纪代理业务的性质、职能、经营范围以及权责划分，规范中国文化经纪人和文化经纪代理活动的发展。

加强行业协会自律作用。行业协会属于民间的行业自律和管理组织，独立于政府之外，在对行业进行市场调研、制定行业自律规范、交流业务、监督指导代理人的业务行为等方面发挥重要作用。我国目前还没有专门的文化经纪行业协会，应尽快设立。以版权代理业为例，英国于1974年成立了英国版权代理人协会，美国于1991年成立了美国作家代表人协会。这些专业的版权代理人行业协会在政府、出版商、作者和消费者之间进行沟通协调，营造了良好的版权代理环境。

加强文化经纪人管理，建立信用评价体系。目前，文化经纪人不仅要归属工商管理部门管理，还要接受文化部门管理及其他部门的管理。此外，文化经纪代理业务涉及的范围广，如演出、影视、书画、艺术品、图书等类别，不同类别的文化经纪代理业务各有不同，存在很大的差异。因此，首先要建立分级分类的文化经纪人管理体系。其次，要建立文化经纪人信用评价体系和信用记录，实施信用分类监管，对文化经纪人的违法违规行为进行公示，进一步规范文化经纪人的经纪代理活动。

搭建文化经纪信息平台。顺应信息化和网络化时代的发展，搭建文化经纪信息平台，发挥中介服务功能，为文化经纪代理活动的开展提供平台。文化经纪代理信息平台汇集了文化经纪代理市场的各方参与者，通过发布文化经纪代理信息，沟通文化产品供求双方的信息，降低交易成本，促成文化产品交易。文化经纪人与文化经纪代理业务作为文化市场的一个重要组成部分，在促进文化产品的生产、流通和消费方面发挥重要的作用。政府、行业协会、企业以及从业人员要发挥各自职能，协调合作，促进文化经纪代理市场发展。

（五）借鉴国际文化用品产业取得的发展经验

竞争主体方面，文具生产商和零售商（经销商）之间的博弈加剧。发达国家的办公文具市场的竞争体现在文具生产商和零售商（经销商）之间的竞争，作为同一产业链的上、下游，双方为争夺销售定价权、品牌建设权、市场份额展开产业链上的博弈。而产业链的中间环节则在其扁平化发展过程中被逐步弱化。文具生产商基本上是实力雄厚的跨国公司，经销商多是零售巨头或专业连锁店，拥有众多的零售网点和分销渠道。

发展经验方面，制造商与经销商竞相向集成供应商方向发展。在国外的成熟市场上，文具产业链上的生产商和零售商（经销商）竞相采取了纵向整合、横向整合策略。零售商不断进行海外 OEM/ODM 贴牌生产，生产商则广泛自建专业分销网络，生产通过 OEM 外包给中小企业或者外包给发展中国家企业完成。二者之间通过兼并收购等方式界限逐渐淡化。其中，兼有生产制造和零售网络的集成供应商通过掌控品牌和分销渠道掌握了文具产业链的核心竞争力。

内蒙古自治区民族文化底蕴深厚。近年来，自治区党委、政府提出建设民族文化大区的战略决策，使当地文化建设和文化产业的发展都取得了可喜成就。让文化产业成为新的经济增长点正在成为自治区新的发展目标。

第三篇 专题研究

第十一章

内蒙古自治区文化资源整合的问题及对策研究

内蒙古自治区的文化资源丰富，具有一定优势，但若长期沉醉于文化资源优势的自满中很有可能错过产业发展时机。文化资源的存在只能表明其具备潜在经济价值，如果不对文化资源进行合理开发与整合，文化资源优势将无法转化为文化产业竞争优势。

一、内蒙古自治区文化资源整合的意义

内蒙古自治区作为民族自治区域，其民族文化资源是由聚居的蒙古族、汉族、回族、鄂伦春族、鄂温克族、达斡尔族等各民族在长期的发展中共同创造的，内容涵盖了历史典故、民俗风情、语言文字和文物遗产等。因此，内蒙古自治区的多民族文化的多样性、独特性与丰富性等特征决定了对内蒙古自治区的文化资源有效整合极为必要。它的必要性与意义具体体现在以下几个方面：

（一）文化资源整合是夯实文化产业发展的基础

由于经济、人才等方面的劣势，内蒙古自治区的文化产业发展相对落后，亟须找到文化产业发展的自身优势。内蒙古自治区地处祖国北疆，自古以来就是中华民族繁衍生息的一片沃土，与俄罗斯、蒙古国接壤，汇聚了与邻邦国家相似而又形态各异的民族文化，经过长时间的积淀，形成了民族文化的精髓。因此，把握内蒙古自治区地方文脉，深入挖掘和提炼本土特色的民族文化有利于内蒙古自治区在文化产业发展中发挥比较优势。通过对市场运作机制的激活，巨大的民族文化资源优势将会转化为强大的文化产业发展优势。

（二）文化资源整合是支撑资源型文化产业模式的需要

根据发展策略的不同，文化产业的发展模式可分为资源型、创意型和制造型。创意型文化产业模式是以知识创造为典型特征的，体现了人力资本的决定性作用，由于内蒙古自治区缺少优秀的创意人才与文化营销公司，难以通过创意型文化产业的发展与东部地区展开竞争。此外，内蒙古自治区本土的文化产品制造业不够发达，缺乏实力雄厚的相关企业，基础薄弱。资源型文化产业模式强调文化旅游的重要性，对技术和智力因素的要求相对较低。因此，综合考量内蒙古自治区发展的实际情况及地域特色，资源型文化产业模式是当前内蒙古自治区文化产业快速发展的有效策略。内蒙古自治区拥有着极其丰富的、得天独厚的文化资源，如以草原旅游为代表的自然景观资源、以"鄂尔多斯婚礼"为代表的文化风情资源、以内蒙古歌舞为代表的文化艺术资源等，这些文化资源蕴藏着巨大的开发潜能和竞争优势。如果将其有效整合，通过民族文化资源及其产品形态去包装旅游产品，使民族文化元素融入旅游产品，将增加旅游业的吸引力和附加值，进而有力支撑以文化旅游为代表的内蒙古自治区资源型文化产业模式的发展与繁荣。

（三）文化资源整合是提升内蒙古自治区文化软实力的需要

文化软实力是现代社会发展的内在动力，是凝聚民族团结、激发民族文化创造力的重要源泉。文化软实力关系区域形象的塑造，更是区域文化产业发展的重要支撑。内蒙古自治区的文化软实力和民族文化资源有着深刻的内在联系。科学合理地开发与整合民族文化资源是提升内蒙古自治区文化软实力、塑造新形象的有力举措。过去，由于内蒙古自治区形象宣传不到位，人们对其印象只简单地停留在草原旅游上，事实上，这仅是内蒙古自治区丰富民族文化资源当中很小的一部分。内蒙古自治区民族文化资源中，民间歌舞、民间戏剧、手工艺术、传统民俗，内容丰富、形式多样，有很大的挖掘、创新、整合的空间。民族文化资源的整合、开发和传播有利于打破人们刻板印象的认知误区，让游客更深入地了解内蒙古自治区的民族文化，进而重新认识内蒙古，提升内蒙古自治区的文化软实力。

（四）文化资源整合是优化资源配置、盘活文化要素的需要

当前，内蒙古自治区的文化企业管理，总体来说是以行业和部门为主，这在一定程度上限制了文化企业的资源配置，同时也存在着同质、同构的恶性竞争，不利于企业的做大、做强。推进区属国有文化资源整合重组，从根本上优化文化产业结构，有利于改变文化行业资源分散、重复建设、粗放经营的状况；同时，通过整合重组后的归口管理可以理顺国有文化企业的管理体制，提高对企业的管理效率，促进国有文化企业的影响力、传播力；再者，以综合的优势文化企业特别是上市公司为核心，来整合单一、分散的企事业单位，能够将先进的企业管理理念、管理机制和管理模式进行传播、复制、推广，推动被整合单位建立健全法人治理结构，激发被整合单位的活力，进一步盘活国有文化资源。

（五）文化资源整合是打通文化路径、让文化"走出去"的需要

内蒙古自治区何以被国人、被国外的诸多国家与民族有所了解、认同，甚至彼此合作，道路只有一条，就是显示我们自身的独特文化。文化是递向外界的名片。内蒙古自治区少数民族文化特有的异质性使其在世界文化中享有盛誉。这些文化体现了中华文化的传统与特色，不仅具有极其重要的价值，而且在对外交流中发挥着不可替代的作用。内蒙古自治区素有"歌海舞乡"的美称，民族歌舞以优良的传统和浑厚的底蕴吸引着世界各国人民；内蒙古自治区地理结构复杂，地质史时代全、门类多、分布广、保存好，素有"化石之乡"的美誉；在历史、民族、古生物化石等方面同样有着丰富的文物资源。这些不同的文化载体，承载

着重要的对外交流使命。通过科学有效地整合内蒙古自治区的文化资源可以对外弘扬内蒙古自治区各民族文化艺术，向世界展示中华文化的异彩纷呈，与此同时可以增进与世界各国的交往和友好关系。

二、内蒙古自治区文化资源整合的可行性分析

（一）多样性的文化资源迫切需要产业化整合

如果依据四分法将内蒙古自治区的文化资源一分为四，可以分为历史文化资源、民间文化资源、自然文化资源和红色文化资源。历史文化资源就是先人在漫长的历史发展过程中开掘出来的体现中华民族精神命脉，反映历史发展规律的历史遗存。比如，锡林郭勒盟正蓝旗的元上都遗址，鄂尔多斯市境内的成吉思汗陵墓等。民间文化资源就是指散落在民间的具有浓郁民间特色的各类文化创造形态。例如，民间剪纸、脑阁、旱船、秧歌、东路二人台等。自然文化资源主要指未经人工改造的，呈现原生态状貌的历史遗存。比如，赤峰市克什克腾旗境内的世界地质公园等。红色文化资源顾名思义，主要指现当代出现的、具有革命传统和教育意义的英雄人物，弘扬提炼出来的革命精神等的总称。比如，包头市达茂旗的草原英雄小姐妹，前鄂尔多斯市乌审召的宝日勒岱精神等。

如果依据二分法将内蒙古自治区的文化资源一分为二，可以分为物质文化资源与非物质文化资源。物质文化资源就是静态化的，以物化状态作为存在方式的文化资源。内蒙古自治区有着丰富的物质文化资源，如通辽市会盟地唐代西受降城、五原誓师台、乌兰布统古战场、应昌路古战场、海拉尔侵华日军要塞遗址、诺门罕达战争遗址、窝阔台点将台、杀虎口、陈巴尔虎旗万人坑鲜卑旧墟石室（嘎仙洞）、萨拉乌苏人文化遗址、后契勒陶力盖遗址原始聚落或活动地兴隆洼聚落与宅院遗址、赵宝沟遗址、夏家店遗址、城子山遗址、红山遗址、架子山遗址、河套文化遗址、大窑文化遗址、庙子沟遗址、岱海遗址宗教与祭祀活动场所贝子庙、广宗寺（南寺）、五当召、美岱召、大召、福因寺（北寺）、延福寺、阿贵庙、普会寺、百灵庙、吕祖庙、荟福寺、真寂之寺、福会寺、梵宗寺、吉祥福慧寺、准格尔召、呼和浩特清真大寺、乌素图召、喇嘛洞、席力图召、观音庙、兴源寺、汇宗寺纪念性建筑阿拉善王府、喀拉沁王府、乌兰夫纪念馆、奈曼王府、五一会址、土尔扈特王府、乌兰夫办公室旧址佛塔、辽庆州白塔、辽中京大明塔、万部华严经塔、五塔寺摩崖字画雅布赖岩画、小佘太阴山岩画、夏勒口草原岩画、桌子山岩画群、乌兰察布岩画、曼德拉山岩画、磴口阴山岩画、乌拉特后旗阴山岩画群、乌拉特中旗阴山岩画群古城遗址黑山头古城遗址、阿拉善黑

城遗址、祖州古城遗址、辽中京遗址、统万城遗址、盛乐古城遗址、云中城古城遗址、金界壕古方城、辽上京遗址、元上都遗址秦长城、赵长城、燕长城保存段落、昭君墓（青冢）、小板升汉墓壁画其中，奈林稿辽墓和林格尔明长城古墓（群）墓、扎赉诺尔鲜卑墓等。

非物质文化资源就是动态化的，不是以固定的物化形态存在于世的文化资源。具体包括以下系列：①传统生产与生活方式。生产习俗如游牧倒场、六畜饲养；围猎狩猎，包括放鹰、设地箭、设陷阱；特色捕鱼如兜网、旋网、叉鱼冬季"阿围"。②居住习俗。蒙古宫帐、古列延式的蒙古包群、典型的阿寅勒家居、各类毡包、"介"字房、"蔓子炕"、斜仁柱、木刻楞、土窑子、桦皮棚、奥伦仙人柱、马架子、草房。③特色饮食。奶食品、肉食品、酒文化。包括全羊宴、烤全羊、九九全羊宴、蒙古八珍、手扒肉、全羊汤、诈玛宴；野味菜肴、奶食品、"瓦特"饼、稗烙面、"托古列"、苏子馅饼、饮驯鹿奶；兽肉独特烹饪，包括阿斯根、阿素、吊烧、灌血清、老考太、粹腌肉、桦树。④社会民俗。特色婚俗有鄂尔多斯婚礼、察哈尔婚礼、科尔沁婚礼装烟礼；待客礼俗包括请安问候、下马致敬、叩首三拜；特色婚礼包括迎娶式、送亲式、逃婚式、互迎互送式；信仰民俗包括萨满教各类祭祀仪式、傩文化、藏传佛教信仰自然、崇拜动物、图腾崇拜、自然崇拜、祖先崇拜。⑤游艺民俗。游戏竞技包括摔跤、赛马、射箭、赛骆驼、掷布鲁、踢乌兰红、鹿棋、布木格、蒙古象棋、马术、棒打兔、滑雪、颈力、放爬犁、踢毽、围鹿棋。民间歌舞包括阿尔丁道兀、布吉格、珠吉格、马头琴、火不思、头管、四胡、乌力格尔、好来宝、达斡尔族的笊篱姑姑、鲁日格勒、扎恩达勒、舞春、乐器"木库莲"、鄂伦春族的欢乐之火舞、阿罕拜舞、爱达喜楞舞、哲辉冷舞以及鄂温克族的黑熊搏斗舞、野猪搏斗舞、树鸡舞、依哈嫩舞等。⑥节庆民俗。包括那达慕、祭成吉思汗、兴畜节、打鬃节、狩猎节、马奶节、避暑节、吉祥节、米阔勒节、敖包会、奥米那楞大会。

这些丰富的文化资源都为内蒙古自治区文化旅游的发展奠定了资源基础。为了精确掌握内蒙古自治区的所有文化资源门类，2010～2012年初，内蒙古各相关厅局、文联、社科联、社科院共11个部门和单位参加了内蒙古自治区文化资源普查工作。此次公布的文化资源普查结果凸显四大丰硕成果：一是经过普查，对于内蒙古自治区文化资源有了一个基本的整体的梳理，大致摸清了文化资源家底、总量和规模，建立了内蒙古自治区文化资源名录，共普查到内蒙古自治区文化资源19个大项目的134427个具体项目，文化人才49892人，文化机构从业人员55833人。二是第一次对文化资源做了较为细致、切合实际的分类。经过专家组的多次讨论、论证，提出了包括19个大项目、400多个子项目的《内蒙古文化资源分类方案》。三是此次通过普查掌握的文化资源数量比以往了解的有所增加。内蒙古自治区文化遗址由 1.5 万处增加到普查后的 2.1 万处，当代节日由 100 多个增加到普查后的 549 个，博物馆由 2003 年的 26 个发展到现在的 144 个。四是解决了一些多年说不清的文化资源数量问题。以往对蒙古族英雄史诗数量有多种说法，这次普查确认为 798 篇（部），非物质文化遗产普查项目确定生产商贸习俗 1182 项，消费习俗 1225 项，人生礼仪 237 项，岁时节令 177 项，民间信仰 736 项，游艺、传统体育与竞技 484 项。

可以说，内蒙古自治区的文化资源丰富，不仅有积淀深厚的历史文化（蒙元文化、辽文化、鲜卑北魏文化、北丝路文化等），还有独特的三少民族（鄂温克、鄂伦春、达斡尔）文化风情等资源。旅游业已成为内蒙古自治区新的经济增长点、国民经济的重要产业和服务业名副其实的龙头，成为促进自治区经济增长的动力产业。内蒙古自治区丰富的资源是未来发展品牌形象的重要载体，面临着进一步发展的机遇。面对如此宏大的文化资源，关键在于开发利用、有效整合，以满足人们对产品和服务的文化需求，从而提升产业素质，获得可持续发展。

（二）政策推动促进了文化产业的资源整合

1. 国家相关政策红利

面临文化产业发展的机遇，党的十五届五中全会第一次正式提出发展文化产业，党的十六大、十七大报告两度提出提高文化软实力、文化生产力，增强国际竞争力；2011 年发布了《国家旅游局关于进一步加快发展旅游业促进社会主义文化大发展大繁荣的指导意见》；2012 年文化部印发了《"十二五"时期文化产业倍增计划》，明确提出要使文化旅游成为文化产业和旅游产业新的经济增长点和重要支撑，并将其作为本次倍增计划重点扶持的 11 个产业之一。2013 年 1 月，《文化部"十二五"时期公共文化服务体系建设实施纲要》（以下简称《纲要》）提出，构建公共文化服务体系要以"政府主导、坚持公益；保障基本，促进公平；统筹城乡、突出基层；创新机制、强化服务"为指导原则，实现"到 2015 年，初步建立覆盖城乡、结构合理、功能健全、实用高效的公共文化服务体系，公共文化设施网络更加完善，服务运行机制进一步健全，服务效能明显提高"的总体目标。同时《纲要》为"十二五"时期的公共文化服务体系建设提出了具体的国家基本标准，并要求提高文化支出在财政支出中的比例，对于提升公共文化服务能力具有重要意义。

由此可见，近几年来，振兴文化产业成为党和政府给予关注越来越多、表述越来越明晰、措施越来越具体的发展战略。文化旅游作为文化产业的重要组成部分迎来了前所未有的发展机遇。

2. 内蒙古自治区文化资源整合中相关政策的积极作用

2003 年，《内蒙古自治区民族文化大区建设纲要（试行）》，明确了建设文化大区的总体目标和"九个一批"工程。围绕"九个一批"工程，全区 12 个盟市纷纷出招，各地像抓经济建设一样抓文化建设，力争走出一条事业与产业并举，特色与品牌双赢的文化产业发展之路。

2012 年 8 月，《内蒙古自治区人民政府关于进一步促进文化产业发展的若干意见》（以下简称《意见》）出台。《意见》的主要目的是进一步促进文化产业发展，实现由民族文化大区向民族文化强区的跨越。《意见》在市场准入方面，鼓励非公有资本和外资进入政策允许的文化产业领域，在投资核准、资质认定、证照办理等方面同国有文化企业享受同等待遇，同时对投资兴办文化企业的，有关行政主管部门在政策许可范围内减少行政审批环节，简化审批手续，不得收取政策规定之外的任何附加费用等。在资金支持方面，要求各级政府安排年度财政预算时，要逐年增加文化产业发展专项资金。自治区本级财政从 2013 年起，将自治区文化产业发展专项资金提高到 3 亿元以上，以后逐年增加，到 2015 年增加到 5 亿元以上。专项资金以项目补助、贷款贴息、保费补助、绩效奖励等方式用于培育骨干文化企业，构建现代化文化产业体系，促进金融资本与文化资源对接，加快科技创新和文化传播体系建设等。在税收减免方面，提出经营性文化事业单位转制为企业后，从注册之日起，在国家政策规定期限内免征企业所得税等。另外，在土地使用、投资融资等方面都有明显的政策倾斜。截至 2012 年底，内蒙古自治区已建成 5 家国家级文化产业示范基地，34 个自治区级文化产业示范基地，在建 21 个自治区级重点文化产业园区，正在产生集约效应和规模效应。

3. 地方盟市相关政策推动文化资源整合

在自治区政府相关政策的引领下，"十二五"期间各地方盟市政府也积极出台政策以推进文化资源整合进程。

2015 年，呼和浩特市出台了《呼和浩特市人民政府关于加快文化产业发展若干政策意见》（呼政字〔2015〕40 号），从市场准入、财政、投融资、土地、税收、人才、奖励 7 个方面制定了优惠政策。同时明确了自 2015 年起，呼和浩特市每年设立 3000 万元文化产业发展专项扶持资金。为进一步增强扶持资金使用效果，专门配套出台了《呼和浩特市文化产业发展专项资金管理暂行办法》。

阿拉善盟高度重视文化与旅游关联效应，多措并举促进文化产业与旅游产业融合，以推进把阿拉善打造成国际旅游目的地和创建全域旅游示范区的进程。各项举措从"旅游规划＋文化""旅游节庆＋文化""旅游景区＋文化""旅游营销＋文化""旅游特色商品研发＋文化""队伍建设＋文化""智慧旅游＋文化""市场监管＋文化"八个方面提出了翔实具体的方案。

巴彦淖尔市在"十二五"规划中提到，"要突出发展文化产业培育新的支柱产业。推进巴彦淖尔文化大市建设，深入挖掘农耕文明和游牧文明、边塞文化与内陆文化在河套地区聚集交融的独特资源优势，打造河套文化品牌，培育河套特色文化产业。以壮大河套二人台（爬山调）传统戏曲品牌为重点，加快发展文艺演出业。深入挖掘知青文化，汇聚生产建设兵团广大知青的河套情结，大力发展知青文化旅游。以推出弘扬河套文化和草原文明的影视剧为重点，发展广播影视业，逐步将影视剧拍摄基地打造成为闻名全国的旅游景区。集中力量发展文化创意产业，努力建设河套文化创意园等一批重要文化项目，完善基础设施，搞好功能配套，建设文化产业基地和集聚区。优化发展环境，建立有利于文化产业发展的环境和保障机制，制定促进文化产业发展的优惠政策"。

可以说，"十二五"期间，从中央到地方，对于文化产业与文化资源整合的重视达到了前所未有的程度。

（三）互联网技术的成熟支撑着文化产业的资源整合

互联网主导的第三次科技革命以来，新媒体的发展、社会网络、物联网、云计算的广泛应用，使每一个人都能在很短的时间内接触、发布和获取大量的数据和信息。为了应对这样的新任务，大数据技术、大数据科学等领域迅速成为信息科学领域的热点问题，该领域发展得到了国家层面的支持，大数据时代已经到来。随着互联网技术的发展以及移动终端设备功能的不断完善，我国网民规模持续增加，互联网与传统经济的结合越来越紧密，网络新媒体的平台优势日益凸显。在智能终端快速普及、电信运营商网络资费下调和 Wi-Fi 覆盖逐渐全面的情况下，手机上网成为互联网发展的主要动力。这为文化产业资源的整合带来技术性突破。

随着互联网的快速发展，原有的行业规则逐渐被打破和颠覆，各行业都在努力探索新的商业模式，开辟新的市场空间，其中，互联网对文化产业的改造和升级起着关键作用，很多传统文化企业正在或已经与互联网结合。影片众筹、弹幕观影、网上售票……互联网已从图书出版、影视、游戏娱乐等各领域渗入文化行业，悄然改变着传统文化产业。正如习近平总书记致首届世界互联网大会贺词中提到的，"当今时代，以信息技术为核心的新一轮科技革命正在孕育兴起，互联网日益成为创新驱动发展的先导力量，深刻改变着人们的生产生活，有力地推动着社会发展"。可以说，互联网技术手段正逐步主导文化产业的资源整合和发展，"互联网＋文化"产业有着广阔的市场前景。

（四）大型文化企业集团促进内蒙古自治区文化产业的资源整合

近年来，内蒙古自治区涌现出一批具有较强实力和竞争力的大型文化企业集团，如成立于 2013 年 3 月的呼和浩特民族演艺集团。这是隶属呼和浩特市政府的国有独资企业。注册资本 2000 万元，主要经营艺术演出、演出营销、演艺文化衍生品开发和销售、剧场经营、广告业、文化教育咨询、文化活动策划、会展服务、文化产业投资。集团所属各剧院成立至今，创作和积累了一大批舞台表演精品剧（节）目，先后创作并排演了晋剧《嘎达梅林》《满都海》《巡城记》《一钱太守》，二人台《洪湖赤卫队》《也兰公主》《花落花开》《万家灯火》，歌舞剧《昭君》《香溪情》《马可·波罗传奇》等经典作品，在全国各大艺术赛事中荣获多项大奖，包括"文化奖""梅花奖""荷花奖""五个一工程"等国家级最高奖项，在国内外的演出市场中产生了一定影响。大型民族舞剧《马可·波罗传奇》更是创造了中国舞剧出国商演的新纪录，累计赴欧美驻演 600 余场，为内蒙古自治区民族艺术走出国门树立了典范。2015 年该剧远赴意大利参加米兰世博会"内蒙古活动日"演出及匈牙利夏季音乐会的演出。

这充分说明了有影响力和带动力的文化企业集团、文化产业聚集区是促进文化产业发展与整合的关键因素。如果各文化企业之间缺乏协调合作，各自为政，孤立发展，使文化产业链各环节孤立、断层、不成体系，没有形成完整的文化产业链，就不能形成滚动发展的良性循环。由于内蒙古自治区各盟市的文化产业发展还不够均衡，有条件的地区必须因地制宜地对文化产业内部资源进行整合，以骨干企业为纽带，推动跨地区、跨行业、跨所有制的兼并重组、资源整合，提升文化产业规模化、集约化、专业化水平，以打造知名品牌，提高国际竞争力。因此，通过大型文化企业集团对文化产业资源的整合可以实现文化由粗放经营型向集约经营型转变，加速国有文化资本向重要领域、关键环节集中。

三、内蒙古自治区文化资源整合中存在的问题

内蒙古自治区文化资源在开发过程中还存在一些问题。这主要表现在以下几个方面：

（一）文化产业的发展速度与人才供应不足之间的矛盾凸显

目前，内蒙古自治区的文化产业正处于加快发展和转型升级的关键时期，投资需求大，热点领域多。从文化旅游产品到文化跨境电子商务的开发与建设都将飞速发展。这就需要大量的文化产业人才，而当前相关专业人员不足。电子商务的出现，正逐渐弱化文化产业传统的中介机构。比如，在线旅游已占据了传统旅行社的大量业务，导致现有的传统大小旅行社将重新"洗牌"。这使传统旅游工作人员的待遇不能得到保障，而面对动态发展的在线旅游业务操作时，他们的教育背景又显得无力应对，导致高校培养的旅游人才学旅游却干不了旅游。这里的

原因主要在于高校的相关人才培养方向与文化市场需求脱轨。一些高校在人才培养过程中未能从市场需求的角度对科技发展趋势、时代发展要求和人才的需求特征有敏锐的把握，没有从学科特点和地区特色细化培养目标，而是对于文化人才的培养做"全能型"的专业定位，脱离了"专业化"而大谈"复合"，脱离了时代背景大谈"高级管理人才"。事实上，社会所需要的复合是立足于特定行业和岗位的一技之长基础上的复合，文化人才是基于胜任基本工作之上的管理人才。人才市场入门的岗位首先需要的是"专"与"精"。这种大而全的全能性定位势必造成毕业生的知识与能力结构的分散性，导致毕业生"什么似乎都懂，而什么都不会"的专业自我迷失和技术能力流于表面的现实。

在变与不变、发展与不发展的进程上，相关人才的引导、激励、培养、储备就成为一大现实问题。如果人才储备机制成熟，文化创意人才、电商人才、涉外导游人才、管理人才等大量涌现，甚至大量的复合型人才出现，这将改变文化企业萧条的局面以及解决文化资源整合的人才短缺问题。

（二）产品结构单一，产业链条短，文化内涵挖掘不够

目前，内蒙古自治区相同特色的文化资源因重复开发导致区域特色不鲜明，文化产业的发展同质化较为严重，造成区域内竞争加剧。

以旅游文化资源的开发为例。目前，内蒙古自治区多数地区的旅游项目属于资源依赖型，尚未形成产业集群，大多数采取依托文化旅游进行开发，并搭载民俗文化项目演艺和文博文展的发展方式。这导致游客认为，草原旅游就是先看看草原，再骑骑马，然后到度假村去吃一顿手扒肉。事实上，内蒙古自治区从东部到西部，不同类型的草原上，均具有深刻的文化内涵和极具吸引力的民族民俗。比如，呼伦贝尔市的大草原，赤峰市的红山文化，锡林郭勒盟的蒙元文化苑、浑善达克沙地，乌兰察布市的格根塔拉、辉腾锡勒大草原，呼和浩特市的昭君墓、大昭寺、五塔寺，包头市的五当召、美岱召、秦长城，鄂尔多斯市的响沙湾、成吉思汗陵、阿拉善的胡杨林等，尽管各个景点均具有深厚的文化底蕴，但各自经营的现状难以实现文化互通互融。这与实现草原旅游的文化传承功能、现代旅游业发展的本旨以及满足市场多样化需求的根本目的是矛盾的。就赛马而言，与马相关的产业要素有很多，但马文化并没有被充分挖掘出来。如目前让游客看马、骑马或喝马奶酒的活动只能让游客感受草原上有马、有骑马的传统、有制作马奶酒的工艺，这种体验在游客脑海中的记忆最终会变为一些简单符号，很容易被其他记忆冲蚀掉，并且也没有对与马相关的产业发展起到拉动效应。由于产业链条短，缺乏对这种草原非物质文化资源的深度挖掘，没有广泛拓展产业链，也就无法产生明显的产业拉动效应。

（三）资源优势尚未转化为文化产业优势

内蒙古自治区的一些文化资源尚处于资源依赖型阶段，资源优势尚未转化为文化优势。以文化旅游资源为例。内蒙古自治区虽然有景区在这方面做出了有益的突破，如成吉思汗陵旅游区，但从总体上看，目前开发的文化旅游产品大多数是传统低价的观光类旅游产品，有的产品从20世纪80年代中期推出后至今没有大的改进和创新，存在产品老化的问题。如乌兰察布市辉腾锡勒草原旅游区，是内蒙古自治区旅游发展最早的地区之一。从1978年建成第一个旅游接待点，到2010年底，辉腾锡勒成规模的旅游接待点共12处，总投资达1亿多元，建成的接待客人的蒙古包1300多个，所有接待点共接待游客58.5万人（次），旅游营业收入1.05亿元。30多年来做的主要工作是进行景区配套基础设施建设，特别是景区道路，2008年通过的旅游区发展规划还处于待实施阶段，其旅游项目的设置基本上停留在看草原、骑马、吃手把肉、欣赏民族歌舞，还是小规模层次，客源市场的细分更无从谈起。旅游业产业结构依然不完整，还没有形成吃、住、行、游、购、娱一条完整的产业链。目前只是在吃、住方面发展较好，而在游、购、娱等方面发展滞后。

（四）对民族文化资源缺乏总体规划，产业布局不尽合理

内蒙古自治区拥有丰富的民族文化资源，诚然，有部分富有民族特色的文化资源形成了国内外较具影响力的文化产业，如昭君文化节、《马可·波罗传奇》等，但总体而言，内蒙古自治区丰富的民族文化资源开发程度尚浅。文物古迹、民间传说、文学作品等都没有得到很好的开发利用。不仅如此，内蒙古自治区文化资源中的人力资源、设施、交通、资本等方面的整合度尚有待提高，不同产品指向的市场整合更是薄弱环节，这一状况削弱了产品的竞争力。如呼伦贝尔市拥有高知名度的大草原、大湖泊、大森林、大民俗、大口岸等特色文化旅游产品，但目前，呼伦贝尔市对外宣传促销的旅游景点更多的是集中在金帐汗部落、达赍湖旅游景区、红花尔基森林公园等部分重点景区景点上，而对于莫尔道嘎国家森林公园、牙克石的凤凰山庄等已初具规模的森林文化旅游景点宣传促销工作明显滞后。可以说，内蒙古自治区文化产业与民族文化资源融合发展，其最终目的是使二者互补、共同发展，但从目前内蒙古自治区文化产业与民族文化资源融合发展的状况来看，两者融合还存在一些问题。而且，旅游作为文化产业中较大的一个门类，与民族文化资源的整合力度不够，游人极少因内蒙古自治区文化之深厚底蕴而来。最大的问题是政府尚未制定内蒙古自治区民族文化资源整合总体规划和文化产品项目库，尚未形成统一的产业体系。当前，内蒙古自治区内各个地方

的文化产业组织小型化、资源优势分散不集中，对民族文化资源规划利用深度不够，产业集约化程度不高。

（五）文化产品粗糙，文化创意与科技创新不足

创意一直被公认为是文化产业的核心属性。创意是该产业得以存在和发展的基础。文化产业就是一条以创意的产生、传输和消费为核心环节的价值链。内蒙古自治区有着非常丰富的历史文物资源，其开发利用方式多数采取以博物院的形式进行静态展示，或者以旅游景观展示，这种仅依托旅游观光的开发利用渠道过于粗放，而相关衍生品的研发创意不够、文化产品形态单一，对老百姓的相关知识普及力度不大，人力资源优势不明显，更没有形成资源供给、产品研发、创意、生产展销、贸易的纵向一体化战略。传统的优势文化资源需要依靠新观念、新技术、新方法来整合开发，才能使传统走向现代，走向未来。由于内蒙古自治区文化创意产业发展落后，科技创新使资源得不到充分利用，也使文化产品很难具有高附加值。由此可见，内蒙古自治区的文化产业发展需要从广度上整合文化资源，也需要从深度上整合文化资源，以增强区域文化产业的竞争优势。

当前，计算机、网络、多媒体等高科技的应用，在文化产品的创意、制作、营销和整合等方面改变了传统的民族文化资源的传播方式，形成文化产品新的形象特色和品类。加大现代科技含量，对文化产品精雕细琢，才能使民族手工业、民族文化产品及其产业得以发展，形成产业形态。如果不注重通过一定的科技手段和媒介来开发民族文化资源，不加强对民族文化资源的评估工作，而是仅仅对其进行简单开发，容易造成民族文化资源在文化产业建设中的简单化、粗俗化。如果只注重短期的经济利益，依赖产品的粗制滥造实现低层次的竞争，会严重损害文化产业的可持续发展能力，大大削弱民族文化资源的可利用价值。例如，一些地区兴建了雷同的、毫无特色的民俗文化村，把民族文化生硬地转变成一种"表演文化""再造文化"。由于一些人为的急功近利而导致了具有深厚内涵的民族文化粗俗化，有悖于文化的发展规律，也背离了文化产业的发展目标，无益于地方文化产业的发展与整合。

（六）民族文化企业规模小，实力弱

文化企业是民族文化资源整合的主体。文化企业把大量社会资金注入文化领域，采用商业开发的组织运作方式、经营理念、经营模式等给文化产业的发展带来新活力，促进了文化市场的繁荣。要实现民族文化资源与文化产业建设的进一步融合发展，就要依赖大批优秀的民族文化企业。由于民族文化资源独特的形态对运营资金、技术人才、经营管理等方面提出了更高的要求，因此，民族文化企

业的发展任重而道远。内蒙古自治区目前拥有实力雄厚的文化企业较少，尚未形成规模，以民族文化资源为主打品牌的文化企业更是少之又少。以 2012 年挂牌成立的内蒙古演艺集团为例，该集团目标是 5 年内成长为内蒙古自治区龙头文化企业，但该集团目前一个季度的演出收入仅有 250 万元左右。内蒙古国家文化产业示范基地年经营收入近 2 亿元，自治区文化产业示范基地年经营收入 5 亿多元，与内蒙古自治区其他产业千亿元的龙头企业相比，文化产业的龙头企业规模着实太小。此外，据相关部门统计，内蒙古自治区文化产业平均每个法人单位有从业人员 14.74 人，与陕西省平均每个文化产业法人单位拥有从业人数 29.8 人、河南省平均每个文化产业法人单位从业人员 27 人相比仍有很大的差距。小公司、小制作，低层次运作，小环境发展，松散型管理使内蒙古自治区文化产业难以实现规模化发展并形成市场优势和竞争优势，文化资源的整合进程步履艰难。

（七）文化资源跨区域整合开发力度低

内蒙古自治区地域广阔、长期以来依靠行政区划采取层级管理形式，文化资源的配置也高度地域化。这就造成了当前内蒙古自治区各盟市之间的合作不活跃的现象。文化领域的条块分割，资源分散、缺乏整合造成行业间及产品间的关联度低，产业集聚化程度低，没有形成完整的产业链。近年来，文化产业的高速发展主要依赖体制改革对于文化生产力的释放和政策优惠对文化产业的补贴和支持，地方政府在文化产业发展中起到了重大作用。但是，文化产业在受益于地方政府扶持的同时，也因资源的新一轮行政化配置而难以突破地域市场被分割的困局造成重复投资，资源大量浪费。由于行政区划明显，产业链条太短，文化旅游、影视、出版、动漫、广告创意等行业间关联度低，没有形成全产业链。

四、内蒙古自治区文化资源整合的对策

文化资源整合的实质意义就是社会文化各阶层打破和超越空间障碍和思想障碍而在全社会范围内达成更多的共识与合作，是要通过组织和协调，把全社会彼此相关但却彼此分离的文化资源整合成一个为推进社会建设步伐的大的文化系统。面对这一不容错失的时机，地方政府、文化企业集团应该义不容辞地挑起促进公共文化资源整合与开发的这一历史重担。这主要可以从以下几个方面着手进行：

（一）扶持多样化整合模式

对于内蒙古自治区文化产业资源的整合，应从宏观上关注处于不同状态且分

布不均的各种软资源，如人力资源、市场资源、组织资源及知识产权资源等和硬资源（有形物质资源）有序地重组。通过整合上述元素形成可控的或可利用的资源集。内蒙古自治区可以借鉴天津市、上海市等城市的整合经验。

1. 以文化产业园区为平台的整合模式

文化产业园是以文化为基础、以产业发展为目标的综合性新型文化企业集合体，是文化产业发展的园区化、规模化的突出体现。要打破政府直接承办文化企业或文化产业园区的传统观念和体制机制，在园区建设过程中引进现代企业管理理念，以充分运用市场经济优化配置文化企业资源，以文化龙头企业整合上下游产业链上的企业，以优惠政策吸引其进入园区经营，实现园区招商引资。在文化产业园内除了有专门从事文化产业的企业外，还应包括提供高技术支持的企业、金融及其他相关服务业、文化产业产品生产制造业、旅游机构以及信息咨询等中介机构。

2. 基于文化产业集群的资源整合模式

文化产业集群是在文化产业领域中，由众多独立而又相互关联的文化企业以及相关支撑机构，根据专业化分工和协作建立起来的，并在一定区域集聚而形成的产业组织。一般意义上的文化产业集群包括文化产业链条上所有的上下游企业。文化产业集群包括文化产业的五大主体，即创意主体、制作主体、传播主体、服务主体和延伸主体。而文化产业的核心产业集群则主要包括新闻出版业、广播电视业、电影业、娱乐业、艺术业、广告业六大产业。这六大产业在文化产业五大主体中，以"创意"为核心的特征表现得最为突出。文化产业的外围产业集群主要包括文化旅游业、会展业、博彩业、竞技体育业和网络业等。文化产业的边缘集群则主要是指文化产业集群的相关支撑机构，包括为使文化产业集群获得可持续发展所需的各类基础设施和配套机构的总和，如图书馆业、文物业、群众文化业、博物馆业、咨询业、文化科技与科研、文化交流、文化经纪与代理、教育产业、资本市场、物流体系等。这些相关支撑机构的发展与完善保证了文化产业集群能获得可持续的深入发展。文化企业要通过创造品牌来完成产业链建设，形成主业突出、纵横发展、特色鲜明、差异化竞争的优势产业集群，形成资源、研发、生产、流通、经营及衍生业务等诸多环节链接和产业配套，从而促进文化产业的转型发展和产业升级。所以，要充分发挥文化产业的关联带动作用，形成"上游开发、中游拓展、下游延伸"的完整产业链条，以此让相关的各种企业和产业形成联动效应。例如，在实现跨区域文化资源整合开发的背景下，要打破原有的仅以景观欣赏的走马观花式的文化旅游模式，通过文化产业链条的建立，把旅游、影视、出版、游戏等多媒体、多方位同时体现，增强内蒙古自治区文化持久力和渗透力。

3. 基于"产商融"的资源整合模式

文化企业具有规模小、无实物资产等特征，文化产业和文化产品普遍存在版权资产价值评估难、认定难、交易难等问题，获取银行融资较为困难。在这方面，内蒙古自治区文化企业资源整合可借鉴日本的"产商融"模式，即产业、商业和金融相结合的财团模式，这种体制促进了产业控制力的增强，而其核心企业就是综合商社。日本的综合商社实际是一个连带投资型的综合贸易公司，它以贸易为平台，介入到产业里，同时又有金融的服务功能。但它与单纯的银行又不同，有投资银行的功能，又有对关联中小企业的融资功能，它对关联的中小企业的帮助并不只是提供融资，还包销它们的产品。为解决文化企业融资难的问题，我国许多城市成立了文化产业投资公司，旨在通过资源整合实现集约化发展，创新文化产业投融资的服务方式，推动产业实现跨越式发展。

4. 全球视野的文化资源整合模式

全球视野的文化资源整合是本土文化资源与外来文化资源对接的发展模式。文化本身就具有开放兼容的性质，因此，创意产业也可采取本土资源与外来资源兼容发展的模式。在经济全球化的大背景下，本土资源可自主开发，外来资源亦可在与本土文化资源协调兼容原则下引进。这就要充分考虑不同地区消费者对文化产品的需求和消费习惯，突出文化产品的特色，加强国内和国际市场开发，以积极实施"走出去"战略。通过加强与文化产业发达国家的合作，构筑全国性文化产业出口基地，这种方式可以实现文化资源的整合。

5. 文化产业网络资源整合模式

文化产业网络资源整合模式是综合上述四种模式的特点，以业务流程为核心，整合泛资源，为龙头企业提升产业网络控制权所用。在集成化增值性整合传播的影响下，文化产业的产业链构成要素和运作模式正在发生变化，新的利润模式也在不断涌现。不仅在网络出版领域，在数字娱乐等领域实现集成化增值性整合传播同样效果明显，由此形成的数字化供应链正在冲击着陈旧过时的娱乐产业制作和发行系统。

在整合内蒙古自治区文化资源的过程中，要注重培育核心竞争力品牌，打造集群产业链。要充分发挥内蒙古自治区现有优势，精心打造科技含量高、产品附加值高、市场竞争力强、市场需求量大、产业关联度高的文化品牌产品。可考虑将影视剧产业确立为自治区文化品牌创建的突破口，充分利用草原文化、昭君文化、蒙元文化等各类文化资源的知名度，系列开发自治区独有的优质题材，深挖文化内涵，有计划地不断推出一批精品名作，培育一批能产生广泛影响的品牌，并通过品牌效应，打破地区、部门、行业界限，扩大关联度，形成向旅游、演出、传媒、会展、节庆、音像等行业全面扩展之势。同时，积极借助品牌优势，由企业自主整合品牌资源，逐步培育具有内蒙古自治区民族特色、具有一定规模和较强竞争能力、在国内外有较大影响力的文化产业集团，推进、调整和促进全区文化产业结构整体升级。

（二）更新观念，强化区域间的协同配合

内蒙古自治区文化发展的产业链由于文化和思想观念的差异及各地区的不平衡，各地的文化资源整合往往难以实现协调一致。这就要求各盟市、各区域首先要树立全新的大文化产业观念，统筹城市规划以实现共同发展。例如，可以广泛聚集各种社会资本，打破种种限制，放弃狭隘的意识，组建一些具有实力的大型文化企业集群。其次，要利用本地文化资源优势，制定合作发展的战略规划，开展文化产业的跨行业、跨地区重组。可以说，文化产业的发展是内蒙古自治区实现经济一体化发展的重要组成部分，必须统筹规划，合理布局，遵循市场规则，重点发展一些有规模、有潜力的文化产业链，如旅游业、会展业，借助这些产业链拉动交通、餐饮、宾馆和工艺品制造等相关产业的发展，实现多产业的联动发展。

以文化旅游资源整合为例。进行文化旅游开发时要注意区域间的资源整合并和谐共存，根据不同地域自身的旅游开发状况和资源特点，对其文化旅游资源给予不同的定位，优势互补、互为依托，避免文化环境背景的混杂。比如，内蒙古自治区文化旅游资源的开发可以整合为以下区域：呼和浩特—包头—鄂尔多斯—乌兰察布—巴彦淖尔区域，发展都市文化游、历史文化游、民俗风情游、黄河文化游、工业文化游；呼伦贝尔—兴安区域，发展草原生态文化游、森林湖泊文化游、边境文化游、冰雪文化游、民俗文化游；锡林郭勒—赤峰—通辽区域，发展草原观光文化游、温泉度假文化游、地质奇观文化游、蒙辽红山文化游；阿拉善—乌海区域将积极发展宗教朝圣游、航天科普游、丝路访古游、沙漠文化游。也就是说，只有完成不同地区间的资源整合，才能吸引更多的旅游者。

（三）注重多要素跨界融合，产生直接、间接价值

文化产业是由多种要素融合形成的产业形式，其自身能够创造直接价值，同时还能够通过为相关产业提供创意，而赋予其他产业、产品文化内涵且创造了间接价值。近年来，内蒙古自治区互联网文化产业跨界融合不断发展，良好的产业生态系统正在形成。随着经济的发展，文化产业与设计、旅游、餐饮、制造、建筑等相关领域的结合日益密切。未来互联网文化产业的调整、重组和与科技、资本、周边产业等的融合将不断加深。内蒙古自治区文化资源的整合要关注以下几方面内容：

一是与科技融合。文化产业是科技应用最广泛、科技创新最活跃的领域之一。文化部与相关部门积极推动互联网与文化产业关键技术的研发、推广和应用，不断加强对文化科技创新体系建设和人才培养等工作。互联网文化产业在新的技术变革下，需寻求商业模式的创新和转型，也需要加深认识科技创新驱动对产业生产力释放的全部作用机制，谋求推动在产业链基础上的产品内容创新、传播技术创新和商业模式创新。

二是与资本融合。文化产业高附加值的特征吸引了众多投资者的目光，大量的资本和人力资源进入该领域。文化部、中国人民银行、财政部发布了《关于深入推进文化金融合作的意见》，鼓励文化和金融的有效结合，提升文化产业向着规模化、专业化、集约化方向发展。随着文化产业规模越来越大，文化金融也越来越受重视，政府将为小微文化企业融资提供支持，其他领域的金融活动也逐渐适用于文化产业，包括股票融资、发行企业债、担保、抵押贷款和并购等。互联网可以集合金融的整体力量选择包括文化企业在内的服务对象，能解决文化产业一部分的融资问题。

三是与实体产业融合。应用文化内容本身就是互联网的创新，是互联网与文化的技术复合创新。以电子商务为例，最初大家是在网上商店通过点击买服装，然后是个人订制，再到看见自己喜欢的衣服，通过扫描二维码下单购买，最后发展到商家按照消费者要求进行个性化推荐，消费者选择后购买，这说明电商消费正在向时尚文化的方向发展。2014年初，《国务院关于推动文化创意和设计服务与相关产业融合发展的若干意见》重点促进创意设计与装备制造业、消费品工业、建筑业、旅游业、信息业、体育产业、特色农业的融合发展，制定了一系列优惠政策，在积极推动文化创意在优化产业结构、提升产品附加值、提高人们生活品质、增强文化软实力等方面发挥了更加重要的作用。创意产业和互联网文化产业之间的联系越来越紧密，以内容为核心的互联网文化产业的提升和跨越发展越来越离不开创意的支撑。未来的互联网文化企业与创意设计业、制造业、物流业、金融服务业等的融合将逐步加强，其潜力有待挖掘，强大的辐射带动能力将会逐步显现。

（四）政府牵头协同发展，统筹联动协同共促

公共文化资源的整合和开发需要政府通过协同来促进，以实现不同利益机制共同满足的目的。这就需要政府牵头尽快建立公共文化服务体系协调机制，在规划编制、政策衔接、标准制定和实施等方面加强统筹、整体设计、协调推进。这些工作要求政府全面摸底本区域各类公共文化服务资源存量，研究设计整合方案，以"公共文化服务资源整合工程"的形式对文化系统及全社会资源从组织体系、经费机制、资源配置、人员保障等方面进行深度整合，统筹推动跨部门、跨行政层级、跨区域组织体系共建共享、互联互通的建设工作。

整合工作可以从以下几方面推进：一是增加公共财政的投入，加大对文化资源研究的力度。可以通过立项招标、课题立项申请、定向委托、组织专家研讨等方式进行前瞻性研究，并围绕当前实施、推进中的重点、难点进行研究，以保障文化产业资源的系统性、有效性和完整性。二是成立"地方公共文化产业促进中心"。可以推广北京市、深圳市等地的做法，成立相应的行政机构，由文化主管部门牵头筹备，汇集规划、旅游、教育、经委、民政、财政、科委、文明办等部门，并邀请非政府的社会力量构成委员会，下设专家顾问委员会，邀请专业机构专家和业内顾问出任，来负责推进文化产业高速发展。三是建立文化产业相关的行业协会，强化文化资源系统整合。可以挂靠市公共文化产业促进中心，以文化产业各类企业为主、邀请高校和相关的机构专家、新闻媒体资深人士等参与。实行自下而上的自律性自我管理，成为政府和企业之间的桥梁。四是加强政府投入，完善文化基金功能。在对现有各种形式基金进行有效整合和开发的基础上，通过加大政府财政的投入，进一步加强文化发展的管理和运行。省（市）文化发展基金可以下设文化事业基金和文化产业基金。文化产业基金又可以下设文化产业发展投资基金、文化产业发展融资服务基金和文化产业发展政府扶植与奖励基金，全方位、多功能地发挥基金的各项效应。五是加大政府投入，实现公共文化服务均衡化发展。加大公共文化服务供给，可以丰富市民精神文化生活，这也将在一定程度上为文化产业发展提供舞台和空间。政府可以在网点资源、设施配置、服务人群和服务内容四个方面投入以实现均衡化发展，从而形成以"政府主导、社会参与、多元投入、协力发展"为基本特征的现代公共文化服务治理格局。

（五）文化资源的整合要注重突出地域特色和个性特点

内蒙古自治区文化资源整合要结合当地的实际情况，提升其独特性，强化其与众不同的地方。例如，内蒙古自治区作为多个少数民族的聚集地，拥有大量具有民族特色的民族工艺品、节庆民俗与特色饮食。内蒙古自治区可以依托独特的民族文化资源，借助旅游业的带动，通过演出、会展等创意产业的宣传，大力开发和拓展民族工艺品市场，实现民族文化产品的自主开发和市场化经营，逐步形成民间工艺产品制作、特色饮食制作的生产、包装运输、展览销售"一条龙"的文化产业格局。

虽然内蒙古自治区文化的精髓与主干统称为草原文化，但是在幅员辽阔的草原上又形成了形态各异、各具地方特色的文化形态和文化资源。比如，在呼伦贝尔市、科尔沁草原、鄂尔多斯市、阿拉善盟等大小不等的十多个草原或沙原上，形成了民族特色鲜明的文化事象和社会习俗；在河套地区，土默川地区土地肥沃、气候温暖，适宜农耕，形成了农耕文化；在大兴安岭、小兴安岭，山高林密，野生动物繁多，那里的鄂伦春、鄂温克等少数民族继承了精湛的狩猎文化。可以说，内蒙古自治区草原文化形态各异、具有地域文化特点。我们在进行文化资源整合利用的过程中，一要善于发现和挖掘本地域文化资源的特点所在，并找出差异之处，二要尊重差异，突出差异，从而在整合利用过程中塑造独具鲜明地域特色和个性特点的文化形象。

（六）注重文化资源的整合利用

文化是一种软实力，是一种慢功夫，具有"润物细无声"的功效，而古为今用是不变的社会法则。文化资源的整合利用的最终目标是为当代社会服务。文化资源是在漫长的历史发展长河中经过岁月的洗刷而遗留下来的宝贵财富，其本身固有历史文化价值。但是在文化资源整体利用的角度上，我们不能让它止于此，要在其本身固有的历史人文价值当中注入时代的元素，赋予当今社会发展的要素，从而使其更加光彩夺目，起到为当今社会发展服务的作用。凡是具有价值的文化资源都具有经过现代人以时尚的眼光重新审视而加以发扬光大的可能性。例如，阿拉善盟境内有一种古老的树种叫胡杨树，它具有 1000 年不死，死而 1000 年不倒，倒而 1000 年不朽的品质，这种品质被当地人注入时代命脉，获得时代意义，更好地表现了阿拉善人自强不息、永远奋进、与时俱进的精神风貌。内蒙古自治区是多民族杂居之地，千百年来各民族相互融合，共同建设开发祖国北部边疆，留下了很多历史人文佳话，其本身就是对后代进行人文化历史教育的活样板、活教材。比如，如何体现蒙汉人民和亲团结，互惠互利的时代主题，昭君墓就是见证。大青山抗日根据地遗址对阐释中华民族同仇敌忾、抗战到底，拯救中华民族于危亡的教育意义不言自明，是后代汲取革命传统本质营养的鲜活教材。达茂旗草原英雄小姐妹的英雄事迹对激励当代青少年热爱祖国、无私奉献的巨大社会意义也是无法估量的。因此，从历时的角度看，在文化资源整合利用的过程中，要综合考察文化资源的人文价值、历史价值与现实意义，应当把它作为一项系统工程去运作，要注重它的持久效应，这也是由文化资源的本质特点所决定的。

在文化资源整合的过程中要梳理和挖掘内蒙古自治区少数民族中先进的文化价值理念。以蒙古族为例，蒙古族有其独特的价值判断、价值标准和价值理念。传统的"逐水草而游牧"的生存方式，使人、牧畜和自然天然地形成一个生态系统。人是一个生态调节者，这使蒙古族更加敬畏自然、爱护自然，并由此孕育了保护生态、保护再生、注重和谐的价值观。此外，自强不息、开拓进取、吃苦耐劳、豪迈刚健、交流开放、兼收并蓄、崇尚英雄、注重诚信等价值理念都与社会主义文化建设要求的价值取向契合，是社会主义文化建设需要的优秀文化遗产、精神资源和思想资源。在人们过去最不经意的游牧人与自然、畜群的关联当中，蕴含着当今世界最先进和科学文明思想和成果。梳理和挖掘内蒙古自治区少数民族中先进的文化价值理念，并使之继续成为能促进社会主义文化发展的思想动力，具有十分重要的历史意义和现实意义

（七）要以品牌取胜，形成文化精品

与东部文化产业较为发达的地区相比，内蒙古自治区的文化产业建设明显处于劣势。要在劣势中崛起，内蒙古自治区就要利用丰富的民族文化资源优势，将民族文化资源作为主打产业和优势产业，突出地方特色，打响品牌。对民族文化资源进行品牌化经营体现了文化产业的核心竞争力，更是其参与社会竞争并取得竞争优势的重要手段。因此，要科学评估可开发、可利用的民族文化资源，对丰富的民族文化资源进行挖掘和整理，提炼其精华，剔除其糟粕，在文化产业建设中融入民族文化元素，着眼于内蒙古自治区民族文化资源和艺术品牌优势，与现代创新精神相结合，集中力量重点开发独具特色的民族文化产品，打造焕发新生命力的民族文化品牌，以文化产业品牌建设带动文化产业集群崛起。以内蒙古自治区的召庙文化资源为例，得到普遍认可的内蒙古自治区一些召庙独具民族风格的建筑特色，但不能忽视召庙文化的其他方面，如召庙文化的诗词、碑文、匾额、楹联等特色文化资源，历代皇帝与名人留下的碑文与匾额也不在少数，董必武同志就曾在参观完昭君墓之后欣然挥毫："昭君自有千秋在，胡汉和亲识见高，词人墨客胸臆懑，舞文弄墨总徒劳。"这集中表达了昭君墓的深刻历史人文教育意义。如果将这些特色文化资源进行整合必将大大提升内蒙古自治区召庙文化的含金量。

（八）要有创意突破

文化创意产业是文化产业中的一个重要组成部分，依托于文化资源，以创意为核心，与各产业部门相结合，渗透到产业链各阶段的一个新兴产业。文化创意产业开发是现代科技和社会发展的必然产物，位于文化产业链的高端，决定了文化产业的发展方向。它主要包括广播影视、动漫、传媒、音像、视觉艺术、表演艺术、服装设计和工艺设计等方面的创意群体，而这些创意群体恰好能与民族文化的特质进行有机结合。内蒙古自治区拥有丰富的民族文化资源，得天独厚的自然条件，这是发展文化创意产业无与伦比的优势。例如，依托马业资源，内蒙古

民族艺术剧院打造出我国首创大型马文化实景剧《千古马颂》，众多中外游客被其深深吸引，推动了文化与旅游的深度融合。还有唱响纽约、莫斯科等地的五彩呼伦贝尔儿童合唱团，正在策划、创作和编排更多草原童谣，让国内外观众在天籁般的童音中追忆童年、回归自然。大型舞剧《马可·波罗传奇》被选为文化部特色文化产业重点项目、"丝绸之路"文化产业重点项目、财政部 2015 年度文化产业发展专项资金项目、2015～2016 年度国家文化出口重点企业和重点项目以及自治区文化产业重点项目。《马可·波罗传奇》已在美国驻场演出 426 场，成为内蒙古自治区第一个实现文化商演走出国门的品牌。此外，创意旅游也能有效促进地区经济发展，具有很大潜力。

（九）要扩展产业链，延伸文化资源的空间

单一的产业系统发展潜力有限。如果能将文化资源的空间不断拓展将有效实现文化资源整合。例如，在当前草原旅游中，包括蒙古族"男儿三艺"在内的很多草原非物质文化资源并没有得到充分开发利用，更没有形成各具特色的民族旅游社区或景区，所以草原非物质文化产业链的延伸空间还很大。事实上，"男儿三艺"的起源、活动目的、功能、内容和形式的历史演变，在当今草原民族生活中的角色，活动中蕴含的技艺技巧、比赛规则等一系列问题都有着一定的文化内涵，都可以有效地整合。如赛马活动会拉动马术技艺的传授和培训，摔跤比赛可以拉动蒙古族摔跤服饰的生产，这样通过产业链拓展可以使其文化内涵得到充分展现。就骑马活动而言，它可以涉及养马、驯马、制作马产品（如马奶酒）、制作马具、马靴等多个产业元素。摔跤、射箭也一样，可以拉动摔跤技艺传承、摔跤服饰制作以及射箭技艺、弓箭制作等产业发展。通过有效整合，可以形成以草原文化旅游为核心，涉及更多文化元素的泛旅游产业体系，这对增加草原牧区的经济效益、促进民族产业发展以及实现旅游扶贫效应具有重要意义。再如，当地居民可以到旅游景区中进行民族产品的制作和技艺传授，制作马具、摔跤服饰、弓箭等民族产品的生产企业也可与核心旅游景区之间实现互动。这不仅需要形成大草原旅游产业区，甚至需要形成"村镇即景区、草原即景区"的草原地域文化产业集群发展态势，还要根据游客的创意需求，每个草原居民、每家厂商都成为旅游接待者和配合者，将社区生活、景区运转、旅游接待与相关产业融为一体，将大旅游区内所有产业均纳入创意旅游产业发展中。同时还需要大量相关产业支撑，推动草原牧区快速实现新型城镇化，促使形成一些草原特色旅游小村镇。所以在"大产业、大旅游"理念下，应打破传统旅游边界，深度拓展涉旅要素体系，拓宽产业波及面，促进资源整合与产业融合，通过旅游业与农业、文化、体育等相关产业间的融合，实现旅游产业链的侧向延伸和扩展。如果能够构

建摔跤王之家、射箭专业旅游社区、马文化创意旅游村等"男儿三艺"文化创意旅游产业园区，就可能拉动养马、驯马、马产品生产、射箭技艺培训、射箭设备制作、摔跤技艺培训等多个相关行业发展，还可以在一定程度上波及和拉动农牧业、文化产业、加工制造业以及传媒等产业发展。通过有效整合，在整个旅游活动体验过程中，应使游客获得的不是"看到了草原文化"，而是"感受到了草原文化的内涵"。

（十）政府要树立整合意识，实现对相关法规的整合

"十二五"以来，促进内蒙古自治区文化资源整合是文化服务体系建设中一个老生常谈的问题，同时也是一个长期悬而未决的难题。总体来看，一方面，在公共文化服务体系中多头管理、业务重叠、重复建设、"孤岛"运行、资源分散等问题已得到一定程度的重视，但由于受传统行政体制机制的制约，使整合未能有效进行，目前仍处于以个案实践寻求解决之道的探索阶段，整体性未得到解决；另一方面，对于体制内维护上述资源建设所投入的行政资源、人力资源、组织资源、资金资源如何整合以及如何盘活体制外相关资源缺乏研究和重视，高投入低产出、社会效益低弱、效率效能低下等问题亟待扭转。究其根源，是地方政府、文化部门尚未树立全社会"一盘棋"的公共文化观念，对全社会共建共享公共文化落实不够，未能引入市场机制寻求破局之策，未能实现社会化发展。因此，我们可以说，文化资源的根本症结不在于资源匮乏，而在于如何对文化系统及全社会资源有效整合的问题。

客观地讲，无论法律制定程序多么透明和科学化，目前本着"五个统筹"（统筹城乡发展、统筹区域发展、统筹经济社会发展、统筹人与自然和谐发展、统筹国内发展和对外开放）要求制定的法律还是稀有的。从法律上确立文化资源保护固然重要，但未必能够得到贯彻实施。因为，文化资源的保护问题涉及文化、环保、计划、土地、建设、财政、税收、交通等相关部门的业务，并不是一部法律所能解决的，文化资源保护优先的原则只有贯彻到所有相关的法律法规中去，才有可能得到落实。例如，在城镇化加速发展阶段，城市更新、城市开发与历史文化资源的保护不可避免地存在着矛盾和冲突。由于城市发展中许多现实的经济、社会问题往往表现得更具有迫切性、短期性，而历史文化资源保护的效益则具有长远性和间接性，怎样使长远利益和近期利益的协调和妥协成为日常管理的难题。因此，必须把保护和开发的目标有机地整合起来，善于从其他的目标中找出本目标的共同点。

第十二章

内蒙古自治区文化产品跨境电子商务发展战略研究

内蒙古自治区的文化产业"走出去"是其顺应文化要素全球化的要求，主动利用国内外文化要素资源和文化市场实现文化产品和服务国际化的重大战略选择。随着近年来我国跨境电子商务的迅猛发展，使其已逐渐渗透国际文化贸易领域。通过跨境电子商务使文化产品在交易双方之间不再依赖传统的营销渠道，敲开了"无国界购物"的大门，降低了从事跨境贸易的门槛和交易成本，缩短了运营周期，电子商务已成为对外文化贸易的重要增长点。从全球范围看，世界各国都在加快互联网经济和跨境电商的发展，积极抢占未来数据经济发展的制高点。在此形势下，内蒙古自治区的文化产品需要大力发展跨境电子商务，这既是重大的挑战，更是难得的历史机遇。

一、内蒙古自治区文化产品跨境电子商务发展环境分析

内蒙古自治区文化产品跨境电子商务的发展是基于政策环境、社会环境、经济环境、技术环境等各要素完善、成熟、协调的基础上进行科学论证的结果。

（一）政策环境分析

内蒙古自治区乃至中国跨境电商近几年的蓬勃发展，在很大程度上得益于政策的宽松以及连续出台的数个支持跨境电商发展的政策文件。各项支持政策的密集出台，营造了跨境电商发展的良好环境。

1. 国家宏观政策

文化贸易是我国国际贸易的短板。近年来，为促进我国文化产品与服务走出国门，我国政府出台了一系列鼓励和支持文化产品及服务出口的优惠政策。2010年，《国务院关于加快培育和发展战略性新兴产业的决定》，将电子商务产业确定为战略性新兴产业；2012年3月，《商务部关于利用电子商务平台开展对外贸易的若干意见》，对进一步增强我国电子商务平台的对外贸易功能，提高我国企业利用电子商务开展对外贸易的能力和水平提出了指导意见；同年，海关总署组织郑州市、上海市、重庆市、杭州市、宁波市5个城市开展跨境电子商务试点工作，积极探索小额跨境网上交易监管政策，同时在全国范围内开展了无纸通关模式，促进了国际贸易便利化；2013年10月，商务部出台了《商务部关于促进电子商务应用的实施意见》（以下简称《意见》），其中，明确提到要鼓励电子商务企业"走出去"，要支持境内电子商务服务企业（包括第三方电子商务平台，融资担保、物流配送等各类服务企业）"走出去"，支持区域跨境电子商务发展，《意见》还提到了中西部地区可因地制宜，创新电子商务应用与公共服务模式，引导企业对电子商务的应用，要重点结合本地区特色产业发展需求，发展行业领域电子商务应用，吸引和支持优秀电子商务企业到中西部地区设立区域运营中心、物流基地、客服中心等分支机构，与电子商务平台企业对接销售中西部特色商品；2015年1月29日，《国家外汇管理局关于开展支付机构跨境外汇支付业务试点的通知》在提高单笔业务限额、规范试点流程、严格风险管控等方面积极促进我国跨境电商的发展；2015年3月举行的"两会"中，李克强总理在报告中多次强调电子商务，分别提出了要"鼓励电子商务创新发展"、要"加快电子商务等新议题谈判"等，并将跨境电商单独强调，表示要"鼓励进口政策，增加国内短缺产品进口，扩大跨境电子商务试点"；2015年4月，《国务院关于改进口岸工作支持外贸发展的若干意见》中要求支持跨境电商综合试验区建设，由

国家发改委和海关总署牵头启动的国家跨境电商服务试点也在不断扩展；2015年6月，《国务院办公厅关于促进跨境电子商务健康快速发展的指导意见》（以下简称《指导意见》），《指导意见》在海关监管、检验检疫、进出口税收、支付结算等多个方面提出支持跨境电商发展的有力举措，旨在促进我国从"世界工厂"转变为"世界商店"，实现我国从贸易大国到贸易强国的转变。在2016年政府工作报告中，国务院总理李克强对跨境电商寄予厚望，提出"要从战略高度推动出口升级，扩大跨境电子商务试点，鼓励商业模式创新，促进外贸综合服务企业发展"；2016年8月，国家税务总局修订并发布《出口退（免）税企业分类管理办法》，提出要支持外贸综合服务企业在跨境电商生态圈中的平台作用。

在此背景下，各地政府纷纷出台跨境电商扶持政策。例如，北京市授牌6个跨境电商产业园，打造跨境电商产业链体系；杭州市建立中国（杭州）跨境电子商务综合试验区，推动杭州跨境电商快速发展；大连市建立中国（大连）跨境电子商务综合试验区，探讨"政府主导、企业运作"新模式；西安市启动跨境贸易电子商务信息服务试点，使西安走向无国界贸易；等等。可以说内蒙古自治区文化产品走跨境电商之路面临着良好的发展机遇，这与国家的相关政策红利紧密相关。

2. 内蒙古自治区出台优惠政策助力跨境电子商务发展

跨境电商的快速发展与强有力的区域政策支持密切相关。在中央政府制定出台指导跨境电商健康快速发展的利好政策下，内蒙古自治区也出台了配套措施，细化了中央支持政策，努力积累跨境电商发展的先发优势。

2014年12月31日，《内蒙古自治区人民政府关于印发加快电子商务发展若干政策规定的通知》，其中，对加快电子商务管理体制改革及提供土地、财政、金融、税收等政策支持方面作出具体规定，并落实有关责任单位。内蒙古自治区还针对加快电子商务发展出台了一系列税收优惠政策。自治区人民政府规定，如果企业是以《西部地区鼓励类产业目录》中规定的产业项目为主营业务，且其主营业务收入占企业收入总额70%以上，经认定，可享受按减15%税率征收所得税的优惠政策。对电子商务企业交易平台为开发新技术、新产品、新工艺发生的研究开发费用，未形成无形资产计入当期损益的，在按规定据实扣除的基础上，按研究开发费用的50%加计扣除；形成无形资产的，按照无形资产成本的150%摊销。此外，内蒙古自治区政府积极培育并鼓励具备条件的电子商务及相关服务企业申请高新技术企业和软件企业认定，被认定的企业按照国家相关政策规定享受税收优惠；同时强调符合条件的自建跨境电子商务销售平台的电子商务出口企业、利用第三方跨境电子商务平台开展电子商务出口的企业，适用国家有关跨境电子商务零售出口税收政策。

2016 年，《内蒙古自治区人民政府办公厅关于发展跨境电子商务的实施意见》（以下简称《实施意见》）。《实施意见》强调，内蒙古自治区将按照"建立机制、市场运作、培育企业、构建园区、政策扶持、创新发展"的总体思路，大力发展跨境电子商务业务，积极构建专业化跨境电子商务、传统外贸企业升级转型、第三方跨境电子商务平台和自建平台同步推进、境内外电子商务服务企业互动发展的跨境电子商务发展格局。同时明确指出，积极创造条件重点发展 B2B 模式的跨境电子商务，建设跨境电子商务园区，积极争取设立跨境电子商务综合试验区，推进外贸营销手段创新，促进自治区对外贸易稳定增长和转型升级。《实施意见》还明确，要支持有条件的企业建设境外服务网点或依托电子商务服务企业通过一般贸易等方式出口后，再根据网上订单销售给境外消费者，构筑一般贸易加电子商务运营的模式，推动企业间的跨境电子商务交易（B2B）由信息发布向在线交易发展，从而逐步发展具有内蒙古自治区特色的专业型外贸电子商务服务平台，建立完整的跨境电子商务服务体系。

在 2016 年发布的《内蒙古自治区国民经济和社会发展第十三个五年规划》中明确指出，到 2020 年内蒙古自治区要建成 5 个自治区级互联网经济集中区、10 个电子商务集聚区、10 个大宗商品电子交易市场，电子商务交易额达到 5800 亿元以上，互联网服务收入达到 500 亿元。

上述内蒙古自治区人民政府出台的各项利好政策，为内蒙古自治区文化产品跨境电子商务的发展提供了优越的政策支持。

（二）社会环境分析

内蒙古自治区文化产品走跨境电商之路迎来了良好的发展机遇，这主要体现在全球一体化市场的形成上。在经济全球化的浪潮下，世界越来越被连成一个整体，全球贸易加速发展，全球市场已然形成。随着国际间的交往与合作不断加深，关税和非关税贸易壁垒逐渐被打破，自由贸易协定陆续出台，交易成本逐渐降低。截至目前，中国已签署了 14 个自由贸易协定，涉及 22 个国家和地区。与各国贸易往来和经济合作的不断加深为跨境电子商务的发展提供了广阔的空间和可能。

当前我国倡议的"一带一路"是文化外交的新机遇，也是大力推进中国文化"走出去"的良好时机。历史上，中国古"丝绸之路"实现了与其他国家的互联互通，推动了沿线各国经济文化的交流和发展，促进了不同文明的对话和沟通，在人类历史上写下了灿烂的篇章。如今中国倡议的"一带一路"实际上是现代版的互联互通。其实质是借用古"丝绸之路"这一历史文化符号，赋予和平发展、合作共赢的新时代主题，倡议沿线各国大力加强经济文化交流，发展经济合作伙伴关系，共同打造政治互信、经济融合、文化包容的利益共同体、命运共同体和责任共同体。"一带一路"倡议是新时期我国统筹陆海开放、协调东西开放，深化与"丝绸之路"沿线国家经贸、人文、科技、生态等多领域合作交流的形象概括，是对2100多年来"丝绸之路"精神的传承与发扬，是在新形势下中国与沿线各国共同倡导和提供的一项重要全球公共产品。因此随着"一带一路"倡议的逐步推进，将为内蒙古自治区文化产业"走出去"开拓广阔的空间。

内蒙古自治区地处中国北部，既是我国边疆少数民族自治区，也是我国向北开放的重要前沿。当前，处于正在建设中的全国通关一体化格局中的东北地区，包括沈阳市、大连市、满洲里市、呼和浩特市、哈尔滨市等地的海关，也启动了区域通关一体化改革，形成一个全新的，可以覆盖辽宁省、黑龙江省、吉林省和内蒙古自治区四个省区在内的海关通关一体化管理机制和运行模式。而这样一个新的管理机制和运行模式更能发挥内蒙古自治区连接俄罗斯以及蒙古国之间的地理优势和区位优势，进一步加强和完善我国东北四省区间对俄蒙的铁路区域网络通道，与俄罗斯远东地区的陆海联运通道，进而推进北京—莫斯科的欧亚高速公路运输走廊的建设，这使包括内蒙古自治区在内的东北区域成为向北开放的桥头堡。届时，将全国40多个海关外贸进出口业务纳入通关一体化网络之中，实现互联互通，这对于我们内蒙古自治区来说将是百年一遇的大好机遇。在这样的"一带一路"的机遇下，跨境电商作为和其他国家贸易往来的新趋势，不仅是内蒙古自治区本土企业创造品牌的难得机遇，同样也能吸引境外很多的企业参与。据不完全统计，2015年内蒙古自治区跨境电子商务发展迅速，已经成为自治区对外经济贸易的有力增长点，实现了对外贸易的良好开端。

内蒙古自治区正积极融入国家"一带一路"倡议，发挥草原"丝绸之路"起点城市和枢纽城市的作用，加强区域间经贸文化交流合作，不断扩大草原"丝绸之路"经济带的影响力。在"中蒙俄经济走廊"规划纲要中曾提到"要加强旅游、物流、金融、咨询、广告、文化创意等服务贸易领域的交流合作；推进信息技术、业务流程和技术外包，开展软件研发、数据维护等领域合作"。内蒙古自治区只有紧紧把握国家深化中俄、中蒙战略的合作机遇，才能把内蒙古自治区打造成面向俄蒙欧、服务区内外的双向桥头堡和国际合作交流中心。

随着"一带一路"与"中蒙俄经济走廊建设"的提出，沿线国家互联互通建设也逐渐推进。全国常态运营的中欧货运班列有6条：渝新欧（重庆—新疆—德国杜伊斯堡）、汉新欧（武汉—新疆—捷克梅林克帕尔杜比采）、蓉欧（成都—波兰罗兹）、郑欧（郑州—德国汉堡）、苏满欧（苏州—满洲里—波兰华沙）、合新欧（合肥—新疆—德国，目前运行区间为合肥至中亚），中欧铁路网正在形成。铁路网络的联通缩短了跨国贸易的空间限制，节约了运输成本，推动了跨境电子商务的发展。

此外，中央关于供给侧结构性改革、"大众创业、万众创新"、京津冀协同发展等决策，为内蒙古自治区文化产品跨境电子商务的发展提供了巨大空间。

（三）经济环境分析

跨境电商是消费时代的产物，回应了消费人群追求更高质量生活的需求。当今社会的消费者需求已经跨越了国界。据商务部预测，未来几年跨境电商占中国进出口贸易比例将会提高到20%，年增长率将超过30%。据商务部的估算，目前每年在跨境电子商务平台上注册的新经营主体中，中小企业和个体商户已经占到90%以上。对于进口文化产品，中国人的消费能力和人均消费水平不断提高，对生活品质的要求也不断增强，国外的优质产品给国人提供了更多的选择。对于出口文化产品，中国文化本身在国外就有良好的口碑与吸引力，外国人青睐中国物美价廉的文字篆刻、书画作品、影视剧作品以及文学艺术等作品，从网上购买既方便又优惠，选择也更多样化。内蒙古自治区发展文化跨境电商，是基于对进口电商消费者与出口电商消费者双向分析的基础上提出的科学设想。

1. 进口电商消费市场整体分析

从全国范围来看，中国目前有7亿网民，1.3亿网上购物者，其中产阶级数量会增长到8亿人。这些消费者会充分利用互联网来甄选产品进行消费。中国正在成为世界上最大的互联网市场，其网上购物者，在网上购买生活所需60%的服装、鞋类、书籍、音乐和电影，而这一数据在世界其他地方仅为45%左右。也就是说，60%的中国网上购物者绕过零售商，直接在厂家那里购买品牌产品。

内蒙古自治区社会生产力的发展为进口文化跨境电商奠定了物质基础。"十二五"期间，内蒙古自治区的综合经济实力显著增强：地区生产总值由2010年的1.17万亿元增加到2015年的1.8万亿元，年均增长10%；人均生产总值由7070美元增加到1.15万美元，居全国前列。一般公共预算收入由1070亿元增加到1963.5亿元，年均增长12.9%；一般公共预算支出由2273.5亿元增加到4352亿元，年均增长13.9%；累计完成固定资产投资5.2万亿元，是"十一五"时期的2.6倍，年均增长18%。经济的腾飞导致了公众对文化娱乐需求的增长，尤其对更高质量、更安全、更多样化的文化商品的需求更加旺盛，消费对经济增长的促进作用日趋明显。

跨境电商进口以扁平化的线上交易模式减少了多个中间环节，使海外产品的价格下降。通过大量引入质量品质较好、丰富的海外商品，跨境电商最终惠及国内消费者。同时，跨境电商使交易流程扁平化，海外产品提供商直接面对国内消费者，能够提供更多符合消费者偏好的商品。

2. 出口电子商务市场整体分析

分析目的地国家的消费者对文化产品的购物需求动机、购物品类偏好与跨境购物的频率等因素，对内蒙古自治区制定相应的策略有着不可低估的作用。内蒙古自治区跨境电商的出口国家主要有俄罗斯、蒙古国，随着"一带一路"倡议的落实，今后还将惠及更多的沿线国家。

相关数据显示，俄罗斯有 6000 万网络用户和 1500 万潜在的网上购物者，是所有欧洲国家中拥有最多的在线人口的国家。俄罗斯的手机普及率非常高，但金融和物流基础设施不发达，也许是因为俄罗斯的国土面积太过巨大，完善这些基础设施的难度大、成本高，仅仅 20% 的俄罗斯民众拥有信用卡。因此，在俄罗斯，手机移动支付的确能作为一种理想的针对网上零售的第三方支付解决方案。同时，俄罗斯也是众多移动支付厂商竞相追逐、竞争的场地，比如，VISA、QIWI 和 WebMoney。而蒙古国的国内经济相对落后，非常注重各类产品的进口。为了发展蒙古国的经济，蒙古国政府采取了一系列措施积极发展对外贸易、旅游和文化产业。目前，中蒙俄跨境电商文化市场规模尚未达到最佳，发展空间巨大。

可以说，跨境电商是全球化时代的产物，是在世界市场范围内配置资源的重要载体。根据商务部统计，目前我国跨境电商企业已经超过 20 万家，平台企业超过 5000 家；跨境电商年均增长约为 30%。在传统外贸条件下，出口商品需要通过层层供应链到达消费者手上，制造商的利润被多重环节稀释。在跨境电商模式下，国际贸易供应链更加扁平，一些中间环节被弱化甚至被替代，这部分成本可以转移出来成为生产商的利润和消费者获得的价格优惠。因此，跨境电商通过缩短国际贸易产业链，可以产生扩大企业利润空间、增强国际市场竞争力和提升终端消费者福利的效果。

（四）技术环境分析

传统的国际贸易流程要经过 19 个环节，电子商务使国际贸易的流程环节减少到 7 个，节省了 10% 左右的成本。跨境电子商务成本节约为消费者带来实惠，有利于文化产品的市场拓展。

跨境电子商务克服了传统文化企业人工操作的各种问题，不仅可以为文化消费者提供突破时空界限的全天候、跨地域的资讯服务，使传统意义上的国家边界在互联网领域不再清晰明确；还可以提供专业的翻译工具和翻译服务，使语言差异不再成为一种障碍；同时还利用第三方权威认证，方便了消费者的购买并解决了服务信誉问题；最重要的是跨境电商提供的产品具有价格竞争力，能给消费者带来实惠，克服了由于距离带来的信息不对称问题。B2C、B2B、C2B、B2E 这些全新的文化产品电子商务运营模式将逐渐取代传统的文化企业，它们能将文化产业高关联化，把众多的文化产品供应商、中介商、消费者联系在一张大网中，其相关行业不仅可以借助同一网站招徕更多的顾客，还可以将原来市场分散的利润点集中起来，实现了银行、中介商、文化产品生产者、消费者四方的共赢局面。

在意向调查中，全球五大市场中76%的消费者更喜欢利用移动设备进行跨境网上交易。在我国，智能手机占据了移动设备市场份额的90%以上，因此微信购物平台、淘宝手机移动客户端等移动交易平台不断发展，成为跨境电商发展的重要设备支撑。可以预见，交易设备的不断升级必然带来我国跨境电商的不断升级。

如果说跨境电子商务要"登台唱戏"，那么，这个舞台就是由各种电商平台搭建的。跨境贸易的快速发展离不开国内外电子商务平台的推动。目前，在我国，为企业提供跨境电子商务服务的平台包括 eBay、阿里巴巴旗下的速卖通、敦煌网等。此外，以大数据、云计算、物联网等为代表的新型信息技术的发展，深化了数据的存储和挖掘能力，可以深度分析买主的购买行为，包括购买商品的数量、品类等，通过更加精确的筛选，加大供需双方的匹配度，从而有力地推动了文化产品"走出去"，促进了文化企业的转型升级。

二、内蒙古自治区发展文化产品跨境电商的潜力分析

内蒙古自治区文化产品如果能抓住国家与区域政策红利、顺应时代潮流、广泛运用新型信息技术、科学分析出口国消费者的消费心理，将开辟出一条符合本土特色的具有潜力的文化跨境电商之路。内蒙古自治区的文化跨境电商的发展趋势与潜力主要表现在以下几个方面：

（一）交易规模持续扩大

当前世界贸易增速趋于收敛，为开拓市场、提高效益，越来越多的商家开始着力于减少流通环节、降低流通成本、拉近与国外消费者距离，而跨境电子商务为此提供了有利的渠道。目前，我国跨境电商出口占比近九成，随着网购市场的逐步开放以及消费者网购习惯的形成，未来进口电商仍有很大的发展空间，占比也将逐步提升，尤其是以海淘为代表的境外购物方式正受到越来越多国内消费者的青睐，所以跨境电商进口份额占比将会保持相对平稳缓慢的提升（如图12－1所示）。跨境电商出口方面，出口电商零售部分近几年规模成长很快，其中第三方跨境平台类凭借低门槛、广覆盖的特点，迅速壮大，其中阿里巴巴速卖通已成为全球最大的跨境交易平台，而 eBay、Amazon 也在借助自身平台优势将国内产

品销售至海外消费者（如图12-2所示）。在这一大形势下，内蒙古自治区的文化产品走跨境电商之路，势必有着良好的市场前景。

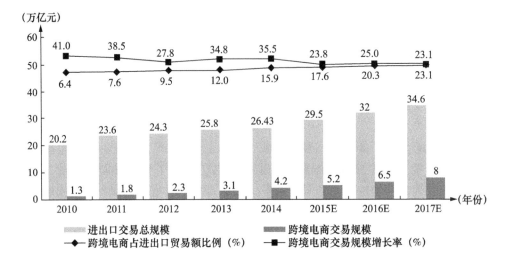

图 12-1 2010～2017 年我国跨境电商交易规模

资料来源：国家统计局、艾瑞咨询、中国电子商务研究中心。

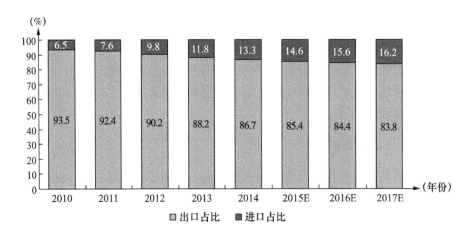

图 12-2 2010～2017 年我国跨境电商进出口结构

资料来源：国家统计局、艾瑞咨询。

（二）业务模式以 B2B 业务为主，B2C 模式逐渐兴起

目前，内蒙古自治区跨境电商 B2B 模式居于主导地位，其主要以信息与广告发布为主，凭借收取会员费和营销推广费盈利。而零售跨境电商如 B2C 直面终端客户，目前在跨境电商中比重较低。从 2016 年我国跨境电商的交易模式看，跨境电商 B2B 交易占比达到 89.6%，占据绝对优势（如图 12 - 3 所示）。当然，B2C 模式并不意味着占比额低而停止发展。据权威部门预计，全球跨境电商 B2C 将于 2020 年达到近 1 万亿美元，年均增长高达 27%；全球跨境 B2C 电商消费者总数也将超过 9 亿人，年均增幅超过 21%。我国拥有超过 2 亿跨境 B2C 电商消费者，将成为全球最大的跨境 B2C 电商消费市场，内蒙古自治区也不例外。2017 年我国 B2C 出口交易额超过 7000 亿元，跨境 B2C 电商将拉高消费品进口额年均增速超过 4 个百分点。在这一大形势下，内蒙古自治区的文化产品走跨境电商之路，目前应以 B2B 为主，同时应该鼓励小微企业的 B2C 模式。

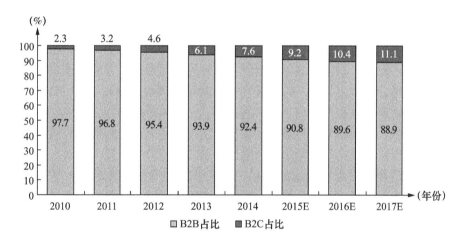

图 12 - 3 2010 ~ 2017 年我国跨境电商业务结构

资料来源：国家统计局、艾瑞咨询

（三）跨境电商流程及产业链的服务功能将不断优化与个性化

从跨境电商出口的流程看，生产商或制造商将生产的商品在跨境电商企业的平台上上线展示，在商品被选购下单并完成支付后，跨境电商企业将商品交付给物流企业进行投递，经过两次（出口国和进口国）海关通关商检后，最终送达消费者或企业手中。也有的跨境电商企业直接与第三方综合服务平台合作，让第三方综合服务平台代办物流、通关商检等一系列环节，从而完成整个跨境电商交易的过程。跨境电商进口的流程除了与出口流程的方向相反外，其他内容基本相同（如图 12 - 4、图 12 - 5 所示）。

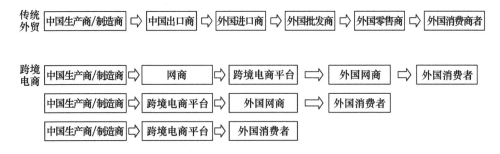

图 12 - 4　传统外贸和跨境电商各环节对比

目前，中国跨境电商服务平台有效搭建。阿里巴巴国际版、诚商网、敦煌网、易唐网、兰亭集势、中国制造网等第三方跨境电子商务平台如雨后春笋般涌现，为广大中、小企业展示商品、搓合成交、后续服务提供了"一站式"便利服务。淘宝、天猫、京东商城等企业设立了海外版网站，还有的企业积极在海外筹建自营仓库。支付宝、PAPAL 等支付平台提供了便捷的支付手段。DHL、EMS等国际国内物流企业也抓住商机，积极为相关企业提供定制化的快捷物流服务。在产业链方面，目前跨境支付和跨境物流都是投资的热点，跨境供应链的服务和整合能力是未来跨境电商的竞争点。随着政策的支持力度以及人民对生活品质要求的提高，消费者对跨境网购的认可，未来中国跨境电商必定跨入高速发展时期。内蒙古自治区的文化产品如果能抓住这一历史机遇，正是投资者进入市场的良好时机。

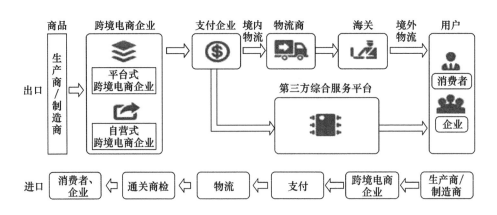

图 12 - 5　跨境电商出口和进口各环节流程

（四）产品品类更加多元化，交易对象向多区域拓展

目前，我国文化产品出口主要以视觉艺术品（工艺品等）、新型媒介（游戏机等）、印刷品、乐器为主。随着跨境电商的发展，跨境电商交易呈现新的特征：交易的文化产品向多品类延伸，如新闻出版类（实物产品、数字产品、版权输出等）、广播影视类（电影、电视等）、文化艺术类（杂技、戏曲、歌舞、武术等演艺项目）和综合服务类等。同时，交易对象向多区域拓展。从跨境出口电商的贸易对象看，美国和欧盟市场较为稳定，一些新兴市场如东盟、俄罗斯、印度、巴西等地区和国家的交易也在迅速增长。拿俄罗斯来说，俄罗斯作为中国最大贸易合作伙伴之一，本国电商行业正处于萌芽期，连续 5 年保持每年 25% 以上的市场增长，并呈现持续扩大的趋势。权威机构预测，俄罗斯 B2C 电商市场在 2020 年将超过 1000 亿美元，2024 年有望突破 2000 亿美元，成为全球第五大电商消费国。可以看出，全球国际电子商务发展不平衡但潜力巨大，还有很多国家处于起步和改善追赶过程中。由此判断，未来 10 年将是内蒙古自治区跨境电子商务发展的黄金时期，内蒙古自治区的出口跨境电商平台如果能抓住这一时机，将有机会与中国企业一起以最低的成本撬动俄罗斯、蒙古国等这样需求旺盛的增量市场，实现文化产品"走出去"。

（五）对外文化直接投资快速发展，海外并购数量呈上升趋势

近几年，我国文化产业海外并购几十起。2009 年，中国港中旅集团所属天创国际演艺制作交流有限公司以 354 万美元收购了美国第三大演艺中心布兰森市的白宫剧院，在该剧院驻演中国优秀剧目，迈出了中国演艺企业境外收购和经营剧场的第一步；2012 年，大连万达集团以 26 亿美元整体收购美国第二大院线 AMC 影院公司，这是中国民营企业在美国最大一起企业并购，也是中国文化产业最大的海外并购。目前，大连万达集团已经成为全球规模最大的电影院线运营商。2015 年上半年，AMC 影院公司实现收入 14.7 亿美元，同比增长 6.1%。同时，我国文化企业对外合作领域也不断拓展。深圳华强集团有限公司利用文化加科技的优势，积极推动《熊出没》等动漫产品、4D 特效电影以及主题公园走出国门。腾讯公司在全球范围内谋求业务发展与共赢，先后在美国、韩国、欧洲、东南亚等地进行了多项游戏领域的并购和投资，实现了对外文化贸易由产品出口到资本输出的转型升级。腾讯科技（深圳）有限公司的"微信"充满创新功能的手机应用已进入美国、东欧、中东、东南亚等国家和地区，覆盖面越来越广，影响力越来越大。如果内蒙古自治区的文化产品积极投入到这一并购投资浪潮中，将获得巨大的发展空间。

（六）网络文化市场兴盛，小众文化增值

多数文化产品属于内容产品，具有天生的虚拟特性，最适合网上的生产、流通和消费，而网络则是最适合、最有效、最快捷的文化类产品销售渠道，于是，网络文化市场便成为最符合网络世界本性的市场之一。与货物贸易不同，文化产品在跨文化传播中的价值流变会产生"文化折扣"与"文化增值"现象。"文化折扣"所形成的天然贸易壁垒是制约文化贸易出口的关键因素之一，而"文化增值"现象是由于各国的文化特色赋予了文化产品的独特性，而好奇欲、文化崇拜、审美情趣以及多重的文化维度直接影响文化产品接收方的态度，从而形成产品的文化增值。文化判定的标准和价值不是一成不变的，在文化多元的背景下存在主流文化和小众文化，主流文化的影响形成文化折扣，小众文化的影响则产生文化增值。互联网的魅力在于将消费者以前所未有的方式链接在一起，其兴趣爱好、审美情趣消除了妨碍具有同样兴趣和爱好的消费者聚集的地域障碍，形成基于兴趣爱好、审美情趣的社会化部落及小众文化，从而实现文化产品朝"文化增值"方向的价值流变。从这个角度来看，跨境电子商务势必成为文化贸易出口的有效途径。

（七）坚持社会效益与经济效益相统一

与西方一些国家文化侵略、文化渗透不同，中华文化是一种具有包容性的文化，文化产业的发展始终坚持社会效益优先、兼顾经济效益，即两个效益相统一的原则。内蒙古自治区文化产业在中国整体文化产业发展的带动下，既要尝试参与国际分工、攀升全球产业价值链的高端，也要加强国际交流，学习国外优秀文化，推广中国传统文化，做好文化传承与开发工作。

三、内蒙古自治区文化产品跨境电商的发展现状研究

内蒙古自治区外接俄蒙，内邻八省区，是我国向北开放的重要前沿。作为自治区首府的呼和浩特市在中国对外开放合作的大格局中处于十分重要的地位，承担着重要责任。扩大向北开放是一项长期而艰巨的任务，而在电子商务发展如火如荼的今天，发展跨境电子商务，努力开拓国际市场，显得尤为重要。按照打造西北地区最大的跨境电商区域中心和面向俄蒙的商品集散中心的目标，呼和浩特市应不断加快通关便利化改革，积极推动跨境电子商务发展。

为了把北部边疆这道风景线打造得更加亮丽，积极推动自治区跨境电子商务的跨越式发展，内蒙古自治区人民政府、商务厅等政府机构大力推动建立跨境电

子商务园区，为跨境电子商务企业提供通关、检验检疫、结汇、退税等"一站式"服务，进一步提高跨境电商货物的通关效率；继续加大政策宣讲力度，积极引导企业开展跨境电子商务活动，在培育、引导企业方面给予政策和资金上的支持；支持有条件的盟市上线运营海关总署跨境电商通关服务平台，申报建设跨境电子商务综合试验区；继续鼓励企业借助国际主流电商平台（如亚马逊、易贝等）和国内外贸电商平台（如阿里巴巴、大龙网、敦煌网等）开展跨境电子商务业务，并在资金上予以支持；鼓励企业加强自身实力建设和品牌培育，将传统的贸易模式与跨境电子商务相结合，在境外建立营销网络和海外仓；鼓励高等院校、科研院所、社会培训机构为跨境电商企业提供专业技术培训和职业教育。

经过不懈的努力，内蒙古自治区文化产品积极探索跨境电商之路，已取得了初步成果，其主要表现在以下几个方面：

（一）跨境电商基础建设已初具规模

近几年，内蒙古自治区已出台相关措施鼓励传统外贸企业利用自建平台开拓国际市场，鼓励企业根据经营规模和产品特点自建跨境电商销售平台，以推动专业化跨境电商、传统外贸企业、第三方跨境电商平台和自建跨境电商平台、境内外电商服务企业互动发展。2016 年，内蒙古自治区培育了一批跨境电商示范企业，对跨境电商贸易实行出口退（免）税分类管理，以提升对跨境电商企业的服务质量，引导外贸转型升级示范基地与跨境电子商务示范企业对接，促进当地优质品牌商品销往海外。据内蒙古自治区商务厅统计，截至 2017 年一季度，内蒙古自治区企业自建跨境电子商务平台 40 个，其中，主要开展对俄、蒙进出口业务的跨境电子商务平台 19 个，且这 19 个平台在 2017 年一季度实现进出口商品交易额为 9192 万元，直接或间接促进进口额为 3731 万元，促进出口额为 5461 万元。这为内蒙古自治区的文化产品"走出去"奠定了坚实的基础。

（二）跨境电商出口国家以俄蒙为主

内蒙古自治区位于中国北部边疆，毗邻俄罗斯、蒙古国，是中国向北开放的重要前沿，在中国同俄罗斯、蒙古国周边外交和开放合作的大格局中处于十分重要的地位。在"一带一路"倡议中，内蒙古自治区的主要"功能"是扩大向北开放，深化与俄罗斯、蒙古国的合作，开展双边贸易是深化合作的重要内容。俄蒙是自治区重要的贸易伙伴，贸易额接近全区贸易总量的一半，开展对俄蒙的跨境电商贸易具有得天独厚的地缘优势、政策优势。跨境电商应该，也正逐渐成为内蒙古自治区对蒙古国、俄罗斯贸易新的经济增长点。

自治区出口的商品与俄蒙有一定的互补优势，农产品、羊绒制品等重点出口商品已在境外占据一定市场，基本具备利用第三方平台或自有平台开展跨境电商业务的条件。区内具有一定经济实力的居民对境外商品需求较为强烈，期望足不出户就能购买到货真价实、物美价廉的境外消费品。而俄蒙两国网络环境正在逐步完善，网购人数逐年增多，网购习惯逐渐养成，企业与个人对电子商务的需求日益迫切。所有这些成熟的条件决定了发展文化产品跨境电子商务势在必然、成在必然、涨在必然。

目前，正在重点建设中俄蒙跨境电商项目。依托呼和浩特国际机场、满洲里口岸、二连浩特口岸对俄蒙的地缘通道优势，以物流为基础、以跨境电商为平台、以金融服务为纽带实现对跨境电商全流程的供应链服务，为中蒙俄之间提供集物流、商品体验、互联网金融三位一体的国际贸易服务新模式，从而打造集"俄蒙通"专线物流、"商品体验交易平台""互联网金融平台""跨境电商企业加速器"于一身的中蒙俄现代商务服务平台。该项目通过"四通、六仓，线上线下全流程供应链管理"，成功打造O2O商业模式，将物流、信息流和资金流高效融合，从而打造线上、线下的全流程供应链管理。"四通"即空中通、陆地通、网上通和金融通。开通航空物流专线，首期开通首尔—呼和浩特—乌兰巴托、呼和浩特—叶卡捷琳堡的全货机航线，打造物流空中走廊；开通行邮集装箱，在满洲里市、二连浩特市铁路口岸利用中俄国际列车加挂国际行邮车；吸引电商入驻，利用物流通道优势整合对俄蒙跨境电商平台；申请第三方支付业务，全面打造金融服务平台，提升物流服务效率。"六仓"即呼和浩特保税仓、满洲里边境仓、二连浩特边境仓、北京展示仓、蒙古海外仓、俄罗斯海外仓，这不仅可以展示体验境内外的优质商品和内蒙古自治区特色产品，实现线上、线下互动，而且可以用于货物的仓储。目前，1600平方米的监管仓库已改造完毕，1600平方米的海关监管仓库及运营企业资质申请工作正在进行，所需查验设备正在进行招投标。

目前，内蒙古自治区电商业界普遍将俄罗斯、蒙古国视为最有前景的海外市场，积极搭建跨境电子商务平台。2014年8月，中蒙首家跨境电子商务城市商店上线运营以来，到目前为止已入驻商家1600多家，日均访问量达50000多次，已成为蒙古国访问量第一的购物网站。在面向俄罗斯方面，满洲里市"神灯路速贸"服务平台已上线，包含八大商品类目，1230种商品。宝泰商城、大山商贸等俄罗斯特色商品进口平台也纷纷上线运营。目前，全区已上线运营并取得进出口实效的跨境电子商务平台有10余个，还有部分平台正在建设中。内蒙古自治区的文化产品"走出去"应首先锁定俄蒙市场，然后以此为契机，向"一带一路"沿线国家深入。

（三）跨境电商平台已良性运营，但文化产品交易尚不普遍

从内蒙古自治区商务厅了解到，内蒙古自治区跨境电子商务平台主要集中在呼和浩特市、包头市、满洲里市和二连浩特市，重点面向俄罗斯和蒙古国。5家上线运营跨境电子商务平台分别是"城市商店""中俄跨境电子商务""内蒙古跨境淘电子商务""站赤跨境O2O电子商务""阿蒙芭芭"。它们主营产品包括数码产品、服装、家电、母婴用品、时尚家居、工程机械、建材等，主要交易模式为B2B和B2C。此外，内蒙古自治区还有50余家企业利用第三方平台开展跨境电子商务业务，集中在呼和浩特市、包头市和赤峰市。在自建平台开展跨境电子商务业务的同时，一些企业依托"阿里巴巴""敦煌网""环球资源""中国制造""天猫国际""亚马逊"等知名跨境电商平台开展业务，交易商品以羊绒制品、籽仁等商品为主，主要开展B2B和B2C模式的跨境电子商务业务，货物出入境的方式与渠道包含传统的一般贸易模式出口和国际邮政包裹等。出口的国家和地区有加拿大、美国、印度、韩国、澳大利亚、意大利、德国、印度尼西亚等。但是，文化产品的交易尚不普遍。

（四）产业园区建设基本成熟

为促进跨境电商的发展，内蒙古自治区依托口岸和海关特殊监管区，已建设一批跨境电子商务园区。全区有跨境电商企业入驻的各类园区15个，包括保税物流中心、物流园区、电子商务园区、云计算产业园区、创新创业孵化基地等。同时，内蒙古自治区培育和引进一批电商服务企业，为跨境电商企业统一办理报关、检验检疫、结汇和退税等业务。鼓励传统货运代理、物流等企业拓展跨境电商服务业务，为广大中小跨境电商应用企业提供仓储和配送等服务。择优遴选了一批国际物流、快递等企业与跨境电商园区进行业务对接，为入驻园区的跨境电商企业提供国际物流服务。与此同时，内蒙古自治区已展开相关工作支持有条件的跨境电商服务企业建设境外商品公共服务平台，为中小跨境电商企业提供代理运营、营销、客服、仓储、配送、售后、技术支持、数据服务、法律咨询、知识产权咨询等服务。

例如，呼和浩特经济技术开发区金川工业园区是内蒙古自治区重要的电子商务产业集聚区。产业园电子商务发展水平已达到全区领先，基本形成一个特色优势突出的电子商务产业链。预计到2019年，产业园建成完整的电子商务产业生态体系，努力打造"一个基地、六个中心"，为自治区及呼和浩特市电子商务发展和经济结构优化升级提供强大的支撑和引擎。"一个基地"，即将内蒙古自治区电子商务产业园打造成为国家电子商务示范基地；"六个中心"，即将内蒙古

自治区电子商务产业园打造成为区域性电子商务培训孵化中心、呼（呼和浩特市）包（包头市）鄂（鄂尔多斯市）电子商务物流分拨配送中心、内蒙古民族特色产品网络销售服务中心、传统产业电子商务应用推广中心、社区便民电子商务服务中心、对蒙对俄跨境电子商务运营服务中心。也就是说，金川工业园区要依托自治区边境线长、口岸数量多的优势，发挥内蒙古自治区对蒙古国、俄罗斯的区位优势和金川工业园区的产业集聚及保税功能区的优势，通过双边贸易协定的方式，以双方海关、邮政部门等多部门协作为纽带，实行中外合作运营产业园及跨境公共服务平台的模式，构建跨境电子商务服务产业链。

（五）跨境电商品牌已培育成型

近几年，内蒙古自治区人民政府一直积极培育跨境电子商务经营主体并提供相应的保障措施。例如，支持企业开展跨境电子商务业务；鼓励传统外贸企业利用自建平台开拓国际市场，同步推进利用国内外知名第三方跨境电子商务平台开展业务；鼓励企业根据经营规模和产品特点，自建跨境电子商务销售平台；培育和引进一批电子商务服务企业，为自建平台企业、电子商务应用企业统一办理报关、检验检疫、结汇和退税等业务。同时，培育了跨境电子商务示范企业，遴选了一批具备跨境电子商务业务基础、组织体系健全、枢纽辐射作用强、诚实守信的企业参与跨境电子商务，加强跟踪指导，以引导外贸转型升级示范基地与跨境电子商务示范企业对接，促进内蒙古自治区优质品牌商品销往海外。同时，积极培育跨境电子商务进口企业，推动自治区跨境电子商务进口业务的开展，通过扩大进口，合理增加消费品进口。

目前，内蒙古自治区已培育成型的跨境电商品牌之一是"内蒙跨境淘"。这是赤峰市首家跨境电商，是由赤峰跨境淘电子商务有限公司与沈阳铁路局赤峰铁发商贸集团有限公司联合开展的建设项目。项目整体投入资金5000万元，运行后将成为内蒙古自治区专业化、信息化、科学化和规模化的国际进口商品电子商务综合服务平台。"内蒙跨境淘"已于2015年8月上线。依托赤峰保税物流中心和赤峰保税物流商品展示交易中心，"内蒙跨境淘"平台所有商品均为海外进口商品，经统一专业的国际物流体系运送至国内，并接受海关、商检等部门的监督检查，确保商品来源正规、商品质量可靠。同时，高质量的物流速度和规模化优势使消费者能够以低于国内市场价格20%~30%的优惠享受"足不出户，全球购物"的便捷服务，满足更加多样和高端的购物需求。"内蒙古自治区跨境淘"电子商务平台还与蒙东云计算产业发展中心合作，以推动云计算、大数据等高新技术的整合，还与蒙文字库对接，搭建全球首家支持蒙文搜索、蒙文浏览、蒙文购物的内蒙古自治区进口商品展销"第一平台"。该中心的开业运营不仅对推动赤峰市及周边地区外向型经济快速健康发展、深化经济结构调整，进一步扩大对外开放具有积极作用，也意味着今后当地市民在家门口就能购买到欧美、日韩、澳洲、俄罗斯等十多个国家和地区的化妆品、食品、小家电、母婴用品、日化用品等500余种热销产品。同时，商品由经销商进口直销，降低了销售成本，通过"直邮进口"和"保税进口"的模式，以"快速通关、便捷服务"为目标，引导境内消费者通过"阳光"通道进行跨境网购活动，全程电子化管理实现商品追溯（如图12-6所示）。相应地，文化产品也可以依托这一平台产生巨大的经济效益。

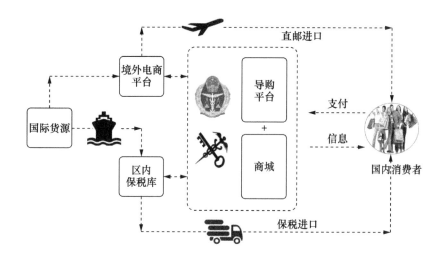

图 12 -6　内蒙古自治区跨境电商"直邮进口"和"保税进口"模式

2016年1月8日，内蒙古民族跨境商品直购体验店及民族跨境商品电子商务平台同步登陆呼和浩特市，这是目前自治区最大的跨境商品直购体验店。内蒙古民族商场是内蒙古自治区历史悠久的大型传统百货商店，在激烈的市场竞争中，积极转型升级，引进跨境电商，打造"实体店＋互联网"的发展模式。民族跨境商品直购体验店商品全部通过海外正规渠道进行采购，由海关和检验检疫部门审核备案，双重把关，全程监管，物流配送至直购体验中心进行展示和销售，商品整体价格低于市场价格的30%～50%。以跨境商品线上线下直购为经营模式，会聚了"胡萝卜村""美沃斯"和"麦贺达"等知名电商，涵盖了母婴用品、日化、食品、保健食品、红酒、啤酒、化妆品和箱包等来自德国、美国、加拿大、韩国、日本等30多个国家的上万余种商品。消费者既可直接在现场购买完税商品，也可在现场选择进口商品，选中后在网上下单购买，商品由仓库直邮发货，7个工作日内便可送到消费者手中。通过"进口商品体验中心"模式，将保税商品前置到商业区，使之更加接近消费者。消费者在体验中心中可看到实物商品，并通过O2O订购系统完成线上支付，订单实时传递到保税库，并由保税库负责分拣、包装、发货（如图12-7所示）。如果内蒙古自治区的文化产品也通过这种方式实现进出口销售，将极大地推动文化产品"走出去"。

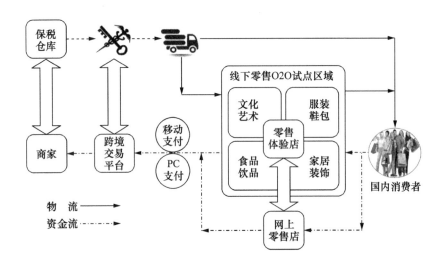

图 12-7　内蒙古自治区跨境电商进出口销售解决方案示意

跨境电商不仅是内蒙古自治区本土企业家的机会，同样也吸引了境外企业的参与。例如，内蒙古站赤电子商务有限公司2015年在蒙古国乌兰巴托成立，以"跨境O2O电商平台"为目标，已经在蒙古国建有线上线下商城，在蒙古国边境口岸扎门乌德市建设仓储物流中心。该公司于近日在中蒙边境口岸城市二连浩特市开设中国分公司，计划从事跨境进出口电子商务。这不仅能把蒙古国的优质产品"引进来"，同时也推动中国厂家的优质产品通过互联网出口至蒙古国、俄罗斯。目前正在搭建测试线上商城，实体店也在筹备中。不仅如此，他们还计划在京东商城、天猫网等开设第三方旗舰店。

（六）政府相关部门通力合作，撑开跨境电商"保护伞"

好风凭借力。由于电子商务的产业链条涉及交易方式、仓储物流、支付结算等多方面，相应对接的海关、检验检疫、税务和收付汇等部门也相继为之撑开"保护伞"。内蒙古自治区各级财政加大举措支持跨境电商企业在境外设立服务机构和服务网点，将跨境电子商务境外服务机构、服务平台和服务网点建设纳入境外投资的重点支持领域，并落实相应支持政策。呼和浩特海关也积极推动内蒙古自治区与蒙古国、俄罗斯等"一带一路"国家进出口贸易发展；支持二连浩特申建整车进口口岸，扩大自治区亚欧大陆桥辐射作用；支持二连浩特市开发开放实验区建设，扎实推进区内边民互市贸易区、二连浩特跨境经济合作区建设；推动自治区电子口岸平台建设，助力呼和浩特市、二连浩特市国际快件业务做大做强，支持自治区以呼和浩特市为支点加快发展跨境电子商务。此外，呼和浩特海关还将推进海关特殊监管区建设，推动呼和浩特市出口加工区升级为综合保税区；优化监管模式和贸易结构；继续加大对中蒙俄会展业扶持力度。据呼和浩特海关发布的统计数据显示，2017 年前 8 个月，内蒙古自治区对"一带一路"沿线国家进出口贸易同比增长 4.1%。其中，蒙古国为陆上"丝绸之路"经济带最大贸易伙伴，进出口贸易达 145.3 亿元。

（七）各盟市建设跨境电商态度积极

内蒙古自治区各盟市对跨境电商这一新生事物的探索态度十分积极。呼和浩特市、包头市、赤峰市、二连浩特市、满洲里市等城市的跨境业务频繁。近年来，满洲里市顺应跨境贸易网络化发展趋势，以建设跨境电子商务产业园、跨境电子商务信息平台和综合保税区为契机，逐渐完善跨境电子商务业务体系，使跨境电子商务产业已初步形成。目前，满洲里市已被内蒙古自治区商务厅列为跨境电子商务重点城市。满洲里市跨境电子商务虽属于初级发展阶段，但跨境电商企业参与积极性很高。此外，为增强企业发展信心，经各成员单位和专家组成的"满洲里市跨境电子商务试点企业专家评选小组"还评审出 1 家满洲里市跨境电商试点园区：满洲里市电子商务产业园以及 4 家试点企业：满洲里阿拉丁信息技术有限公司、满洲里俄易邮供应链有限公司、满洲里宝泰商贸有限公司、满洲里源梦想网络贸易有限公司，政府将对这部分试点园区和企业给予重点扶持。这为内蒙古自治区文化产品"走出去"营造了良好的创业氛围。

四、内蒙古自治区文化产品跨境电商发展的问题分析

内蒙古自治区的文化产品走跨境电商之路的条件已基本成熟，如何最迅速地落实，使其在实践中少走弯路是目前创业者需要思考的问题。

（一）相关法律法规体系不健全

跨国电子商务对法律法规的要求较高，而目前我国相关法律法规体系已经跟不上跨境电子商务快速发展的步伐，地方法律法规更是如此。目前，我国在跨境电子商务方面还没有专门的法律法规，经济贸易领域也没有相关的规定，因此，

当前的法律法规体系无法实现对跨境电子商务的有效规范。以通关方面为例，我国跨境电子商务快速发展的主要是零售业，即小额交易，而我国法律法规对小额交易的通关问题还没有明确的监督规定。依托于互联网的跨境交易与传统交易存在很大区别，其没有合同文本，也没有购物凭证或服务单据，因此，一旦发生纠纷，很难处理。如果按照传统交易的法律法规体系，由于两个国家的法律存在很大区别，这就导致纠纷责任的确定非常困难。除了市场主体的权益保护外，海关检查、退税、信息保护等多种问题都需要法律法规进行保障。传统的国际贸易有国际法律法规进行规范，在跨境电子商务的交易中还没有相关的国际规则。未来跨境电商的国际规则必然会不断规范，但其与中国当前法律法规体系是否具有冲突，国际规则是否有利于我国市场主体的保护，需要我国政府不断努力，争取更多的主导权和话语权。政府管理的科学性也会影响跨境电商的发展。我国跨境电商涉及工商、税务、海关、外经贸委、外管局等多个部门，在管理范围上存在多头管理、监督程序复杂、效率不高等问题。每个部门不能协调其他部门的工作，也无法与其他部门的工作进行良好的对接，这将大幅度降低跨境电商的效率。比如说，政府部门之间缺乏一个统一的信息管理系统以进行数据采集、交换和监管。所以，目前各个部门只能以资格为证，出台政策时容易存在冲突，导致企业无法适应。

由于国家相关法律的缺失，并缺乏相关的地方指导意见，目前，内蒙古自治区关于跨境电子商务的地方性法律法规尚未出现。

（二）市场不规范且缺乏显著竞争优势

虽然我国跨境电商规模不断扩大，发展速度非常快，但在市场秩序方面存在严重不足，较为混乱。一是很多企业通过各种手段进行避税，逃避商检，这导致跨境电商的市场竞争不公平，一些正规企业因为缴税和商检降低了其价格竞争力。二是假冒伪劣产品充斥市场，但消费者权益的保障非常困难，权益受到损害的消费者很难通过正规途径维权。三是不正当竞争行为非常多。一些企业为了争夺市场份额，通过互联网编造新闻，发布竞争对手的不良信息，恶化其在消费者心中的形象。一些企业甚至直接侵犯其他市场主体的知识产权。据调查，61.5%的被调查跨境电商企业遇到过知识产权被侵犯的纠纷。四是市场管理不规范，企业行为不理智，其各种促销"价格战"频繁，部分企业甚至希望通过"价格战"击垮竞争者。竞争优势问题一直是我国经济稳步发展的重要"瓶颈"，同时，也成为了跨境电商发展的"瓶颈"。从经济环境、文化环境、政策、消费者行为和企业的经营和创新水平几方面来看，我国跨境电子商务在全球排为第36位。信用、物流、通关、建议、支付等多个环节与发达国家差距显著。以物流为例，我国发货到其他国家，一般要 7～15 天，有的需要一个月才能送达消费者手中。产品本身的竞争优势也存在问题，我国跨境电商出口的产品大多为机械、设备、电器等配件类商品，其多数为边缘化、非主流、缺乏技术优势和创新优势的产品。这些产品只能靠价格优势获胜，而文化产品缺乏竞争优势。

（三）跨境电商交易纠纷不断

跨境电子商务与国内电商相同，也存在消费者和卖方之间的争议，如产品存在质量问题、产品信息虚假、卖方不发货、买方未收到货等，由于跨境电子商务的跨国性以及互联网络的虚拟性，导致此类问题的解决更加困难和复杂。相对国内的电子商务交易，跨境电商交易的纠纷更多，其处理难度更大。主要包含的问题：一是因为语言障碍导致的沟通问题。产品通过互联网交易需要买卖双方对产品的性能、质量、型号等具体信息进行沟通。如果语言沟通不畅，会存在语言性的误解。这种误解将直接影响市场主体交易纠纷的划分和权益的保护。二是退货流程问题。国际物流运费较高，如果出现退货，手续非常烦琐，买卖双方都不愿意支付物流费用，而导致退货的原因往往买卖双方会存在争议，因此二者容易因为退货费用问题引起纠纷。三是没有一个针对跨境物流纠纷的处理机制，这导致即使发生纠纷也很难找到合适的机构进行协调。据全球最大的电子商务平台易百（eBay）统计，中国电子商务买家在易百（eBay）进行的跨国交易中，每 100 次交易中就会产生 5.8 次投诉，远高于全球平均水平（2.5 次）。

尚未出现相应的争议解决机制这首先是因为物流证据难以获取。跨境物流包括境内段和境外段，跨境两方存在语言差异，且双方物流信息化水平程度不同，使信息无法对接，国际包裹无法像国内包裹一样可以实现全程跟踪。因此，卖方无法查到买方是否收到货，买方也无法查到卖方是否发了货，加上国际物流往往要经过四五道甚至更多次的转运，更容易发生丢失现象，双方争议产生在所难免。其次，退货成本太高。商家发货因为数量较多往往能从物流服务商手中拿到一定折扣，或者大包裹出镜再分拆成小包裹，物流成本相对较低；如果退货，单件物品的物流费用就会非常高了。此外，退货还会再经历一次海关检查，缴纳关税，物流时间也非常漫长。再次，争议产生后，诉讼管辖权的确定比较困难。一笔跨境电子交易往往涉及多国因素，例如，买卖双方所在地、网络服务器所在地等都位于不同国家，导致管辖权很难确定，至今尚未形成普遍的规则。诉讼管辖权的无法确定，导致消费者投告无门。最后，跨国诉讼费用高昂。一笔跨境电子交易的金额往往都不大，使用跨国诉讼的方式维权所花费的律师费用、司法程序费用等大大超过交易金额本身。消费者为此花费大量时间、精力、金钱却得不偿失。没有有效的争议解决机制，消费者难以建立交易信心，从长远看，不利于整个行业的发展。

（四）支付机构外汇管理与监管职责问题

支付机构在跨境外汇收支管理中承担了部分外汇政策执行及管理职责，其与外汇指定银行类似。同时，支付机构主要为电子商务交易主体提供货币资金支付清算服务，属于支付清算组织的一种，又不同于金融机构。如何对此类非金融机构所提供的跨境外汇收支服务进行管理与职能定位，急需外汇管理局在法规中加以明确，制度上规范操作。

（五）相关人才缺乏

跨境电商需要的人才非常宽广，大致可以分为三种类型：一是能运用已有知识，努力完成本职工作的"基础性"人才。这类人才是企业人才组成中的最主要部分，大量的基础性工作都由他们来完成。二是思维能力强，在专业研究上有所创造、对事物未来的发展变化有所预见的"创新型"人才。这类人才是企业的中坚，是使企业实现创新和发展的重要力量。三是具有组织领导能力、协调沟通能力的"领导型"人才。这三类人才，都需具备全球的视野、先进的知识，还需具备较强的创新能力、沟通能力和国际竞争能力，能在参与经济全球化进程中做出积极贡献。如果会使用俄语或蒙语交流将更能提高工作效率。这些人才不仅需要企业的人才储备，还需要高校院所栽培。然而，人才的储备，仅靠"栽培"为期时间过长。不论是对现有企业员工的继续教育，还是对高校旅游专业学生的培养都具有滞后性，不能马上就用。因此，"空降"人才，即引进国际人才是不可缺少的手段。然而政府对相关人才的储备尚未出台便利措施，尚未很好地为相关人才发挥效能提供便利条件，这使相关人才少之又少。如果政府、企业、国家相关部门能够转变观念，逐步抛弃传统的国籍、户籍、人事档案的束缚，从国内外引进智力和人才，引进以后不需要追加很多的投资，马上就能创造价值，发挥作用，这是一条花钱少、见效快、受益大的途径。

目前，跨境电商格局虽然粗放，但快速演进，一些新技术、新模式不断涌现，并购合作成常态。随着对消费者个性化需求的准确把握，新的模式还会不断产生并快速更迭。可以说，有关跨境电子商务的知识结构中，理论体系尚未形成，现存知识技能全部来自实践总结，并在实践中不断更新。但是，与此形成强烈对比的是相关人才的培养教育模式却是相对稳定和传统的。跨境电子商务尚未列入专业目录，只作为电子商务或国际贸易专业的培养方向。另外，还表现为高校匮乏贴近实践经验的师资力量。一些相关教材仍将"电子商务"狭隘地理解为"网销营销"。教材中提到的案例也是多年前的内容，也许这些公司已经被收购或合并，甚至破产。还有实践教学条件欠缺，学生动手能力极差，缺乏相应的实训室和校外实习基地。

（六）文化产品贸易和文化服务贸易发展不平衡

软实力正成为未来国家发展战略的重要方向，而文化产业居于发展国家软实力的核心地带。从国际经验来看，一个国家或地区的文化影响力更多地是通过国际贸易的方式来实现。文化贸易出口在一定程度上体现了该地区（国家）文化产业发展程度，一直都是由发达国家出口到较不发达的国家或地区。比如，美国的娱乐产品出口到全世界，而日本和韩国的娱乐产品出口则主要集中在中国等亚洲地区，很难打入美国市场，中国的娱乐产品往往出口到越南等更不发达的国家和地区。2012 年度《中国对外文化贸易年度报告》指出，中国对外文化交流和传播目前处于严重"入超"状态，中国文化产品输出仅占引进的 30%，其中电影、电视剧、图书、文艺演出等作为一个文化大国本该积极出口的文化产品，却表现出高达 1∶3 的明显"文化贸易逆差"。"文化贸易逆差"与当前文化产业发展存在一定的矛盾。激烈的国内市场竞争一方面促进企业努力开发新技术，降低生产成本，增强企业综合竞争力；另一方面也降低了企业的国内利润率，迫使企业扩大规模，更努力地开拓国外市场。当前，我国文化产业市场竞争跨越价格竞争、质量竞争、服务竞争，进入品牌竞争的时代，然而，从海关总署数据显示，我国文化产品出口缺乏自主品牌和创意，如工艺品、装饰品及印刷品等依托劳动力成本优势的低附加值"硬件产品"比重较高，而以内容和创意为核心的高附加值"软件产品"比重较低。因此，塑造文化产业品牌，增强文化产业国际竞争力，推动文化产品出口，改变"文化贸易逆差"成为现阶段文化产业发展的当务之急。促进文化产品国际市场需求，扩大文化贸易出口规模与品牌影响，越来越成为我国文化产业发展的重要拉动因素。

随着我国经济长期高速发展，我国文化产品的贸易开始占据世界重要地位，但文化服务贸易则长期处于逆差状态，这种逆差突出表现在图书版权进出口、艺术团体商演效益、影视剧等方面，进出口长期不协调。文化产业总体规模和对外输出规模整体偏小，与我国的经济规模和在国际贸易中的地位不相适应。

（七）文化贸易出口的地区相对狭窄，品牌缺失与内容创新不足

内蒙古自治区的文化出口企业总体规模小、出口产品结构不协调、出口市场范围相对狭窄。由于语言和传统文化以及生活习惯的原因，内蒙古自治区文化贸易出口地主要还是俄罗斯、蒙古国。从全国范围来看，以图书版权为例，除中国的港澳台地区外，东南亚、美国、加拿大占据了绝大多数份额，这说明我国对外

文化贸易输出地区过于集中，中国文化出口量依旧比较小，国际化道路还很漫长。

不仅出口地区相对狭窄，出口的产品也创意不足。比如，我国在各种国际文化交流中，大多仍然停留在以展示剪纸、泥人、刺绣、大红灯笼之类的民俗作品、兵马俑以及其他出土文物等为主的阶段，大量的是传统或者是祖先积累下来的创意，在国外有影响的戏剧歌舞和影视作品屈指可数，动漫产业与美国和日韩相比更是刚刚起步。我国现在能有吸引力的、占领国际市场的文化产品还不多，而被广为接受的品牌性产品更少。目前，中国外贸电子商务出售的产品，大多是边缘化、非主流的东西。但是随着行业不断发展，要想让中国文化"走出去"，核心在于内容。没有好的内容或者没有好的创意，很难迈出根本性的一步。高质量的产品和更好的服务才是竞争的核心。从长远来看，品牌化的创建才是内蒙古自治区文化商品的未来之路。中国制造商必须拥有自己的设计和内涵，代表着中国的形象、内蒙古自治区的风采，这才是品牌化的道路。

不难看出，文化产业与跨境电子商务的结合，还存在亟待解决的一系列问题，如知识产权保护、政策壁垒、支付结算方式等，其次，还需要更多的理论研究与实践经验促进两者的融合发展。

五、内蒙古自治区文化产品走跨境电子商务之路的策略

文化产业是内蒙古自治区率先发展的几大主导产业之一。近年来，内蒙古自治区先后出台的相关政策措施有力地推动了文化产业快速发展。基于此，内蒙古自治区应该以线上电商平台和线下实体为载体，以"互联网＋文化＋外贸"为发展模式，以成为中国北部对外文化贸易标杆地和综合型对外文化产品跨境电子商务中心为目标，实现文化贸易"在场、在地、在线"主体的结合，打造以企业集聚为目标的对外文化贸易平台，建立对相关国家的了解、认识国际文化的门户网站。

内蒙古自治区文化产品跨境电商的经营内容应广泛而多元，要延伸其所涉及的相关产品的种类，经营内容也要向多品类拓展，除了新闻出版类（实物产品、数字产品、版权输出等）、广播影视类（电影、电视等）、文化艺术类（杂技、戏曲、歌舞、武术等演艺项目）和综合服务类四大门类外，还可以包括工艺礼品、珠宝玉石、书画作品、珍品藏品、非遗文化、民族服饰、主题旅游等门类。经营行为不仅可以包括文化艺术品销售、文物复仿制品交易，甚至还可以集交流、交易、拍卖、鉴定等功能于一身的开展文化融资租赁、专业保税仓储，国际文化资讯交流等服务。界面可以由中文网、蒙文网、俄文网以及英文网 PC 端、

微商场、手机客户端组成，提供全面、及时、权威的文化产业信息，为全球文化提供安全、快捷的跨境文化贸易平台。

此外，可以整合"一带一路"沿线国家及城市的特色文化及商品，为每个国家及城市提供展览展示商品的平台；定期进行国际文化贸易交流，开展文化商品展览，使人们了解各国的旅游文化、民间艺术、风土人情，推动国际文化产品交易，促进贸易发展及文化推广，打造国际文化产品采购集散中心。以此为契机，可以将各个国家、地区的文化创意、文化产品"引进来"，满足消费者对文化产品的消费需求。同时，也将我们的文化产品"带出去"，让更多国家了解中国文化，购买中国文化产品，进而不断提高本土文化的国际传播能力，扩大其在国际市场的份额。

（一）加强跨境文化电子商务顶层设计，使文化产品不仅要"走出去"，更要"融进去"

要建立委、办、部牵头，包括商务、海关、财税和文化等部门协同参与的跨境电子商务文化贸易工作推进机制。认真分析和研究海外市场的文化需求，从政策层面出台一系列鼓励措施，从财税优惠、服务保障、交易平台等方面加大支持力度，引导文化企业"走出去"。充分利用"两个市场、两种资源"，将以政府为主体的文化交流和以企业为主体的文化贸易有机衔接起来，使之相互促进、相互配合。将来还要逐步探索在政府文化交流项目中引入政府采购的机制，进一步发挥市场调节和企业主体的作用，实现社会效益和经济效益相统一。从国家层面制定文化产业电子商务的融合发展战略及文化产业跨境电子商务整体战略规划，推进海外营销渠道建设和内容创新，鼓励和支持有条件的文化企业加大对国际市场的开拓力度。转变政府文化管理职能，为文化企业创造更加公平、合理的市场环境，积极排忧解难，建立支持各类文化企业开拓国际市场的促进体系。

在新的国际分工秩序下，文化产业"走出去"战略一定要全方位参与国际分工，仅仅依靠"一带一路"远远不够，还应当将中国文化产业相关内容面向全球布局。这就意味着，不能仅着眼于我国自身文化创意产品的需求，还应当主动开拓他国市场。研究国外文化市场上的需求偏好，并针对其需求出口相关的产品。此外，要注重文化交流，通过文化互动来准确定位，进一步消除海外市场的进入壁垒。

（二）充分运用大数据提升跨境文化电商企业竞争力

大数据与文化产业的结合会加快文化产业的升级转型。使用大数据能有效解决文化产品供需脱节的矛盾，有益于解决我国原创文化产品内容水平不高的问题。通过大数据技术对大规模人群的喜好数据进行分析，能够明确目标受众的品位和需求，创造适销对路的文化产品。例如美国奈飞公司热播电视连续剧《纸牌屋》就是通过对大量订户的观看喜好数据进行分析，从而计算出《纸牌屋》的市场前景和产品成功概率，果断做出了开拍开播的决定，从而有其最后的成功。大数据与电子商务的结合，可以提升跨境电商企业的竞争力。跨境电商企业通过大数据应用可以探索个人化、个性化、精确化和智能化地进行广告推送和推广服务，创立比现有广告和产品推广形式性价比更高的全新商业模式。同时，跨境电商企业也可以通过对大数据的把握，寻找更多、更好的可以增加用户黏性、开发新产品和新服务、降低运营成本的方法和途径。

（三）推动仓储管理智能化、规范化、定制化发展

因为跨境电商中的物流是一个重要环节，因此内蒙古自治区在解决物流问题方面应该积极联合国内外物流公司推动海外仓储的建立。海外仓储可以有效地解决服务周期过长、退换货方面的问题，但也存在着海外仓储成本很高，如果商品出现大面积退货，损失会很严重的现象。物流供应链的解决方案就是使仓储管理趋于智能化、规范化、定制化。跨境电商的物流仓储一般是除买方和卖方之外的第三方外包仓储物流。如果不能通过智能化、规范化的管理，用现代技术手段对仓库进行智能遥控，就不能够满足跨境电商对物流速度和质量的要求，以实现信息流、物流的无缝对接。跨境仓储面临的客户千差万别，要针对不同的用户类型制定不同的仓管流程。另外，为了满足消费者高质量的用户体验需求，在仓管系统中也有必要加入一些个性化模块，而这些也就是通常强调的定制化。

（四）构建完善的信用监管公共服务平台

产品的购买者的支付手段通常会使用支付宝、快钱、财付通等影响力较大、信誉较好的本国电子商务支付平台。在发展中蒙俄跨境电商过程中，还应该积极扶持本地的支付研发公司研究新的支付手段并大力推广，让更多的消费者使用新的支付手段，使内蒙古自治区的跨境支付领域百花齐放，朝着理想的电商生态系统发展。目前，支付机构在国际化道路上的发展并不成熟，自治区的相关部门应该联合在一起，制定出一套合适的可信标准，构建一个完善的信用监管公共服务平台。当跨境电商企业将订单、支付和物流等数据上传至平台时，该平台可以对其订单流、资金流和物流"三流合一"的各项数据进行核对、认证，以确保交易的合法性、真实性。外汇监管部门应该在做好调查研究的基础上，在促进发展与控制风险之间找到一个平衡点，从而制定出可操作的、具有针对性的监管措施，为内蒙古自治区跨境第三方支付行业的健康发展保驾护航。

（五）培养跨境电子商务复合型人才

内蒙古自治区跨境电子商务从业者本身就不是很多，人才就更加缺乏。要培养一批这样的人才也需要一个相当长的过程。目前，中蒙俄跨境电商贸易平台业务最缺乏的是大量的精通英语、俄罗斯语、蒙语，且又懂电子商务的综合型人才。跨境电商人才的培养储备是一项综合性的系统工程。国家、高校、企业、政府等都需要齐抓共管。2015 年 7 月，三方领导人会晤批准的《中华人民共和国、俄罗斯联邦、蒙古国发展三方合作中期路线图》战略文件中提到有关人才储备的很多战略部署，在人文合作方面提出，"三方要研究扩大三方学术和教育中心合作。加快建立中蒙俄三方学术和智库交流机制，为三方合作提供智力支持；加强中蒙俄三方文化领域合作，联合举办文化节等活动，支持三方专业文化团体、文化机构之间建立直接联系，鼓励三国文化艺术领域专家学者之间的交流合作；研究在蒙古学和佛教领域开展三方学术合作"。所以在培养人才时，要从以下几个方面关注：

一是高校要积极转变办学理念。也就是说，转变文化贸易的增长方式和内蒙古自治区文化跨境电商的发展归根结底要依靠提高劳动者素质。技术、设备、资金和项目可以引进，少量高级专业人才也可以引进，但大量高素质的人才是无法引进的，必须靠地方高等教育体系培养。高校作为培养人才的"孵化器"，对人才的培养普遍具有延时性特征，即我们今天社会需要的人才，须待到四年大学毕业之后才能效力于社会，而这四年的时间是跟不上社会需求的新变化的。因此高校教育怎样做到前瞻式培养是一个重要问题。首先，要求高校的培养目标应依据学科优势进行合理定位。由于中蒙俄跨境电商的迅速性与动态性的特征，相关专业要对人才培养目标有一个理性定位，要去寻找动态与稳定之间的平衡点。定位合理，就是确定了教育活动的方向，是对受教育者应达到的人格状态作明确的设想和规定。这为教师科学合理地制订教学计划和选择教学方法提供了依据，使教师的教育行为有价值、有意义，避免出现教育行为的盲目性和机械性。因此，高校不能一谈电子商务就大量开设计算机课程，就搞网页制作；一谈跨境，就大开外语类课程；一谈文化贸易就大开经济类课程。确立人才培养目标应依托优势学科背景、结合时代发展对人才的需要，凸显教育的不同侧重点；要将人才、专业做合理定位，再理性开出课程。其次，要鼓励高校和职业教育机构集合企业实际需求培养跨境电商领域的专业技术人才，支持学校、企业及社会组织合作办学，重点支持税务、法律、金融等方面的人才培养，以适应跨境电商快速发展的人才需求。

二是高校师资力量需加强国际交流与合作。2014 年 6 月，教育部发布了

"600多所本科高校将转向职业教育"的改革声音，这意味着国家意在加大实践教学以终结人才培养与市场不对接的扭曲格局。作为交叉性、时代性、动态性发展很强的电子商务专业，其教学内容更应该与国家政策、地区特色以及现有企业合作靠拢。这就需要高校创造条件为教师提供进修的机会，要让教师到企业中学，同时注重引进行业企业的专家、一线工作者担任兼职教师，从而建立一支结构合理、理论与实践相结合的"双师"队伍。甚至高校可以与合作企业建立实训基地，企业不仅对大学实习生进行免费培训，而且这部分毕业生实习期满后就成了企业优秀的后备干部。教师在企业中挂职锻炼，从企业的模拟实践中丰富教学经验。学生能实现在校"顶岗实习"和零距离的创业实践，并真正感受企业的工作氛围。企业以较低的成本获得学校人力资源进行项目开发与岗位培训。这种"学习中有工作，工作中有学习"的"校企结合"形式对于学生、教师、企业与学校是共赢的。高校还要重视外部聘任。外部师资引进来自一线跨境电子商务企业的操作人员或是外贸行业资深从业者，熟悉全球速卖通、美国易贝、中国亚马逊等主流跨境电商平台丰富操盘经验，精通跨境电商全流程运作体系。这些老师必须懂得工业、商业、流通、外贸、消费领域等的商业贸易的模式，能够在精确的成本效益分析基础上评价电子贸易时机。此外，高校要进一步"走出去"，要分批分期派各专业教师到蒙古国、俄罗斯去实地考察，加强师资力量的国际交流，才能紧跟行业步伐，积累教学案例。可以尝试成立中蒙俄跨境旅游专业方向的试点招生工作，培养方案由三方商定。

三是高校学业评价考核标准要多元化。中蒙俄跨境电商需要的是实用型人才、创新型人才，这就要求教育者对学生的学业评价不能以考代评，要明确并实现学业评价的考核、鼓励、诊断多元功能；评价的领域要多元化，要淡化"考住、难倒、选拔、分类"这些色彩，评价视野要由课堂扩大到课外，由智力因素扩展到非智力因素，由专业技能扩展到非专业技能，由"是什么"的陈述性知识向"怎么做"的程序性知识和策略性知识转变。比如，怎样开跨境网店、怎样做跨境微商、怎样设计跨境网页。要反对学生用单一的、固定的、常规的心理定势应付时事问题，要考查学生对中蒙俄旅游电商前沿问题的思考，培养学生"不唯上，不唯书，只唯实"的学习意愿和新意的想象和发散思维，从而实现教学的聚合思维与考核的发散思维之间的平衡发展。因此，学业评价的时间不妨拉长时距。因为人文类课程的精妙就在于其不断地假设着、诠释着、预测着"互联网＋"背景下的人类世界，而这些假设与诠释需要酝酿，如果在规定的考试内作答，学生急于完成，新思想就不会产生。所以，学业评价的时间跨度亟须改革。可以将考试的时间放宽，一上午、一天、一周，甚至一学期的创业等。这样的学业评价不囿于教材，学生自己品尝企业家研究与创业的艰辛和欢乐。虽然其见解可能达不到完美，但他们会认识到任何科学里都没有封闭性的结论，明白知识并不存在于封闭的教材之中，从而形成一种"真理是永无止境"的探究精神。

在人才培养方面，政府要努力完善人才的激励机制，积极推出各项举措创造创业环境。例如，财政支持大学生创业、开展跨境电商项目评比活动、组织旅游创新、创意、创业大赛、支持设立多种形式的旅游创新、创意、创业基金、推动建设旅游科技创新孵化园等，并对相关人才实施奖励。相关企业要重点培养电子商务、外贸业务、市场营销和新技术复合型人才，加快培养面向后台软件开发的技术型人才和面向前端操作的应用型人才。要制订培训计划，选择培训机构和实践基地，落实培训经费，开展跨境贸易电子商务知识培训、职业化培训，为全区跨境电子商务发展储备人才。要加强跨境电子商务高层次人才引进工作，鼓励企业面向国内外引进一批高素质、有丰富跨境贸易电子商务大型团队运营经验的职业经理人。

（六）健全跨境电子商务业务体系

拼折扣、赚吆喝的模式是跨境电商的"1.0 时代"，现在则进阶为拼品质、服务和供应链时代；电商平台间比拼的是综合实力，而清关能力、资金实力则是其核心竞争力。因此，我们要大力发展跨境电子商务业务，积极构建专业化跨境电子商务、传统外贸企业升级转型、第三方跨境电子商务平台和自建平台同步推进、境内外电子商务服务企业互动发展的跨境电子商务发展格局。积极创造条件重点发展 B2B 模式的跨境电子商务，鼓励建设海外仓和公共保税仓等配套设施。培育和引进支付机构、物流企业，扶持综合电子商务服务企业，解决支付、结汇、物流、仓储、报关、报检和售后服务等问题。引导和鼓励有条件的企业进驻海关指定的特殊监管区域，通过正式报关后在特殊监管区域内开展业务。支持有条件的企业建设境外服务网点或依托电子商务服务企业通过一般贸易等方式出口后，再根据网上订单销售给境外消费者，构筑一般贸易加电子商务运营的模式。推动企业间的跨境电子商务交易（B2B）由信息发布向在线交易发展。逐步发展具有内蒙古自治区特色的专业型外贸电子商务服务平台，建立完整的跨境电子商务服务体系。

（七）建设跨境电子商务服务体系

要依托口岸和海关特殊监管区建设跨境电子商务仓储物流中心（跨境电子商务园区）。根据跨境电子商务发展需要，在综合保税区和保税物流中心等区域内建跨境电子商务仓储物流中心（跨境电子商务园区），为经营主体提供入区即退税、仓储、配送、分拣、加工和邮递等服务。完善跨境电子商务的货物监管流程。加强示范创新，创建自治区级跨境电子商务示范园区。

要建设跨境电子商务物流服务体系。择优遴选一批国际物流、快递等企业与跨境电子商务物流仓储中心进行业务对接，为入驻跨境电子商务物流仓储中心的跨境电子商务企业提供国际物流服务。鼓励传统货运代理、物流等企业拓展电子商务服务等业务，为广大中小跨境电子商务应用企业提供仓储和配送等服务，逐步形成与跨境电子商务相适应的物流体系。积极协调海关总署和国家邮政局，推动满洲里对俄罗斯国际邮路恢复。

要发展跨境电子商务支付服务体系。鼓励金融机构和支付机构为跨境电子商务提供支付服务；鼓励银行为跨境电子商务提供跨境人民币结算服务，推动金融机构、支付机构加快产品创新，改进跨境支付服务，提高跨境支付效率。鼓励符合条件的金融机构和支付机构进行试点，通过进驻跨境电子商务仓储物流中心等方式，为自治区跨境电子商务经营主体提供支付服务。

要发展跨境电子商务境外服务体系。根据跨境电子商务业务发展需要，鼓励有条件的企业建设境外服务网点、海外仓。支持有条件的企业开展境外内蒙古自治区商品公共服务平台建设，为自治区中小跨境电子商务企业提供代运营、营销、客服、仓储、配送、售后、技术支持、数据服务、法律咨询、知识产权咨询等服务。鼓励行业协会等中介组织在指导和帮助跨境电子商务企业建立完善售后服务体系方面发挥积极作用。

要依托内蒙古自治区电子口岸开发建设跨境贸易电子商务公共服务平台。建立服务于经营主体的跨境电子商务综合管理信息系统，实现商务、海关、国税、工商、检验检疫、外汇等部门信息共享与数据交换，涵盖跨境电子商务进出口报关、检验检疫、结汇、退税等全流程服务，实现各相关部门监管需求。跟踪企业应用跨境贸易电子商务公共服务平台情况，逐步完善平台功能，促进快递物流、跨境支付、信用监管协同发展。

（八）建立和完善跨境电子商务管理机制

要建立和完善跨境电子商务模式下的通关监管方式，建立跨境电子商务关税制度。目前，跨境贸易电子商务服务试点已经在内蒙古自治区逐步开展，海关总署的相关文件也陆续出台，但只涉及企业，对个人行为还缺乏一定的约束。由于目前我国海关无法对每个包裹进行开箱检查，寄往国内的小包裹不进行申报已经成为常态，被抽检到的包裹也只需补缴税款就可以放行，并没有其他的惩罚措施。随着跨境电子商务的不断发展，规范通关流程，明确跨境贸易电子商务的贸易属性和监管要求，修订《中华人民共和国海关法》，增加针对跨境电子商务交易的关税征管条款，这些工作已经刻不容缓。美国海关法就明确规定，美国境内居民从网络上购买自用商品，必须履行清关手续及缴纳相应关税。在具体的实施上，为顺应信息时代的发展，海关建立大数据分析也是大势所趋。海关应做好数据录入、整理工作，通过大数据分析邮件来往的数量、频次，对高频次的邮件进行重点检查。海关还应与个人征信系统对接，收件人必须进行身份证明，若抽检时发现有逃税行为，直接记录在案，并采取相应的处罚措施。只有加大惩处力度，才能杜绝违法行为的发生。也只有完善了法律、政策、制度，才能规范人们的行为，才能促进行业的健康发展。

要加强跨境电子商务出入境检验检疫监管。对跨境电子商务出口企业及其产品进行检验检疫备案或准入管理，实施负面清单制度，以诚信管理和风险分析为基础，以检疫监管为主，实施分类管理和风险管理，探索建立基于风险分析的质量安全监督抽查机制。创新和完善电子商务检验监管机制，采取集中申报、集中办理等措施，为企业提供便捷服务。

要支持跨境电子商务经营主体正常收结汇。经营主体申请设立外汇账户，凭海关报关信息办理货物出口收结汇业务。鼓励银行和支付机构开展电子商务外汇资金或人民币资金跨境支付业务。加强海关和外汇等部门的联合监管，实现数据共享。支持有实际需求、经营合规、业务和技术条件成熟的支付机构参与跨境外汇支付业务试点。

完善国际物流配送服务。规划建设出口货物监管场所，实施关检合作"三个一"（一次申报、一次查验、一次放行），做到对进入出口监管场所的法检货物只需一次申报（一次录入、分别申报）、一次查验（一次开箱、关检依法查验/检验检疫）、一次放行（关检联网核放）。积极争取中国邮政集团公司支持，适时开通自治区至国外主要城市的国际普邮包裹、航空挂号包裹线路，增加邮政特快专递服务（EMS）快递直达、直发邮路服务功能。支持建立海外仓储分拨中心，实现整柜出口分单零售。

加快配套设施建设。加快建设内蒙古自治区电子口岸、跨境电子商务公共信息服务平台和检验检疫监管平台等基础设施，在跨境电子商务物品监管查验中推行关检X光机"一机两屏"方式，为跨境电子商务活动提供数据交换、安全认证等服务，实现对跨境电子商务交易、仓储、物流和通关等环节的信息化管理。

加强电子商务统计监测工作。要加强相关部委、地方及有关机构的联合，研究和改进电子商务发展统计指标体系与统计分析方法，逐步建立全国性电子商务调查统计制度，加强对电子商务热点问题及其与实体经济相互关系的研究。充分利用有关部门现有的电子商务企业联系机制，鼓励行业协会和社会性服务机构积极参与电子商务动态发展监测等工作，鼓励各地加强对区域电子商务发展的动态监测，拓展信息获取渠道。做好电子商务统计信息发布工作，加强政策引导。同时，要重点完善海关统计工作，将通过海关集中监管、清单核放、汇总申报的出口商品的相关指标纳入贸易统计范畴，做到应统尽统。对各类经营主体的各种跨境电子商务业务方式进行全口径统计，真实反映内蒙古自治区跨境电子商务发展状况。

（九）完善权益保护机制，严厉打击制假售假行为

据统计，全球75%的假货来自中国，虽然大部分"自产自销"，购买者也是中国人。但随着跨境电商的兴起，假冒伪劣产品也流出国门，当涉嫌侵权时，商家也付出了高昂的代价。已经有国家针对中国的仿冒品牌售假问题在海关专门设立了特别窗口，严查来自中国的包裹，这严重影响了我国大国形象。我国假冒伪劣产品屡禁不止、山寨产品大行其道的根本原因是国人的法律意识淡薄，违法成本太低。要从源头上根除这种现象，应该从立法上加大违法行为的惩处力度，加大知识产权的保护力度，对侵权行为采取更加严厉的措施。

首先，政府要完善对知识产权保护的政策法规，加强对文化市场的监管工作，加大对知识产权保护的执法力度，严厉打击盗版侵权等各类违法行为，鼓励引导企业重视自主创新。同时，采取行政与立法相结合的措施，加大政府的执法力度，严厉打击各种违法行为。加大知识产权宣传力度，增强人们的法律意识。其次，大力宣传知识产权保护各项政策法规。在民众中普及相关法律知识，树立规则导向，提升全民知识产权保护意识，营造尊重创作、尊重知识、保护创作者合法权益的良好社会风气。最后，引导文化企业树立品牌意识。文化企业要实施品牌和商标战略，特别是要突出文化特色，以特色文化品牌和驰名商标带动整个产业的转型升级，并鼓励文化企业登记著作权，鼓励创新者申请专利，切实保障文化产业主体的合法权益。

对于跨境电商企业，应该加大对平台的监督与管控力度，若第三方卖家被曝出有违法行为，平台也应承担一定的赔偿责任。要在整个行业树立良好的风尚，维护市场的公平和秩序离不开政府的监管和法律规则的建立。同时，要积极研究和探索网络环境下有效维护消费者权益的制度和措施，推进12315等相关消费维权体系向跨境电子商务领域延伸。畅通网络消费权益保护渠道，及时受理消费投诉举报并查处侵害消费者合法权益的行为。及时发布网络交易风险警示信息，提高网络消费者和经营者的风险防范意识。指导监督网站经营者建立健全消费者权益保护制度、在网站设置消费投诉举报及电子标识链接等多种形式。加强电子商务纠纷调处机制建设，建议建立网上争议解决模式。所谓网上争议解决是指通过使用信息和通信技术（尤其是互联网技术）帮助当事方在法庭外解决争议的方式。网上争议解决主要包括网上仲裁和网上调解。在发达国家已有这方面的尝

试，法国互联网法律论坛和法国法院建立了一个联合系统，指引有兴趣的当事人在诉讼之前或诉讼期间到论坛进行自由调解。美国仲裁协会"WebFile"也是一种网上解决平台，当事人可以在网上提交投诉和下载文件、选择中立方等。欧洲消费者中心网（ECC‑Net）可以进行网上投诉处理，协助消费者提出投诉并与商家达成友好解决，或协助消费者通过适当机制（第三方）达成解决。内蒙古自治区也应发展建立便捷、高效、低成本的网上争议解决模式。

在国际层面上，联合国国际贸易法委员会正在开展"跨境电子商务交易网上争议解决"法律标准的制定工作，目前，"跨境电子商务交易网上争议解决：程序规则草案"的基本框架已经形成。在地区层面上，欧盟就其内部的跨境电子商务争议解决已经建立了比较成熟的消费者争议网上解决体系，美洲国家组织（OAS）也在谋求建立一个"美洲国家网上争议解决平台"。中国也应积极参与跨境电子商务交易网上争议解决体系的建立中，成为新规则的制定者。

（十）积极践行"中国智造"战略

中国"智造"是要打破"世界工厂"的分工格局，真正意义上实现产业价值链的攀升。顾名思义，中国"智造"就是要发展智慧产业、创意产业，加强产品设计环节的研发投入，借助文化产业"走出去"战略的实施，快速实现国内产业转型升级。也就是说，中国"智造"要求摒弃过去以低廉劳动力输出为特征的粗放型生产模式，转向以高新技术和文化创意为主要生产要素的集约型生产模式。文化产业在国际贸易中，能够形成新的比较优势，利用人力资本等可再生资源实现可持续发展的同时，从生产走向研发，创造中国品牌。因此，我们要加强创意研发，开展服务外包工作。服务外包业务就是要转变中国长期以来的接包方角色，成为发包方。创意文化发展模式以产业一体化为指导思想，实施路径为原创作品开发→创意生产→创意传播发行→创意衍生品商品化。将沿海特色文化创意产业园作为文化产业孵化的基础，促进创意产业与加工制造业、新闻出版业与新媒体、互联网、物联网等行业对接，打通信息传播渠道，从而实现创意与文化融合的发展目标。

在参与国际分工时，以创意服务外包为主要方向，有利于集聚创意人力资本，发展集约化生产。特别是能够促进专业创意运营及动漫、电视电影等文化创意行业的发展。运营公司通过创意资源收集、剧本创作、衍生品开发等创意产业价值链开发环节，专营创意外包，以产业"走出去"战略为目标，扩大品牌影响力，以互联网新媒体为传播途径，发展品牌营销。积极寻找市场、建立市场、维护市场，建立并完善创意营销产业链。发展品牌经济与总部经济，由接包方转为发包方，从根本上实现向全球产业价值链高端攀升的目标。

第十三章

内蒙古自治区文化产业项目竞争力评价指标体系构建研究

　　近几年，在政府的主导下全国掀起了文化产业项目建设的浪潮，全国各地文化产业项目建设发展迅速，但与此同时也暴露出很多问题。例如，大部分地区文化产业发展不均衡，文化产业项目竞争力差和缺乏管理，因此，急需文化产业项目竞争力评价指标体系的理论来指导文化产业项目的建设。

一、文化产业项目竞争力评价体系构建研究的背景与意义

文化产业一词最先是阿多诺与霍克海默在《启蒙的辩证法》中初次提出的，由此文化产业的发展就进入了一个新的时期。21 世纪知识和文化在国际竞争力舞台上展示出越来越重要的作用，文化的价值也逐步体现出来，成为影响竞争力的一项重要的因素。近几年，在金融危机频发、各国经济增长率迅速下降的背景下，文化产业作为拉动经济增长的一匹"黑马"，在提高国家竞争力方面发挥了重要作用。

我国 1994 年首次在《中国文化报》上对文化产业的发展进行文章征集，这开创了中国文化产业理论研究的先河。近年来，更多的学者投入文化产业理论的研究中来，"文化产业竞争力"成为学者们关注的要点，对国家文化产业竞争力研究、区域文化产业竞争力研究和各省市文化产业竞争力研究越来越多。但是，学者们很少涉及"文化产业项目"的研究，尤其是对于"文化产业项目竞争力评价指标体系"的研究更是少之又少，因此微观层面上的文化产业项目竞争力的评价指标的研究就有待于学者们进一步深入展开。

相对于全国文化产业项目如火如荼展开的局面，理论界有关文化产业项目的研究却略显单薄。理论研究明显跟不上现实的需求，傅利平对近年来国内关于文化产业竞争力的研究文献进行梳理发现，在 2000 余篇相关文献中只有 17 篇提到文化产业竞争力评价指标体系，且这些文献的研究视角基本是从国家层面或者地区层面较宏观的区域文化产业竞争力的角度出发，对于更为微观层面的某个文化产业项目竞争力的评价研究却没有涉猎。本书的研究是一个理论上的探索，有利于在一定程度上弥补这一理论上的空缺。

进入 21 世纪以来，在内蒙古自治区党委和政府的高度重视下以及全区各界的共同努力下，内蒙古自治区的文化产业从无到有，获得了较快的发展。目前，在城市经济发展较快的地区（如呼和浩特市、包头市和鄂尔多斯市）文化产业发展的趋势已经初步显现。但是同时也存在了很多问题，例如，借助文化产业建设的浪潮进行圈地，造成资源的极大浪费；同质化的文化产业项目太多，造成同质恶性竞争；盲目建设，占用政府补助名额等。这些问题的出现反映出政府急需一套具有本地特色的"内蒙古自治区文化产业项目竞争力评价指标体系"，为内蒙古自治区的文化产业建设提供科学的依据，也有利于政府更加合理地利用文化产业专项资金，达到资金、资源的最合理的配置。

二、国内外研究现状

（一）文化产业竞争力国内外研究现状

1. 国外研究现状

西方国家对文化产业的研究较早，对文化产业竞争力的研究也较深刻。经济全球化进程的加快使国与国之间的竞争越来越激烈，竞争力的研究也就成为各界学者们青睐的对象。美国的文化产业竞争力位于首位，美国政府、学界对文化产业竞争力的重视程度也很高；英国文化产业的发展过程中更注重创造性，因此，英国的文化产业叫创意产业。此外，法国、日本、韩国、瑞士等国家的文化产业竞争力也排在全球前列。

很多国家在文化产业发展的前期，政府政策的引导起着很重要的作用，各国政府和学界为提升本国文化产业竞争力做出了很多努力。鲁斯·陶斯（Roth Towse）研究过市场经济和知识版权法对文化产业竞争力的影响，他认为："经济发展和知识版权法对文化产业竞争力的提升都存在阻碍作用，政府应该适当干预市场经济，调整知识版权法，为文化产业竞争力的提升提供有利条件。"①

托马斯·霍尔特（G. Tomas M. Hult）从企业的角度进行研究，他认为："企业创新、组织结构、企业战略、市场导向和企业内部的学习优化都是提升文化产业竞争力的重要因素。"②

迈克尔·波特（Michael E. Porter）的竞争优势理论，从微观的企业角度、中观的区域角度和宏观的国家层面，提出了钻石模型，解释了竞争力的起源和影响竞争力的因素。他提出："生产要素，需求状况，相关支持性产业，企业的战略、组织结构和同业竞争四个影响竞争力的主要因素，政府干预和机遇两个辅助要素。"③

关于国际竞争力方面权威的评价组织是世界经济论坛（WEF）和洛桑国际管理发展学院（IMD）。他们认为，文化产业竞争力的影响因素有两个大的层面，一个是现实竞争力，另一个是潜在竞争力。现实竞争力是企业规

---

① Ruth Towse. Copyright and Creativity: An Application of Cultural Economics ［J］. Review of Economic Research on Copyright Issues, 2006, 3 （2）: 83–91.

② G. Tomas M. Hult, Charles C. Snow, Destan Kandemir. The Role of Entrepreneurship in Building Cultural Competitiveness in Different Organizational Types ［J］. Journal of Management, 2003, 29 （3）: 401–426.

③ 迈克尔·波特. 国家竞争力 ［M］. 北京：华夏出版社，2002.

模、先进的技术、融资能力和人力资源等基础的软硬件设施；潜在竞争力是指有利于文化产业竞争力提升的企业成长能力、创新能力和可持续发展能力等。

2. 国内研究现状

我国对文化产业的研究比较晚，对文化产业竞争力的研究也较滞后，由于研究者对文化产业竞争力的关注点不同，使其对文化产业竞争力的概念的理解也有所差别，因此，国内学者对文化产业竞争力的含义还没有统一的看法。

2004 年，祁述裕继承和完善了迈克尔·波特的国家竞争优势理论，形成了文化产业竞争力理论模型，他认为，文化产业竞争力指标体系有 5 个一级指标，17 个二级指标和 67 个三级指标。这 5 个一级指标主要是生产要素、需求要素、公司战略要素、支持性产业要素和政府政策。他利用这个评价指标体系，在国家层面上对中国、英国、美国和瑞士等 14 个国家的文化产业竞争力进行评价和比较，找出了我国文化产业竞争力的优劣势，学习他国在建设文化产业过程中优秀的经验和教训。

2006 年，李宜春在提出了一个由生产要素、市场需求要素、相关产业要素、企业要素和政府要素 5 个一级指标、28 个二级指标组成的文化产业竞争力评价指标体系，并得出安徽省文化产业竞争力的发展情况[①]。

2005 年，花建在《文化产业竞争力》一书中，通过对中国文化产业竞争力的研究，得出了有别于波特钻石模型的新的评价方法。他认为："整体创新能力、市场拓展能力、控制成本的能力和持续发展的能力是影响文化产业项目竞争力的重要因素，这四大因素作为评价指标体系的一级指标。企业实力、企业资源情况、企业发展环境、企业经营效益、企业关联产业、企业组织结构和企业的能力是文化产业竞争力的二级指标。"[②] 三级指标有 30 个，是对二级指标的进一步细化。在此基础上，王毅和王颖采用花建创建的文化产业竞争力评价指标体系分别对湖南省和浙江省的文化产业竞争力进行评价，并对评价结果进行分析，得出了相关的对策建议。

2009 年，李琳从现实和潜在竞争力的角度出发，建立了文化产业竞争力的评价体系。她认为，市场占有率、企业的规模、企业的效率、企业对社会的贡献、成长能力、文化市场需求、资金投入和创新能力是影响文化产业竞争力的重要因素。

---

① 李宜春. 省域文化产业竞争力评价指标体系初探——以安徽为例 [J]. 经济社会体制比较，2006 (2)：82 - 86.

② 花建. 文化产业竞争力 [M]. 广州：广东人民出版社，2005.

（二）项目竞争力及其指标体系的研究现状

1. 项目竞争力的研究现状

国内外关于项目竞争力的研究较少，项目竞争力属于项目管理范畴，对竞争力的评价多从财务会计的角度来进行，对项目竞争力的关注点也主要放在项目的质量、时间控制、成本控制和项目预算上。2002年，李云龙在《工程项目评估必须研究项目的竞争力》一书中提出，用竞争力理论来评价建设项目，是项目咨询评估非常突出的创新，是理论界的创新也是实践过程的创新。他认为，项目竞争力的含义是包含在建设项目内部的，只有在项目投入使用以后，通过与同行业竞争对手的比较中体现出来的相对优势。他提出，建设项目的竞争力具有以下几个特征：首先，竞争力是隐藏在项目内部的能力。其次，它只有在建成并投入使用以后才可以表现出来的。最后，它是一种可以带来巨大利润的相对优势。他认为，项目竞争力关注的是项目建设使用的结果，但仅仅站在项目的角度上，忽略了企业和行业的优势以及忽略了项目的可持续发展[1]。

佘兰兰在《关于项目竞争力分析的探讨》中提出，要想全面探讨项目的竞争力，就必须从总量平衡和目标市场、产品成本、竞争战略与竞争力分析、经济和社会评价几个方面来进行，她认为项目竞争力的评价可以很好地弥补项目经济评价的不足。

2008年，中国社会科学院的经济学博士李钢在其博士论文《企业竞争力与项目竞争力的互动研究》中，探讨中观层面的企业竞争力与微观层面的项目竞争力的相互关系。他在文中详细阐述了项目竞争力的来源问题，他认为，项目竞争力的评价方法主要有两类：一类是将项目看作一个独立的个体进行研究。这类研究项目可以与提前设定的标准进行比较，也可以将提前建成的项目设定成参照物与现建设项目进行比较。另一类是将项目与企业结合起来看作其是企业的构成部分。针对项目与项目之间的评价，他提出了一个项目竞争力评价流程：第一步，先进行市场分析、市场细分、市场定位和确定竞争对手。对项目市场进行调查，了解项目产品的背景和发展前景。对选定的市场进行细分，确定细分市场的规模、结构和潜力等详细情况，再进一步进行市场定位。第二步，确定影响项目竞争力的因素。根据影响因素来确定评价指标，采用定量和定性分析方法来确定各指标的权重。第三步，通过对项目指标进行打分，汇总打分结果，计算出项目的竞争力。第四步，与目标项目进行比较，找寻差距。

2. 项目竞争力评价指标体系的研究现状

1985年，美国进行了一项关于美国大公司在进行投资时对项目的竞争力评

---

[1] 李云龙. 工程项目评估必须研究项目竞争力 [J]. 中国工程咨询，2002（2）：12-16.

价采用的评价指标的调查。这个调查结果显示了美国大公司主要采用的评价指标是财务指标，如会计收益率、内部收益率、投资回收期和净现值等。《幸福》杂志也在 1992 年对美国 100 家公司在进行项目竞争力评价中采用的评价指标进行了调查，投资回收期、净现值和内部收益率是使用最广泛的 3 个指标。

2003 年，李云龙在《建设项目竞争力的定量评价方法和评价指标》一文中提出，建设项目的评价指标体系主要有这几个方面：宏观环境因素、中观层面的行业因素、微观的企业或者项目的因素。他认为，宏观因素包括政治、法律、经济、社会、文化、科技水平等，行业因素包括市场潜力、基础设施建设等，微观的企业或项目因素包括生产经营能力、企业管理能力、财务状况、市场拓展能力等[①]。

2005 年，中南大学柏定国在博士的毕业论文《基于项目管理的县域文化产业研究》中提出，县域文化产业项目评价主要是进行事后评价，即对已经建成的文化产业项目进行评价，只要是从财务评价（静态财务盈利能力、静态财务清偿能力、动态财务盈利能力）、经济评价（静态经济盈利能力、动态经济盈利能力）、社会评价（宏观目标、直接目标、产出、活动）、环境评价（环境成本效益）几个指标进行的。

2006 年，武汉理工大学李钰在博士论文《风险投资项目全过程评价体系研究》中提出，风险项目的评价体系主要由管理因素、技术因素、市场因素、生产因素、资金退出因素、政策法律因素和经济金融因素。针对项目的评价指标的设定，既关注项目本身，也关注企业和产业的相关条件。

2013 年，东华大学杨小林在硕士毕业论文《文化创意项目投资决策研究》中提出，文化创意项目的评价指标主要有以下几个方面：管理能力、创意能力、市场竞争力、环境竞争力、财务竞争力。

到目前为止，无论是对文化产业项目，还是对建设项目等竞争力评价理论的建设都还不充分，没有相关的资料进行参考，本书在文化产业项目竞争力评价指标体系的构建方面是本领域的首次探索。

（三）研究现状述评

1. 文化产业竞争力的研究述评

不管是国内学者还是国外学者，在进行文化产业竞争力的研究时都是从企业的角度和行业的角度进行评价，既要体现文化产业的行业特点，同时也重视企业的因素。国内大部分学者研究文化产业竞争力都是从波特的竞争优势理论出发，将他提出的四大主要因素和两个辅助因素作为参考。但是波特的钻石模型更多的

---

① 李云龙. 建设项目竞争力的定量评价方法和评价指标 [J]. 中国工程咨询, 2003（3）: 19－21.

是站在行业的角度或者国家地区的角度，企业的和项目的因素考虑得较少。

目前，国内外学者对文化产业及文化产业竞争力的研究更多地站在宏观或者中观的层面上，宏观角度主要是国际、国家的角度，中观主要是区域角度、产业角度，研究视角很少关注项目的微观角度，其也是文化产业研究的一大期待点。文化产业的总体发展离不开单个的文化产业项目的建设，很多地区在进行文化产业战略规划时明确提出，要用地区标志性的大的文化产业项目来带动这个地区文化产业的发展建设，可见文化产业项目的理论建设需要跟进现实需求的脚步。

2. 项目竞争力及指标体系的研究述评

我国学者从不同角度对项目竞争力的评价进行了有益的探讨，但还存在不足之处。朱江提出的国内企业的项目评价主要是利用财务数据作为判断的标准，而对项目竞争力则研究不足，对文化产业项目竞争力评价指标体系的研究更是不够重视①。

项目竞争力的研究文献多从其自身角度出发进行评价，把项目竞争力等同于企业竞争力，重视了企业竞争力但是忽略了行业的特点，指标涵盖不够全面。

项目竞争力评价指标体系的构建不够科学，仅通过财务、经济、社会等几个方面来进行设计的指标在实际中无法实践。重要的是很多指标的模糊性很强，没有进行操作化设计，指标不够量化。

三、研究思路与研究方法

（一）研究思路

本书从基础性分析入手，采用定性分析和定量分析相结合、理论分析与实践考察相结合的研究方法，按照系统分析、逻辑分析和实证分析相结合的研究思路，参考已有的相关评价指标体系的研究成果，通过对区内外典型的文化产业项目进行考察分析，把握国内不同地区和不同类型文化产业项目发展的基本现状，找出内蒙古自治区文化产业发展的特有规律，据此确定内蒙古自治区文化产业项目竞争力评价体系设计的基本原则和系统框架。在此基础上，进一步将评价指标分为基础现状、发展潜力和相对优势三大模块，然后进行指标细化和变量选取，对内蒙古自治区文化产业项目竞争力做出综合评价。

（二）研究方法

1. 文献研究方法

参考选题进行文献资料的收集，参考相关文献和理论著作，分别获取文化产

---

① 蔡艳丽，赵晓光，朱江.国外项目评价理论研究综述［J］.集团经济研究，2007（2）.

业、文化产业项目、文化产业竞争力以及文化产业竞争力评价指标体系相关理论。

2. 李克特分量表法

通过阅读大量的文献，得出初步的评价指标体系，采用量表分析法将各级指标进行提炼，形成文化产业项目竞争评价指标体系的雏形，制作李克特五级量表的调查问卷，向内蒙古自治区 12 位文化产业的相关专家学者发放问卷并回收，进行统计分析，采纳专家学者的意见和建议，形成完善的内蒙古自治区文化产业项目竞争力评价指标。

3. 层次分析法

本书在内蒙古自治区文化产业项目评价指标体系的初始指标构建完成后，需要采用层次分析法对各指标的权重进行确定。向内蒙古自治区的 12 位专家发放问卷，将专家对各指标的权重的赋值进行综合分析，得出带有权重赋值的内蒙古自治区文化产业项目竞争力评价指标体系。

四、相关理论基础

（一）文化产业项目概念的界定

文化产业项目的概念需要从文化产业和项目两个角度进行理解。各国对文化产业研究在逐步地加深，由于研究视角不同，对文化产业的概念也很难统一。我国《文化及相关产业分类》认为，文化产业的概念是："为社会公众提供文化、娱乐产品和服务的活动以及与这些活动有关联的活动的集合。"[1] 花建认为，文化产业是："以生产和经营文化商品和服务为主要业务，以创造利润为核心，以文化企业为骨干，以文化价值转化为商业价值的协作关系为纽带，所组成的社会生产的基本组织结构。"[2] 各国因为研究的方法、立场和角度的不同而对文化产业的概念的界定有所差异，但是本质上都离不开以下几点：第一，对文化资源进行商业化操作；第二，主要为服务业，且以获得利润为目标；第三，关注文化产业的创造性。

项目在管理学中多以项目管理的身份出现，管理学上的项目定义："项目是为创造独特的产品、服务或者成果而进行的临时性的工作，是指一系列在特定的时间、资源和预算内，按照规范完成的、复杂的并相互关联的活动，这些活动具

---

[1]　国家统计局. 文化及相关产业分类（2012）[J]. 沿海企业与科技，2012（11）.
[2]　花建. 文化产业竞争力 [M]. 广州：广东人民出版社，2005.

有一个明确的目标。"① 对于项目来说，过程控制、成本控制、资源禀赋和质量保证尤其重要。

整个文化产业链条是由多个微观的文化产业项目组成的。根据以上的总结，本书认为，文化产业项目是指在一定的时间、预算内，企业组织对拥有的文化资源进行商业化的运作，策划成具有商业价值的文化产品和服务的一系列活动。一个大的文化产业项目可以分解为若干个小的文化产业项目；一系列独立的文化产业项目通过协同组合，可以形成大的文化产业项目。

（二）相关理论阐述

对文化产业项目竞争力的研究，离不开竞争力方面的理论支撑，须站在项目的角度上来研究文化产业的竞争力。因此，从竞争力理论中来找寻支撑文化产业项目竞争力的理论。本章主要介绍比较优势理论、竞争优势理论、制度决定理论和协同理论。

1. 比较优势理论

比较优势理论是大卫·李嘉图（David Ricardo）在英国著名的经济学家亚当·斯密（Adam Smith）提出的绝对优势理论的基础上提出来的。亚当·斯密认为，任何国家在生产条件上都存在着某种优势，这些优势有的是原始的自然优势，如气候、环境、人力资源或者地理位置；有的是技术上的优势，如生产技术的创新导致生产成本的降低或者劳动生产率的提高。因此，每一个国家都应该积极挖掘拥有绝对优势的产品来进行生产，每个国家绝对优势产品的挖掘会造成生产的专业化和国际劳动生产率的提升②。但是绝对优势理论也存在一些局限，即那些绝对优势产品的国家怎样参加国际贸易，生产的产品是否具有竞争力。而大卫·李嘉图的比较优势理论恰好能够解答这些问题。

比较优势理论认为，一国生产的产品具有绝对优势，但是不一定具有相对优势，比较优势理论更加关注由生产技术的高水平带来的生产成本的降低。不管一国的产品是否具有绝对优势，只要生产该产品的成本能够低于其他国家相应的生产成本，并且这个国家通过进口其他产品来满足国民的需求，就能获得生产这种产品的相对优势。但是比较优势理论也存在一定的缺陷，那就是假设太多，脱离现实；考虑竞争力影响因素时考虑不够全面，仅关注生产成本而忽略其他要素。

2. 竞争优势理论

美国哈佛大学教授迈克尔·波特在《国家竞争优势》一书中提出了竞争优

---

① 美国项目管理协会. 项目管理知识体系指南［M］. 北京：电子工业出版社，2013.
② 亚当·斯密. 国富论［M］. 北京：商务印书馆，1972.

势理论，即"钻石模型"。弥补和完善了大卫·李嘉图的比较优势理论，并充分地解释了竞争力的来源问题。他认为，一个国家的某一领域的产业竞争力的强弱取决于这个国家的基本生产要素、本国市场需求、相关产业的支持、公司战略及组织结构及同行业的竞争，这四个方面是"钻石模型"的主要部分，政府干预及市场机会把握也是影响竞争力的两个辅助的要素条件。如图 13 – 1 所示。

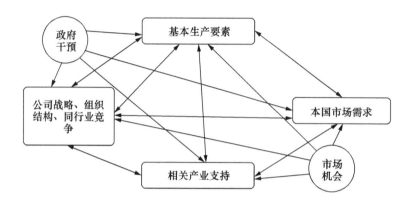

图 13 – 1　迈克尔·波特的"钻石模型"

　　在波特看来，基本生产要素是实现竞争力的基础阶段。基本生产要素主要指自然资源、环境、地理位置、人力资源、技术条件、资本及其他的软硬件设施。某国家或者地区具有丰富的自然资源和劳动力就可以获得一定程度上的竞争优势。由于经济全球化的加强，国际信息网络和物流系统的完善，自然资源、廉价劳动力和资本已经不是影响竞争力的重要因素；而先进的技术、高技术人才在提升竞争力方面起着越来越重要的作用。本国市场需求对提升竞争力具有重要的影响，旺盛的国内市场需求是企业乃至整个行业的坚强后盾，本国客户对产品的挑剔程度也与产品的国际竞争力有至关重要的作用。在中国，人口多，消费基数大，因此市场需求的潜力也比较大，本地企业就拥有国外企业所缺少的优势。相关产业是指本产业的上游或下游产业，相关产业的配套设施、发展状况直接影响本产业的竞争力的发展状况。例如，对报刊行业来说，制纸行业、印刷行业的发展也对报刊行业的竞争力有着一定的制约作用。公司战略、组织结构及同行业竞争是企业竞争力的直接影响因素，企业的战略影响着企业的长远发展，组织结构的合理性也需要与时俱进，同行业的竞争水平是整个产业竞争力的方向标。政府的政策和方针会影响产业竞争力，时刻关注政府的政策变化及早做出战略调整，对提升企业竞争力有着重要的影响。例如，近几年，中国政府大力宣传文化产业，鼓励文化产业的建设和创新，各地区积极申报文化产业项目，促进了中国文化产业的迅速发展。机遇对于企业来说是可遇不可求的，但应时刻保持警惕的态度，仅一次机遇的获得就可以极大地转变企业的命运。

波特的竞争优势理论从国家层面和产业层面给出了竞争力的影响因素，并详细分析各种因素及相互之间的关系，这一理论在竞争力的研究领域被广泛使用。

3. 制度决定理论

道格拉斯·C. 诺斯（Douglass C. North）是美国著名的经济学家，由于1993年他在研究中发现制度因素对经济增长的重要作用而获得诺贝尔经济学奖，因此被认为是新制度经济学的重要代表之一。在他的研究中发现，曾经仅仅被作为外生变量的制度因素，其实在某种程度上是直接的内生变量。他认为："在技术水平没有发生变化，其他影响因素也没有明显变化的状态下，改革产业制度和方式后，生产率得到了很大提高，产业竞争力也迅速提升。"[1] 中国著名的经济学家吴敬琏认为，制度重于技术[2]。制度的创新要跟上产业的发展，制度的落后大大制约着产业竞争力的提升。同样，道理运用到企业内部一样适用，组织制度和组织结构的创新必须与时俱进，拉动企业竞争力的发展。

4. 协同理论

协同理论是1971年由斯图加特大学的物理学教授哈肯提出来的。协同理论是指一个开放的系统内部由于各种原因形成了不协调的状态，这个系统在与外界进行交流与合作时，在内外因素的作用下，对内部系统重新洗牌，并进行排列组合形成时间、空间和功能上的新的系统。协同理论是以系统学、信息学、控制学为基础，结合统计理论和动力理论的知识，形成的一套无序结构的旧事物转变为有序的新事物的理论成果。

哈肯教授的协同理论认为："不论是在物理界、社会学界还是在管理学界，事物的演化会受到控制参量的支配，当控制参量达到一个最优点时，组织系统内部形成了新的有序状态；当控制参量是零时，系统便处于无序状态，需要进行新的自由调整。"[3] 文化产业项目竞争力的影响因素很多，根据波特在"钻石模型"中提出的决定一个国家或地区产业竞争力的因素进行细分研究，每个因素中又包含很多子因素。例如，生产要素中包含人力、物力和财力等各种资源。每个文化产业项目拥有的资源因素分配情况各不相同，当这些因素处于一种无序状态时，在进行文化产业项目竞争力评价指标体系的构建时，必须同时考虑内外因素，两者协同发展，促进文化产业项目竞争力的提升。

① 道格拉斯·C. 诺斯，托马斯. 西方世界的兴起 [M]：北京：华夏出版社，2009.
② 吴敬琏. 制度重于技术 [M]. 北京：中国发展出版社，2002.
③ 赫尔曼·哈肯. 协同学 [M]. 上海：上海译文出版社，2013.

五、内蒙古自治区文化产业项目竞争力评价指标的构建原则

文化产业项目由于其具有文化和商业两个不同的属性，因此，也具有一定的复杂性。要想构建具有内蒙古自治区特色的文化产业项目的竞争力评价指标体系就必须了解几个知识点：内蒙古自治区文化产业项目评估的重点，内蒙古自治区文化产业项目竞争力评价指标体系构建的原则，由此作为准则来提炼指标体系的各级指标。

（一）内蒙古自治区文化产业项目评估的核心

内蒙古自治区文化产业具有其他地区文化产业的共性，也存在着独特性。内蒙古自治区文化产业项目集民族性、自然文化资源性、历史文化资源性以及现代文化资源性于一身。在对内蒙古自治区文化产业项目进行评估时，必须关注以下几方面：

第一，整体的创新能力。整体创新能力是指文化产业项目内容的创新、技术的创新和组织方式的创新。文化产业项目要想抓住文化产品消费者的需求，就需要具有深度的文化内容，不要仅注重于形式上的创新，产品内容应该更发人深省。技术的创新使文化产业项目的发展进入一个新的阶段，能够给消费者更真实、更回味无穷的消费体验。整体的创新能力是文化产业项目评估的第一大核心内容。

第二，市场的开拓能力。不管哪个行业和产业，都需要一个广阔的市场空间。文化产业的消费者市场不仅要关注内蒙古自治区固有的文化消费者，还要开拓本地区不进行文化消费的群体，拓展省外乃至国外的文化产品消费市场。

第三，控制成本的能力。文化产业项目是一个高投资、高风险的产业，成本的控制能力是对文化产业项目进行评估的重要方面。通过过程控制、合理配置各种资源来控制成本，在降低成本上提高竞争力。

第四，可持续发展的能力。文化产业项目利用文化资源进行商业化的运作，很多文化资源是具有历史珍藏价值的，在开发的过程中应该保证开发与保护并存的原则，使文化产业项目的经济效益与社会效益、自然环境等和谐发展。

（二）内蒙古自治区文化产业项目竞争力评价指标体系构建的原则

评价指标体系的构建应该全面体现文化产业项目的核心，也应该在一定的规则约束下进行构建。文化产业项目竞争力评价指标体系构建所遵循的原则借鉴于SMART原则："明确性（Specific）、可衡量性（Measureable）、可得到性（Attainable）、相关性（Relevant）、时限性（Time – bound）。"① 以下就是本书所提出的文化产业项目竞争力评价指标体系构建所遵循的具体原则：

1. 明确性原则

本研究力求得出一个科学合理的文化产业项目竞争力的评价指标体系。为了保证指标体系的完整性、相关性和独特性，对内蒙古自治区的文化产业方面的专家发放了调查问卷，借鉴专家的经验和知识来建立指标体系。本指标体系是针对内蒙古自治区构建的，因此需要具有内蒙古自治区的特点，用于政府对申报文化产业项目的单位进行评价的依据。

2. 可衡量性和可得到性原则

指标在构建时必须是可以进行测量的，对于一些抽象的指标进行操作化定义。在进行指标的选取时，必须保证指标的可获得性。指标构成后，需要项目申请单位提供相关的评价数据，这些数据必须是可获得的，而且是可测量的，否则项目评价指标就形同虚设。

3. 系统性原则

文化产业项目的竞争力不仅与项目本身相关，而且与项目上下游的产业链相关，要将整个文化产业的生产链条作为一个系统来看待。文化产业项目评价指标不但需要体现项目层面的影响因素，如项目拥有的文化资源情况、项目的预算、项目的成本和时间控制等；同时应该体现实施项目的企业单位的实力，如企业的规模、融资能力、经营管理能力等；最后，也应该体现地区的情况，如地理位置、软硬件环境和政策环境等。文化产业项目就是要将这些因素看作一个系统体系，保证指标体系的完整性。

4. 独立性和相关性原则

每个评价指标都应该独立地分析文化产业项目竞争力的某个方面，指标与指标之间应该相互独立，不应该大篇幅地重复和堆砌。独立性是指某一指标所展现的好坏并不影响另一个指标的好坏，如关于文化资源因素的考察，历史文化资源因素与自然文化资源因素相互之间就是独立的，两个指标分别考察的是项目拥有的文化资源类型。

在保证评价指标独立性的同时，还要考察指标的相关性，指标之间的独立并不是绝对的，而是要有相关性，是整个指标系统的一部分。某几个指标可以共同考察项目的某一个方面的竞争力。例如，项目的盈利能力、企业的融资能力、项目的国际化水平几个方面相互独立，但是又互相关联，可以综合反映项目的发展潜力问题。

---

① Doran, George T. There's an S. M. A. R. T. way to write managements' goals and objectives ［J］. Management Review, 1981, 70（11）.

5. 指标的绝对性和相对性有机结合的原则

在进行评价指标设计时采用的方法就是项目与项目的相互比较法，即申请项目之间的相互借鉴和比较，指标建立的参照物并不是某一个具体的统计标准。指标的设定在采用总体规模、资源拥有量等绝对的统计指标的同时尽量多采用转化率、比重等相对的指标。这样可以将一些重要的指标但是很难获得绝对数据的指标简单化，增加了指标的可获得性。

6. 指标时限性原则

通常意义上的时限性是指在某一固定时间范围内进行某项活动才有意义，超越了这个时间限制便失去了原有的优势。在本书指标的时限性主要是强调指标的数据的动态变化性。在设定指标时，应该强调一些关键指标随时间变化的潜在优势和劣势，要将指标随时间变化的动态过程体现出来。

7. 定量与定性相结合原则

一般意义上，指标的设计采用定量指标会增加结果的准确度。定性指标的结果主要受评委专家的经验和知识的限制波定性比较大。但是，文化产业项目的主要特点就是与文化相关，很多关键性的指标很难用定量的数据来展现。本书对定性指标的处理就是采用问卷或者量表法对定性指标进行量化，从而达到定性与定量相结合的效果。

六、内蒙古自治区文化产业项目竞争力影响因素分析

在实际生活中，影响文化产业项目竞争力的因素是繁杂的，众多因素对文化产业项目有着或多或少的影响。在迈克尔·波特看来，影响文化产业项目竞争力的因素主要是生产要素、市场需求状况、相关产业和企业战略；然而花建认为，影响因素有整体的创新能力、市场扩展能力、成本控制能力和可持续发展能力。本书力求得到全面、完整的文化产业项目竞争力的评价指标，从项目、企业、行业和地区四个角度出发，全面考察内蒙古自治区文化产业项目竞争力的影响因素，认为生产要素、企业经营能力、市场开拓能力、项目发展潜力、环境因素五个方面是影响内蒙古自治区文化产业项目竞争力的重要因素。

（一）生产要素

文化产业项目竞争力的生产要素主要分为两个层级：一个是初级层面的生产要素，包括文化资源的拥有量、文化资源的开发程度；另一个是高级层面的生产要素，主要是指文化创意能力，包括创意人才、创意科技、创意资本等。

1. 文化资源因素

低端层面的地区文化产业项目竞争力在某种意义上是文化资源的争夺战。文

化资源包括历史（人文）文化资源与自然文化资源两部分。对于历史文化资源，目前还没有一个权威的定义或者约定俗成的概念。拥有的文化资源的等级程度对申报的文化产业项目竞争力具有重要的影响。无论是历史文化资源还是自然文化资源，其等级程度都可以分为世界级、国家级、省级和市级的文化遗产（风景名胜区），世界级的文化资源与其他级别的文化资源相比，对文化产业项目竞争力的提升更有利。

内蒙古自治区拥有丰富的自然资源和历史文化资源。自然资源有草原文化资源、沙漠文化资源等；历史文化资源有蒙古族的少数民族服饰等文化资源，如每年举办的那达慕大会，呼和浩特市的昭君文化节等。

2. 文化创意能力

文化创意能力包括文化创意人力、创意科技和创意资本等，属于高级层面的生产要素。在经济全球化的今天，文化创意能力对文化产业项目竞争力的提升越来越重要，尤其是文化创意人才的培养。

文化产业项目相比传统项目来说一个非常重要的方面就是如何创造性地将文化价值转化为商业和文化共存的价值，因此，创意能力对文化产业项目来说非常重要。例如，西安的曲江模式，由于项目的创意人才对文化产业及时代潮流的掌控能力比较强，策划了以大雁塔和大唐芙蓉园为中心的曲江模式，成为全国文化产业项目成功的典范，也成为西安市向世界展示的窗口，成为西安市的代言[①]。曲江模式的成功顺利地带动了整个西安文化产业的发展。由此可见，一个好的创意、创意型人才的素质和对创意科技的掌握可以带动整个区域文化产业项目的发展。

（二）企业经营能力

企业的经营能力和企业对项目的经营能力可以体现文化产业项目竞争力的优劣势。一个企业的发展水平如何与这个企业的经营能力是紧密相关的，同样，一个项目的成功与否在某种程度上受制于一个团队或者企业的经营水平。企业的经营能力指标通常是通过企业的经营意识和企业的规模来体现的。企业的经营意识是与企业对日常业务管理的制度化和规范化、企业的宣传运营能力相关。由于文化产业项目具有波动性大、变化快和弹性大的特点，因此，企业对文化产业发展趋势的掌控能力、对风险的控制能力以及对文化产业项目质量的监控能力都是非常重要的。一个企业的规模以及企业在文化产业方面所从事相关的项目经验对文化产业项目经营的成功与否起着很重要的作用，因此，企业的资质也是企业经营

---

① 锁言涛. 西安曲江模式：一座城市的文化穿越［M］. 北京：中共中央党校出版社，2011.

能力的体现，是通过过去的成果和经验来体现现在及未来的能力。

例如，西安曲江文化产业投资公司的经营能力是很强的，成功地创建了曲江模式，并在西安甚至整个陕西地区经营了多个文化产业项目。西安曲江文化产业投资公司对整个文化产业格局的掌控、对西安文化产业资源的熟知程度、运用媒体等各种方式进行宣传的运营手段使其对文化产业项目的建设更加成熟和自成体系。

（三）市场开拓能力

文化产业项目的市场开拓能力不仅是增加固有消费者的消费能力，而且还要增加消费者的数量，是从市场的深度和广度上进行开拓的，这主要体现在文化产品和服务的国际化水平如何。文化产业项目生产的产品和服务在国际市场上具有影响力，可以提升内蒙古自治区文化产业项目的竞争力。

内蒙古自治区文化产业项目在整个自治区乃至全国的知晓度都比较大，主要得益于内蒙古自治区特有的草原文化和民族文化。但是，在海外市场的开拓能力还有待加强。近几年，内蒙古自治区与海外的文化交流逐渐增多，这也大大促进了本地区文化产品和服务对海外市场的拓展。比如，呼和浩特市每年举办的国际草原文化节；呼伦贝尔地区举办的成吉思汗草原文化节等。内蒙古自治区的文化产品也输出到海外市场，如大型的少儿动画片《草原豆思》在多个国家电视台进行播放，乌兰牧骑剧团在美国、欧洲的多个国家出演大型的民族音乐会《白云飘落的故乡》等[①]。

（四）项目发展潜力

项目的发展潜力体现的是项目的发展前景和可持续发展的能力，可以通过项目的盈利能力和本项目的融资能力来体现。

1. 项目的盈利能力

无论是企业还是一个营利性组织要想健康有序地发展就必须有较强的盈利能力。近几年来，文化产业的快速发展成为拉动国内经济的一匹"黑马"，在受金融危机和欧债危机影响的情况下，西安市 2012 年全市的 GDP 不仅没降，反而提升，比上一年增长了 11.8%，而同期西安市文化产业实现的增加值却比上年增长了 30.6%[②]，这是一个巨大的突破，说明了文化产业的潜力具有无限性。同样，2012 年，宁夏回族自治区全区文化产业的增加值占全区 GDP 的比重为 3.3%，

---

①　叶朗. 中国文化产业年度发展报告（2012）［M］. 北京：北京大学出版社，2012.

②　王作权，李天顺，马锐，高东新. 西安文化产业发展报告（2013）［M］. 西安：西安出版社，2013.

而银川地区文化产业的增加值占全区的 70% 以上①。

文化产业项目一个显著的特点就是需要持续地投资，如果项目本身在预期的时间内不能产生盈利就会导致现金流的断裂，影响整个文化产业项目后续的发展，前期的投入也会受到很大程度的损耗。评价文化产业项目的盈利能力可以通过以下几个指标来进行：主导行业的景气指数、产业链的拓展空间、市场增长潜力和投资产出效益。

近几年，内蒙古自治区在文化产业的建设中，景点旅游业、新闻出版业和会展业的盈利能力比较强，其他行业也在不断地发展提升中②。因此，通过文化产业集聚、建立系统性的产业链，以提升整个文化产业市场的盈利能力是目前内蒙古自治区的文化产业迫切需要解决的问题。

2. 融资能力

融资情况是文化产业从业机构、各地区政府都非常关注的一个问题，可以说，融资能力是文化产业项目成功与否的咽喉。由于文化产业具有前期投入量大、资金消耗量大、后续资金需求量大的特点，很多企业在进行融资时受到限制。政府除了政策支持外能给予的资金支持对于文化产业项目的需求量来说是少之又少，对于小项目来说，有可能是雪中送炭，但是对于大型的文化产业项目来说，起到的作用只能是锦上添花。融资规模、融资渠道的可靠性以及融资的可持续性是融资能力的关键指标。企业融资能力主要有两个方面：一个是内部融资，即公司自有资金的投资；另一个是外部融资，即股权融资和债务融资。

2013 年 7 月，在对西安市及银川市文化产业机构的融资情况进行调查时发现，具有强大的融资能力的企业在进行文化产业项目建设时就更容易成功。曲江建设初期每年的资金需求量是 2 亿～3 亿元，后期的大唐芙蓉园是 7 亿～8 亿元，但是西安市政府最多只能提供 2000 万元。西安曲江文化产业投资公司进行融资渠道的开辟和维护，从国家开发银行获得持续的资金。在对银川市和浙江省的文化产业进行调研时也发现这种现象，绝大部分的融资规模来自民间融资③。

内蒙古自治区文化产业的投入仍然以政府投入为主，民间资本投入严重不足，从而影响了文化产业发展的后劲④。为了解决内蒙古自治区文化产业项目的融资能力问题，不仅要继续与金融机构加强合作，还应该广泛地发动民间资本在满足文化产业的融资要求的同时，也发展了地方的经济、造福了本地的居民。

---

① 2013 年 7 月，呼和浩特市文化产业发展战略研究课题，银川市调研一手资料。
②④ 2013 年 4 月，呼和浩特市文化产业发展战略研究课题，一手资料。
③ 2013 年 7 月，呼和浩特市文化产业发展战略研究课题，西安市、银川市调研一手资料。

(五) 环境因素

环境对文化产业项目竞争力的影响向来不容忽视,尤其是政策环境的影响。政府针对文化产业制定的制度和政策对其发展有重大的影响。本书对环境的解读主要分两个方面:一方面是软件环境,如企业的管理水平、政府的政策环境和经济发展环境等;另一方面是硬件环境,如相关的配套设施等。

企业的管理水平也可以看作是内部环境,无疑其也是文化产业项目竞争力的重要体现,高素质的管理层对企业战略的管理规划、文化产业项目负责人对其项目的有序管理都对文化产业项目竞争力的提升起重要的作用。政策环境对文化产业项目发展的重要性是显而易见的,国家政策和当地政府的政策对整个或者某几个文化产业方向的扶持都会对文化产业项目的成功起至关重要的作用。例如,银川市政府主动引进大连万达集团股份有限公司进驻,借助其企业管理和经营能力,由政府给予政策支持,大连万达集团股份有限公司从基础设施建设开始,逐步形成和带动整个银川地区的文化产业的发展①。

内蒙古自治区政府也非常重视文化产业的发展,对于内蒙古自治区文化产业的建设也提供了良好的政策支持,但是,由于文化产业的基础设施建设的落后以及从业机构管理水平和对政策把握的滞后性导致文化产业项目的建设还处在一个较低的层面上,没有形成全国性乃至国际性的大项目。

七、内蒙古自治区文化产业项目竞争力评价指标体系模型设计

内蒙古自治区文化产业项目竞争力评价指标的设计是采用德尔菲法和李克特量表法来进行的,通过反复询问内蒙古自治区文化产业相关专家对各个指标的意见汇总而成,借助专家的专业知识和经验,给各级指标的重要性程度打分,并采用层次分析法将专家给出的权重进行统计得出最后的指标体系和权重关系。本书只进行方法的介绍和模型的初建。

(一) 德尔菲法和李克特量表法

1. 德尔菲法

德尔菲法是由赫尔墨 (Helmer) 在 20 世纪 40 年代首先提出来的,但是,并没有大范围使用。1946 年,美国兰德公司在美国向朝鲜发动战争的问题上第一次采用了德尔菲法,美国兰德公司预测美国必会战争失败,预测结果得到应验,

---

① 2013 年 7 月,呼和浩特市文化产业发展战略研究课题,银川调研一手资料。

于是，德尔菲法作为一个定性的预测方法被快速应用到各个领域①。

德尔菲法是一种匿名评审的方法，主要采用通信（邮件、电话、传真等）的方式将所要考察的问题及背景向有关专家解释清楚，寻求意见，并对收回的意见进行整理和反馈，经过多次反馈，最终形成统一的结论的方法。这种方法极具代表性和可靠性，避免了面对面调查的很多弊端。比如，因为权利和地位的原因部分专家不能真实表达自己的意见等。

德尔菲法的基本步骤：第一步，针对相关问题选择相关的专家，选定的专家团队应该具有分散性和均衡性，可以是一线的管理者、资深的员工、研究者或学者，人数在 20 人以内。第二步，准备问题详细的背景资料，并将问题设定成问卷的形式，通过邮件的方式分别传递给专家。第三步，将问卷进行收回，将收回的问卷进行数据分析，采用统计的分析方法进行问卷数据的汇总，得出结论。结论可以作为下一轮的调查背景资料和调查表的设计依据。若认为调查结果满意则继续下一步，否则就返回第二步。第四步，整理最终的调查报告，给出说明性的意见，并把最后结论反馈给参与的专家。

德尔菲法在实行过程中有一些需要注意的地方。

首先，专家团队应该具有代表性，专家必须非常了解这一方面的情况，专业人员应该分散在相关领域的各个岗位，不应该集聚在某几个岗位上，避免问题的趋同性。其次，专家之间也不允许沟通和交流，选取的专家都是匿名的，专家只可以与调查工作人员联系。最后，应该尽量详细地向专家解释问卷的背景资料，使专家全面地了解情况。

2. 李克特量表法

在进行问卷调查的社会调查方法中李克特量表是使用最为广泛的方法之一，是总价量表的一种形式。它是由美国社会心理学家李克特（R. A. Likert）于 1932 年在原有的总加量表的基础上提出来的②。评价指标量表的编制过程可分为以下几个步骤：

第一步，将每一级指标设定相应的问卷，问卷采用打分的方式，打分的标准是不重要为 1 分、较不重要为 2 分、一般为 3 分、重要为 4 分和非常重要为 5 分。

第二步，选定相关的样本，按照问卷的要求填写问卷，并进行数据的收回。

第三步，统计所有人对问卷中的每个问题的回答结果，转化成分数，进行汇总和排序。

---

① 周三多，陈传明，鲁明泓 . 管理学——原理与方法（第四版）[M] . 上海：复旦大学出版社，2008.

② 风笑天 . 现代社会调查方法 [M] . 武汉：华中科技大学出版社，2004.

第四步，找出每个问题打分最高的 1/4 的分数和打分最低的 1/4 的分数，求出平均值并求差。差值大的那个问题，留下作为量表要素，差值小的问题就取消资格。

第五步，组建李克特量表，即竞争力的评价指标体系。

（二）指标的初选和指标内涵的说明

将上文总结的评价指标的影响因素并结合内蒙古自治区文化产业的现状、文化产业项目的特点和评价原则，总结和提炼出初步的指标体系，如表 13 - 1所示。

表 13 - 1　内蒙古自治区文化产业项目竞争力评价指标体系

一级指标	二级指标	三级指标
内蒙古自治区文化产业项目竞争力评价指标体系		
项目发展基础(B1)	文化资源（C1）	历史文化资源（D1）
		自然文化资源（D2）
		文化资源影响力（D3）
	创意能力（C2）	创意人力资本（D4）
		创意科技资本（D5）
		创意转换能力（D6）
	经营能力（C3）	经营意识（D7）
		企业资质（D8）
	硬、软件环境（C4）	基础设施（D9）
		企业管理水平（D10）
		政策环境（D11）
项目发展潜力(B2)	盈利能力（C5）	主导行业景气指数（D12）
		产业链拓展空间（D13）
		市场增长潜力（D14）
		投资产出效益（D15）
	融资能力（C6）	融资规模（D16）
		融资渠道及可靠性（D17）
		融资的可持续性（D18）
	国际化水平（C7）	产品的海外市场覆盖范围（D19）
		与国外人员的交流次数（D20）
		国外资金来源情况（D21）

一级指标	二级指标	三级指标
内蒙古自治区文化产业项目竞争力评价指标体系	资源相对优势（C8）	知识产权的拥有量（D22）
		自主知识产权的转化率（D23）
		与同行业竞争对手相比其他突出的资源优势（D24）
	人才相对优势（C9）	高学历员工人数的比重（D25）
		文化相关的专业人才的比重（D26）
	区位相对优势（C10）	地理位置的优越性（D27）
		省内交通的便利程度（D28）
		与邻近省市、国家的沟通便利程度（D29）
	技术相对优势（C11）	技术的先进程度（D30）
		配套技术的成熟度（D31）
		技术的可替代程度（D32）

（注：一级指标栏为"项目相对优势（B3）"）

（三）问卷的设计

设计的评价指标必须根据评价目的、围绕评价对象而准确反映项目情况。经过初步的筛选后，通过理论结合实际，运用问卷调查的方式再进一步筛选指标。

根据研究内容，本书的问卷设计主要有两个方面：一方面将发放"内蒙古自治区文化产业项目竞争力评价指标重要性调查问卷"，以确定内蒙古自治区文化产业项目竞争力评价指标的组成。另一方面将发放"内蒙古自治区文化产业项目竞争力评价指标权重调查问卷"，以此来确定评价指标的权重。

通过"内蒙古自治区文化产业项目竞争力评价指标重要性调查问卷"的结果，找出能够准确、完整表现内蒙古自治区文化产业项目竞争力评价的关键指标。

问卷采用李克特5分量表的形式，而且问题都采用正面问法，因此，分数从低到高分别代表：1分不重要，2分较不重要，3分为一般，4分为较重要，5分为重要，分数越高代表指标的重要性越强（如表13-2所示）。

表 13 - 2　问卷调查示例

上级指标	指标	指标内容	重要性程度				
			不重要	较不重要	一般	较重要	重要
			1	2	3	4	5
项目发展基础	文化资源	历史文化资源、自然文化资源、文化资源影响力					
	创意能力	创意人力资本、创意科技资本、创意转换能力					
…	…	…	…	…	…	…	…

（四）数据的收集和整理

本研究以整个内蒙古自治区为总体样本，获得 18 位做过内蒙古自治区文化产业课题或者写过内蒙古自治区文化产业相关文章，并对内蒙古自治区文化产业较熟悉的专家学者的联系方式，通过邮件和电话沟通的方式收回有效问卷 12 份。整理后，再通过邮件将问卷及相关的材料传递给专家学者，向专家说明此研究的基本情况和重难点，希望得到专家学者更全面、及时的回复。

此次问卷进行两轮的整理和发放，第一次将收回的问卷进行整理和补充，将每位匿名专家的意见统一在 Excel 表格中返还给专家，由专家进行第二轮的问卷填写，第二轮问卷填写结束后，专家学者基本上达成共识，再将第二轮的最终结果整理后返还给每位专家，并撰写感谢信。表 13 - 3 是专家学者第二轮问卷调查后的结果，也是文化产业项目竞争力评价指标体系的初步结果。

表 13 - 3　量表问卷的最终结果

	一级指标	二级指标	三级指标
内蒙古自治区文化产业项目竞争力评价指标体系	项目发展基础（B1）	文化资源开发水平（C1）	开发对象的数量（D1）
			开发的效益（D2）
		创意能力（C2）	创意人力资本（D3）
			创意科技资本（D4）
		经营能力（C3）	项目经营能力（D5）
			企业资质（D6）
		硬、软件环境（C4）	基础设施（D7）
			政策环境（D8）

一级指标	二级指标	三级指标
项目发展潜力（B2）	盈利能力（C5）	主导行业景气指数（D9）
		产业链拓展空间（D10）
		市场增长潜力（D11）
		投资产出效益（D12）
	融资能力（C6）	融资规模（D13）
		融资渠道及可靠性（D14）
		融资的可持续性（D15）
	国际化水平（C7）	产品的海外市场覆盖范围（D16）
		与国外人员的交流次数（D17）
		国外资金来源情况（D18）
项目相对优势（B3）	资源相对优势（C8）	知识产权的拥有量（D19）
		与同行业竞争对手相比其他突出的资源优势（D20）
	人才相对优势（C9）	高学历员工人数的比重（D21）
		文化相关的专业人才的比重（D22）
	区位相对优势（C10）	地理位置的优越性（D23）
		项目所在地产业化水平（D24）
	技术相对优势（C11）	技术的先进程度（D25）
		配套技术的成熟度（D26）

（内蒙古自治区文化产业项目竞争力评价指标体系）

最终确定的量表指标与初始指标相比有以下几个变化：

第一，二级指标中 C1 文化资源转变为 C1 文化资源开发水平。专家认为，文化资源的拥有量不能代表文化产业项目的资源优势，只有将文化资源加以开发利用之后才具有竞争力，而且内蒙古自治区文化资源的拥有量较少，尤其是世界级文化遗产和国家级文化遗产的文化资源更是少之又少，因此，不适合用文化资源来笼统的评价内蒙古自治区文化资源的拥有情况。相应的三级指标由原来的三个历史文化资源（D1）、自然文化资源（D2）和文化资源影响力（D3）转变为现在的两个，分别是开发对象的数量（D1）和开发的效益（D2）。

第二，创意转换能力（D6）指标去掉。专家认为，创意转化能力是创意人才的一种能力，包含在创意人力资本（D3）指标中。

第三，经营意识（D7）转变为项目经营能力（D5）。专家认为，经营意识较为宏观，在指标中对意识的考察具有不稳定性，并且经营意识包含企业和项目的概念，而企业资质（D6）本身就是包含企业的经营能力，存在重复。项目经营能力体现企业对项目的宣传、整体的掌控能力，如项目的投资回收期、预算、成本、时间、进度和人员分配等具体的工程项目的运营能力。

第四，企业管理水平（D10）、自主知识产权的转化率（D23）和技术的可替代程度（D32）去掉。企业的管理水平在企业资质（D8）中会有体现。自主知识产权的转化率在创意能力中会有所体现，是属于项目发展基础的因素，在项目的相对优势中再次提出，存在指标重复。技术的可替代程度在文化产业项目的运用中并不是一个影响竞争力的关键因素，因为当今是技术快速更新换代的时代，技术的专有性在文化产业行业并没有那么重要，关注点更多的是在创意和运营方面。

第五，省内交通的便利程度（D28）和与邻近省市、国家的沟通便利程度（D29）去掉，并换成项目所在地产业化水平（D24）。在专家看来，区位相对优势并不仅是交通和地理位置的优越性，而且是在产业链条中的区位优势，因此，当地的产业化程度对文化产业项目竞争力具有重要的影响。

八、内蒙古自治区文化产业项目竞争力评价指标体系的确定

（一）基于层次分析法的模型构建

层次分析法（Analytic Hierarchy Process，AHP）是一种定性与定量相结合的分析方法，可以将定性的问题定量化。层次分析法可以将一个问题层层深入地进行挖掘，由表及里、由浅入深地发现问题的本质和相关性。

1. 模型的构建

（1）构造层次分析结构。层次分析法模型构建的第一步是建立层次结构，可以将一个问题大致分为三层，分别为目标层、中间层和细分层。一般来说，要解决的问题可以直接作为层次结构的金字塔的塔尖，作为目标层，目标层所要展示的是所要达到的目标，即想要解决的问题是什么。最底端一层是细分层，细分层是已经明确到可以具体量化的解决方案或者指标。中间层是在目标层的基础上进一步细化和量化目标的结果，可以分为多个一级指标，在一级指标之下可以增设二级指标（如图 13 - 2 所示）。

本书的目标层是内蒙古自治区文化产业项目竞争力评价指标体系。一级指标层是对目标层的具体描述，为评价准则或影响综合评价的因素，本书一级指标有三个：项目发展基础、项目发展潜力和项目相对优势。二级指标层是一级指标层的子指标层，对一级指标层的具体描述和评价，本书的二级指标共有 11 个。三级指标层是二级指标层进一步细化的指标，本书三级指标有 26 个。每一指标下

图13-2　层次分析结构

的子指标元素不要超过9个，因为同一层次中包含指标过多会给两两比较带来麻烦。

（2）构建判断矩阵，两两比较指标，进而求解权向量。层次结构金字塔的上一层元素 A_k 可以对下一层次的元素 B_1、B_2、$\cdots$、B_n 进行支配。为了得出 B_i、B_j 在上一级指标层中哪个更重要，就必须构造两两比较的判断矩阵，这个矩阵可以写成 $B = (B_{ij})_{n\times n}$，B_{ij} 表示因素 i 比因素 j 的重要程度的值，这个值是主观确定的比值，一般采用9分赋值法进行赋值。两两比较的判断矩阵如式（13-1）所示。

$$
\begin{array}{c|cccc}
A_k & B_1 & B_2 & \cdots & B_n \\
\hline
B_1 & 1 & B_{12} & \cdots & B_{1n} \\
B_2 & B_{21} & 1 & \cdots & B_{2n} \\
\cdots & \cdots & \cdots & \cdots & \cdots \\
B_n & B_{n1} & B_{n2} & \cdots & 1
\end{array}
\tag{13-1}
$$

为了更细致量化 B_{ij}，将比较的定性分析从"不重要"到"非常重要"之间的变化划分了9个分值段，每个分值之间都有微妙的变化。这样的赋值可以更准确地将定性的问题定量化。通过对每个 B_{ij} 赋值后，再对每个比较矩阵进行计算，求出每层级的权重，目标层的权重为1，其他层级的指标比重与上一层级的比重相乘，可以得出下一层级具体指标在总层级内的权重。

（3）归一化处理和一致性检验。为了使整个层级内的指标都可以进行横向的比较，就必须进行归一化处理，也就是需要通过计算得出矩阵的特征根，即公式 $AW = \lambda_{max}W$。为了保证在填写问卷时上下态度的一致性，需要对矩阵进行一致性检验：

$$
CI = \frac{\lambda_{max} - n}{n - 1}
$$

另外，平均随机一致性指标 RI 的值如表13-4所示。

表 13 - 4 平均随机一致性指标

1	2	3	4	5	6	7	8	9
0.00	0.00	0.58	0.90	1.12	1.24	1.32	1.41	1.45

只有在一致性的比率

$$CR = \frac{CI}{RI} < 0.10 \qquad (13-2)$$

就认为归一化处理之后的层次内排序的检验是合格的，如果 CR 值大于等于 0.1，就需要对判矩阵的值进行调整或重新赋值。

2. 问卷设计及数据收回

将以上确定的文化产业项目竞争力评价指标进行问卷化，设置成符合层次分析法的问卷形式。本问卷考察是针对指标权重的调查，通过各位专家对评价指标权重的赋值以及各位专家提出的宝贵的意见和建议来确定较完善的内蒙古自治区文化产业项目竞争力评价指标体系的权重。

问卷设定是根据李克特量表调查之后确定的最终指标形成的，主要是体现统计指标间两两重要性的对比，并对对比结果进行打分。问卷形式如表 13 - 5 所示，具体问卷形式见附录三。

表 13 - 5 总目标下一级指标重要性比较

i \ j	项目发展基础	项目发展潜力	项目相对优势
项目发展基础	1		
项目发展潜力		1	
项目相对优势			1

注：比较方向为竖排指标比横排指标相对重要性，i 比 j 相对重要性，灰色区域不用填写。

问卷中一级指标、二级指标和三级指标下的问题表格共 15 个，是按照指标之间的层级关系来设定的。在进行分数设计时，打分的过程较为烦琐，按照 1 ~ 9 级赋值法进行赋值，赋值表如表 13 - 6 所示。

表 13 - 6 判断矩阵的打分原则及含义

序号	重要性等级	C_{ij} 赋值
1	i 与 j 同样重要	1
2	i 比 j 稍重要	3

序号	重要性等级	C_{ij}赋值
3	i 比 j 明显重要	5
4	i 比 j 强烈重要	7
5	i 比 j 极端重要	9
6	i 比 j 稍不重要	1/3
7	i 比 j 明显不重要	1/5
8	i 比 j 强烈不重要	1/7
9	i 比 j 极端不重要	1/9

说明：C_{ij}表示因素 i 和因素 j 相对于目标的重要值，如 $C_{12}=6$ 表示 C_1 因素比 C_2 因素稍不重要。$C_{ij}=\{2, 4, 6, 8, 1/2, 1/4, 1/6, 1/8\}$ 表示元素比较的重要性程度在 $C_{ij}=\{1, 3, 5, 7, 9, 1/3, 1/5, 1/7, 1/9\}$ 数值之间，这些数值是根据专家的直觉填写的。

将设置好的问卷通过电子邮件和电话沟通的方式发放给自治区内的 12 位专家，通过专家对两两元素的比较值求出权重，收回有效问卷 12 份，在 Excel 中将问卷结果进行数据的录入和整理工作。

（二）权重的计算及最终指标体系的结果

1. 数据分析过程

在层次分析法权重分析中，对于小组权重的评价有三种方法较受关注，有算术平均法、几何平均法和权重算术平均法。算术平均法即将每一个打分者对各元素的两两比较评分取算术平均值后再组成新的判断矩阵；对应的几何平均法就是将每一个评价者对各元素的两两比较评分取几何平均值后再组成新的判断矩阵；而权重算术平均法是先计算出各评分者的权重结果，然后对各个结果进行算术平均。算术平均法的算法最简便，但是理论上存在较大缺陷。几何平均法保持了算术平均法的简便性，而在准确性与科学性上较算术平均法高得多，所以评分几何平均法在目前是比较受到重视的一种群组决策分析方法。本书采用的方法是几何平均法。

具体计算步骤以一级指标为例，将问卷中专家的打分设计成矩阵形式，再将每一列进行列向量的求和，如表 13 - 7 所示。

表 13 - 7 列向量求和值

A	项目发展基础 B1	项目发展潜力 B2	项目相对优势 B3
项目发展基础 B1	1	1/3	1

A	项目发展基础 B1	项目发展潜力 B2	项目相对优势 B3
项目发展潜力 B2	3	1	3
项目相对优势 B3	1	1/3	1
列和	5	1.667	5

将矩阵中的每列因素除以对应的列和，形成新的列归一化矩阵。然后进行归一化计算，即对每行的值进行相加，除以因素的个数，得出的数值即为权重，如表 13 - 8 所示。

表 13 - 8　权重值

A	B1	B2	B3	行和	权重
B1	1/5	1/5	1/5	3/5	0.20
B2	3/5	3/5	3/5	9/5	0.60
B3	1/5	1/5	1/5	3/5	0.20

接下来需要进行一致性的测度。在对元素或事物相对于某个准则进行排序的过程中，保持某种程度的一致性对于在现实世界中获得有效的答案或解决方法是必不可少的。层次分析法通过计算一致性比值这一手段来测量总体的一致性程度，这个值不应超过 0.1。如果超过了 0.1，判断可能有某种程度的随意性，应该加以修正。

用前面得出的权重分别乘矩阵中的第 1 ~ 3 列，然后计算行和。并求出最大特征根 λ_{max}，即拿出行和这一列，然后用其对应的每个排序值去除它，并计算结果的平均值。通过计算得出的行和为 （0.6、1.8、0.6），得出的 $\lambda_{max} = 3$

然后计算一致性比例，即 CR = ，CI （一致性指标）= 0，当 n = 3 时，RI = 0.58，那么一致性比例 CR = 0，远小于要求的 0.1，因此权重具有较好的一致性。

通过对 12 位专家分别的权重的计算，得出每位专家的权重，并通过几何平均法将各位形成综合的一级指标的权重，如表 13 - 9 所示。

表 13 - 9　一级指标权重值

A	项目发展基础	项目发展潜力	项目相对优势
专家1	0.200	0.600	0.200

续表

A	项目发展基础	项目发展潜力	项目相对优势
专家2	0.655	0.211	0.133
专家3	0.411	0.327	0.261
专家4	0.251	0.588	0.159
专家5	0.479	0.405	0.114
专家6	0.479	0.405	0.114
专家7	0.200	0.600	0.200
专家8	0.382	0.472	0.128
专家9	0.564	0.397	0.201
专家10	0.552	0.245	0.347
专家11	0.342	0.300	0.025
专家12	0.492	0.128	0.211
权重几何平均	0.383	0.448	0.169

因此，项目发展基础的权重是 0.383，项目发展潜力的权重是 0.448，项目相对优势的权重是 0.169。

2. 内蒙古自治区文化产业项目评价指标体系

通过上文对指标体系权重的具体计算，得出内蒙古自治区文化产业项目竞争力评价指标体系的最终结果，包括评价指标及各级指标相应的权重。如表 13－10 所示，表格中各级指标后面的括号中显示的数值是对应的权重。

表 13－10　内蒙古自治区文化产业项目竞争力评价指标体系的最终结果

	一级指标	二级指标	三级指标
内蒙古自治区文化产业项目竞争力评价指标体系	项目发展基础（0.383）	文化资源开发水平（0.125）	开发对象的数量（0.056）
			开发的效益（0.069）
		创意能力（0.102）	创意人力资本（0.051）
			创意科技资本（0.051）
		经营能力（0.104）	项目经营能力（0.080）
			企业资质（0.024）
		软、硬件环境（0.052）	基础设施（0.018）
			政策环境（0.034）

一级指标	二级指标	三级指标
内蒙古自治区文化产业项目竞争力评价指标体系		
项目发展潜力（0.448）	盈利能力（0.160）	主导行业景气指数（0.038）
		产业链拓展空间（0.040）
		市场增长潜力（0.057）
		投资产出效益（0.025）
	融资能力（0.190）	融资规模（0.050）
		融资渠道及可靠性（0.080）
		融资的可持续性（0.060）
	国际化水平（0.098）	产品的海外市场覆盖范围（0.051）
		与国外人员的交流次数（0.029）
		国外资金来源情况（0.018）
项目相对优势（0.169）	资源相对优势（0.046）	知识产权的拥有量（0.026）
		与同行业竞争对手相比其他突出的资源优势（0.020）
	人才相对优势（0.050）	高学历员工人数的比重（0.022）
		文化相关的专业人才的比重（0.028）
	区位相对优势（0.023）	地理位置的优越性（0.011）
		项目所在地产业化水平（0.012）
	技术相对优势（0.050）	技术的先进程度（0.029）
		配套技术的成熟度（0.021）

3. 结论

通过层次分析法得出的三级指标体系的权重情况可以看出，针对一级指标来说项目的发展潜力更加受关注，权重占到44.8%，接近1/2的比重；其次是项目的发展基础，权重为38.3%；相对来说，项目的相对优势不被看好，仅为16.9%。由此看出，一级指标中文化产业项目的发展基础和发展潜力决定了文化产业项目竞争力的基调。

本指标体系一共有11个二级指标，每个指标的权重均值为9.1%，用此均值作为标准，高于这一标准的将看作为较重要的指标。其中排在第一位的是融资能力（19%），第二位是盈利能力（16%），第三位是文化资源开发水平（12.5%），第四位是经营能力（10.4%），第五位是创意能力（10.2%），第六位是国际化水平（9.8%），同时区位的相对优势不太被重视，权重只为2.3%。由此分析得出文化产业项目的融资能力、盈利能力和文化资源的开发能力对文化产业项目的竞争力影响最大。

在 26 个三级指标中，权重均值为 3.8%。其中，项目的经营能力为 8%；融资渠道及可靠性为 8%；文化资源的开发效益为 6.9%；融资的可持续性为 6%；市场的增长潜力为 5.7% 等，这些数据代表了对内蒙古自治区的文化产业项目来说，项目的经营能力和融资能力等关系着项目的竞争力。

从以上分析可以看出，权重值越大代表指标的重要性程度越高，在某种程度上也可以说明本地区在得分较大的指标上越缺乏竞争力。一级指标中的项目发展潜力正是内蒙古自治区文化产业项目更加缺乏的要素。二级指标的融资能力、盈利能力和文化资源的开发水平，也是内蒙古自治区文化产业项目的不足之处。因此，政府在进行文化产业项目的评价时，应该更加关注这几个方面，这会间接促进内蒙古自治区文化产业项目竞争力的发展。

（三）内蒙古自治区文化产业项目竞争力评价指标体系的使用方法

以上带有权重的评价指标体系构建之后，最主要的作用就是应用到实践中。本书构建评价指标体系的主要原因之一就是帮助内蒙古自治区人民政府在进行文化产业项目投资时作一个评判的依据。

1. 政府审批文化产业项目的特点

首先，政府在对文化产业项目进行审批时，并非限定同一类文化产业项目。比如，动漫产业、娱乐、新闻出版、会展等方面的文化产业项目可以同时申请，但是这些项目相互之间有相似性也存在很大的差异性，很多因素无法进行横向比较，这是本书提出来的竞争力评价指标体系可以解决的问题。

其次，政府的支持性资金有限，如何对审批的文化产业项目进行合理的资金配置，这也是政府在进行审批时需要考虑的因素。

2. 评价指标使用的步骤

第一步，政府公开发布招标信息，信息文件应该尽量详细，包含发布的时间、联系方式和地址、具体要求、指标的评分标准和提供资金的规模等。评分标准采用百分制的方式，详细到每个三级指标的得分，二级指标根据三级指标的得分进行汇总。比如，文化资源的开发水平占据 13 分，其中开发对象的数量和级别占据 6 分，开发效益占据 7 分。如果一项文化产业项目的文化资源拥有量较多，文化资源的等级比较高，就可以占到 5 分或者 6 分。

第二步，在固定的时限内，企业准时提供相关材料，由政府进行第一轮的资格审核和材料真实性核查。对于合格者可以进行下一步，对于淘汰者，进行沟通并通知淘汰原因，一切步骤透明进行。

第三步，组建专家评审团进行评审。政府在固定时间内临时组建专家团体，进行封闭式评审。选取的专家团体的人员结构应该均衡，政府相关人员代表、科研单位及高等院校专家学者、企业界专家等，人数在 10 人左右。专家团体必须是临时组建的，不向外公布名单。

第四步，给专家相关的资料和评审表，对专家进行评审规则和问卷方面的培训。评审表内主要有两项内容，一是竞争力评审，二是应该获得资金规模。专家不仅需要给出指标的分数，还应该在得分低的指标备注中写出原因。

第五步，由政府专业负责人对专家的打分情况进行汇总，得出最后的评审结果和入围项目的名单。公开匿名专家的打分综合表，并向落选的项目申请单位提供专家的意见，帮助其以后的项目竞争力提升。

九、研究结论与展望

中国文化产业的发展已经进入转轨时期，前期由于对文化产业知识理解不够深刻，文化产业建设的经验也不够，因此，后期出现很多严重的问题。比如，重复建设、资源的极大浪费、同行业间的恶性竞争和融资困难的各种问题。

目前，国内专家学者对文化产业的相关研究已经比较充足，政府也逐渐意识到文化产业建设的问题并积极响应国家的政策号召对文化产业进行积极、理性、客观的引导。

（一）全文总结

首先，制度因素在我国的文化产业的发展中一直起着重要的作用。我国文化产业的兴盛和发展主要是在政府的政策支持和引导下进行的。政府对文化产业项目提供政策和资金的支持，进行全方位规划和建设地区文化产业，内蒙古自治区也不例外。

其次，内蒙古自治区文化产业项目竞争力的影响因素主要是生产要素、企业经营能力、市场开拓能力、项目发展潜力和环境因素。内蒙古自治区的文化产业与全国的文化产业相比既具有共性也具有个性，文化资源丰富但经济环境较为落后。生产要素对本地区的文化产业项目的影响比较大，具有很好的拉动作用，企业经营能力、市场开拓能力和发展潜力较弱，需要政府的支持和引导。

再次，指标的选取综合了项目、企业、行业和地区的特点。文化产业项目的竞争力指标不仅要关注项目本身，也要关注企业的优劣势、文化产业项目依托的行业发展情况和内蒙古自治区的区域发展情况。由此形成从微观到宏观的全面、系统的指标体系。

最后，文化产业项目的融资能力、盈利能力和文化资源开发能力是内蒙古自治区文化产业项目竞争力提升的关键。从文化产业的角度讲，融资能力和营利能力是非常关键的因素，关系项目的发展潜力和持续性发展的问题。内蒙古自治区拥有丰富的文化资源，但是资源的开发能力较弱，也严重地限制了内蒙古自治区文化产业项目竞争力的提升。

（二）未来展望

由于文化产业项目是一个微观的层面，目前还未有学者公开研究和发表相关的理论成果，本书的研究还处在文化产业项目竞争力研究的探路阶段，因此，对内蒙古自治区文化产业项目的竞争力评价指标的选取将在后续的研究中进一步完善和深化，希望继续补充的研究重点是建立更具量化标准的四级指标。

内蒙古自治区文化产业项目竞争力评价指标体系在实践中的应用情况目前还不清楚，本书仅从理论层面进行了探索。因此，内蒙古自治区文化产业项目竞争力评价指标体系在实践中的应用规则和验证指标体系的科学性、合理性也是笔者下一步的研究重点。

第十四章

改革开放40年内蒙古自治区文化产业

1978 年，在邓小平先生的倡导下，以中共十一届三中全会为标志，中国开启了改革开放的历史征程。从农村到城市，从试点到推广，从经济体制改革到全面深化改革，40 年众志成城，40 年砥砺奋进，40 年春风化雨，中国人民用双手书写了国家和民族发展的壮丽史诗①。内蒙古自治区历届党委、政府在中国共产党的正确领导下，在党的民族政策的光辉照耀下，坚持改革开放，团结带领全区各族人民，艰苦奋斗，开拓创新，一往无前，使经济建设和社会事业取得了巨大的成就。

与全国的大形势一致，内蒙古自治区文化产业的发展起步于改革开放之后，也可以说是"因改革开放而生，因改革开放而兴"。总体来看，内蒙古自治区文化产业发展大致经历了起步摸索、初步发展、快速发展和全面发展四个阶段。

---

① 习近平. 开放共创繁荣　创新引领未来. 在博鳌亚洲论坛 2018 年年会开幕式上的主旨演讲，2018 年 4 月 10 日.

一、内蒙古自治区文化产业发展沿革

（一）起步摸索（1978～1987 年）

在这一阶段，政府的文化管理还处于不断摸索当中，文化与产业的联系还不是很密切。1979 年 10 月，在北京召开的中国文学艺术工作者第四次代表大会上，邓小平同志代表党中央、国务院向大会致了祝词。这篇《祝词》被认为是与毛泽东的《在延安文艺座谈会上的讲话》具有同等地位的重要文献，标志着中国文化政策即将出现重大的调整①。1979 年 6 月，经国务院批准，原内蒙古电影译制片厂改建为内蒙古电影制片厂。这使内蒙古自治区的电影事业发展成为一个包括电影制片、民族语译配、发行、放映、器材供应、修配和管理等比较完整的综合体系②。1982 年 8 月，经国家出版事业管理局和内蒙古自治区党委批准，内蒙古自治区新成立了文化、少年儿童和科学技术三个蒙文专业出版社，促进了蒙文出版事业的发展。为适应文化领域出现的新情况，1983 年，内蒙古自治区文化局和自治区出版局合并设立内蒙古自治区文化厅。1985 年，自治区人民政府颁布了《内蒙古自治区乌兰牧骑工作条例》，为乌兰牧骑适应新时期的发展提出了更高的要求。1987 年，按照中央在各省建立新闻出版局的批示精神，内蒙古自治区党委、政府决定成立自治区新闻出版局筹建领导小组。自治区文化活动的管理单位、组织机构逐渐形成。

在计划经济体制下，我国大部分的文化企业均为国有国营的事业型模式，个别部门已经开始创办了一些经济实体，但也只是从事文化娱乐、文化有偿服务以及商贸、租赁等经营活动。那时，在内蒙古自治区文化产业发展也处于起步摸索中，虽然个别文化行业已经有"产业"性质的零星探索，但受体制、观念的影响，还是以"文化事业"为主，"文化性质的产业"或"产业性质的文化"并没有出现。因此，该阶段无论从行业发展还是政府管理，都属于起步摸索阶段。

尽管在这一阶段文化的产业性质并没有显现，但随着改革开放的推进、自治区经济的发展，文化事业也出现了前所未有的繁荣景象。文艺坚持社会主义方向，坚持"双百"方针，注重体现时代精神和自治区的民族特点、地区特点，从而为内蒙古自治区的两个精神文明建设做出了积极地贡献③。

艺术表演事业硕果累累。到 1986 年底，全区艺术表演团队有 143 个，并逐步建立了比较完善的民族歌舞、歌剧、话剧和京剧、晋剧、漫瀚剧、杂技、二人

---

① 马健．改革开放以来的中国文化产业研究：源头与脉络［J］．产经透视，2011（1）：36．
②③ 郝维民．内蒙古自治区史［M］．呼和浩特：内蒙古大学出版社，1991．

台、曲艺等 16 个品种的艺术表演体系，专业人员达到 6813 人。到 1987 年，全区已有乌兰牧骑 50 个，队员 1000 余人，形成了一支自成体系的文艺轻骑兵。乌兰牧骑队员中有 46 人次在全国调演或艺术比赛中获 18 项奖励，有 159 个节目、241 人次在自治区的各类艺术活动中获奖。

电影事业发展迅速。"六五"期间，自治区生产彩色故事片 10 部、艺术片 1 部、彩色纪录片 5 部，译制蒙古语影片 958 部。1984 年，蒙古语译制片《桥》获文化部和国家民委颁发的"优秀译制片"奖。内蒙古电影制片厂摄制的儿童故事片《月光下的小屋》荣获三项国际大奖。与青年电影制片厂合作摄制的历史巨片《成吉思汗》上映后受到好评。到 1986 年底，全区电影放映单位已有 3370 个，电影事业从业人员达 10782 人，形成了遍布城市、农村、牧区、边境的电影发展发行放映网络①。

出版发行事业取得新进展。到 1987 年，全区有出版社 6 个，从业人员 599 人；出版报纸 45 种，比上一年增长 9.8%；出版图书 976 种，比上一年增长 1.9%；出版杂志 91 种，比上一年增长 7.1%。

广播电视事业飞速发展。到 1987 年，全区有卫星电视地面站 165 座，比上一年增长了 94.1%；全区电视混合覆盖率达 73.9%，基本形成了一个遍布全区城乡和牧区的广播电视传输网和覆盖网②。

（二）初步发展（1988~2002 年）

这一阶段，随着文化政策的"松绑"、文化管理和文化经济研究的不断深入，为适应市场需要，内蒙古自治区结合实际，不断研究探索、比照借鉴，将理论研究应用到实践当中，出台规章制度，设立管理机构，理顺相关部门权限职责，为内蒙古自治区文化产业的形成提供了组织保障，为自治区文化产业的发展壮大提供了有利的条件。

1988 年，在内蒙古自治区人民政府工作部门中，文化厅、广播电视厅和新闻出版局均走上正轨。同年，内蒙古自治区政府发布《关于加强文化市场管理工作的通知》，逐步开展相应的行业管理工作。1994 年，内蒙古自治区文化市场管理办公室成立。1994 年 5 月，内蒙古自治区人大颁布了《内蒙古自治区文化市场管理条例》，进一步细化了自治区文化市场管理工作。政府文化管理工作取得一定成绩。1996 年 12 月，内蒙古自治区人民政府印发了《关于进一步落实彩虹文化计划和边疆文化长廊建设规划的通知》，要求各地要进一步加强农村牧区文化建设的组织领导工作，修订完善本地区实施"彩虹文化计划"和"边疆文化

---

①② 郝维民. 内蒙古自治区史 [M]. 呼和浩特：内蒙古大学出版社，1991.

长廊建设规划"的方案，根据《国务院关于进一步完善文化经济政策的若干规定》的精神，制定相关的文化经济政策，为文化事业的发展提供政策保证。

为贯彻党的十五大中关于深化文化体制改革的精神，1997年11月，内蒙古自治区人民政府制定了《关于进一步完善文化经济政策的实施意见》，从增加文化事业费投入、增加文化宣传设施建设的投入、征集文化事业建设费、鼓励对文化事业的捐赠、实行财税物价优惠政策、建立健全专项资金制度和强化文化宣传经费使用的管理监督七个方面，就自治区文化体制中存有的深层次问题作出了具体的规定。1998年2月，内蒙古自治区人民政府办公厅印发了《关于加强农村牧区电影发行工作的通知》。1999年5月，内蒙古自治区人民政府办公厅印发了《关于进一步做好地方志编纂工作的通知》。2000年2月，内蒙古自治区人民政府《关于进一步加强全区文物工作的通知》。2002年3月，内蒙古自治区成立了旅游市场整顿工作领导小组并制定了《全区旅游市场打假打非专项整治工作检查方案》，加大了旅游市场检查的力度，规范了旅游市场。

在自治区党委、政府的正确领导下，一系列政策法规的相继出台并实施，无论是文化体制改革还是文化产业工作都初见成效。

不断深入文化体制改革，理顺各文化单位所有制、人事关系，规范各所有制文化企业的经营管理。内蒙古自治区艺术表演团体的改革工作进入实质性操作阶段，并于1998年取得重要进展。遵照内蒙古自治区政府批转文化厅制定的《关于进一步深化区直艺术表演团体体制改革的若干意见》，区直7个艺术表演团体都制定了《深化改革实施方案》。全区各地艺术表演团体改革稳步推进，涌现出一批先进典型，如赤峰市宁城县评剧团、鄂尔多斯市伊金霍洛旗乌兰牧骑、巴彦淖尔盟五原县民族歌舞剧团、呼伦贝尔市话剧团、包头市歌舞剧团等①。全区文化体制全面改革到2001年初见成效。艺术、社会文化、电影发行放映等各行业的改革均有新进展。内蒙古自治区民族歌舞剧院与辽宁省、河北省歌舞剧院联合成立中国辽冀蒙歌舞剧院北方联盟，在艺术表演团体联合开展创作、演出活动方面做了有益的探索，此举在当时尚属全国首次。文化馆和群艺馆的评估定级工作启动，促进两馆的分配和人事制度改革继续深化。到2002年，随着改革开放不断深入，内蒙古自治区国有企业改革和脱困"三年两大目标"任务如期完成，各级政府、文化部门进一步解放思想、转变观念，开发利用文化资源，拓展产业领域，使文化开始成为产业得到发展，并取得了较好的成绩。

民族工业系列产品《牛皮工艺画》于1994年、1996年获得国家发明专利。传统皮革工艺技术与现代绘画雕塑艺术相结合的手工商品投入市场。从1999年

---

① 黄河. 地方政府主导下的内蒙古自治区文化产业发展［D］. 内蒙古大学硕士学位论文，2009.

开始，连续三年由呼和浩特市委、市政府主办的"昭君文化节"，以民族特色文化带动旅游业，取得良好成绩，成为呼和浩特市城市形象的名片，地方经济快速发展的平台，对外经济文化交流的载体，加强民族团结、精神文明建设的推动力①。

旅游业发展势头良好，尤其是 1998～2002 年的五年，共接待国内外游客4177.2 万人次，年均增长 17.5%；旅游收入 228.7 亿元，年均增长 36.5%；文化、广播影视事业有了长足发展，全区广播和电视覆盖率分别达 89.2% 和84.9%；一大批文艺作品在全国获奖。

自治区的文化产业经过 15 年的建设、改革和发展，取得了以下三个方面的成就：一是文化市场管理工作基本走上法制化的轨道。二是从"文化事业"到"文化产业"的大规模转变。许多文化单位实现了由统收统支到差额补贴，再到自收自支的转型。文化经营单位实行"事业单位，企业管理"的管理模式，使文化产品和服务的商品属性显露出来。三是新兴文化产业，如网络 IT 及动漫产业开始崭露头角。

（三）快速发展（2003～2012 年）

2002 年 11 月 8 日，江泽民同志在党的十六大报告中指出："发展文化产业是市场经济条件下繁荣社会主义文化、满足人民群众精神文化需求的重要途径。"要求"积极发展文化事业和文化产业"，"完善文化产业政策，支持文化产业发展，增强我国文化产业的整体实力和竞争力"，"抓紧制定文化体制改革的总体方案"。这是党的全国代表大会报告中首次使用"文化产业"的概念，并首次对文化事业和文化产业进行了区分。无论对中国文化产业发展来说，还是就文化产业理论研究而言，这都具有非常重要的意义。从此，内蒙古自治区文化产业发展进入了全新阶段。经过 10 年的不懈努力，内蒙古自治区文化产业得到快速发展，社会影响力也得到很大的提高。

2003 年，国家文化部将扎鲁特旗（曲艺）、和林格尔县（剪纸）命名为"中国民间艺术之乡"，将扎兰屯市卧牛河镇（书画）、突泉县（绘画）命名为"中国民间特色艺术之乡"②。2004 年，内蒙古自治区启动草原文化研究工程，使草原文化与长江文化、黄河文化同为中华民族三大主源的立论得以确认。2005年，全区文化工作会议提出：培育一批文化品牌、创作生产一批文化精品、培养一批文化人才、抢救保护一批文化遗产、建设一批文化基础设施、推出一批文艺团体、命名一批文化名城名乡、建成一批哲学社会科学重点学科和研究基地、形

---

①　高延青. 内蒙古文化产业典型案例选编［M］. 呼和浩特：内蒙古人民出版社，2007.

②　黄河. 地方政府主导下的内蒙古自治区文化产业发展［D］. 内蒙古大学硕士学位论文，2009.

成一批文化产业集团"九个一批"的要求。"九个一批"的提出，为我区文化发展指明了方向。同年，我区确定每年的 9 月 6 日为"草原文化遗产保护日"，这是我国第一个以省（区）级政府名义设立的文化遗产保护日；由内蒙古自治区与蒙古国联合申报的蒙古族长调艺术被联合国教科文组织评为"人类口头和非物质遗产代表作"。2006 年，东联集团成吉思汗陵旅游区被文化部命名为第二批国家级文化产业示范基地。2007 年，昭君博物院、北方新报社、内蒙古新华发行集团、内蒙古响沙湾有限公司、赤峰力王工艺品有限公司等 10 家文化企业被自治区人民政府命名为内蒙古自治区首批文化产业示范基地。2007 年，内蒙古自治区确定了首批非物质文化遗产。2008 年，文化部命名了第三批国家级文化产业示范基地，其中就有我区的包头乐园文化传播有限责任公司。2009 年，自治区人民政府批准敖鲁古雅鄂温克族神话等 111 个项目为第二批自治区级非物质文化遗产名录项目，格萨（斯）尔等 27 个项目为第一批自治区级非物质文化遗产扩展项目。同年，自治区人民政府决定将呼伦贝尔市鄂温克族自治旗锡尼河布里亚特蒙古族文化生态保护区等 6 家文化生态保护区列为第一批自治区级文化生态保护区。2010 年，内蒙古自治区人民政府下达了关于印发《内蒙古自治区元上都遗址保护管理办法》的通知。2011 年，自治区人民政府批准《五哥放羊传说》等 48 项第三批自治区级非物质文化遗产名录和祝赞词（乌拉特祝赞词）等 19 项自治区级非物质文化遗产扩展名录。2012 年，内蒙古自治区人民政府颁布了《关于印发阴山岩刻遗产保护管理办法的通知》。同年，自治区人民政府决定命名呼和浩特市苏鲁锭皮业有限责任公司等 13 个企业和单位为第三批自治区文化产业示范基地。

随着我区文化体制改革取得显著成效，内蒙古新华发行集团、内蒙古日报传媒集团、内蒙古出版集团、内蒙古广播电视网络集团、内蒙古电影集团五大文化产业集团，成为引领自治区文化产业快速发展的领军企业。2005 年至今，内蒙古自治区社会科学院每年都编写一本《草原文化研究》，开展专题系列研讨，编辑出版草原文化研究资料选编，组织多种形式的研讨和媒体宣传活动。我区的外向型产品和文化企业也在更多的国家和地区进入成功的实质运营。中俄合资的贝加尔有线电视信息网络有限公司用户数量已超过 3.5 万户。中蒙合资的桑斯尔有线电视公司入网用户已达 10 万多户，成为蒙古国的百强企业之一。斯拉夫蒙文索伦嘎网成为世界上使用该文字网民了解内蒙古自治区的新平台。蒙古国图书发行中心塔鹤塔书店，上架销售 2000 多种蒙汉文图书、音像制品，获得了蒙古国图书出版奖①、该阶段的内蒙古自治区文化产业的突出成就表现在以下三个方面：

---

① 满都诺娃. 内蒙古文化产业发展现状研究［D］. 内蒙古大学硕士学位论文，2013.

　　一是政策体系日渐完善，实施坚决有力。2003年的内蒙古自治区政府工作报告中提出了"加快文化产业发展，弘扬民族文化，建设文化大区"的目标；同年，内蒙古自治区政府发布的《关于支持文化事业和文化产业发展若干政策的通知》中指出，要加大对文化事业的财政投入力度、提高文化基础设施建设水平、积极扶持文化产业发展、实行税费优惠政策，这为内蒙古文化产业的发展打下了坚实基础，提供了政策支持；2003年11月自治区党委、政府出台了《关于进一步加快文化发展的决定》；2004年7月，《内蒙古自治区旅游条例》开始实施，自治区旅游业进入规范化阶段；2005年3月，内蒙古自治区人民政府办公厅《转发文化厅关于进一步加强基层文化建设意见的通知》；2005年6月，内蒙古自治区人民政府《转发国务院关于非公有资本进入文化产业若干决定的通知》；2005年7月，内蒙古自治区人民政府《关于设立草原文化遗产保护日的通知》；2005年11月，内蒙古自治区人民政府办公厅《转发自治区文化厅关于全区特色博物馆体系建设意见的通知》；2005年12月，内蒙古自治区人民政府办公厅《转发自治区文化厅关于进一步加强农村牧区电影工作意见的通知》；2006年1月，内蒙古自治区人民政府《关于公布成吉思汗陵等四处全国重点文物保护单位保护规划的通知》；2006年5月，内蒙古自治区人民政府《批转自治区文化厅关于加强文化遗产保护实施意见的通知》；2006年12月，内蒙古自治区人民政府办公厅关于印发《内蒙古自治区非物质文化遗产名录申报评定暂行办法》的通知；2007年3月，内蒙古自治区人民政府《关于命名首批自治区文化产业示范基地的通知》；2009年12月，内蒙古自治区人民政府《关于促进民营文化企业发展的意见》；2010年5月，内蒙古自治区人民政府令发布《内蒙古自治区著作权管理办法》；2011年4月，内蒙古自治区人民政府办公厅《关于促进电影产业繁荣发展的实施意见》；2011年7月，内蒙古自治区人民政府办公厅《关于做好全区"草原书屋"工程建设工作的通知》；2012年6月，内蒙古自治区人民政府《关于印发阴山岩刻遗产保护管理办法的通知》；2012年8月内蒙古自治区人民政府《关于进一步促进文化产业发展的若干政策意见》。可以说，这一系列政策和重要文件，为引导和扶持内蒙古文化产业的快速发展营造了良好的政策环境，将自治区的文化产业发展推向了新的发展阶段。伴随着文化产业政策体系的日渐完善，一个政府部门宏观指导、以文化部门为主导、多部门合力推动文化产业的格局已经形成。

　　二是初步建立起推动文化产业发展的工作机制，运转有效。内蒙古自治区各级政府将工作重心放在转变政府职能、加强宏观指导和强化服务等方面，在实践中逐步摸索总结出一套行之有效的文化产业工作机制，使文化产业发展的工作程序、规则产生了有机联系，形成了自治区文化产业各个领域相辅相成、相互促进的良好局面，主要体现在加强政策的宏观指导、发挥文博会展览展示平台的作用、培育重点文化企业、扶持骨干企业发展、吸引非公有资本参与文化产业等方面。文化产业受到广泛关注，大批非公有制企业非常看好新兴的文化产业，在文化旅游、文化娱乐、工艺美术、图书批零、广告、文艺演出等行业表现出色。

三是涌现出一批文化产业骨干企业，带动作用突出。2006年，东联集团成吉思汗陵旅游区被文化部命名为第二批国家级文化产业示范基地。2007年，北方新报社、成吉思汗陵旅游区、内蒙古新华发行集团股份有限公司、内蒙古教育出版社、内蒙古力王工艺美术有限公司、内蒙古文化音像出版社、赤峰市红山文化传媒有限公司、呼和浩特市昭君博物院、内蒙古响沙湾旅游有限公司、中国电信包头分公司绿色动力网吧连锁10家文化单位被自治区人民政府命名为内蒙古自治区首批文化产业示范基地。2008年，包头乐园文化传播有限责任公司被文化部命名为第三批国家级文化产业示范基地。2012年，自治区人民政府决定命名呼和浩特市苏鲁锭皮业有限责任公司、包头市国际会展有限责任公司、固阳秦长城文化发展有限责任公司、乌海市金奥牛皮烫画艺术品公司、赤峰春晖文化传媒有限责任公司、奈曼旗华宝麦饭石系列产品有限公司、科右中旗来德马业有限责任公司、多伦玛瑙艺雕厂、内蒙古上海庙旅游开发有限公司、内蒙古东联旅游有限责任公司（大秦直道文化旅游景区）、鄂尔多斯市聚贤文化产业有限公司（大盟凯德文化广场）、鄂尔多斯市中视实业有限公司和内蒙古萨拉乌苏旅游文化发展有限公司13个企业和单位为第三批自治区文化产业示范基地。目前，这些示范基地发展状况良好，在促进内蒙古自治区文化产业发展方面起到了很好的典型示范和带动作用，提高了内蒙古自治区文化产业的整体实力和竞争力。

（四）全面发展（2013年至今）

党的十八大以来，特别是进入"十二五"中后期以来，面对新常态下增速换挡、动力转换的严峻挑战，决心贯彻落实新发展理念、志在转型升级的内蒙古自治区在贯彻习近平总书记考察内蒙古自治区重要讲话精神和创新、协调、绿色、开放、共享新发展理念的征程上，以继往开来的重大发展战略部署，着眼于长远发展、加快转型升级，使其经济焕发出勃勃生机。在此背景下，内蒙古自治区文化产业顺势而上，不断优化结构、转型升级、融合发展，进入"传统产业有优势，新兴产业有潜力"的全面发展阶段。

2013年以来，内蒙古自治区党委、政府先后出台了《关于加快推进服务业发展的指导意见》《关于印发加快发展对外文化贸易实施方案的通知》《关于促进展览业改革发展的实施意见》《关于进一步促进旅游投资和消费加快旅游业改革发展的实施意见》《关于印发自治区"十三五"旅游业发展规划的通知》《关于推进自治区文化旅游融合发展的实施意见》《转发自治区文化厅等部门关于推动文化文物单位文化文物创意产品开发实施意见》《关于深化公益性文化事业单位内部机制改革的意见》《关于印发自治区级文化产业园区申报认定管理暂行办法的通知》等政策法规 近 30 个，内容涵盖了文化产业各个领域。政策法规发布之频繁前所未有，举全区之力发展文化产业的局面已经形成。

"十二五"时期，内蒙古自治区民族文化强区建设成效显著，文化事业繁荣发展，文化产业增加值年均增长 18%，文化旅游、文艺演出业、文化娱乐业、新闻出版、广播影视、文博会展业持续进步，草原文化影响力、传播力显著增强，鲁迅文学奖实现零的突破。

2017 年，全区首届旅游发展大会成功召开，自治区"十三五"旅游业发展规划出炉，提出要"把旅游业打造成为战略性支柱产业"，将加快旅游发展上升为全区转型升级的战略任务，内蒙古自治区将以"旅游＋"推进现代化建设。全面扩大对外开放，推进"一带一路"、中蒙俄经济走廊建设，中欧班列实现常态化运行，57 个"一带一路"沿线国家和地区与我区建立贸易关系，文化贸易、旅游贸易成为拉动内蒙古自治区经济发展的新动力。

着力建设各盟市全域旅游、四季旅游景区，并不断提升服务水平。阿尔山—柴河旅游区、中俄边境旅游区、额济纳胡杨林旅游区晋升为国家 5A 级景区。2017 年，内蒙古自治区游客总人数超过 1 亿人次，旅游总收入连续 7 年增长 20% 以上。

2013 年以来，深入推进社会主义核心价值体系建设，完善公共文化服务体系，实施重点文化惠民工程，成功举办第十届草原文化节、"放歌草原·书写百姓"主题文化实践活动、全区第九届少数民族传统体育运动会，出台文化产业中长期发展规划，支持重点文化产业项目和中小微文化企业发展。

文艺精品创作和文化遗产保护得到加强，乌兰牧骑得到习近平总书记的赞扬，这既是习近平总书记对乌兰牧骑的殷切期望，更是对全区各族人民的亲切关怀，是全区文艺发展和文化建设进程中具有里程碑意义的一件大事。《元上都遗址保护条例》颁布实施，红山文化遗址、辽上京遗址和阴山岩刻申遗工作加快推进。推动智慧城市和社区建设，专项扶持蒙古族语言文字信息化建设，实现了手机的蒙文短信发送和蒙文信息使用。

2016 年，全区广播电视综合覆盖率达到 99.2%。出台全民阅读中长期规划，成功举办全国图书交易博览会。文博会展业快速发展，于 2016 年成功举办内蒙古大数据产业推介会、首届蒙商大会、内蒙古·香港重点合作项目推介会等重大活动，引进国内资金 3600 多亿元。2017 年，成功举办外交部内蒙古全球推介活动、第二届中蒙博览会、阿斯塔纳世博会内蒙古活动周，向国内外展示了内蒙古自治区繁荣、进步、开放、和谐的美好形象。

近年来，在创新驱动发展战略的大背景下，内蒙古自治区文化产业在发展过程中注重现代科技创新的文化生产方式，在运用现代数字化技术加强保护民族文化、运用数字化云平台建设升级传统文化出版业与传媒产业、运用动漫技术发展新兴文化产业、运用三网融合和大数据推进公共文化服务体系建设等方面取得了长足的进步。

二、内蒙古自治区文化产业发展的经验

40 年来，通过对成功与失败、顺利与曲折的比较，内蒙古自治区文化产业的发展在实践与认识的多次反复中积累了宝贵而丰富的经验。

（一）坚持党的领导不动摇，牢牢把握社会主义先进文化前进方向，文化事业全面繁荣

中国共产党的领导是中国特色社会主义制度的最大优势，是实现内蒙古自治区文化事业、文化产业持续健康发展的根本政治保证。中国共产党是一个具有高度文化自觉的政党。在内蒙古自治区 40 年改革开放的历史进程中，自治区党委、政府坚决贯彻落实党中央的决策部署，把马克思主义政治、经济理论的基本原理与内蒙古自治区实际相结合，从"双百"方针、"文化大区建设"、"文化强区建设"，到"8337"发展思路，内蒙古自治区始终牢牢抓住社会主义这条文化发展的主线，广大艺术创编人员深入生活，把民族特点、地区特点和时代精神融为一体，创造演出了一大批讴歌党、讴歌人民、讴歌社会主义制度、讴歌时代精神的精品，为地区安定团结、丰富大众文化生活、提升文化自信、增强民族自豪感和国家荣誉感做出了极其重要的贡献。

在文学方面，玛拉沁夫的小说《活佛的故事》获全国优秀短篇小说创作奖，鄂温克作家乌热尔图的小说《一个猎人的恳求》《七叉犄角的公鹿》《琥珀色的篝火》连续获 3 届全国优秀短篇小说奖，白雪林的小说《蓝幽幽的峡谷》获全国优秀短篇小说创作奖。

文艺创作方面，阿拉腾奥勒创作的《美丽的草原我的家》被联合国教科文组织列入亚洲音乐教材，蒙古族著名画家妥木斯的油画《垛草的妇女》获第六届全国美术作品展览银牌奖，电视剧《亲家卖粮》《春雨》获第四届电视剧飞天奖单本剧和小品三等奖。这些作品都以现实生活为素材，赞美社会主义制度，反映了内蒙古自治区农牧民的幸福生活。

王新民导演的电视剧《铁道游击队》（1993 年），用艺术的手段再现了抗日

英雄的英勇事迹。康红雷导演的电视剧《激情燃烧的岁月》（2011年）、《士兵突击》（2007年）、《我的团长我的团》（2009年），更是掀起了军旅剧的热潮。这些作品平淡深入地歌颂赞美了中国军人的骨气、精气神，在全国范围内掀起了爱国主义思潮，社会反响强烈。2014年，王宏伟的文艺评论《"文化自觉"与民族题材美术》获第九届中国文联文艺评论奖一等奖；宁岱、宁瀛的电影《警察日记》获第十三届全国"五个一工程"入围作品奖。

近年来，自治区新闻出版广电局牢牢把握正确政治导向和舆论导向，围绕宣传贯彻落实党的十八大，党的十八届三中、四中、五中、六中全会精神，习近平总书记系列重要讲话精神等重大主题和专项工作，组织开展各类专题宣传报道300余项，开展重要节庆纪念日主题宣传100余次。在人民网、搜狐网推出"魅力内蒙古·亮丽风景线"微纪录片展播、新农村建设双季展播，展播优秀微纪录片、专题片130余部，点击量突破200万次①。

发展繁荣文化，内蒙古自治区人民始终坚信马克思主义的指导地位。文化建设是一种意识形态色彩很强的高级精神活动，需要科学理论的指导，只有坚持正确的理论指导才能确保文化建设朝着正确方向发展。中国共产党从成立那天开始，就鲜明地举起了马克思主义理论旗帜，并不断推进马克思主义与中国实际的紧密结合，以马克思主义中国化最新成果指导我国文化建设②。内蒙古自治区既是少数民族地区，又是多民族聚集地区，其文化意识形态建设工作始终是历届自治区党委、政府工作中的重中之重。改革开放以来，面对各种不良思潮的挑战和冲击，内蒙古自治区始终坚持以毛泽东思想和中国特色社会主义理论体系为文化建设的理论指南，巩固了马克思主义在意识形态领域的指导地位，推动了中国特色社会主义文化建设的健康快速发展。要牢牢把握住中国共产党在文化建设上的领导权，注重党对文化的领导历来是马克思主义政党高度重视的命题。改革开放新时期，我们党强调要巩固和完善党对文化工作的领导。党中央多次强调尊重文化自身发展的规律，确立了"二为"方向和"双百"方针。邓小平反复强调要加强对精神文明建设的领导，指出："党对文艺工作的领导，不是发号施令，不是要求文学艺术从属于临时的、具体的、直接的政治任务，而是根据文学艺术的特征和发展规律，帮助文艺工作者获得条件来不断繁荣文学艺术事业"③。江泽民也指出："加强和改善管理是发展宣传文化事业、繁荣文化市场的有力保证"④。

① 内蒙古自治区新闻出版广电局. 内蒙古自治区新闻出版广播影视事业砥砺奋进的五年［R］. 内蒙古自治区新闻出版广电局2017年工作总结, 2017.

② 陈耀吾. 论中国特色社会主义文化发展道路的经验借鉴［J］. 文化论苑, 2017：35.

③ 邓小平. 邓小平文选（第2卷）［M］北京：人民出版社, 1994.

④ 江泽民. 论党的建设［M］. 北京：中央文献出版社, 2001.

胡锦涛也反复强调，各级党委要加强和改进对文化工作的领导，要把文化体制改革和文化建设摆在全局工作的重要位置。习近平总书记在文艺工作座谈会上指出，"党的领导是社会主义文艺发展的根本保证"，强调"加强和改进党对文艺工作的领导"要把握住两条：一是要紧紧依靠广大文艺工作者，二是要尊重和遵循文艺规律"①。

在中国共产党的正确领导下，内蒙古自治区始终坚持一手抓物质文明，一手抓精神文明，推动社会主义精神文明建设繁荣发展，中国特色社会主义文化发展道路平稳、顺利推进。

（二）坚持改革开放不动摇，以改革的思维谋发展，文化产业市场化水平不断提高

中国改革开放40年来，遵循一条主线，就是处理好政府与市场之间的关系，特别是重视市场在资源配置中的作用，不断完善社会主义市场经济体制②。1978年党的十一届三中全会后，内蒙古自治区较早地实行了家庭联产承包责任制。1984年农牧村牧区经济体制改革取得成功后，1985年起逐渐开始对城市经济的生产、流通、分配等各方面的配套改革，内蒙古自治区经济走上了持续稳定发展的轨道。1985年开始，内蒙古自治区试办生产资料市场、劳务市场和技术市场，拉开了城乡、区域之间生产要素市场化改革的序幕。与此同时，内蒙古自治区的文化事业也迈出了市场化的步伐。

1979～1988年，自治区各级文联根据市场经济特点，充分发挥各自优势，共组织开展了上百次文学艺术活动。在这些活动中，一些规模大、品位高的艺术活动产生了较大的反响，如全区改革题材文学作品评奖、全区第二届报告文学写作团的采风创作活动、全国少数民族曲艺展演、全区首届舞蹈理论研讨会等。这些大型活动极大地活跃了群众的文化生活，推动了文艺创作，提高了社会影响和知名度③。

1985年，内蒙古电影制片厂的几个年轻人提出采取自选题材、自组班子、自筹资金、自负盈亏的"四自"方式进行故事片电影制作的方案，得到了厂领导的支持。他们从社会上筹资了30万元资金，成功拍摄了故事片《月光下的小屋》，获印度第四届国际儿童节最佳故事片奖、国际评奖团授予的金像奖和儿童评奖团授予的金奖，同时获文化部1985年度"优秀影片奖"，开创了我区电影市

① 习近平. 在文艺工作座谈会上的讲话［N］. 人民日报，2015 – 10 – 15.
② 李晓西，林永生. 改革开放40年的中国市场经济发展［J］. 全球化，2017（7）：55.
③ 回首内蒙古文艺60年 草原文化品牌吸引世人目光［N］. 内蒙古日报，2015.

场化运作的先河①。我区著名电视剧导演王新民于 1985 年牵头组织成立了"北方影视公司",并以公司的名义筹资投拍了电视剧《啼笑姻缘》。两年后,电视剧制作完成,吸引了全国 32 个电视台集中到内蒙古自治区看片,签订购片合同。王新民的这一行为揭开了内蒙古自治区乃至中国电视剧市场化运作的帷幕②。

进入 20 世纪后期,内蒙古自治区积极发展批发市场和多种交易方式,大力发展资金市场、技术市场、房地产市场和劳务市场,加强市场的组织管理和制度建设,建立和完善市场交易规则,积极稳步推进价格改革,劳动力、土地、资本、技术等生产要素市场得到迅速发展,逐步形成了统一开放、竞争有序的现代市场体系。基本建立起以市场形成价格为主的机制,在全部消费品和绝大部分生产资料生产中取消了指令性计划,95% 以上商品和服务的价格由市场决定,市场在资源配置中的决定性作用日益凸显。从 1995 年开始,内蒙古自治区对国有大中型企业进行了全面改革,建立了现代企业制度,对全部国有小企业放开搞活,使国有企业适应了市场经济发展的要求,为市场经济提供了重要的支撑。大力发展非公有制经济,推动市场发挥在配置资源中的决定性作用。加快转变政府职能,这既是全面深化改革的关键环节,也是完善社会主义市场经济体制的必然要求。内蒙古自治区文化产业借机乘势而上,在这市场化改革中迈出了重要一步。自 2008 年以来,全区新创作文化作品 200 多个,《草原记忆》《花开花落》《拓跋鲜卑》等一批优秀剧目和作品先后荣获全国"五个一"工程奖、舞蹈"荷花奖"表演金奖、话剧金狮奖等国家级重大奖项③。这些作品产生了巨大的经济效益和社会效益。

2006 年以来,内蒙古自治区先后成立了内蒙古新华发行集团、内蒙古日报传媒集团、内蒙古出版集团、内蒙古电影集团。改制后,内蒙古新华发行集团 2011 年的经营利润为 4073 万元,是 2006 年经营利润的 36 倍。内蒙古日报传媒集团在 2011 年实现总收入 5.3 亿元,比 2008 年增长了 2.2 亿元;2011 年利润总额为 6300 万元,是 2008 年的 13 倍。内蒙古出版集团 2011 年的资产总额达到 10.8 亿元,较集团组建之初的 7.4 亿元增长了 45.9%。内蒙古电影集团改革前的三年内仅拍了 2 部电影,改革后两年共拍了 14 部电影,其中自拍 8 部、合拍 6 部④。

内蒙古自治区的 50 座博物馆和 6 个大中型会展中心每年可接待参会客户及观众共计 200 万人,成交额达 3 亿多元,带动其他产业收入达 8 亿多元。

到 2016 年,全区实现旅游总收入 2714.7 亿元,比 2000 年增长 62.5 倍。其

---

①② 柳强. 论内蒙古电视剧产业的发展 [J]. 内蒙古师范大学学报 (哲学社会科学版),2009 (5):15.

③④ 满都诺娃. 内蒙古文化产业发展现状研究 [D]. 内蒙古大学硕士学位论文,2013.

中，接待入境旅游人数 177.9 万人次，增长了 3.5 倍；入境旅游创汇 11.4 亿美元，增长了 8 倍。接待国内旅游人数 9627.4 万人次，超过了内蒙古自治区的现有人口数，比 2000 年增长了 12 倍；国内旅游收入 2635.6 亿元，增长了 80.8 倍。旅游业正逐步成为全区新的经济增长点。

从简政放权到深化"放管服"改革，内蒙古自治区文化产业通过一系列的创新举措，推动改革步步向前、层层深入，让人民群众享受改革红利，激发了社会投资和创业热情，为新常态下经济发展新旧动能转换、推进供给侧结构性改革创造了条件。改革开放以来，内蒙古自治区文化产业逐步深化与国内各省市及港澳台的务实合作，主动作为，赢得了先机，全方位开放格局加快形成。在"对内搞活、对外开放"方针的指导下，内蒙古自治区积极发展横向经济联系，推动了跨部门、跨地区的横向交流。随着我国对外开放领域不断向内陆拓展、政策不断向内陆倾斜，内蒙古自治区文化产业迎来重要机遇。特别是国家提出"一带一路"倡议、建设中蒙俄经济走廊，使内蒙古自治区在我国开放格局中的地位和作用越来越重要。

内蒙古自治区的文化产业从无到有、全面发展，得益于始终坚持改革开放不动摇，用发展的眼光解决实际问题，形成了政府、社会与市场良性互动的局面，文化产业市场化水平不断提高，经济红利不断增加。

（三）因地制宜，强化特色，深入挖掘地区文化资源，切实推动民族地区文化产业的发展

民族地区丰富多彩的民族文化资源是我们取之不尽的无形资产，它是一种特殊的文化产业。我们不能把民族文化理解为一种虚的东西，事实上，民族文化就是各民族的立族之本①。内蒙古自治区在发展文化产业过程中，牢牢抓住"民族"与"地区"这一特点，结合自身的文化资源优势，因地制宜，深入挖掘和开发地区、民族特有的历史、文化资源，发展出了特有的文化产业。

内蒙古自治区历史悠久、文化资源丰富。内蒙古自治区在利用文化资源服务经济建设的过程中，深入挖掘本土文化资源，呼应时代、贴近大众、适应市场，把文化资源提升为文化产品，创造出了一批社会效益和经济效益俱佳的文化品牌。以草原文化为核心着力打造的草原文化旅游、文艺演出、文化娱乐、出版发行、广播电影电视以及以"草原文化节""昭君文化节"等为主体的文化产业初具规模。内蒙古自治区各地区还根据历史资源、风土人情开发出各具特色的文化品牌产业。"成吉思汗陵查干苏鲁克大典"、"草原那达慕"、各类敖包祭祀活动

---

① 程惠哲．民族地区文化事业建设和文化产业发展的经验和教训［C］．全国民族文化论坛，2004.

等都在拉动地方经济中发挥着重要作用。

内蒙古自治区文化底蕴深厚，还拥有多样而独特的民族文化、丰厚悠久的历史文化、低碳绿色的生态文化，如有蒙古族长调民歌、蒙古族呼麦等 17 个国家级非物质文化遗产，祝赞词（阿鲁科尔沁旗、鄂尔多斯市）、王昭君传说（呼和浩特市）等 485 个自治区级非物质文化遗产，129 个自治区级非物质文化遗产扩展项目。这些特色文化资源无可比拟、知名度高、可开发性好，具有鲜明的地域特色和独具一格的民族特色，且不同资源间相辅相成，蕴藏着巨大的开发潜力，对促进产业转型、研发文化产品、增强地区综合实力具有重要的意义。

内蒙古自治区现已查明的不可移动的文物古迹总数达 21000 余处；有世界文化遗产 1 处，全国历史文化名城 1 座，全国历史文化名镇和全国历史文化名村各 2 个；有全国重点文物保护单位 141 处，自治区重点文物保护单位 319 处，旗县级重点文保单位 700 余处；拥有 30000 余幅的古代岩画；有总长度位居全国第一的 7500 公里的历代长城。

草原文化中部分遗产堪称全国或亚洲之最，如中华第一龙、草原第一都等。草原上以匈奴、鲜卑、突厥、契丹、女真、蒙古族为代表的游牧民族的历史人文资源等都独具传奇色彩。以蒙古族为主的各个草原民族丰富的民间音乐、舞蹈、曲艺、绘画、刻画、民间工艺、体育、饮食、服饰和极具民族特色的习俗，使内蒙古自治区成为一个博大的、形象生动的民俗文化承载地，也使内蒙古自治区的草原文化在全国乃至世界都占有特殊的地位。广袤的草原、富集的森林、湖泊、山川、戈壁、沙漠等多样的地形地貌和自然物产，具备了与文化资源进行产业化交融发展的良好条件，如赤峰巴林和阿拉善等地的奇石文化、鄂尔多斯的煤炭文化、阿拉善骆驼文化等产业都以特有的地域、文化特点吸引着四方游客，创造着文化价值。

近年来，自治区新闻出版广电局立足弘扬优秀民族文化，立足"高原"勇攀"高峰"，着力打造精品力作，有 26 个项目列入国家"十二五"重点出版规划，43 个项目列入国家"十二五"少数民族语言文字出版物规划，34 个项目入选国家"十三五"重点出版物规划；有 6 种出版物获得中国出版政府奖、9 种出版物获得中华优秀出版物奖、1 种出版物获得全国"五个一工程"优秀作品奖，3 种报刊荣获"中国最美期刊""全国优秀少儿报刊"称号，2 个行业单位被评为"推进绿色印刷标兵企业"；12 部电影分获国际、国家级奖项。为迎庆自治区成立 70 周年，编写了图书《长河筑梦——蒙古民族史话》《美丽的草原我的家——内蒙古自治区史话》，组织拍摄了大型系列纪录片《永远的乌兰牧骑》

《梦中的额吉》等，群众反响热烈①。

为提升内蒙古自治区文化软实力，全面繁荣文化事业，内蒙古自治区党委、政府以战略的思维和眼光推进文化产业快速发展。"文化强区建设"、"8337"发展思想、"走出去"战略的深入实施，使内蒙古自治区的人文资源与自然资源的效果发挥到了较高水平，且在不断提升创意，体现和贴合大众消费的特点，经济效应提升明显。

（四）坚持一切从实际出发不动摇，改善文化民生，夯实文化产业发展基础

内蒙古自治区在 40 年的文化建设进程中，始终较好地贯彻了一切从实际出发的客观要求，始终重视文化民生建设，尊重农牧民的基本文化权益，了解农牧民的基本文化需求，以构建普遍化、均等化的公共文化服务体系以及提供兼具本土性、时代性、创新性、便利性的公共文化产品和服务为重点，走出了内蒙古自治区特有的文化建设之路。

不断改善文化民生，到 1986 年底，全区有群众艺术馆 13 处、旗县级文化馆 104 个、文化站 1635 个。文化馆（站）遍及全区各个旗县的广大农村牧区乡镇（苏木），开展了内容广泛、形式多样的文化活动，在丰富各族群众文化生活方面起了核心作用②。1996 年，自治区人民政府印发了《关于进一步落实彩虹文化计划边疆文化长廊建设规划的通知》。通知中明确指出："文化工作是农村牧区小康建设目标的重要内容"；"'九五'期间，实现'县县有图书馆、文化馆、乡乡有文化站'的建设目标"；"各地必须积极增加农村牧区文化建设的投入，通过制定优惠政策，鼓励多渠道筹集资金兴办文化事业，国家、集体、个人一起上"；"自治区有关部门用于扶持苏木乡镇文化站建设的 600 万元专项资金和盟市、旗县的匹配资金，必须及时、足额到位，专款专用，确保 1997 年 7 月前累计新建、改建、完善 1000 个文化站"；"各地要加强文化扶贫工作，把文化扶贫列入扶贫计划，从扶贫资金中拿出一部分用于文化建设，并大力扶持农村牧区'万村书库'建设"；"要切实加强农村牧区文化队伍建设"；"要积极组织开展文化下乡活动，重点解决农牧民看戏难、看书难、看电影难的问题"；"农村牧区文化单位要积极深化改革，推进农村牧区文化事业的发展"。《通知》对加强农村牧区社会主义精神文明建设、确保农牧民精神文化生活与物质生活水平同步提高、全面实现小康建设目标做出了重要贡献。

内蒙古自治区结合自身的实际，创新发展其特有的文化惠民工作形式。其中，"乌兰牧骑"就是文化民生工作的成功范例。从 1957 年第一支"乌兰牧骑"

---

① 回首内蒙古文艺 60 年　草原文化品牌吸引世人目光［N］.内蒙古日报，2015.

② 郝维民.内蒙古自治区史［M］.呼和浩特：内蒙古大学出版社，1991.

诞生到现在发展成70余之队伍，乌兰牧骑始终坚持不懈地全心全意为农牧民服务，为基层服务，被农牧民亲切地称为"玛奈（我们的）乌兰牧骑"。乌兰牧骑的形式适合农牧民的需要，演出节目紧贴实际，反映时代精神，为广大农牧民送去了欢乐与文明，传递了党的声音与关怀。对于乌兰牧骑所坚持的先进文化的方向，党的四代领导人都给予了充分的肯定和高度的评价。周总理多次叮嘱队员："不要进了城市、忘了乡村，要不忘过去，不忘农村，不忘你们的牧场"；"望你们保持不锈的乌兰牧骑称号"。邓小平同志题词："发扬乌兰牧骑精神，全心全意为人民服务。"1997年，江泽民总书记题词："乌兰牧骑是我国社会主义文艺战线上的一面旗帜。"2017年，习近平总书记给内蒙古自治区苏尼特右旗乌兰牧骑队员们的回信中写道："乌兰牧骑的长盛不衰表明，人民需要艺术，艺术也需要人民。在新时代，希望你们以党的十九大精神为指引，大力弘扬乌兰牧骑的优良传统，扎根生活沃土，服务牧民群众，推动文艺创新，努力创作更多接地气、传得开、留得下的优秀作品，永远做草原上的'红色文艺轻骑兵'。"

近年来，自治区党委政府大力加强文化惠民工作。开展各类阅读活动近1万余项，其中"书香内蒙古"全民阅读品牌深入人心，出台关于支持实体书店发展的实施意见。成功举办第26届全国图书交易博览会，出版物交易达1.6亿余册、交易额逾40亿码洋，参展观众达83.46万人次，拉动包头市、乌海市、乌兰察布市相关产业实现GDP 56亿元。制定《建立网络版权公共服务平台实施方案》，累计登记作品1127件，年增幅超过30%。加快推进广播电视"村村通"向"户户通"升级，累计投入资金15亿余元，建成"户户通"213万余户，"村村响"终端12368个，建成了全球最长、站点最多的数字微波干线，全区广播、电视综合覆盖率分别达99.21%和99.18%，公益电影放映、广播村村响，草原书屋实现嘎查村全覆盖。累计投入资金4亿元实施新闻出版广播影视固边工程，建设蒙古语广播电视节目交互平台，推进贫困旗县、边境地区嘎查村、农牧户、口岸和军营哨卡新闻出版广播影视服务的全覆盖。开展"银幕之光映草原·迎庆辉煌70年——少数民族精品电影展映季"活动，在全区103个旗县市区公益放映4227场，观众达66.5万人。

三、内蒙古自治区文化产业展望

面对未来，内蒙古自治区文化产业机遇与挑战并存。如何将内蒙古自治区文化产业发展到更高的水平，红利惠及更多的人，将是值得我们深入研究的课题。

（一）深刻认清新形势、统筹战略布局，弘扬优秀草原文化

习近平同志在党的十九大报告中指出："要深化文化体制改革，完善文化管

理体制，加快构建把社会效益放在首位、社会效益和经济效益相统一的体制机制。"党的十八大以来，我国文化产业发展进入全新的发展阶段，其变革主要表现在以下三方面：首先，文化体制改革全面深化，文化发展的基础和动力机制发生转变，即从以产业政策推动为主、市场内生动力为辅的阶段，走向以开放市场和调动市场内生动力为主、以产业政策干预推动为辅的新阶段①；其次，文化产业出现了重大的结构变化，数字文化产业部门呈现爆发式增长，并升格为国家战略性新兴产业②；最后、文化政策体系创新发展，"文化—科技—金融"三元动力结构基本成型③。近年来，由于数字文化产业部门的超常发展，以及数字创意产业的方兴未艾，我国文化产业已经跃入一个以数字化和网络化为先导的全新发展阶段，这是一个需要以新技术为基础、以新业态为引领、以新理念和新思路加以应对的新形势。党的十九大报告提出，要"健全现代文化产业体系和市场体系，创新生产经营机制，完善文化经济政策，培育新型文化业态"。面对未来，内蒙古自治区的文化产业一要重新认识文化生态环境，要把由政府主导的、以广电等传统媒体为主要载体、以在地硬件设施为主要形式的传统文化服务体系与以民间力量为主导的、以新兴媒体为主要载体的、以在线内容为主要形式的现代文化服务体系筹好、布局好，将这两大体系相互配套、相互支撑，日益融合形成有机整体，是内蒙古自治区文化产业未来发展的方向。二要重新认识文化生产体系，传统文化产业"线性的"再生产体系已逐渐被网络化和智能化的系统所代替。在这个全新的系统中，生产者和消费者相互融合，专业化生产者（PGC）和非专业化生产者（UGC）相互合作，文化产业和实体经济相互渗透，形成"大众创业、万众创新"之势④。三要重新认识文化传承形势，"大众创业、万众创新"引发传统文化创造性转化和创新性发展的浪潮，将打造新一代文化资源数字化基础设施的必要性和紧迫性问题推向前台。自媒体、新媒体时代，当非专业人群成为内容生产主角，当文化生产以令人惊叹的速度出现在我们面前时，那些有悠久历史的内蒙古优秀传统文化基因是否能够得到很好的传承？对此，我们需要重新认识这一文化传承新形势，尽快建立起有效服务于个人创意活动的，新一代数字化、智能化的文化基础设施，为人们提供丰富多样的民族民间文化资源的智能化服务；与创意设计等专业化生产服务力量相结合，使草原优秀文化从农村牧区、课堂、图书馆、博物馆中"走出来"、活起来，进入生活、走向世界。

（二）抓住"一带一路"重要历史机遇，不断优化产业结构，提高文化产业生态效益

"一带一路"不仅是经济繁荣之路，也是文化发展之路，将极大地推动相关

---

① ② ③ ④　张晓明. 文化产业的新形势、新思路、新战略〔J〕. 人民论坛 2017：11.

国家的文化交流。内蒙古自治区地处丝绸之路经济带黄金地段,在"一带一路"建设中应充分利用好自身的文化资源,促进文化发展。内蒙古自治区地域辽阔,文化丰富多样,在"一带一路"建设中应当既着眼于经济发展又着眼于文化交流,推动经济合作与文化交流共同发展。随着"一带一路"建设的加快推进,我国西部地区逐步从开放末梢变为开放前沿,开放发展空间广阔。在这样一个重要历史机遇期,内蒙古自治区应在"一带一路"建设中抓住机遇,加快文化发展,推动文化"走出去"。首先,要创新文化发展理念。内蒙古地区的干部群众要进一步解放思想,深刻认识文化在经济社会发展中的重要作用,尤其要深刻认识文化产业具有低投入、低消耗的特点,及其在优结构、扩消费、增就业、促转型等方面的重要作用。只有创新文化发展理念,才能加强与"一带一路"建设参与国之间的文化交流与合作,让内蒙古地区的文化走出去、传开来,从而更好地促进内蒙古地区经济社会发展。其次,要激发文化发展活力。要抓住"一带一路"建设带来的机遇以促进文化发展,要在内外结合中激发文化发展活力:一方面,要摸透理清本地区的文化资源,进行科学评估,使文化发展牢牢立足本地区文化发展实际;另一方面,要以开放包容的胸怀不断学习和引进其他地区、其他国家在文化发展方面的成功经验,引进文化发展所必需的资金、技术、人才等。只有内外结合,才能不断提升文化发展水平。最后,要进一步培育和发展文化产业。"一带一路"建设为内蒙古自治区文化产业发展提供了巨大动力。内蒙古自治区应深入分析自身文化优势,了解"一带一路"参与国人民的文化需求,以促进文化产业转型升级为着力点,提高文化产业发展的质量和效益,加快完善现代文化产业体系。此外,应在创作、生产、传播等各个环节下功夫,推出更多更好的个性化、分众化的文化产品和服务。

加快文化产业融入生态经济步伐,以生态经济的融入提高文化产业的生态效益,要以更少的资源消耗和更合理的资源利用,生产更多、更优的文化产品,提供更好的文化服务,创造更大的经济价值。同时,最大限度地降低文化产品生产、流通、消费以及文化服务对环境的不良影响①。

(三) 积极实施"走出去"战略,走国际化文化产业道路

在全球化的背景下,国际文化市场的竞争才是更高层次、更广领域的竞争,国际文化市场才是检验文化企业综合实力真正的竞技场。为进一步推动内蒙古自治区文化产业"走出去",要继续深化文化体制改革,加强政府统筹协调能力,提高文化企业的国际竞争力,进一步加大对文化产业"走出去"的政策支持力

---

① 王文光. 内蒙古文化产业发展的几点思考 [N]. 内蒙古日报, 2016 – 05 – 20.

度。"走出去"战略的实施涉及的行政单位很多，为提高效率，必须进一步完善文化产品与服务出口贸易协调机制，加强部门间统筹协调，整合各方资源，推进对外文化贸易的体制机制建设，为文化企业"走出去"提供更好的服务。同时，要提高文化产品和服务出口相关政策文件的有机结合度，形成政策合力。拓展文化出口平台和渠道，鼓励企业通过多种方式在境外开展文化领域投资合作。扶持和推进海外文化贸易促进中心、境外文化贸易合作区建设，扶持和引导一批具有特色和优势的文化企业、文化品牌、文化产品及服务的出口项目，着力构建全方位、多层次、宽领域的文化"走出去"格局。鼓励文化企业以国际市场为导向，创作具有自主知识产权和自主品牌的文化精品。加强知识产权保护和国际合作，营造健康向上的文化发展氛围——要努力打造具有国际知名度和影响力的文化品牌；文化产业的核心和灵魂在于创新，而品牌则是创新能力和水平的集中体现，要持之以恒地将支持企业文化品牌建设作为核心工作来抓。内蒙古自治区要从自身的优势出发，在文化旅游、演艺、网络游戏、影视、动漫、娱乐、出版、新媒体等文化产业的重点领域培育一批具有内蒙古特色或内蒙古元素的国内一流、国际知名的品牌，开发适销对路的文化产品，提升文化内涵及其在国际上的辐射力和影响力，争取使内蒙古的文化产品不但能"走出去"，而且能"走进去"。加大对各类国际大型展览、节庆活动的扶持、宣传和推广力度，使之成为推动内蒙古自治区文化产业"走出去"的重要载体和平台。要大力培养和引进文化产业"走出去"的复合型人才。文化产业的发展依赖于人的创造和创新能力，并且特别借助于市场营销方法和手段。把内蒙古自治区文化产业的产品和服务推向国际市场，需要一批既了解国内市场特点又熟悉国际市场并具有现代市场营销理念的高级人才。可以通过"走出去""请进来"等多种方式，加强对各类经营管理人才的培训，并从发达国家和地区引进一批高层次人才，全面提升内蒙古自治区文化产业的人才国际化程度；同时，在内蒙古有关高校设立相关专业，优化课程设置和师资配备，加快培养专门从事文化产业国际推广和市场运作的中高级人才。

（四）推动科技与文化深度融合，培育壮大文化产业新业态

重点开发一批对文化产业发展具有支撑带动作用的重大关键技术和共性技术，加强计算机图形图像、虚拟现实、增强现实、交互娱乐引擎等关键技术的研发，加快创新成果在文化领域的推广运用和产业化。鼓励文化企业加快高新技术引进，积极进行二次开发、集成创新，逐步形成具有自主知识产权的新技术、新成果。加快培育重点文化科技企业：重点培育一批掌握核心技术、拥有核心科技产品的骨干企业；进一步完善相关政策法规，加大对重点文化科技企业的培育，支持企业建立研发机构，提升自主创新能力。加强文化科技创新平台建设：加大对文化科技融合示范基地的建设扶持力度，推动产业集聚发展；构建政、产、学、研合作的创新平台，完善文化科技融合发展链条；加快建设文化科技产业专业孵化器，加快培育新型业态文化创意企业和产业集群；加强公共技术服务平台建设，为文化科技创新提供技术支持。大力发展数字创意产业：实施"互联网＋"战略，推动数字创意产业健康快速发展；积极支持智能装备制造；围绕云计算、大数据、物联网、4D、4G 网络、虚拟现实、增强现实等领域，着力加强核心技术装备系统的开发制造，支持研发具有自主知识产权、引领文化消费时尚的新领域。

附　录

附录一　北京市 20 个功能区 "差异化" 发展文化创意项目

1. 文化科技融合示范功能区

依托中关村海淀园，集聚文化软件服务、互联网信息服务、文化增值电信服务、移动互联产业等业态；依托首钢主厂区，拓展人工智能、大数据、云计算等融合新业态。

2. 动漫网游及数字内容功能区

以中关村石景山园、中国动漫游戏城和三间房国家动漫产业基地为依托，开展原创设计、展示交易服务；以中关村雍和园北区为核心，推动运营服务和版权交易集聚。

3. 文化金融融合功能区

引导金融街和中关村雍和园南区产业集聚发展，加快文化创意产业信贷、担保、产权交易、投融资等金融服务平台建设；引导银行、担保等金融机构与文化创意产业加强联系，建立文化融资平台，探索版权质押、风险投资、股权投资等多种文化金融服务方案。

4. 天坛—天桥核心演艺功能区

依托北京南城传统演艺集聚区域，主要发展文艺创作与表演服务业，重点支持优秀演出剧目创作、展演和特色剧场建设，培育演艺集团总部和文化艺术经纪代理、演出、版权服务、相关消费及衍生品等上下游产业链。

5. 戏曲文化艺术功能区

依托中国戏曲学院、中国评剧院、北京京剧院等戏曲艺术、教育资源，基于园博园会址和卢沟桥文化创意产业集聚区，构建戏曲教育、展示、体验、衍生品产业体系。

6. 798 时尚创意功能区

在现有 798、751 等园区基础上，发展文化艺术创作和文化艺术品交易，并向创意设计、文化艺术中介等产业发展，创新艺术工作室、艺术孵化器、创意工场、展览培训等业态。

7. 音乐产业功能区

引导中心城中国唱片总公司创作园等区域发展音乐版权保护与交易、音乐传播等环节，鼓励 1919 音乐文化产业基地、西山文化创意大道和通州九棵树等区域发展音乐创作、音乐教育与培训、演出等环节，推动平谷中国乐谷和大兴钧天坊等区域发展乐器研发、制作、交易等环节。

8. CBD—定福庄国际传媒产业走廊功能区

依托中央电视台、凤凰传媒等机构，发展新闻业、音像及电子出版物出版发行、广播电视服务与传输、广告业以及相关软件业、网络服务、设计服务、文化商务服务、相关设备制造业。

9. 影视产业功能区

依托中国电影集团、中央新影集团等龙头企业，引导北影集团、新影集团厂区转型升级为电影行业总部基地。加快建设怀柔影视产业示范区等重点项目，提高影视剧本创作、拍摄、制作、交易及综合服务水平。

10. 新媒体产业功能区

依托国家新媒体产业基地和垡头产业基地，开拓新媒体研发、运营、服务等文化创意产业新兴业态；依托中关村电子城西区、北区和亦庄北京数字电视产业园，推动新媒体相关设备制造业发展。

11. 出版发行功能区

依托中国北京出版创意产业园、朝内大街周边的出版发行总部区域，依托北京国家数字出版基地、北京台湖出版物会展贸易中心等，并以此为核心面向互联网、移动网络的数字出版产业、出版物会展贸易方向发展，依托北京印刷包装产业基地和顺义雅昌印刷标准化技术基地，推动传统出版和数字出版产业集合式发展。

12. 创意设计服务功能区

依托西城设计之都大厦、北京 DRC 工业设计基地等区域，重点发展机械设计、汽车设计、手机设计等产业；依托北京（永外）时尚创意产业基地和大红门区域，引导其中企业向服装设计、家居设计转型；依托展览路片区，强化建筑设计、城市规划设计、室内设计等产业的发展。引导中关村石景山园设计组团发展设计服务新业态。

13. 天竺文化保税区

利用空港保税区政策优势，重点发展文化艺术品的仓储、物流、展示、交易环节。

14. 文化艺术品交易功能区

重点发展美术馆—隆福寺高端艺术品交易区，拓展高端文化艺术品拍卖、展示和鉴赏服务；提升潘家园、琉璃厂、报国寺等历史文化区域的传统古玩艺术品交易发展；鼓励通州宋庄区域构建服务于原创艺术的艺术品展示交易中心；鼓励以门头沟北京宝玉石文化博览交易中心为代表的郊区县艺术机构发展大型文化艺术交易功能集中区。

15. 会展服务功能区

依托临空经济区和新老国家展览馆、北京展览馆、农业展览馆、雁栖湖国际会展中心等设施，大力发展多种形式的会议展览服务，培育酒店、中介、商贸等配套服务产业发展。

16. 奥林匹克公园文化体育（会展）融合功能区

立足于奥运场馆和国家会议展览中心等设施，重点承办国际国内重大体育赛事与主题展览、文化演艺、民众参与体验等活动。

17. 北京老字号品牌文化推广功能区

包括前门、大栅栏、王府井等老字号品牌聚集区域，形成集文化、商贸、旅游、制作、展示、消费于一身的重要城市文化功能区域。

18. 未来文化城功能区

以建设国家大马戏院、北京魔术城、昌平京北文化中心等为载体，形成与未来科技城相呼应的未来文化城。

19. 主题公园功能区

以北京国际旅游度假区、欢乐谷、世界公园等休闲娱乐区为载体，大力推动酒店业、演艺业等文化娱乐产业发展。

20. 历史文化和生态旅游功能区

以"三山五园"历史文化景区、西山八大处文化景区、周口店北京人遗址、云居寺文化景区等重点项目为载体，整合开发文化休闲娱乐等城市新型功能拓展区，以文化旅游休闲产业带动生态保护和传统农业转型升级。

附录二　内蒙古自治区文化产业项目竞争力评价指标重要性调查问卷

尊敬的专家：

您好！课题组正在进行《内蒙古自治区文化产业项目竞争力评价指标体系构建研究》的相关研究。本问卷主要是针对"内蒙古自治区文化产业项目竞争力评价指标重要性"进行调查，以找出能够准确完整表现内蒙古自治区文化产业项目竞争力评价的关键指标。随函附上一份调查问卷，恳请您在百忙之中协助此项调查研究的开展。

本问卷调查数据仅用在学术研究上，在此将承诺保证您填写的信息完全保密。烦请您填写完问卷后点击保存，并发送到邮箱 wjg119324@126.com，感谢您的配合。

敬祝

身体健康，天天开心！

本指标是针对内蒙古自治区文化产业项目而设计的。问卷包含三部分，第一部分是问卷填写人的个人背景，第二部分是由"内蒙古自治区文化产业项目竞争力评价指标重要性"量表组成，第三部分是您对本次问卷的宝贵意见和建议。

指标的重要性分为五个等级：不重要、较不重要、一般、重要、非常重要，由此分别对应这五个等级赋予分值为1分、2分、3分、4分、5分，请您在每个指标相应的位置上打分。

一、基本信息

1. 您工作所在的城市：_____。

2. 您的学历：_____。

3. 您的工作年限：_____。

4. 您的工作单位：_____。

5. 您的职称：_____。

6. 您的职务：_____。

7. 您参与的文化产业相关的课题有_____。

二、量表

一级指标、二级指标以及三级指标的量表分别如附表2－1、附表2－2、附

表2－3所示。

附表2－1　一级指标重要性量表

上级指标	指标	指标内容	重要性程度				
			不重要	较不重要	一般	较重要	重要
			1	2	3	4	5
内蒙古自治区文化产业项目竞争力评价指标体系	项目发展基础	文化资源开发水平、创意能力、经营能力、软（硬）件环境					
	项目发展潜力	盈利能力、融资能力、国际化水平					
	项目相对优势	资源相对优势、人才相对优势、区位相对优势、技术相对优势					

附表2－2　二级指标重要性量表

上级指标	指标	指标内容	重要性程度				
			不重要	较不重要	一般	较重要	重要
			1	2	3	4	5
项目发展基础	文化资源开发水平	开发对象的数量、开发的效益					
	创意能力	创意人力资本、创意科技资本					
	经营能力	项目经营能力、企业资质					
	软、硬件环境	基础设施、政策环境					
项目发展潜力	盈利能力	主导行业景气指数、产业链拓展空间、市场增长潜力、投资产出效益					
	融资能力	融资规模、融资渠道的可靠性、融资的可持续性					
	国际化水平	产品的海外市场覆盖范围、与国外人员的交流次数、国外资金来源情况					

上级指标	指标	指标内容	重要性程度				
			不重要	较不重要	一般	较重要	重要
			1	2	3	4	5
项目相对优势	资源相对优势	知识产权的拥有量、与同行业竞争对手相比其他突出的资源优势					
	人才相对优势	高学历员工人数比重、文化相关的专业人才比重					
	区位相对优势	地理位置的优越性、项目所在地产业化水平					
	技术相对优势	技术的先进程度、配套技术的成熟度					

附表2-3　三级指标重要性量表

上级指标	指标	指标内容	重要性程度				
			不重要	较不重要	一般	较重要	重要
			1	2	3	4	5
文化资源开发水平	开发对象的数量	拥有文化资源的数量					
	开发的效益	资源开发的经济效益和社会效益					
创意能力	创意人力资本	创意人员的能力和数量					
	创意科技资本	应用于文化产业创新性的技术引进和使用					
经营能力	项目经营能力	项目的预算、成本、人员配置、宣传和营销等					
	企业资质	企业的规模、企业在文化产业项目建设中的相关经验、企业的战略和发展潜质					
软、硬件环境	基础设施	文化产业项目相关的配套设施建设					
	政策环境	国家政策、当地政府政策支持等					

上级指标	指标	指标内容	重要性程度				
			不重要	较不重要	一般	较重要	重要
			1	2	3	4	5
盈利能力	主导行业景气指数	文化产业项目依托的行业发展状况					
	产业链拓展空间	文化产业项目往上下游产业发展的空间					
	市场增长潜力	市场容量、市场增长率					
	投资产出效益	拟投资回收期、拟投资利润率等					
融资能力	融资规模	文化产业项目自有资金规模和需融资规模					
	融资渠道及可靠性	融资的渠道，如银行融资、证券融资等；渠道的可靠程度，银行可靠性较高					
	融资的可持续性	后续融资的跟进保证					
国际化水平	产品的海外市场覆盖范围	文化产业项目生产的产品销往哪些国家和地区					
	与国外人员的年交流次数	企业每年参加国外文化产业项目展示或者邀请国外人员到本地交流的次数					
	国外资金的来源情况	接受国外投资的数量和方式					
资源相对优势	知识产权的拥有量	本单位申请了哪几项知识产权					
	其他突出的资源优势	自认为其他的资源优势					

续表

上级指标	指标	指标内容	重要性程度				
			不重要	较不重要	一般	较重要	重要
			1	2	3	4	5
人力相对优势	高学历人才数和比重	与同行业相比本科及以上人才比重的优势					
	文化产业相关的专业人才的比重	文化产业相关综合性管理人才、新兴行业的专业人才					
区位相对优势	地理位置的优越性	交通、自治区内位置等优势					
	项目所在地产业化水平	项目所在行业在本地的产业化程度					
技术相对优势	技术的先进性	拥有同行业的前端的技术					
	配套技术的成熟度	配套产业技术的成熟程度					

三、意见和建议

1. 如果您认为指标设置不合理，请您提出修改意见和建议。

_____。

2. 若您认为指标设置合理，但尚有其他重要指标需设置在内蒙古自治区文化产业项目竞争力评价指标体系中，请在附表2－4中列出。

附表2－4　需要添加的项目

目标层	一级指标及重要性		二级指标及重要性		三级指标及重要性	
	指标	重要性	指标	重要性	指标	重要性
内蒙古自治区文化产业项目竞争力						

附录三 内蒙古自治区文化产业项目竞争力评价指标权重调查问卷

尊敬的专家：

您好！课题组正在进行《内蒙古自治区文化产业项目竞争力评价指标体系构建研究》的相关研究。本次调查为指标权重，通过各位专家对评价指标权重的评价以及各位专家提出的宝贵意见和建议来确定较完善的内蒙古自治区文化产业项目竞争力评价指标体系的权重。

本问卷调查数据仅用在学术研究上，在此将承诺保证您填写的信息得到完全保密。烦请您填写完问卷后点击保存，并发送到邮箱 wjg119324@126.com，感谢您的配合。

敬祝

身体健康，天天开心！

本问卷包含两部分，第一部分是问卷填写人的个人背景，第二部分是由内蒙古自治区文化产业项目竞争力评价指标重要性比较表组成。

判断矩阵标度及其含义如附表 3-1 所示。

附表 3-1 判断矩阵标度及其含义

序号	重要性等级	C_{ij} 赋值
1	i 与 j 同等重要	1
2	i 比 j 稍重要	3
3	i 比 j 明显重要	5
4	i 比 j 强烈重要	7
5	i 比 j 极端重要	9
6	i 比 j 稍不重要	1/3
7	i 比 j 明显不重要	1/5
8	i 比 j 强烈不重要	1/7
9	i 比 j 极端不重要	1/9

注：C_{ij} 表示因素 i 和因素 j 相对于目标的重要值，如 $C_{12}=9$ 表示 C_1 因素比 C_2 因素极端重要。$C_{ij}=\{2,4,6,8,1/2,1/4,1/6,1/8\}$ 表示重要性等级介于 $C_{ij}=\{1,3,5,7,9,1/3,1/5,1/7,1/9\}$ 之间，这些数字是根据专家的直觉确定的。

一、基本信息

1. 您工作所在的城市：_____。

2. 您的学历：_____。

3. 您的工作年限：_____。

4. 您的工作单位：_____。

5. 您的职称和职务：_____。

6. 您参与的文化产业相关的课题有_____。

二、重要性比较表

各级指标重要性比较如附表 3 - 2 ~ 附表 3 - 16 所示。

附表 3 - 2　总目标下一级指标重要性比较

i＼j	项目发展基础	项目发展潜力	项目相对优势
项目发展基础	1		
项目发展潜力		1	
项目相对优势			1

注：比较方向为竖排指标比横排指标相对重要性，i 比 j 相对重要性，灰色区域不用填写。

附表 3 - 3　项目发展基础指标下二级指标的重要性比较

i＼j	文化资源开发水平	创意能力	经营能力	软、硬件环境
文化资源开发水平	1			
创意能力		1		
经营能力			1	
软、硬件环境				1

注：比较方向为竖排指标比横排指标相对重要性，i 比 j 相对重要性，灰色区域不用填写。

附表 3 - 4　项目发展潜力指标下二级指标的重要性比较

i＼j	盈利能力	融资能力	国际化水平
盈利能力	1		
融资能力		1	
国际化水平			1

注：比较方向为竖排指标比横排指标相对重要性，i 比 j 相对重要性，灰色区域不用填写。

附表 3 – 5　项目相对优势指标下二级指标的重要性比较

i ＼ j	资源相对优势	人才相对优势	区位相对优势	技术相对优势
资源相对优势	1			
人才相对优势		1		
区位相对优势			1	
技术相对优势				1

注：比较方向为竖排指标比横排指标相对重要性，i 比 j 相对重要性，灰色区域不用填写。

附表 3 – 6　文化资源开发水平指标下三级指标的重要性比较

i ＼ j	开发对象的数量	开发的效益
开发对象的数量	1	
开发的效益		1

注：比较方向为竖排指标比横排指标相对重要性，i 比 j 相对重要性，灰色区域不用填写。

附表 3 – 7　创意能力指标下三级指标的重要性比较

i ＼ j	创意人力资本	创意科技资本
创意人力资本	1	
创意科技资本		1

注：比较方向为竖排指标比横排指标相对重要性，i 比 j 相对重要性，灰色区域不用填写。

附表 3 – 8　经营能力指标下三级指标的重要性比较

i ＼ j	项目经营能力	企业资质
项目经营能力	1	
企业资质		1

注：比较方向为竖排指标比横排指标相对重要性，i 比 j 相对重要性，灰色区域不用填写。

附表 3 – 9　软、硬件环境指标下三级指标的重要性比较

i \ j	基础设施	政策环境
基础设施	1	
政策环境		1

注：比较方向为竖排指标比横排指标相对重要性，i 比 j 相对重要性，灰色区域不用填写。

附表 3 – 10　盈利能力指标下三级指标的重要性比较

i \ j	主导行业景气指数	产业链拓展空间	市场增长潜力	投资产出效益
主导行业景气指数	1			
产业链拓展空间		1		
市场增长潜力			1	
投资产出效益				1

注：比较方向为竖排指标比横排指标相对重要性，i 比 j 相对重要性，灰色区域不用填写。

附表 3 – 11　融资能力指标下三级指标的重要性比较

i \ j	融资规模	融资渠道的可靠性	融资的可持续性
融资规模	1		
融资渠道的可靠性		1	
融资的可持续性			1

注：比较方向为竖排指标比横排指标相对重要性，i 比 j 相对重要性，灰色区域不用填写。

附表 3 – 12　国际化水平指标下三级指标的重要性比较

i \ j	产品的海外市场覆盖范围	与国外人员的交流次数	国外资金来源情况
产品的海外市场覆盖范围	1		
与国外人员的交流次数		1	
国外资金来源情况			1

注：比较方向为竖排指标比横排指标相对重要性，i 比 j 相对重要性，灰色区域不用填写。

附表 3 – 13   资源相对优势指标下三级指标的重要性比较

i ＼ j	知识产权的拥有量	与同行业竞争对手相比其他突出的资源优势
知识产权的拥有量	1	
与同行业竞争对手相比其他突出的资源优势		1

注：比较方向为竖排指标比横排指标相对重要性，i 比 j 相对重要性，灰色区域不用填写。

附表 3 – 14   人才相对优势指标下三级指标的重要性比较

i ＼ j	高学历员工人数的比重	文化相关的专业人才比重
高学历员工人数的比重	1	
文化相关的专业人才比重		1

注：比较方向为竖排指标比横排指标相对重要性，i 比 j 相对重要性，灰色区域不用填写。

附表 3 – 15   区位相对优势指标下三级指标的重要性比较

i ＼ j	地理位置的优越性	项目所在地产业化水平
地理位置的优越性	1	
项目所在地产业化水平		1

注：比较方向为竖排指标比横排指标相对重要性，i 比 j 相对重要性，灰色区域不用填写。

附表 3 – 16   技术相对优势指标下三级指标的重要性比较

i ＼ j	技术的先进程度	配套技术的成熟度
技术的先进程度	1	
配套技术的成熟度		1

注：比较方向为竖排指标比横排指标相对重要性，i 比 j 相对重要性，灰色区域不用填写。

参考文献

1. 2015 年内蒙古旅游工作亮点回顾及 2016 重点工作［EB/OL］. 国家旅游局官网，http：//www. cnta. gov. cn/xxfb/xxfb ＿ dfxw. /nmg/201602/t20160201 ＿ 759564. shtml，2016 － 02 － 02.

2. "643X" 品牌体系［EB/OL］. 内蒙古新闻网，http：//inews. nmgnews. com. cn/system/2016/04/06/011940719. shtml，2016 － 04 － 06.

3. 安然. 内蒙古旅游演艺产品的开发研究［D］. 南京艺术学院，2013.

4. 蔡尚伟. "一带一路" 蕴藏的文创机遇与挑战［J］. 新闻研究导刊，2015（20）.

5. 蔡艳丽，赵晓光，朱江. 国外项目评价理论研究综述［J］. 集团经济研究，2007（2）.

6. 崔艳新. 推动我国文化出口 "量质" 齐升［J］. 国际商报，2014（4）.

7. 达妮莎. 蒙古族民间手工艺的象征寓意［J］. 艺术与设计：理论，2011（3）.

8. 道格拉斯·C. 诺斯，托马斯. 西方世界的兴起［M］. 北京：华夏出版社，2009.

9. 邓小海，曾亮，罗明义. 精准扶贫背景下旅游扶贫精准识别研究［J］. 生态经济，2015（4）：94 － 98.

10. 国家统计局、中宣部文化体制改革和发展办公室. 2014 中国文化及相关产业统计年鉴［M］. 北京：中国统计出版社，2014.

11. 赫尔曼·哈肯. 协同学［M］. 上海：上海译文出版社，2013.

12. 胡承华. 浅析中国民间手工艺的装饰之美［J］. 文艺评论，2011（1）.

13. 花建. 文化产业竞争力［M］. 广州：广东人民出版社，2005.

14. 唤醒沉寂百年的 "万里茶道" 从那开始，在这重生［EB/OL］. 中国网，http：//www. china. com. cn/travel/txt/2016 － 07/27/content＿ 38965027. htm，

2016 – 07 – 27.

15. 贾华强，崔丁化．推进国家文化中心建设的思考［J］．投资北京，2011（12）．

16. 姜伯彦．借力书博会　推动内蒙古新闻出版业再上新水平［N］．包头日报，2016 – 08 – 13（002）．

17. 荆雷．对城市民间手工艺发展的思考［J］．齐鲁艺苑，2011（1）．

18. 康胜，金波．转型与融合：我国文化创意产业发展新趋势［EB/OL］．中国社会科学网，2014 – 11.

19. 李丹华．旅游工艺品的创新开发［J］．大众文艺，2010（23）．

20. 李富强，胥建华．中国旅游产业发展的"云南模式"［EB/OL］．人民论坛网，http：//politics. rmlt. com. cn/2015/0205/371600. shtml，2015 – 02 – 05.

21. 李广宏，吴大为，杨洁．国内大型实景演艺旅游产品开发现状探析［J］．怀化学院学报，2015（12）．

22. 李晶．内蒙古文化惠民工程的实施状况与对策研究［J］．财经理论研究，2015（6）．

23. 李岚，罗艳．加快经济发展方式转变与广播影视产业发展研究［J］．现代传播：中国传媒大学学报，2011（9）．

24. 李新．中蒙俄经济走廊是"一带一路"战略构想的重要组成部分［J］．西伯利亚研究，2015（3）．

25. 李宜春．省域文化产业竞争力评价指标体系初探——以安徽为例，经济社会体制比较，2006.

26. 刘春玲．内蒙古表演艺术类非物质文化遗产旅游开发探析［J］．内蒙古师范大学学报（哲学社会科学版），2013（1）．

27. 刘筠梅．基层国有文艺院团的发展路径探索［J］．内蒙古大学学报（哲学社会科学版），2014（2）．

28. 刘筠梅．内蒙古旅游演出发展探析［J］．内蒙古财经大学学报，2014（1）．

29. 刘筠梅．内蒙古演艺市场的发展对策研究［J］．内蒙古大学艺术学院学报，2012（4）．

30. 刘卫东．"一带一路"战略的科学内涵与科学问题［J］．地理科学进展，2015（5）．

31. 旅游带动第三产业发展［EB/OL］．中国政协新闻网．http：//cache. baiducontent. com/，2012 – 11 – 15.

32. 马明．中国对外演艺业发展的问题与探索［J］．同济大学学报（社会科学版)，2014（5）.

33. 马瑛．内蒙古旅游演艺资源评价和开发研究［D］．内蒙古师范大学，2016（5）.

34. 迈克尔·波特．国家竞争力［M］．北京：华夏出版社，2002.

35. 美国项目管理协会．项目管理知识体系指南［M］．北京：电子工业出版社，2013.

36. 内蒙古：从草原文化旅游大区迈向旅游经济强区［EB/OL］．内蒙古新闻网，http：//economy.nmgnews.com.cn/system/2016/07/01/012049649.shtml #，2016－07－01.

37. 内蒙古举行全区旅游业"十二五"发展情况发布会［EB/OL］．国务院新闻办公室网，http：//www.scio.gov.cn，2016－06－30.

38. 内蒙古新闻出版广播电影电视年鉴（2012—2015）［M］．呼和浩特：内蒙古出版集团.

39. 内蒙古自治区新闻出版广电局．内蒙古自治区"十三五"新闻出版广播影视发展规划［Z］．2017－02－13.40.庞井君．媒介融合背景下中国广播影视产业发展的思考［J］．现代传播：中国传媒大学学报，2013（2）.

41. 邱春林．中国手工艺文化变迁［M］．上海：中西书局，2011.

42. 斯琴，樊铁英．内蒙古文化产业发展现状及存在问题［J］．内蒙古统计，2014（5）：3－5.

43. 锁言涛．西安曲江模式：一座城市的文化穿越［M］．北京：中共中央党校出版社，2011.

44. 王苹．内蒙古小剧场市场调查［J］．电影评介，2014（19）.

45. 王启颖．内蒙古参与"中蒙俄经济走廊"建设的 SWOT 分析［J］．财经理论研究，2016（2）：18－23.

46. 王作权，李天顺，马锐，高东新．西安文化产业发展报告（2013）［M］．西安：西安出版社，2013.

47. 吴敬琏．发展中国高新技术产业：制度重于技术［M］．北京：中国发展出版社，2002.

48. 吴秀荣．开发内蒙古旅游演艺产品的探索［D］．内蒙古师范大学，2013.

49. 薛建华．内蒙古县域文化资源的挖掘整理与整合利用［J］．理论研究，2014（5）.

50. 杨红岩．创新思路 规范管理 努力实现内蒙古新闻出版工作新跨越［J］．内蒙古宣传思想文化工作，2013（1）：16－20.

51. 杨红岩. 加强管理 创新求实 努力开创"十二五"新闻出版工作新局面 [J]. 内蒙古宣传思想文化工作，2011（3）.

52. 杨力英. 数说"十二五"辉煌成就 展望"十三五"华彩新篇——"十二五"时期内蒙古经济社会发展综合分析报告 [J]. 内蒙古统计，2016（3）：3 – 6.

53. 杨晓军. 谈万里茶道与文化旅游 [J]. 福建茶叶，2016（4）：140 – 141.

54. 杨永生，李永宠，刘伟. 中蒙俄文化廊道——"丝绸之路经济带"视域下的"万里茶道" [J]. 经济问题，2015（4）：15 – 18.

55. 叶朗. 中国文化产业年度发展报告（2012）[M]. 北京：北京大学出版社，2012.

56. 张宏亮. 论二人台艺术与文化市场 [J]. 内蒙古工业大学学报（社会科学版），2014（1）.

57. 张晓明，王家新，章建刚. 2013 年中国文化产业发展报告 [M]. 北京：社会科学文献出版社，2014.

58. 张亚雄，张晓兰. 从"十三五"时期国际经济环境看我国经济发展面临的机遇与挑战 [J]. 经济纵横，2015（11）：11 – 17.

59. 赵静，李毅. 文化产业大发展下的演艺产业发展路径探究 [J]. 企业经济，2013（10）.

60. 郑波，邹宇. 民族民间传统手工艺品牌化的实践与探索——以贵州今彩民族文化研发有限公司银饰品牌为例 [J]. 原生态民族文化学刊，2014（1）.

61. 中投顾问. 云南旅游业发展特征分析 [EB/OL]. 搜狐官网，http://www. sohu. com/a/138392428_ 255580，2017 – 05 – 05.

62. 邹远志. 2015 年中国演艺业品牌建设策略探析 [J]. 文化与传播，2016（1）.

63. Ruth Towse. Copyright and creativity：An application of cultural economics [J]. Review of Economic Research on Copyright Issues，2006，3（2）.

64. G. Tomas M. Hult，Charles C. Snow，Destan Kandemir. The Role of Entrepreneurship in Building Cultural Competitiveness in Different Organizational Types [J]. Journal of Management，2003，29（3）.

65. Doran George T. There's a SMART. way to write managements' goals and objectives [J]. Management Review，1981（11）.

后　记

　　本书是在"一带一路"倡议和内蒙古自治区全面建设文化强区的背景下，于党的十九大召开前夕完成定稿的。书中从总体、分部两个维度，全面总结了"十二五"期间内蒙古自治区文化产业发展状况，对"十三五"期间内蒙古自治区文化产业面临的发展环境进行了客观评判，提出了未来发展的思路及对策，并就内蒙古自治区文化资源整合、跨境电子商务、文化产业项目竞争力等进行了专题研究。

　　本书是内蒙古财经大学重点学科及中蒙俄经贸合作与草原"丝绸之路经济带"构建研究协同中心资助项目，是内蒙古文化产业研究中心确定的重点研究项目。全书由总报告、行业报告和专题研究三大部分共计十四章组成。由张智荣、柴国君、陈永庆任主编，负责全书设计、组织、统稿和审定工作。具体参加撰写的有（以章为序）于亚娟（第一章），冯守宇（第二章），李彪（第三章），王葱葱（第四章、第八章），屈燕妮（第五章），曹荣（第六章、第十章），张薇（第七章、第十一章、第十二章），励雪辉（第九章），王冠杰（第十三章），张智荣、陈永庆（第十四章），张智荣（代序、后记）。

　　由于资料收集难度较大，加之水平有限，难免挂一漏万，书中不妥之处，敬请原谅。

张智荣

2019 年 5 月